Vittorio Franchetti Pardo

Die Geburt der europäischen Stadt

Aus dem Italienischen
von Elke Müller und Giovanni Russo

Italienische Originalausgabe:
»L'Invenzione della Città Occidentale«

Bibliografische Information der Deutschen Nationalbibliothek

Die Deutsche Nationalbibliothek verzeichnet diese Publikation
in der Deutschen Nationalbibliografie;
detaillierte bibliografische Daten sind im Internet über
<*http://dnb.d-nb.de*> abrufbar.

Weitere Publikationen aus unserem Programm finden Sie unter: www.zabern.de

Lizenzausgabe für den Verlag Philipp von Zabern, Mainz
ISBN 978-3-8053-4251-3

Die Herausgabe des Werkes wurde durch
die Vereinsmitglieder der WBG ermöglicht.

Übersetzung: Elke Müller (Kapitel I–VI) und Giovanni Russo (Kapitel VII–XII)
Redaktion: Daphne Schadewaldt
Typographie und Satz: Lohse Design, Büttelborn

Inhaltsverzeichnis

Die Geburt der europäischen Stadt

1 Rekonstruktion der berühmten neolithischen Stätte Çatal Hüyük (seit 6200 v. Chr. bewohnt) in Anatolien. Die Ausgrabungen, heute größtenteils wieder überdacht, wurden von James Mellaart geleitet. Die Rekonstruktion, die den Zeichnungen des Archäologen folgt, zeigt ein System von Wohnhäusern, das durch die interne Verbindung über die Hausdächer und einen defensiven Gesamtcharakter gekennzeichnet ist. Letzterer wird erzielt durch die »Addition« der Einheiten, die alle zum Inneren der Stadt hin ausgerichtet sind, womit auch in der Stadt mehr Platz gewonnen wird. Die produktiven Tätigkeiten – Landwirtschaft und Viehzucht – spielten sich außerhalb des Stadtkomplexes ab. Hervorzuheben ist, dass man von außen nicht zwischen Wohnhäusern und Kultstätten unterscheiden kann. Das liegt zum einen daran, dass Formen des häuslichen Kults existierten, zum anderen daran, dass es tatsächlich keine Spezialisierung und monumentale Hervorhebung in der religiösen Architektur gab.

1

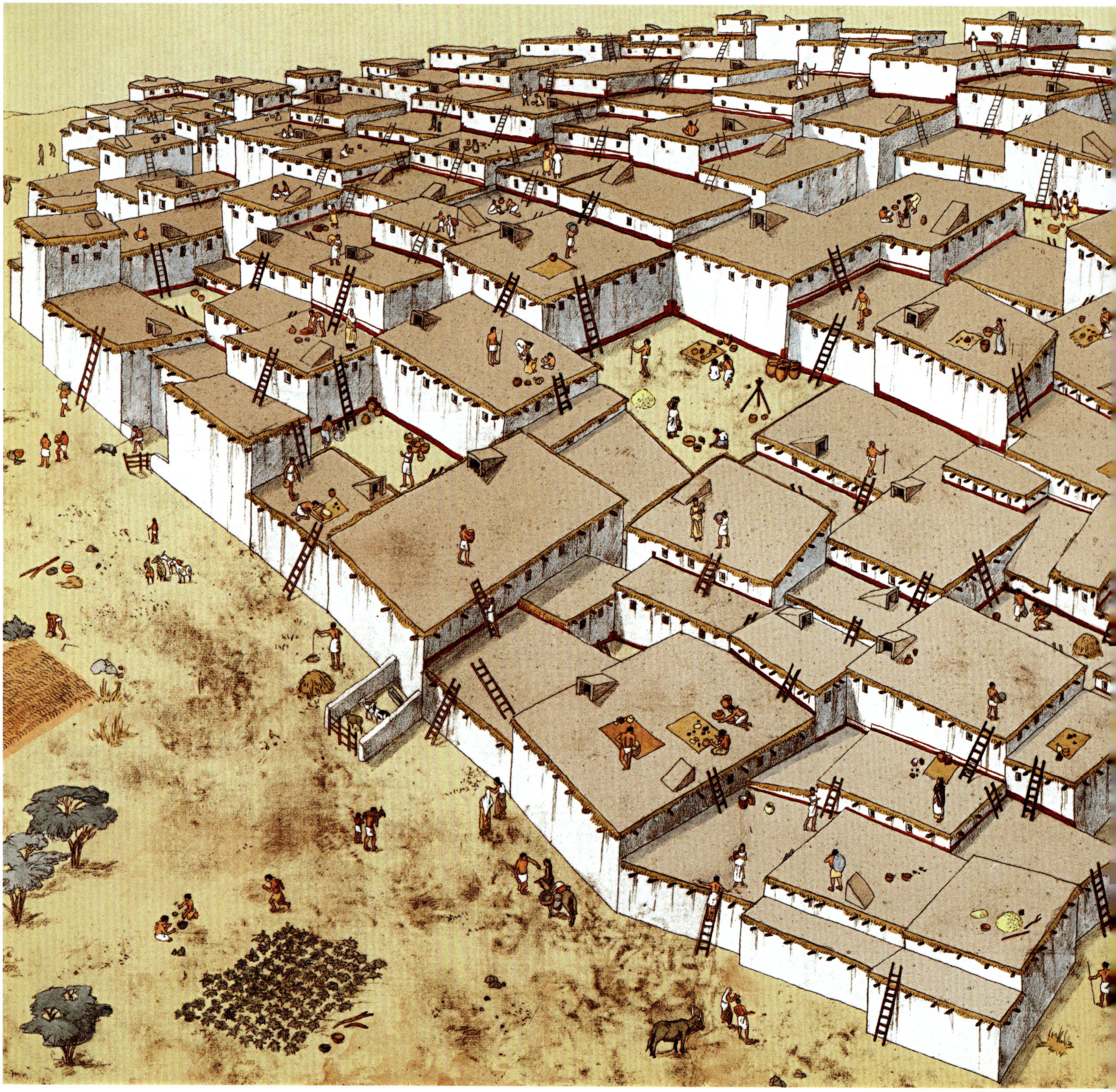

Einleitung

Bei der Inbesitznahme und Nutzung der Erde durch den Menschen hat die städtische Ansiedlungsform eine jahrtausendealte Geschichte. Mit dieser Geschichte haben sich seit der Antike Philosophen, Historiker, Geographen, Chronisten wie auch, wenn wir in die heutige Zeit schauen, Anthropologen und Soziologen beschäftigt. Jedoch wurde in der Vergangenheit nicht immer und nicht überall die städtische Siedlungsform bevorzugt und ebenso wenig trat sie immer in ein und derselben Gestalt auf. Es gab und gibt weiterhin auch andere Siedlungsformen als Städte. Direkt entgegen steht der Stadt offensichtlich das Nomadentum, in der Vergangenheit Lebensform von zahlreichen Völkern des europäischen Kontinents, des Mittleren Ostens und des eigentlichen Asiens. Bis heute wird es in einigen, wenngleich mittlerweile stärker eingegrenzten Bereichen und sozialen Gefügen als Lebensform gewählt. Aber auch in fortschrittlichen räumlichen und geschichtlichen Zusammenhängen bestanden – und bestehen immer noch – Siedlungsformen, die sich von der Stadt unterscheiden. Einige Beispiele mögen genügen: die großen Heiligtümer der antiken Welt etwa (panhellenische, aber nicht nur diese) oder das System der »Dorf-Netze« (auf dem afrikanischen Kontinent, im Mittleren und Fernen Osten, auf dem indischen Subkontinent etc.), und zwar sowohl im Altertum als auch in unseren Tagen. Auch das mittelalterliche Feudalsystem in Westeuropa, das einen ständigen Ortswechsel des Kaisers und seines Hofstaats mit sich brachte, setzte nicht notwendigerweise (außer wenn es durch spezielle Umstände erforderlich war) eine – sowieso nur zeitweise – städtische Verortung voraus. Noch im Mittelalter, während des 14. und 15. Jhs. bestimmten in Frankreich, auf den britischen Inseln, in Nord- und Mittelitalien und in den Gebieten, die dem Byzantinischen Reich unterstanden, zahlreiche neu gegründete Zentren mit nicht eigentlich städtischem Charakter (die Bezeichnungen wechseln je nach Zeit und Ort) die Urbanisierungsprozesse der Gebiete, die von den großen Städten der Zeit beherrscht wurden. In der modernen Zeit wurden sowohl landwirtschaftliche Siedlungszentren geschaffen (etwa in urbar gemachten Gebieten) als auch solche, die anderen Zwecken dienten, zum Beispiel dem Bergbau, dem Militär oder als Marktzentren, welche allesamt nicht eigentlich städtische Kennzeichen tragen. Und schließlich sind, wenn wir auf die Gegenwart blicken, wichtige nicht-städtische Ansiedlungen auch als Folge von Tourismus-Projekten entstanden oder aufgrund der neuen Wertschätzung schon bestehender kleiner »Flecken« auf der Suche nach alternativen Lebensformen zur städtischen Lebensweise. Dies geht bis hin zur Schaffung von Siedlungen ohne erkennbare eigene Identität, den sogenannten »Nicht-Orten« (eine gelungene Definition des Soziologen Marc Augé). Doch die »Stadt« war und ist, wenn auch in vielgestaltiger Ausprägung, diejenige Siedlungsform mit der größten Prägnanz und Schärfe. Denn sie eignet sich, mehr als andere Siedlungsformen, als Ort und Vermittler für Inhalte verschiedener Systeme (ökonomisch, sozial, politisch, religiös, kulturell, symbolisch), welche die verschiedenen Bezugsrahmen kennzeichnen und in ihrer Besonderheit herausheben. Folglich lässt sich ein Profil des Phänomens »Stadt« nur unter Bezugnahme auf deren Entstehung unter den jeweiligen besonderen örtlichen und zeitlichen Umständen zeichnen: Eher als von der Stadt schlechthin sollte man daher auch von mehreren und unterschiedlichen Stadtformen sprechen (auch von den unterirdischen oder Felsenstädten, einer tatsächlich etwas speziellen Kategorie) und den Akzent auf die entsprechenden zeitlichen und räumlichen Umstände legen, unter denen sie sich ausgeformt haben.

Je nach betrachteter Region ist das Vorhandensein von »Städten« schon in vor- und frühgeschichtlicher Zeit dokumentiert, und dies über recht lange Zeitspannen. In den mesopotamischen, iranischen und indoeuropäischen Kulturen, bei denen man die Initialzündung für das Konzept der westlichen Stadt sieht, erscheinen als »urban« zu definierende Siedlungsformen schon ungefähr ab dem 5. oder 4. Jahrtausend v. Chr. In Ägypten ist das städtische System seit dem 4. Jahrtausend anzutreffen. Auf jeden Fall sind zumindest seit dem 15. Jh. v. Chr. (der Trojanische Krieg wird auf das 13. Jh. v. Chr. datiert) in mehreren Gegenden rund um das Mittelmeer Formen von echten Städten dokumentiert, die ihrerseits seit dem 8. bis 7. Jh. v. Chr. neue Stadtformen hervorgebracht haben sowie die damit verbundenen Rituale und Vorgehensweisen bei der Gründung. Langen Bestand hatten auch die städtischen Systeme, die sich in verschiedenen anderen Umfeldern entwickelt haben. Auf dem asiatischen Kontinent bildeten sich die sehr wichtigen und fortschrittlichen urbanen Formen chinesischer oder japanischer Art heraus. Im Bereich der Anden und Mittelamerikas sind städtische Ansiedlungen nachweisbar, die einige Jahrhunderte vor der Christianisierung aufblühten und in den meisten Fällen um die zwei Jahrtausende lebendig blieben. Sie verschwanden erst mit der Eroberung und Beherrschung durch die Europäer, also nach dem 16. Jh. n. Chr. Ebenfalls auf dem amerikanischen Kontinent gibt es urbane Siedlungen – zum Beispiel Cuzco –, die, obwohl sie sich im Kontakt mit dem urbanen System europäischer Herkunft verändert haben, bis heute eine ununterbrochene Lebendigkeit beweisen. Langen Bestand scheinen gleichfalls die noch wenig untersuchten blühenden Stadtformen in Zentral- und Ostafrika gehabt zu haben, auch wenn sie in der Folge aus verschiedenen Gründen untergingen, so in Nubien oder im Bereich Äthiopiens. Weit verbreitet auf mehreren Erdteilen ist bis heute das sehr wichtige Modell der Stadt nach islamischem Zuschnitt, das hier als Mittelweg zwischen den westlichen und östlichen Stadtformen angesehen wird. Es setzte sich seit dem 7. Jh. n. Chr. durch, so dass seine Lebensdauer bis heute schon ein Jahrtausend übersteigt. Die Stadt ist somit ein überaus bedeutendes Phänomen, mit jahrtausendealter Geschichte, das die Entwicklung von vielen Kulturen prägt, mögen diese auch weit voneinander entfernt sein.

Eine Klarstellung ist jedoch notwendig: Einer weit verbreiteten Konvention folgend ist in den folgenden Kapiteln in Bezug auf Stadt und Gesellschaft die Rede von »östlich« und »westlich« – Bezeichnungen, welche auf einen eurozentristischen oder sogar Mittelmeer-zentristischen kulturellen Maßstab zurückgehen. In diesem Sinne wird von westlich gesprochen, wenn der europäisch-mediterrane Raum betroffen ist, und von östlich, wenn Bereiche im Osten dieser Region, aber auch im Süden (etwa Ägypten) gemeint sind. Man kann nicht umhin, auf die Ungenauigkeit dieses Konzepts hinzuweisen. Denn während hinreichend klar ist, was in Bezug auf die städtischen Systeme des asiatischen Kontinents mit östlich gemeint ist, ist die Definition der Stadt nach westlichem Modell weniger klar. Denn wenn sie sich auch im europäisch-mediterranen Raum entwickelt und hier Gestalt angenommen hat, so hat diese Stadtform doch ihre Wurzeln in urbanen Modellen, die in Gegenden wie der iranischen Hochebene, Mesopotamien, dem Industal und Ägypten entstanden sind, welche wir heute als »Nahen Osten«, »Mittleren Osten« oder »Osten« definieren. Doch damit nicht genug. Auch solche städtischen Systeme werden als Ausdruck des westlichen Stadtmodells angesehen, die zwar den von der europäischen Welt seit dem 16. und 17. Jh. errichteten Städten nachgebildet sind, aber sich bis in unsere Tage unter Einwirkung beispielsweise von Kriegen, Wirtschaftssystemen, technologischen Innovationen ungestüm auf mehreren Kontinenten der »globalisierten« Welt entwickelt haben – und dies sogar in Gegenden, die bis dahin wenig oder gar nicht besiedelt waren, etwa in Australien, Indonesien oder sogar in Wüstenregionen. Was die urbanen Themenkreise, aber nicht nur diese, angeht, so hat das Konzept des Westens also seine ursprüngliche geografische Bedeutung verloren und dafür eine andere, vor allem ideologische angenommen. Es kennzeichnet mithin vor allem die charakteristischen Werte des umfassenden städtischen Systems (welches jedoch in mehrere Unterformen zerfällt) im Prozess der westlich geprägten Globalisierung. Diese Konvention in der Geschichtsschreibung wird zwar nicht gänzlich geteilt, aber hier doch zur sprachlichen Vereinfachung akzeptiert. Nachdem hiermit ihre Grenzen und konzeptuellen Unschärfen umrissen sind, können ihre Kriterien angewendet werden für die Beschreibung der vielgestaltigen Entwicklung des Städtewesens. Und noch eine letzte Präzision methodologischer Art sei vorgenommen: Zwischen der »Geschichte der Stadt bzw. der Städte« und der »Geschichte des Nachdenkens über die Stadt« muss unterschieden werden. Denn vor allem in der westlichen urbanen Kultur impliziert die Vorstellung und Propagierung eines bestimmten Typs oder Modells von Stadt, sei es die »ideale Stadt« oder auch ein genau umrissenes stadt-

2 Eine Ansicht von Mondjéria in Mauretanien, verhüllt vom Staub, der von den Wüstenwinden aufgewirbelt wird. Es handelt sich um eine Oasenstadt, eine Karawanenstadt am nördlichen Rand des Sahel. Die Oase, die sie einst ernährte, ist beinahe verschwunden. Dies ist ein Schicksal, das im Lauf der Jahrhunderte zahlreichen vergleichbaren Städten widerfuhr.

2

3

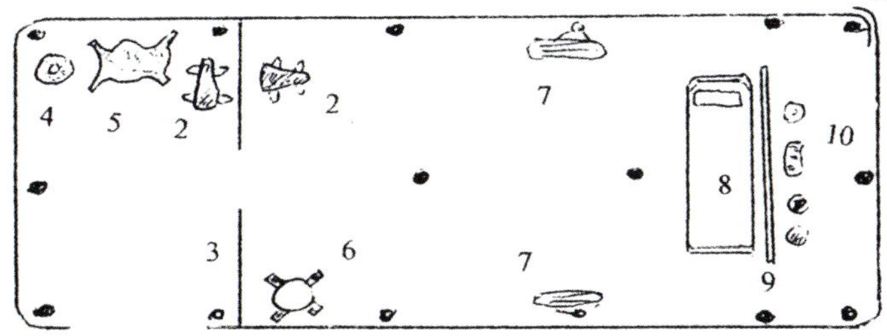

3 Die Tubu sind ein Nomadenstamm aus dem östlichen Teil der Zentralsahara. Zu sehen ist das schematisierte Innere eines typischen Tubu-Zelts.
1. Herrensattel
2. Damensattel
3. innere Trennwand
4. Krug
5. Wasserschlauch
6. Feuerstelle
7. aufgehängte Säcke
8. Bett auf Pfählen, Reisigbündel, Matten
9. geschmücktes Paneel aus Leder
10. Raum für die Frau und ihre persönlichen Gegenstände

planerisches Projekt, nicht zwangsläufig dessen konkretes Vorhandensein. Das Nachdenken über die Stadt ist daher zu trennen von der konkreten historischen Entwicklung der Städte. Dies gilt auch angesichts dessen, dass diese beiden Forschungszweige zur Entwicklung der städtischen Kultur eine Geschichtsschreibung hervorgebracht haben, die häufig beides ineinander übergehen lässt, um der tatsächlichen gegenseitigen Überschneidung Rechnung zu tragen – sei es bei theoretischen Ausarbeitungen, sei es bei mythologischen und symbolischen Zusammenhängen. Es bleibt schließlich noch festzuhalten, dass die vorliegende Darstellung der historischen Geschehnisse und der Vorstellungen von Stadt aus einem westlichen Betrachtungswinkel heraus entwickelt wird, und dies nicht nur, was naheliegend ist, in Bezug auf die westlichen Städte, sondern auch, was weniger selbstverständlich ist, wenn die Themen und Probleme von Städten anderer Natur und Herkunft erörtert werden.

Die Stadt im Rahmen der westlichen Kultur

In der westlichen urbanen Kultur stehen sich schon seit den Anfängen zwei entgegengesetzte Konzeptionen gegenüber: eine (vorherrschende) pro-städtische, eine (in der Minderheit befindliche) anti-städtische. Beide sind ebenso wie die darauf basierenden Traditionen, Mythen und Urteile, ob positiv oder negativ, durch die Zeiten hindurch lebendig geblieben. Häufig beeinflussten sie sich gegenseitig und von Zeit zu Zeit brachten sie auch Theoretisierungen und Positionen hervor, die auf verschiedene Art und Weise folgenreich waren. Es erscheint daher erhellend, einen Vergleich der biblischen Tradition (im alt-testamentarischen Sinne, nicht immer mit dem christlichen oder islamischen übereinstimmend) mit Mythen und Legenden anderen Ursprungs voranzustellen. Wie in den drei Erzählungen durchscheint, die hier in Erinnerung gerufen werden sollen, zeigt sich die alt-testamentarische Tradition häufig von einer anti-urbanen Konzeption geprägt. Das Urteil über die Stadt steht also unter negativem Vorzeichen. Da ist zuerst der Brudermörder Kain, der als Planer und Erbauer der Ur-Stadt Henoch angegeben wird (Genesis 4,17), welche überdies nach Kains Sohn benannt ist, der empfangen wurde, als Kain sein Weib »erkannt« hatte. Die Stadt wird also als ein Ort vorgestellt, der in der Folge eines leidenschaftlichen Aktes erschaffen wurde und für die Nachkommen eines Menschen bestimmt war, der ein Verbrechen begangen hatte. In der zweiten Erzählung, im Grunde eine Folge aus der ersten, wird von der Erbauung einer anderen Stadt, Babels, berichtet und von dem begonnenen Bau eines großen Turmes, der sich als stolzes Zeichen für die erreichte Einheit unter den Menschen bis zum Himmel erheben sollte (Genesis 11,1 ff.). Aber die Stadt und der Turm, die laut einigen neueren Interpretationen möglicherweise auch schon fertiggestellt gewesen sein sollen, erfuhren die von Gott verordnete Strafe der »Sprachenverwirrung« (was auch immer man darunter verstehen möge). Die Aufwallung des menschlichen Stolzes wird mithin als eine Tat oder Gesinnung angesehen, welche die Strafe Gottes verdient. Und auch die dritte Erzählung wartet mit ähnlichen Themen auf. Die beiden Städte Sodom und Gomorrha sind Schauplätze der Verderbtheit, als deren Folge sie entsetzliche Bestrafungen erleiden (Genesis 13,13; 14,8 ff.). Unter entgegengesetztem Vorzeichen steht das kulturelle Bild, das in einigen mesopotamischen Mythen heraufbeschworen wird und klar einer pro-städtischen Auffassung zuzuordnen ist. Anders als in der biblischen Tradition, die von Eden als einem Garten spricht, also als etwas nicht Städtischem, aus dem der Mensch jedenfalls verbannt wird, ist das Eden der sumerischen Mythen eine Stadt. Es ist (nach Leick) sogar die Stadt Eridu, das heutige Abu Sharein, ein

4 Eine Inkastadt, über der die Bergspitze des Huyana Picchu emporragt. Ansicht eines Details, des sogenannten Mörser-Bereichs, und, unten rechts, des Kerkers. Beispiel für eine außereuropäische Stadtform.

von Wasser umgebener Zipfel Erde, eigens geschaffen durch den Gott Marduk, welcher daraufhin die Menschheit erschuf und einen Tempel in der Stadt als den Ort, wo er verehrt werden wollte. Passend zu dieser pro-städtischen Auffassung ist auch der Schluss des Gilgamesch-Epos: Die Stadt Uruk, wo der Held nach stürmischen Wechselfällen anlandet, ist ein Ort der Annehmlichkeiten und der Herausbildung von geistigen Fähigkeiten (Xella). Doch nun ist es an der Zeit, eine nähere Untersuchung der beiden Denkströmungen vorzunehmen.

a) Die anti-städtische Auffassung

Diese Auffassung ist häufig bei Vertretern einer bestimmten Strömung der christlichen Lehre anzutreffen, der auch Augustinus von Hippo angehörte. In seinem berühmten Werk »De civitate Dei« bildet der Brudermord, nämlich die Ermordung von Remus durch Romulus, das archetypische Muster für den Ursprung der Stadt Rom. Die Stadt und ihre Macht entspringen also dem wesentlichen Zwiespalt, dass jeder der beiden Zwillinge die eben gegründete Stadt allein, ohne Nebenbuhler beherrschen will. Doch wenn Augustinus von den (mythologischen) Geschehnissen spricht, dann, um sich anschließend auf die weltliche *civitas* zu beziehen, die als negatives Gegenbild zur himmlischen *civitas* erscheint. Die beiden *civitates* sind Allegorien für zwei Gesellschaftsformen, die zueinander, wenn nicht in einem teleologischen Rahmen, so doch in einem bleibenden Gegensatz stehen. Diese Gedankenlinie – beinahe wie ein Fluss in einer Karstlandschaft, der streckenweise verschwindet, um später wieder plötzlich ans Licht zu kommen – durchläuft unterirdisch einen großen Teil des christlichen Mittelalters und sogar die ruhmreichen Phasen der Renaissance und der Moderne. Sie taucht gelegentlich auf (und diese Erscheinungen sind, nach Carlo Ginzburg, immer auch »Zeichen«, die man nicht außer Acht lassen sollte), auch zu Zeiten, in denen die Stadt als Ort, Gestalt und Bedingung einer »idealen« Gesellschaft angesehen und propagiert wird.

Ich führe hier einige »Zeichen« auf: In Dantes Hölle ist die Stadt (Dite) Ort und Mittel der göttlichen Strafe. Im 11. Jh. war Arezzo voll von Dämonen, und um sie zu vertreiben, war ein Wunder des heiligen Franziskus nötig. Ein weiteres, wenig bekanntes Beispiel: Gegen 1500 vergleicht Francesco di Giorgio Martini die Perfektion des menschlichen Körpers mit derjenigen einer »idealen« anthropomorphen Stadt; später widerspricht er sich jedoch und beruft sich plötzlich wieder auf das alte biblische Motiv der Stadt als Tochter Kains. Zu Beginn des 16. Jhs. beschreibt Thomas Morus eine glückselige Stadt und Gesellschaft, siedelt sie aber auf einer Insel »ohne Ort« an: Utopia. Im Zeitalter der Aufklärung erinnert man sich, geleitet von dem Wunsch nach der Rückkehr zu einer prä-urbanen oder anti-urbanen Gesellschaft, wieder an die Werte der »Urhütte« und des »Hauses Adams«. Im 19. Jh. und in den ersten Jahrzehnten des 20. Jhs. offenbart sich die anti-städtische Auffassung in Vorschlägen ethisch-sozialer und religiöser Art, die von einigen englischen Utopisten aufgebracht wurden. Und selbst noch in unseren Tagen scheinen Spuren des anti-urbanen Denkens, abgesehen von manchen Aspekten der sogenannten »grünen« Bewegungen, auch in der journalistischen und in der musikalischen Vorstellungswelt zutage zu treten.

b) Die pro-städtische Strömung

Die insgesamt überwiegende pro-städtische Strömung durchzieht die gesamte antike Welt. Nachdem eine Krisenphase überwunden war, die den Westen Europas, nicht jedoch seinen östlichen und islamisierten Teil betraf, kam sie schon seit dem Spätmittelalter mit immer stärkerem Nachdruck wieder auf. Und in der gegenwärtigen modernen Zeit ist sie

4

in noch größerer Vielfalt und Virulenz in allerlei Vorschlägen und Umsetzungen lebendig. Es mangelt jedoch nicht an Problemen methodologischer und semantischer Art. Seit der Antike hat man das ausgedehnte und untergliederte Universum der »städtischen« Ansiedlung mit vielen verschiedenen Begriffen (*polis, urbs, civitas, castrum, oppidum*) bezeichnet. Allerdings sind manche dieser Begriffe zu einem bestimmten Zeitpunkt verschwunden, um durch andere ersetzt zu werden oder, wenn sie weiterbestanden, kennzeichneten sie nun eine andere Siedlungsform. Der Begriff *polis* bezeichnete ursprünglich kein vollständiges städtisches System, sondern erlangte diese Bedeutung erst später. Die antike griechische Stadt bestand aus verschiedenen Siedlungskernen, die mit eigenen Begriffen (*acropolis, asty, kômai etc.*) bezeichnet waren, welche gerade auf die Vielfalt der Pole hindeuteten, aus denen sie sich zusammensetzte. In der römischen Welt stehen Begriffe wie *vicus, pagus, villa* und andere für Siedlungskerne, die sich von der *urbs* unterscheiden. Und im spätantiken und frühmittelalterlichen Zeitalter wird *urbs* von *civitas* (das auch der italienischen *città* zugrunde liegt) begrifflich abgegrenzt, wie sich in der im 7. Jh. n. Chr. von Isidor von Sevilla eingeführten Unterscheidung zeigt. *Urbs* bezeichnet die »Stadt aus Stein«, *civitas* die städtische Gesellschaft. Einige dieser Begriffe wurden Jahrhunderte später immer noch verwendet, andere verschwanden und wieder andere bezeichneten neue Wirklichkeiten. Der Begriff *villa*, der im römischen Zeitalter eine nicht-städtische Anlage bezeichnete, die landwirtschaftlicher Art war oder als nicht-städtischer Wohnsitz diente, hat in den hoch- und spätmittelalterlichen Jahrhunderten ebenfalls die Bedeutung von Stadt angenommen, wie im französischen *ville* oder im spanischen *villa* zu erkennen. Dabei konnte *villa* sich auf Zentren beziehen, die mit einer gewissen Autonomie ausgestattet waren, wie dies zum Beispiel bei den Orten Villafranca, Francavilla, Villefranche, Villeneuve der Fall ist, oder die im Gegenteil in Abhängigkeit von territorialen Mächten standen (Villa Reale etc.). Im Byzantinischen Reich wurde noch der Begriff *polis* verwendet, daneben aber auch der Begriff *kastron* (gleichbedeutend mit dem lateinischen *castrum*), um einen befestigten Ort zu kennzeichnen. Auf der italienischen Halbinsel hat die langobardische Herrschaft die Begriffe *massa, fara* und *sala* – von denen einige Ortsnamen abgeleitet sind – für solche Siedlungsformen eingeführt, die mit dem Rechtssystem und den Sitten jenes Volkes zusammenhängen. Und später, jedoch immer noch im Mittelalter, tauchen neben dem schon angeführten *castrum* die Begriffe *burgus, civita, terra, terra franca* oder das französische *bastide* auf, weniger häufig auch das italienische *bastia*. Außerdem wird der Begriff *castellum* (abgeleitet von *castrum*) weit verbreitet genutzt, welcher jedoch im Gegensatz zu heute sowohl ein befestigtes Dorf als auch einen einzelnen feudalen Gebäudekomplex bezeichnete. In den Gegenden Europas, die vom Islam beherrscht wurden, treten dann auch Ortsnamen auf, die aus der arabischen Sprache abgeleitet wurden.

Hieraus ergeben sich viele Fragen: Kennzeichnen die genannten Begriffe alle die gleiche Siedlungsform und die gleiche damit verbundene Lebensform? Decken sich alle mehr oder weniger genau mit dem Konzept der Stadt, auf das wir uns heute beziehen? Die Antwort ist natürlich negativ. Der Begriff Stadt bezeichnet in der Tat eine spezielle Klasse von Siedlungsformen, welche sich je nach der maßgeblichen städtischen Kultur voneinander unterscheiden, sei es – was offensichtlich ist –, wenn man sie auf diachroner Ebene vergleicht, sei es – und dies ist weniger offensichtlich – auf synchroner Ebene: Geographie, Geschichte und Kultur können zu Unterscheidungsmerkmalen werden. In der phönizisch-punischen Welt war das soziale System nicht verbunden mit der Vorstellung von *multitudo*, sondern vielmehr mit sehr genau bestimmten hierarchischen und funktionalen Schichtungen. In der griechischen Kultur hatten die »Kolonien«, das heißt diejenigen städtischen Zentren, die von griechischen Volksgruppen gegründet wurden, nicht die gleichen Gesetze und die gleichen Gestaltmerkmale wie die »Mutter-Städte« (*metropoleis*), und in vielen Fällen haben sie sich in der Folge unabhängig von diesen entwickelt, sogar bis hin zur Entstehung von Konfliktlagen. Die etruskischen Städte haben sich in unterschiedlichen Siedlungssystemen organisiert, die einmal in kleine, untereinander verbundene Zentren organisiert sind und ein andermal die Siedlungsform der griechisch-italienischen Kolonien widerspiegeln. Nicht sehr viel anders erscheint auch das Bild Roms zur Zeit der Könige. Im Mittelalter hat der Begriff »Stadt« Bedeutungsaspekte geistiger Art gewonnen. Unabhängig von ihrer physischen Existenz wurde die Stadt als ein Ort angesehen, dem man besondere ideelle Eigenschaften zuschrieb, seien sie religiöser Art – so in den speziellen Fällen von Rom und Jerusalem und sonst insbesondere dann, wenn die Stadt Sitz einer Diözese war – oder im Sinne der Fortführung der antiken Rolle der Stadt, indem ihr das begehrte Privileg gewährt wurde, Sitz eines *studium generale* (einer Universität) zu sein, aber auch in Bezug auf politische Erwägungen – speziell unter dem Gesichtspunkt der feudalen Treue – und in anderen Zusammenhängen. Wie unterschiedlich die Beurteilungen sind, möge folgendes Beispiel aus der frühen Neuzeit zeigen: Im 16. Jh. wunderten sich die venezianischen Botschafter, dass im deutschen Raum bestimmte Siedlungen als Stadt bezeichnet wurden, die in Italien lediglich als *terre* galten (Chittolini). Es sei betont, dass die symbolischen Aspekte einer Stadt und vor allem diejenigen religiöser Art in mehreren Epochen auf unterschiedliche Weise ein konstituierendes Merkmal bezogen auf den göttlichen Beistand und Schutz bildeten und sich daher sowohl in genau festgelegten Gründungsritualen als auch in eigenen Normen und Vorschriften ausdrückten. Eine kleine Auflistung von Beispielen, eher zufällig ausgewählt, darf nicht fehlen: Platon empfahl, neu gegründete Städte Helden oder Göttern zu widmen, um sie zu schützen und das Schicksal günstig zu beeinflussen. Die Gründungsriten einer etruskisch-italienischen Stadt – und dies gilt auch für Rom – sahen die Befragung verschiedener Augurenzeichen (Eingeweide, Vogelflug etc.) vor. In der Spätantike zog Konstantin die Grenze seiner neuen Hauptstadt mit einer Lanzenspur. Im Mittelalter und in der frühen Neuzeit wurde der Zeitpunkt für die rituelle Gründung einer Stadt durch Bestimmung einer günstigen astrologischen Konstellation festgelegt. Das Zeichen der *crux viarum* entstammt den Gepflogenheiten der etruskisch-römischen Gründungen und fand später in die Verfahren der Gromatici (Feldmesser) Eingang. Es markiert den Schnittpunkt der wichtigsten rechtwinkligen Achsen. Im Mittelalter erfuhr es, vor allem in englischen Städten, eine physische Umsetzung in den christlichen Kreuzen, die am Schnittpunkt der Hauptachsen errichtet wurden. Die verschiedenen Stadtviertel der »sakralisierten« mittelalterlichen Städte wurden zuweilen »heilige Körper« genannt, nach den Heiligen, denen sie geweiht waren. Auch baute man, doch in diesem Fall nicht religiös motiviert, gemäß der Renaissance-Symbolik von der »idealen Stadt«, indem man deren Anlage an den »perfekten« geometrischen Formen (Kreis, Quadrat, Sternformen, Bezugnahme auf den menschlichen Körper etc.) sowie den sich daraus ergebenden möglichen Schnittpunkten ausrichtete. In jedem Fall haben sich die politischen, ökonomischen, eventuell strategischen, aber auch symbolischen und ikonologischen Kriterien, die bei der Gründung oder tiefgreifenden Umgestaltung eines urbanen Zentrums angewendet wurden, immer auch in Prinzipien, Methoden und Instrumenten, auch technischer Art, niedergeschlagen und folglich sowohl das soziale Gefüge und das Netz der privaten und öffentlichen Beziehungen (seien sie direkter, indirekter oder sogar »virtueller« Natur) beeinflusst als auch die erlebte Erfahrung jedes ihrer Mitglieder.

Alles bis jetzt Gesagte bezieht sich auf das Konzept der Stadt als »konstruierte« Ansiedlung, als urbanes Netz, das mittels baulicher und infrastruktureller »übergestülpter« Eingriffe (denn auch wenn einige Bauten unterirdisch sind, sind sie doch keine wesentlichen Bestandteile des Ganzen) in einem bestehenden landschaftlichen Raum errichtet wurde. Und dies ist genau die Art und Weise, in der städtische Ansiedlung seit der Antike bis heute beinahe universal vonstatten geht. Aber eben nur »beinahe«. Es gab, und es gibt sie immer noch, Formen der städtischen Ansiedlung, und zwar bei »richtigen« Städten, die man nicht »auf« einem bestimmten landschaftlichen Raum realisiert hat, sondern mitten in dessen Innerem. Städte also, deren erbaute Teile sich im Untergrund dieses Raumes befinden, in den man mit Grabungen eindringt, die entweder die bestehenden natürlichen Hohlräume verändern und neu gestalten oder diesen neu errichtete Teile hinzufügen. Die Rede ist von den sogenannten unterirdischen oder Felsenstädten, die sich gerade aufgrund dieser Besonderheiten, Planung und Neugestaltung, grundlegend von den Höhlensiedlungen unterscheiden. Für diese Form der Stadt gibt es verschiedene Beispiele, sowohl aus der Antike als auch aktuelle, und unter letzteren sind manche immer noch lebendige Realität oder sogar noch in der Entwicklung. Einige derartige Städte liegen am Rande der Sahara. Ungleich bekannter, da Gegenstand detaillierter städtebaulicher und sozialer Studien und auch touristischer Initiativen, sind die ausgedehnten Wohnkomplexe Kappadokiens (Türkei), die bis zur Mitte des 20. Jhs. bewohnt waren, sowie der Komplex

5 Lageplan der Zitadelle von Aleppo (Syrien) und fotografische Aufnahme der Zitadelle, die sich auf einer antiken befestigten Anhöhe erhebt und um 1200 n. Chr. erbaut wurde. Der Haupteingang wird von einem befestigten Tor gebildet, wobei die Aufstockung auf das 14. Jh. zurückgeht.

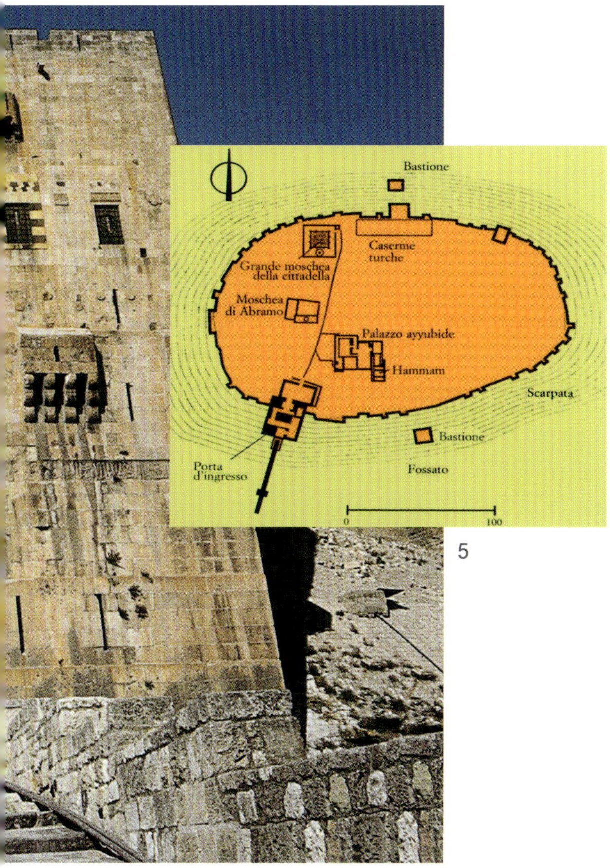

5

der Stadt Matera (Süditalien), der bis zum 16. oder 18. Jh. in voller Blüte stand, aber dann nach und nach verfiel, bis er in der Mitte des vorigen Jahrhunderts gleichfalls aufgegeben wurde. Tatsächlich wurde der Wohnkomplex jedoch in der Folgezeit wiederbelebt, indem man einerseits die Gebäude an moderne Wohn- und Funktionsstandards anpasste und andererseits den ganzen Komplex mit modernen Infrastrukturen ausstattete, was ihn zu einem besonderen Wohnviertel der heutigen Stadt werden ließ.

Herbst des Mittelalters

Ungeachtet einiger kurzer aktueller Bezüge behandelt dieser Band den Themenkreis der Entwicklung der Städte in einem chronologischen Bogen, der an der Schwelle zur Neuzeit endet, also am Ende eines langen Mittelalters. Welches genaue Datum auch immer man aufgrund einer als emblematisch erwählten Begebenheit angeben mag, üblicherweise wird das Ende des Mittelalters um die Wende vom 15. zum 16. Jh. angesetzt. Der niederländische Historiker Johan Huizinga hat die letzte Phase des Mittelalters als »Herbst des Mittelalters« bezeichnet, um ihre kontrastreichen und lebhaften Farben hervorzuheben, die den auflodernden Farben in einer herbstlichen Landschaft gleichen. Damit charakterisiert er eine Gesellschaft, deren herrschende Klasse einerseits nach dem Konsum von Luxusgütern (auch auf Kunst bezogen) strebt und andererseits viele damit einhergehende Schatten und Finsternisse (Armut, Gewalt, Kriege etc.) kennt, welche aber die herrschenden Schichten in noch stärkerem Ausmaß bedrohen. Doch mit Beginn des 16. Jhs. geht der Herbst direkt in ein neues Frühjahr über. In der Tat beginnt eine neue historische Jahreszeit, denn von diesem Zeitpunkt an erweitern sich auch aufgrund der Entdeckung neuer Kontinente die geographischen, historischen, aber auch religiösen und symbolischen Grenzen ganz außerordentlich, innerhalb derer sich bis dahin die Geschehnisse in den

6

6 Ideale Stadt, Museum des herzoglichen Palastes von Urbino. Die Ansicht stellt in einer für die Renaissance typischen Weise die Utopie der vollkommenen Stadt dar.

Städten westlichen und islamischen Zuschnitts abspielten. An der Schwelle zum 16. Jh. beginnt also eine neue Phase in der Geschichte der Städte, welche sich aus dem neuen Netz von Beziehungen ergibt, das sich – nicht ohne weitere und dramatische Konflikte – zwischen den zahlreicher und noch verschiedenartiger gewordenen sozialen, ökonomischen, politischen, technischen, kulturellen und mythischen Zusammenhängen spannt. Ab dem Beginn dieser Epoche muss auch das Bild der städtischen Entwicklung gemäß anderen, weiter reichenden Modellen und Paradigmen als den hier angewendeten umrissen werden.

1

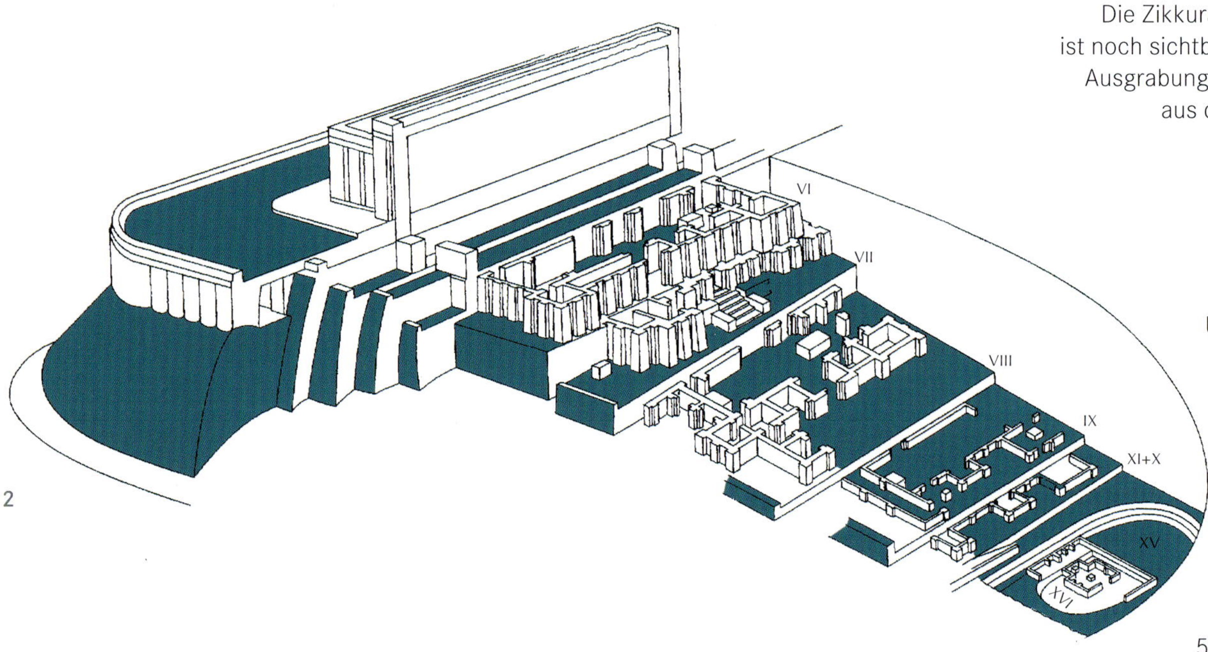

2

1 Aktuelles Luftbild der Stätte Eridu im Irak. Die Zikkurat aus dem 3. Jahrtausend v. Chr. ist noch sichtbar. Eridu ist auch berühmt für die Ausgrabungen von städtischen Ansiedlungen aus dem 6. und 5. Jahrtausend v. Chr.

2 Perspektivische Ansicht des *temple sounding* in Eridu. Über Jahrhunderte wurden immer prachtvollere Gebäude an gleicher Stelle erbaut. Üblicherweise werden sie als Tempel gedeutet, aber wahrscheinlicher ist, dass es sich um Versammlungssäle handelt, in denen die Würdenträger der Siedlung die Angelegenheiten ihrer Gemeinschaft verwalteten. Die auf das 5. Jahrtausend datierbaren Bauten (Ebenen XI bis VI, 'Ubaid 3 und 4) selbst sind nicht mehr vorhanden, es sind nur die immer höher werdenden Terrassen erhalten geblieben, auf denen sie sich erhoben.

KAPITEL I

Die städtische Welt in der Frühgeschichte

Auch wenn im Mittleren Osten heute Verbünde von kleineren Siedlungen bekannt sind, welche auf das 9. Jahrtausend v. Chr. zurückgehen, so ist doch der erste Keim eines wahrhaft städtischen Systems zwischen dem 7. und 6. Jahrtausend v. Chr. in dem ausgedehnten Landstrich zwischen den Flüssen Euphrat und Tigris auszumachen. Diese Gegend war durch eine bemerkenswerte Fruchtbarkeit gekennzeichnet (vor nicht allzu langer Zeit wurde die Region noch als fruchtbarer Halbmond bezeichnet), und aus ihren Böden zog man dementsprechend sehr gewinnbringende landwirtschaftliche Erträge. Hier erblühten – im Wesentlichen aus den gleichen Gründen – etwas später, also in einer Zeitspanne, die zwischen dem 5. und 2. Jahrtausend v. Chr. liegt, verschiedene und bedeutende städtische Kulturen und Zentren, die auf neue Systeme und Maßstäbe der Besiedlung zurückzuführen sind. Sie werden von einigen Forschern sogar als Anzeichen dafür gesehen, dass eine regelrechte urbane Revolution erfolgt sei. Die neuen Siedlungszentren seien Ausdruck eines vollen und weitreichenden konzeptionellen Bewusstseins, eines neuen geistigen Horizonts, ja eines echten Wunders. Oswald Spengler formulierte es so: »Das eigentliche Wunder ist die Geburt der Seele einer Stadt. [...] Ist sie erwacht, so bildet sie sich einen sichtbaren Leib. [...] Und dieses Ganze lebt, atmet, wächst, erhält ein Antlitz und eine innere Form und Geschichte.« Spenglers These gründet sich auf Überlegungen, von denen einige durch historisch gesicherte Daten untermauert sind und andere sich auf indirekte Quellen berufen, also durch literarische Texte oder Mythen oder andere Indizien und Quellen gestützt werden. Beispielsweise erlangt man aus der sogenannten Sumerischen Königsliste, einem sumerischen Text, der zwischen das Ende des 3. und die ersten Jahren des 2. Jahrtausends datiert wird, Kenntnis von der Existenz von fünf Städten (Eridu, Bad-tibira, Larak, Sippar, Suruppak), die im südlichen Zentralmesopotamien lagen, durch ein auf dem Königtum beruhendes System regiert wurden (Saporetti) und schon vor der Sintflut bestanden. Dieses traumatische Ereignis wird in mehreren Quellen erwähnt: Der assyrische König Assurbanipal berichtet davon, die Sintflut war den Hethitern und anderen Völkern bekannt und außerdem fand sie über Syrien und Palästina Eingang in die biblischen Texte und das Neue Testament. Infolge der Sintflut, die gemäß einer sumerischen Tafel alles dem Erdboden gleichmachte, wurde der Königssitz in die Stadt Kis verlegt, was auch aus anderen Zeugnissen hervorgeht.

3 Beispiel für die Einbettung eines Tempel-Palasts in eine mesopotamische Stadt. Die Rekonstruktionszeichnung bezieht sich auf den Ort Ishtar-Kititum und hypothetisch auf die Zeit um 1850 v. Chr.

3

Für die Existenz dieser antiken Städte gibt es auch wissenschaftliche Beweise. So haben zum Beispiel Ausgrabungskampagnen auf dem Gebiet der antiken Stadt Eridu viele übereinanderliegende Schichten eines Tempels und die Reste eines anderen großen, von einer Mauer geschützten Gebäudes freigelegt. In jedem Fall, so wird gefolgert, kann eine große Stadt wie Eridu nicht durch Zufall, als isoliertes Ereignis, entstanden sein. Ihre Anlage und ihre schnelle Entwicklung sind vielmehr mit großer Wahrscheinlichkeit mit bedeutenden Eingriffen zur Wasserregulierung in der Gegend in Zusammenhang zu bringen, die möglicherweise gleichzeitig stattgefunden haben und für die antiken Entwässerungskanäle sorgten, deren Entwürfe bekannt sind. Es ist außerdem wahrscheinlich, dass ihr Wachstum im Gegensatz zu sumerischen Ortschaften in der gleichen Region (Uruk, Ur, Nippur, Lagas) während ihrer fortschreitenden Entwicklung zum Stadt-Staat erfolgte und jedenfalls im allgemeineren Rahmen der „direkten Mitwirkung an den bürgerlichen Fortschritten«, die in jener Gegend »seit Jahrtausenden in Entwicklung begriffen« waren (Palottini). In den Städten dieser antiken vordynastischen Phase war es der Tempel-Palast, der die Aufgaben der Kontrolle und der politischen, ökonomischen und administrativen Verwaltung des unterstellten Territoriums erfüllte. Und tatsächlich war er durch komplexe und solide Gebäudestrukturen gekennzeichnet, im Gegensatz zur übrigen Ortschaft, deren Häuser be-

4

scheidene Bauten von rechteckigem Grundriss waren, mit Böden aus gestampftem Lehm (Pisé) und erbaut aus wenig dauerhaften Materialien (Stroh, Binsen, Ton, im besten Fall ungebrannte Ziegel). Dies sollte allgemein gültig bleiben, auch wenn es in etwas späterer Zeit in den Hauptstädten (Uruk, Eridu, Ur, Tell, Nippur) stabilere Gebäude gegeben hat.

Im südlichen Mesopotamien nimmt die bereits erwähnte heilige Stadt Ur einen wichtigen Platz ein. Sie wurde circa 2110 v. Chr. auf Initiative von Ur-Namun die Hauptstadt eines ersten echten mesopotamischen Staates und Sitz der Könige von Sumer und Akkad. Von Ur kennt man den Mauerring mit beinahe ovaler Form, die Einfriedungen und die Heiligtümer, insbesondere die Zikkurat. Die Stadt wurde von einer Akropolis gebildet, errichtet zum Schutz eines Fleckens, der sich ungeregelt entwickelt hatte, mit krummen Wegen, die als Sackgasse endeten und keine Pflasterung hatten. Diese Siedlungsanlage blieb auch während der folgenden Entwicklungen bestehen, aber der Charakter der Häuser sollte sich ändern: Ursprünglich waren sie von vorläufiger Bauweise, mit kleinen Abmessungen, direkt zur Straße hin ausgerichtet; später folgten sie einem nach innen ausgerichteten Muster, indem die Räume sich zu einem Hof oder einem großen Innenraum hin öffneten und mit nur einer einzigen Öffnung zur Straße. Im Süden Mesopotamiens gab es in einer anderen Hauptstadt, der schon erwähnten Stadt Lagas, auch Häuser mit zwei Stockwerken, erbaut aus Rohziegeln. Der qualitative Sprung, das erreichte Bewusstsein für die Rolle und Funktion einer Stadt, wird indes auch mit Blick auf ihr erweitertes Profil deutlich, eine Folge der Einrichtung einer echten staatlichen Struktur. Denn mit der Stadt bildet sich eine Institution heraus, die in der Lage ist, ausgedehnte Landstriche zu lenken und zu kontrollieren, woraus noch andere wichtige und konkrete Effekte folgen. Im Fall von Ur kam es zur Errichtung einer langen Mauer, deren Länge Pallottini mit gut 274 Kilometern angibt, um die Grenzen zu Assyrien verteidigen zu können. Allgemeiner gesprochen und nicht nur auf Ur bezogen ist infolge der engen Verknüpfung zwischen dem staatlichen politischen System und seinem Sitz in einer bedeutenden Stadt eine starke Zunahme von wichtigen öffentlichen Bauprojekten in dieser Stadt zu verzeichnen, was nicht nur, aber vor allem für Tempel gilt.

5

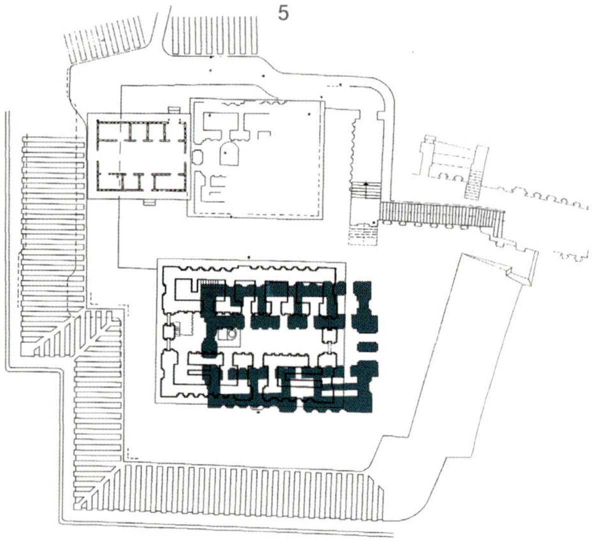

4 Aktuelle Ansicht von auf das 4. Jahrtausend v. Chr. zurückgehenden Überresten des Steingebäudes von Uruk in Mesopotamien (Irak), einem der bedeutendsten Tempel-Palast-Komplexe in der Region.

5 Grundriss des Steingebäudes und der »Zikkurat von An« genannten erhöhten Terrasse, auf der nacheinander mehrere Gebäude standen, darunter der »Weiße Tempel«. Uruk-Zeit, Ende des 4. Jahrtausends.

6

7

6 Aktuelles Luftbild der ausgedehnten Stätte von Umm el-Aqarib im Irak. Es wurden Überreste aus dem 3. Jahrtausend v. Chr. ausgegraben.

7 Luftbild der berühmten Zikkurat von Ur. Datiert auf die 3. Dynastie von Ur, um das 21. Jh. v. Chr.

8 Rekonstruktion der Zikkurat von Ur mit ihrem System der in mehrere Richtungen verlaufenden Freitreppen, über welche der obere Teil der Pyramide mit dem den Priestern vorbehaltenen Heiligtum erreicht wird.

8

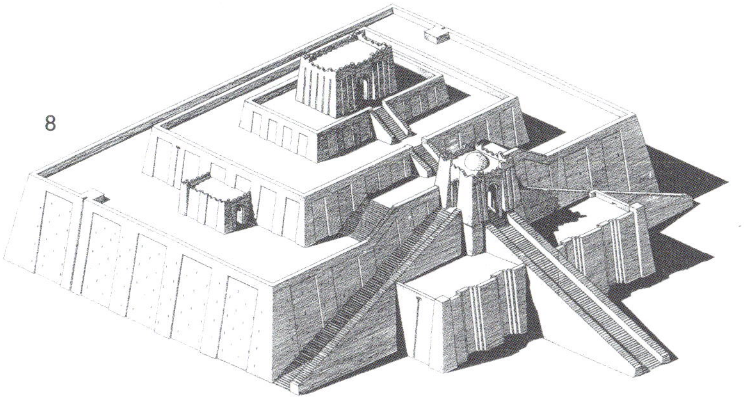

9

10

Auch im Tal des Nils, in Ägypten, gelangte man zur Gründung eines Einheitsstaats, den einige gegen 3100 v. Chr., andere, die der Königsliste folgen, im Jahr 2850 v. Chr. ansetzen. Ein politisches System nahm Gestalt an, welches die prädynastischen Formen vereinigte, die sich zuvor am Oberlauf bzw. im Delta des Flusses durchgesetzt hatten. Die Geschichte der Städte im antiken Ägypten wird üblicherweise gegliedert nach den Reichen, die dort aufeinanderfolgten: Altes Reich (3100–2050 oder 2850–2050), Mittleres Reich (2050 – ca. 1570), Neues Reich (1570–1085), schließlich die Spätzeit. In diesem Kontext entwickelten sich die bedeutenden Städte: Zunächst war Memphis die Hauptstadt, später, nach der Begründung des Mittleren Reichs im Jahr 2050 v. Chr., wurde es Theben. Die großen und weltberühmten Baumaßnahmen der pharaonischen Dynastien waren jedoch vor allem auf die Errichtung von Tempel-Palästen und Nekropolen gerichtet. Es sind diese großen Paläste und Tempel und die bedeutenden Pyramiden, die das bauliche Engagement der großen Dynastien kennzeichneten und die aufgrund der Pracht, Fülle und Haltbarkeit der verwendeten Materialien die ganze Szenerie der ägyptischen Lebenswelt prägen. Der Rest der Siedlungen, die im Allgemeinen aus wenig haltbaren Materialien erbaut wurden, ist zum großen Teil verschwunden. Einige städtische Kennzeichen der beiden wichtigsten Hauptstädte sind jedoch teilweise bekannt. Von Memphis weiß man, dass eine königliche Festung (der Könige von Heroonpolis) schon seit fernen Zeiten den zentralen Siedlungskern bildete und dass dort während der 1. Dynastie ein großer Palast erbaut wurde, in dem Djoser residierte. Wir wissen außerdem – und dies bekräftigt zugleich die territoriale und kommerzielle Funktion der Stadt –, dass sich an den primitiven Stadtkern in der Folge das wichtige Viertel von Men-nefer Pepis I. anlagerte. Außerdem gab es noch die großen Tempel für Ptah und Neith, und nicht weit von diesen erhoben sich die großen Nekropolen von Sakkara und Abusir. Über die zweite Stadt, Theben, weiß man mehr. In der Nähe der beiden aufeinander ausgerichteten Tempelbezirke

9 Diese Zeichnung, ein Ertrag der Expedition Napoleon Bonapartes nach Ägypten, gewährt uns eine perspektivische Ansicht des südlichen Tors des Tempels von Karnak in Theben. Es handelt sich um eines der wenigen Zeugnisse von diesem Tor, welches einerseits Eintritt zum Tempel gewährte und andererseits auf den Tempel von Luxor hin ausgerichtet war, der sich einige Kilometer entfernt befand. Luxor und Karnak bildeten auf diese Weise die beiden Pole der Ansiedlung von Theben. Nicht weit entfernt von dem Tor ist der Tempel von Ramses III. gelegen.

10 Luxor: Zeichnung von der Expedition Napoleon Bonapartes, welche den Eingang zum Palast darstellt, der im 16. Jh. v. Chr. errichtet wurde und Amun als einzigem Gott der Ägypter geweiht war. Der rechte Obelisk wurde später durch den ägyptischen Vizekönig Muhammad Ali dem französischen Sprachwissenschaftler Champollion zum Geschenk gemacht und befindet sich heute im Zentrum der Place de la Concorde in Paris.

11

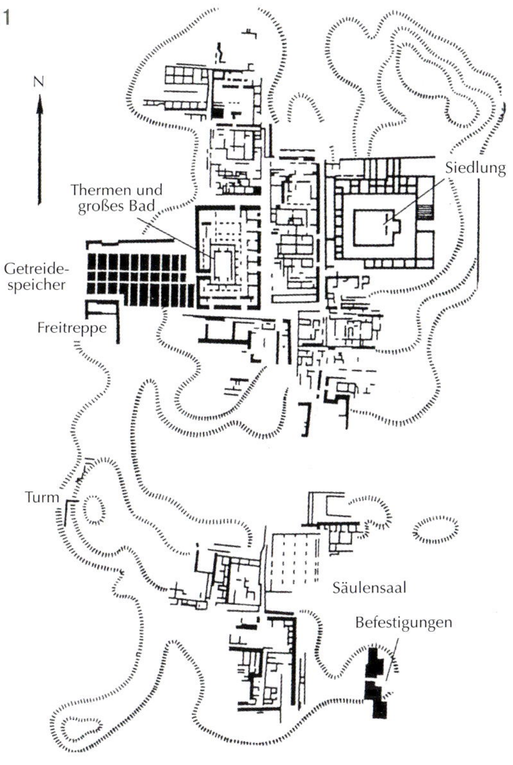

11 Plan der Zitadelle von Mohenjo-Daro. Die Stadt war sehr viel größer.

Luxor und Karnak gelegen, wurde sie vom Nil geteilt, konzentrierte sich aber auf drei miteinander verbundenen Inseln. Ihr östlicher Bereich bildete ihren wichtigsten Teil. Dort residierten die Amtsträger und die Adligen in ihren herrlichen Palästen, dort lagen auch die luxuriösen Wohnsitze der reichen Bürger. Außerdem wohnten in diesem Teil der Stadt die Priester. Die Tempel waren über Kanäle und stattliche Alleen mit dem Nil verbunden. Ein großer Hafen, die damit verbundenen Speicher und Handelszentren ließen Theben zu einer der reichsten und prächtigsten Städte ihrer Zeit werden. Ein gewaltiger Mauerring, von dem man jedoch nicht den gesamten Verlauf kennt, umgab und schützte ihre Anlagen. Trotz der folgenden Phasen des Niedergangs und trotz der zahlreichen Plünderungen, denen sie zum Opfer fiel, wird die Stadt in der Ilias als das hunderttorige Theben erwähnt. Unter ihren zahlreichen großartigen Werken nimmt der große Hypostyl im Tempel des Amun, im gewaltigen Palast gelegen, einen herausragenden Stellenwert ein.

Außer in den genannten Regionen gab es auch im Industal städtische Anlagen. Dort entstanden und behaupteten sich zwischen 2500 und 1500 v. Chr. – also im Vergleich zum Niltal etwas später – die Städte Mohenjo-Daro und Harappa. Beide Zentren wurden angesichts ihrer Bedeutung, des Einflusses und der territorialen Kontrolle, die sie über ein ausgedehntes Gebiet ausübten, zu dem auch zahlreiche andere Zentren von geringerer Bedeutung gehörten, vor kurzem von der Forschung sogar zu Metropolen erklärt (jedoch in einem anderen als dem heutigen Sinne). Nach Ausgrabungen auch neueren Datums kennt man von diesen Städten Komplexe mit rechteckigem Grundriss, weiß man von hoher Bebauungsdichte, fortschrittlichen städtischen Infrastrukturen (Zufuhr und Abfluss von Wasser) und einer Bautechnik mit großflächiger Verwendung von Ziegeln.

Anlagen mit urbanem Charakter gibt es auch auf der arabischen Halbinsel. Man beginnt gerade, mehr über die jemenitischen Ansiedlungen des Hadramaut herauszufinden, wo seit dem 10. Jh. v. Chr. (mit Weiterentwicklungen bis zum 3. Jh. n. Chr.) die wichtige städtische Kultur des Reichs von Saba blühte, die mit dem Handelsverkehr auf der sogenannten Weihrauchstraße eng verbunden war.

Zwischen dem 3. und 2. Jahrtausend v. Chr. ist das Vorhandensein von Städten außerdem für den östlichen Mittelmeerraum gut dokumentiert, man denke an Ebla. Und noch etwas später, also seit der Mitte des 2. Jahrtausends v. Chr., entwickelten sich im gesamten Bereich des Mittleren Ostens neue Konstellationen und Zivilisationen mit Staatscharakter wie auch zahlreiche blühende Städte. Von besonderer Bedeutung ist in diesem Zusammenhang das System der Hethiter.

12 Modell eines typischen Wohnhauses eines vermögenden Kaufmanns in Mohenjo-Daro. Es gab wenige und nur kleine Fenster, um die Zimmer kühlzuhalten. Der Hausherr und seine Familie wohnten im oberen Stockwerk, die Bediensteten hingegen im Erdgeschoss, nahe an den Küchenräumen.

12

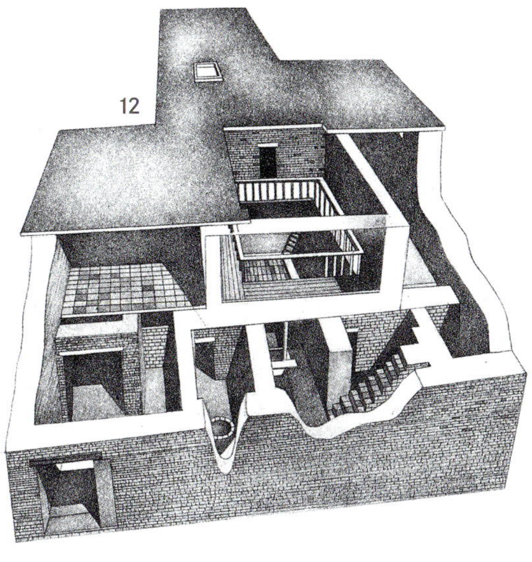

13 Ansicht des oberen Teils der Zitadelle, vom Becken des großen Bades aus.

13

14 Ein wichtiges Beispiel für die Entwicklung von blühenden urbanen Kulturen auf der arabischen Halbinsel ist zweifellos der Staudamm von Màrib, der im Laufe der Jahrhunderte mehrfach wiederaufgebaut wurde. Ansicht des Areals des Staudamms von Màrib mit einer der beiden gemauerten Klausen, die sich an den Enden des Erdwalls befanden, der den Staudamm bildete.

14

15

15 Palast von Knossos (Kreta). Rekonstruktion eines Säulengangs, der einen Raum mit Pfeilern überragt.

Schließlich setzt sich seit der Mitte des 3. Jahrtausends und bis zum 12. Jh. v. Chr. im östlichen und zentraleren Mittelmeerraum eine sehr bedeutende städtische Kultur durch: die kretisch-mykenische Palastkultur, die gemäß der heute am häufigsten verwendeten Periodisierung unterteilt wird in Vorpalastzeit 2500–2000, Zeit der alten Paläste 2000–1700, Zeit der neuen Paläste 1700–1400, Nachpalastzeit 1400–1100. In diese Kulturphase gehören die großen mykenischen Städte Mykene, Tiryns und Argos, von denen gewaltige gemauerte Strukturen und zahlreiche Überreste von wichtigen städtischen Einrichtungen erhalten sind.

In dieser Phase wird auch der Aufstieg Trojas angesiedelt sowie sein späterer Fall infolge des langen und blutigen Krieges, von dem in Homers Epen die Rede ist.

Voraussetzungen für spätere Entwicklungen

Gewiss ist jede übermäßige Verallgemeinerung beim Thema der Ursprünge und Entwicklungswege einer sogenannten westlichen urbanen Kultur unangebracht. In der Tat, schreibt Lepore im Sinne dessen, wovor viele Historiker und Archäologen warnen, »bleibt jede Theorie gefährlich, die von den Städten des Nahen Ostens ausgeht, welche den großen Reichen vorausgingen und sie miterlebten, oder die der indoeuropäischen kulturellen Ein-

16 Rekonstruktion der mykenischen Stadt Tiryns (1400 v. Chr.).

16

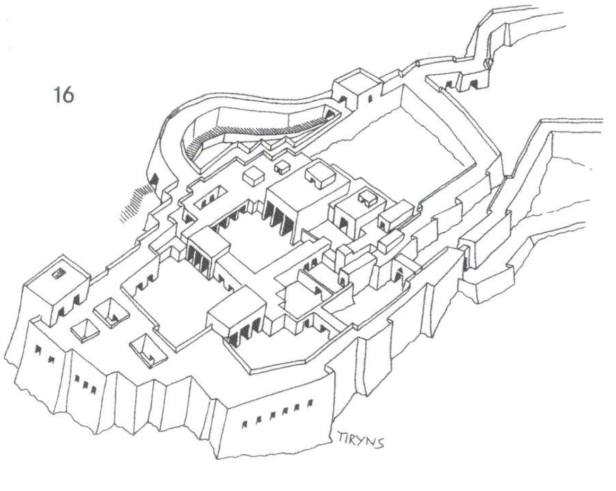

heit den Vorzug gibt sowie den Modellen und Blickwinkeln, die sich aus ihr ergeben«. Eine derartige Theorie wurde Ende des 19. Jhs. von Fustel de Coulanges vertreten und wird noch gelegentlich von den Anhängern seiner Tradition angeführt. Doch mit aller gebotenen Vorsicht sind für unser Thema die kretisch-mykenische und die ägyptische Kultur besonders bedeutsam. Denn diese stellen sozusagen die Voraussetzungen und die Vorgeschichte dessen dar, was in den oben genannten geographischen Bereichen ab dem 12. Jh. v. Chr. – und speziell nach dem erschütternden Niedergang der kretisch-mykenischen Welt, dessen sicher verschiedene Gründe immer noch umstritten sind – folgen sollte: die Durchsetzung der sogenannten Seevölker (ihrerseits Ursache oder Folge jenes Niedergangs?), die umstrittene Dorische Wanderung auf die griechische Halbinsel, die Krise der altägyptischen Spätzeit, das machtvolle Andrängen der Phönizier, die Gegenwart der Etrusker auf der italienischen Halbinsel und im tyrrhenischen Raum. Denn gerade aufgrund einiger dieser Geschehnisse, die zum Teil noch nicht vollständig geklärt sind, haben andere Völker neue Lebenswirklichkeiten sowie neue Konstellationen und Formen von städtischen Siedlungen hervorgebracht.

17

18

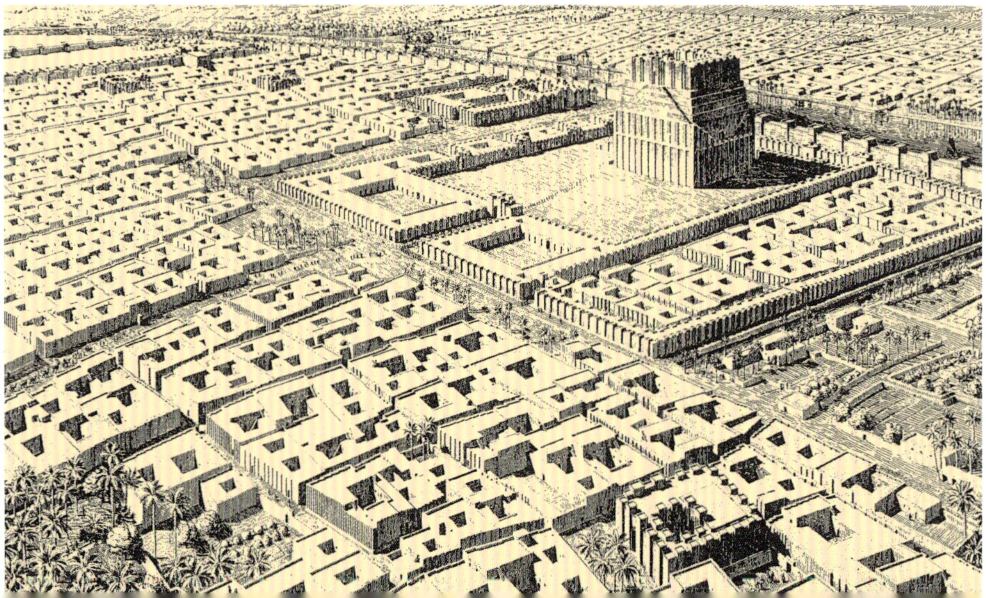

17 Rekonstruktion des Tores von Ishtar in Babylon (Anfang des 6. Jhs. v. Chr.). Vorderasiatisches Museum, Berlin. Die Mauern waren mit glasierten Ziegeln geschmückt, die bei den Tieren ein Flachrelief bildeten.

18 Graphische Rekonstruktion eines Teils der Stadt Babylon mit dem Bereich, der zur Zikkurat gehört, auch bekannt als »Turm von Babel«.

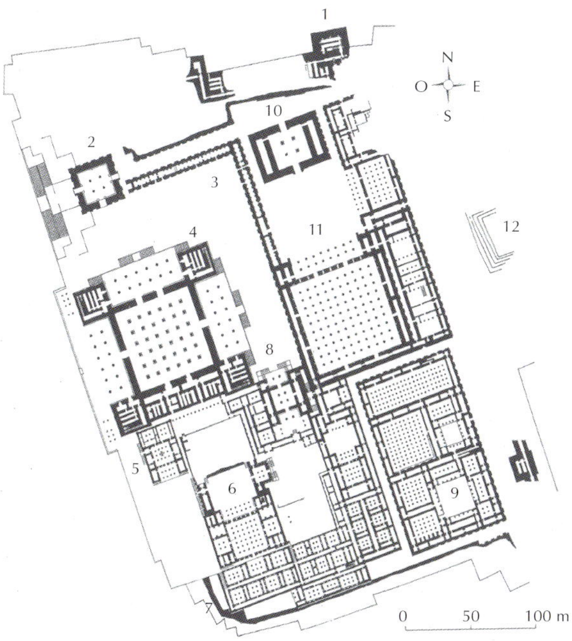

19

19 Lageplan des Palastes von Persepolis. Er wurde von Dareios I. gegen 519 v. Chr. gegründet. Die Arbeiten dauerten unter anderen Herrschern bis zum folgenden Jahrhundert an. Persepolis, die Stadt der Perser, wurde im Herzen des Landes auf 1700 Metern Höhe erbaut. Für den Palast wurde eine riesige künstliche Terrasse mit beinahe rechteckigem Zuschnitt geschaffen, welche die Hochebene mit 18 Metern Höhe beherrscht. Zuerst wurde der Südeingang gebaut, später eine doppelläufige Ehrentreppe im Westen, die im monumentalen »Tor aller Länder« mündet, auch Tor des Xerxes genannt, nach dem König, der sie vollendete (aus: L. Trümpelmann, Persepolis. Ein Weltwunder der Antike, Mainz 1988).

1. Befestigungsmauer
2. Tor aller Länder
3. offener Platz
4. Apadana
5. Palast des Dareios (Tatachara)
6. Palast des Xerxes (Hadish)
7. Gynäkeion
8. Tripylon
9. Schatzkammer
10. unvollendetes Tor
11. Hundert-Säulen-Saal
12. Grab von Artaxerxes II. oder III.

20

20 Das »Tor aller Länder« in Persepolis, Iran.

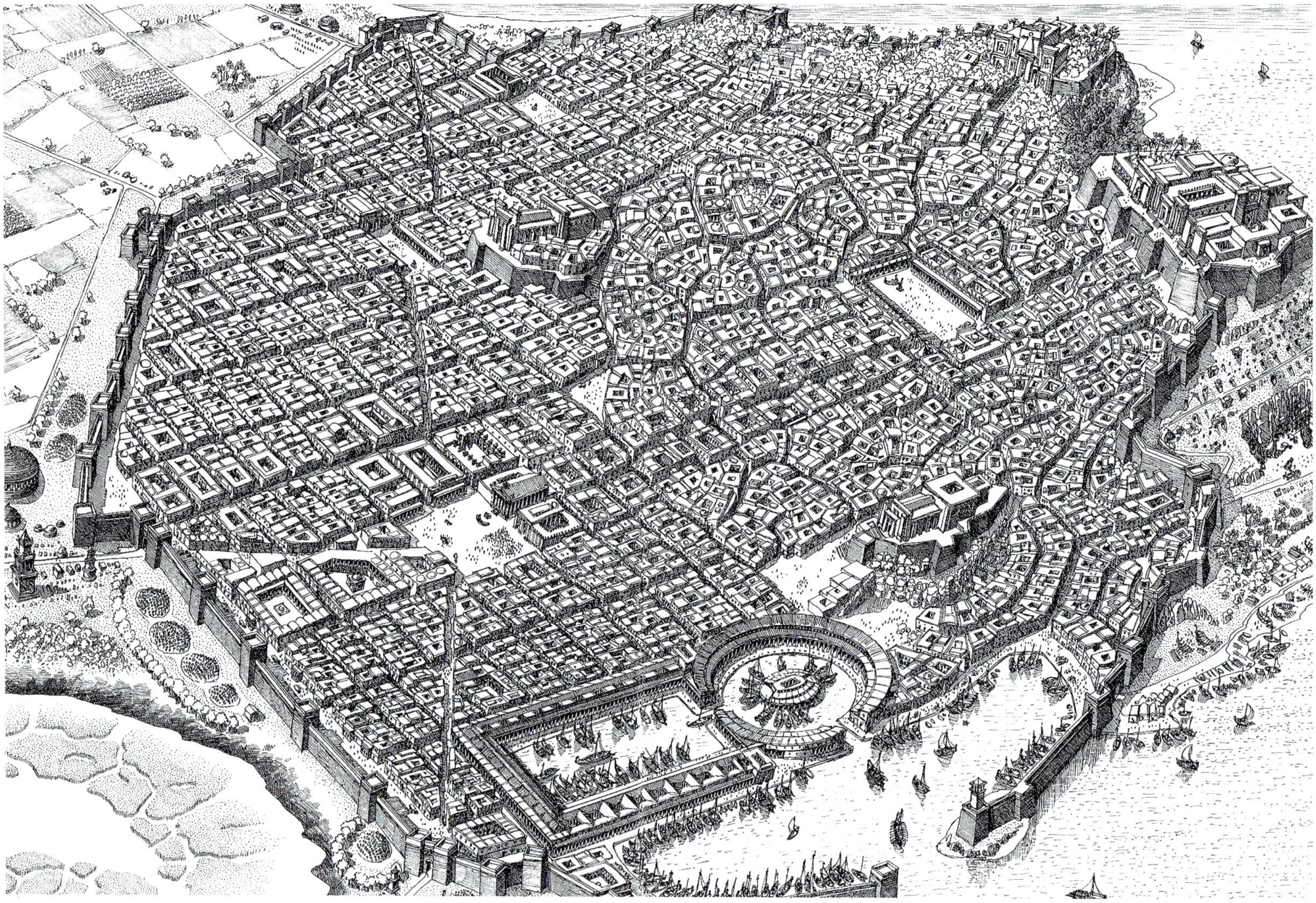

1

2

3

1 Rekonstruktion des punischen Karthagos auf seinem Höhepunkt, um das 3. Jh. v. Chr., ausgeführt von Francesco Corni unter der Leitung von A. Ayoub, J. Binous, A. Gragueb und H. Slim.

2 Überreste eines punischen Hauses in Karthago.

3 Karte der archäologischen Funde in der Stadt Karthago (S. Moscati). Der Tofet (heiliger Ort) befand sich nahe der südlichen Mauern und war dem Kult von Baal-Hammon und Tanit, seiner Frau, gewidmet.

KAPITEL II

Neue Akteure im Mittelmeerraum

Nach Überwindung der großen Krisen, welche zum Zusammenbruch der vorherigen Systeme geführt hatten, bahnte sich seit dem Ende des 13. Jhs. v. Chr. an den Küsten und auf den Inseln des Mittelmeerraums wie auch in einigen weiter im Landesinneren gelegenen, daran angebundenen Gebieten auf neuer Grundlage die Herausbildung verschiedener urbaner Siedlungsformen an. Deren Entwicklung scheint auf einen sehr langsamen, mehrere Jahrhunderte dauernden Prozess der Durchmischung hinausgelaufen zu sein, der sich möglicherweise als das Ergebnis einer Verschmelzung von vielfältigen Einflüssen oder eines wechselseitig reflektierten kulturellen Echos unter teilweise sehr verschiedenen Völkern deuten lässt. Zwischen diesen Völkern bestand ein Netz von vielfältigen Handelsbeziehungen, die sich teilweise friedlich, aber teilweise auch sehr konfliktbeladen gestalteten. Unter diesem Aspekt und ergebnisoffen lässt sich die Herausbildung der urbanen Kultur des Altertums im mediterranen Raum betrachten, indem man nur auf einige der Völker schaut, welche den größten Einfluss ausgeübt haben, und indem man Periodisierungen mit langen Zeitspannen übernimmt, für die es – von Ausnahmen abgesehen – möglich ist, das Augenmerk auf die großen Entwicklungslinien in der Geschichte jener Völker und ihrer wechselseitigen Beziehungen zu richten. Man muss in der Tat berücksichtigen, dass der Horizont, in den einzelne Völker sich eingeprägt haben, in Wirklichkeit nicht sehr weit war – sowohl was die räumliche Ausdehnung der Bereiche angeht, über die diese Völker eine politische und administrative Kontrolle ausübten oder in denen sie Austausch und Handel pflegten und ihre Interessen durchsetzten, als auch vor allem in Bezug auf die Rahmenbedingungen bei der Besiedlung. Schwieriger gestaltet sich da schon die Antwort auf die Frage, ob, wann und in welchem Ausmaß in den jeweiligen kulturellen und religiösen Systemen der beteiligten Völker verwandte oder sich ergänzende Elemente erkennbar sind.

Besonders bedeutend war in der Anfangsphase dieses Prozesses zum einen die phönizisch-punische Kultur, die sich über den gesamten Mittelmeerraum ausgedehnt hatte und bei der man zwei Phasen der städtischen Expansion unterscheidet (die Jahrhunderte 12–9 und 9–2 v. Chr.). Zum anderen ist die Welt der griechischen Antike zu nennen wie auch die fortschreitende Durchsetzung der urbanen Kultur der Etrusker und des frühen Roms – vor allem im italischen Raum und damit auch in Bezug auf die Kulturen der vorher hier lebenden Völker, aber auch in anderen Bereichen des Mittelmeerraums. All dies spielte sich in zum Teil unterschiedlichen Zeitspannen und chronologischen Taktungen ab, die jedoch ineinander einmünden oder sich miteinander verzahnen und zudem von den komplexen Beziehungen zu den Ereignissen und Völkern der anatolischen und iranisch-persischen Region beeinflusst werden. In diesem Kapitel werden einige der neuen Akteure in Grundzügen vorgestellt: die punischen Phönizier, die Etrusker und einige italische Völker, die vor der Herausbildung und vor allem vor der Durchsetzung einer autonomen römischen Kultur existierten. Es folgen eigene Kapitel, die der Entstehung der erst griechischen und dann hellenistischen urbanen Kultur sowie der Entwicklung der städtischen Kultur Roms gewidmet sind.

4 Tunesisches Mosaik aus dem 3. Jh. v. Chr., das Tanit symbolisiert. Die Göttin wurde zu einem Symbol der phönizisch-punischen Kultur.

4

Die phönizisch-punische Zivilisation

Seit dem 12. Jh. v. Chr. ist das machtvolle Andrängen von Völkern zu beobachten, die von den Mittelmeerküsten im Mittleren Osten (ungefähr im Bereich des heutigen Libanon) stammten. In der Folge entstanden und etablierten sich eine Reihe von Ansiedlungen entlang der Küsten des Mittelmeerraums wie auch in Richtung des Nahen Ostens.

5

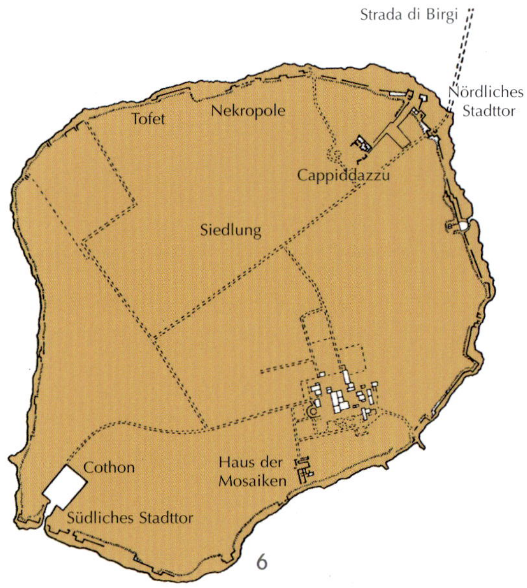

6

5 Ansicht der Überreste des punischen Mozia.

6 Karte der archäologischen Überreste auf der Insel Mozia, nahe der sizilianischen Küste (S. Moscati). Der Tofet befindet sich hinter den Mauern auf der Nordseite.

7 Plan der punischen Stadt auf der Halbinsel Tharros auf Sardinien (S. Moscati). Der Tofet befindet sich hinter den Mauern auf der Nordseite.

8 Römische Straße auf Tharros, dem alten punischen Verlauf folgend, der vom Ort des Tofet zur Spitze der Halbinsel führt.

Die Diskussion über die Chronologie dieser Ereignisse ist jedoch noch nicht abgeschlossen. Eine Ansicht, die von vielen Forschern geteilt wird, besteht darin, dass die Phönizier die Stadt Cádiz im Jahr 1110 v. Chr. und Utica um 1100 v. Chr. gegründet haben. Auf der Grundlage dieser Daten wird das kolonisierende phönizische Vordringen auf das 12. Jh. v. Chr. datiert – eine Hypothese, die, wenn sie bestätigt würde, auch durch Überlegungen auf der Basis biblischer Quellen, durch die Erforschung der Entwicklung der phönizischen Städte im Osten und durch die Chronologie des Vakuums gestützt würde, das durch die Krise der mykenischen Welt entstand (Parrot, Chebab, Moscati). Für andere jedoch, die sich an die rein archäologischen Ergebnisse halten, ist diese Datierung nicht haltbar, da die bisher ausgegrabenen Überreste alle erst auf folgende Jahrhunderte zurückgehen, während keine Überreste gefunden wurden, welche die frühe Datierung bestätigen würden. Gewissheit besteht jedenfalls für die Ansiedlungen von Kition auf Zypern im 9. Jh. v. Chr., von Gaulos (Gozo) und Melita (Malta), von Karthago im Jahr 814 v. Chr., von Motya (Mozia), Kossyra (Pantelleria) und Lilybaeum (Marsala) auf Sizilien, von Nora, Bosa, Tharros (Oristano) und von Sulki (S. Antioco) auf Sardinien. Auch entlang der nordafrikanischen Küste bis hin zum Gebiet des heutigen Marokko wurden zahlreiche Städte gegründet, darunter die bedeutende Stadt Leptis (später Leptis Magna genannt). Die Geschichtsschreibung unterscheidet zwischen primären Gründungen, also solchen, die direkt von den Phöniziern errichtet wurden, und sekundären Gründungen, die wie zum Beispiel Ibiza und Cartagena auf die Kolonisationsbestrebungen Karthagos zurückgehen, nachdem diese Stadt bereits eine autonome Macht geworden war. Zu letzterer Phase gehören die Gründungen der nordafrikanischen Zentren, unter denen in der

7

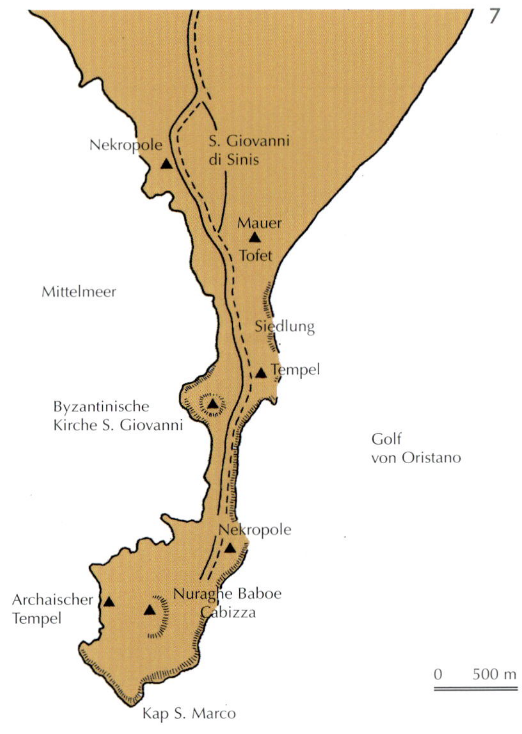

8

9

10

Folge die schon erwähnte Stadt Leptis eine große Bedeutung erlangen sollte. Zur Wahl der phönizisch-punischen Siedlungsorte (im Osten und an den Küsten des Mittelmeers) gibt es klare Angaben: Bevorzugt wurden die kleinen, den Küsten vorgelagerten Inseln (Tyros in seiner ursprünglichen Lage, Mozia, Sulki, Cádiz) oder kleine Vorgebirge (Sidon, Karthago, Tharros). Diese Orte erleichterten aufgrund ihrer windgeschützten Lage und der beinahe lagunenhaften Ruhe des Wassers die Anlandung von Schiffen mit flachem Kiel. Weniger klar sind unsere Vorstellungen vom konkreten Aussehen der antiken städtischen Anlagen, die auf das 7. bis 6. Jh. v. Chr. zurückgehen. Meist sind die Opferstätten (Tofet) recht gut bekannt, von einigen Städten kennt man auch einzelne Bereiche. Über Karthago, das im Jahr 146 v. Chr. von Rom zerstört wurde, besitzen wir vor allem Angaben aus schriftlichen Quellen. Beschrieben werden die folgenden wichtigsten Bereiche: eine von einem Mauerring verteidigte Akropolis, ein Forum mit nahen Wohnstätten, das Hafenareal von Salambo mit dem künstlichen, Kothon genannten Becken und den damit verbundenen Anlagen, Wohnhäuser, auch mit mehreren Stockwerken, ein elegantes Viertel mit Gärten und Parks (Megara) und ein umfassender Mauerring, der zum Meer hin einfach und zum Land hin dreifach ausgebildet war. Von anderen Städten wie Kerkouane

9 Eingangstür eines Wohnhauses in Kerkouane auf Cap Bon, unweit von Tunis. Es handelt sich um die bedeutendsten Überreste einer punischen Siedlung in Tunesien.

10 Breite Straße in Kerkouane, in Richtung Meer führend.

11

12

11, 12 Fresken aus dem sogenannten Grab der Auguren in der Monterozzi-Nekropole in Tarquinia, Mittelitalien, um 520 v. Chr. Die beiden männlichen Figuren auf dem Fresko befinden sich zu den Seiten einer – ebenfalls mit Fresken bemalten – Tür. Aufgrund ihrer Haltung wird vermutet, dass es sich um zwei Mitglieder der Priesterkaste handelt.

auf Cap Bon ist bekannt, wie sich die Stadt aus dem 6. Jh. v. Chr. in der Folgezeit entwickelt hat, nachdem dort – wie es im Übrigen auch bei anderen Völkern des Mittelmeerraums und der italischen Halbinsel geschah – Elemente der griechischen urbanen Kultur aus der spätklassischen oder sogar hellenistischen Epoche eingeflossen waren.

Die etruskische Welt

Der Ursprung des etruskischen Volks, sei es nun italischer oder orientalischer Herkunft, war und ist Gegenstand langer Diskussionen, denen zum Teil auch ideologische Einflüsse geschadet haben, wie die folgenden Beispiele zeigen: Schon in der Anfangsphase der Herrschaft der Medici-Herzöge, in der ersten Hälfte des 16. Jhs., vertrat beispielsweise Pier Francesco Giambullari zusammen mit seiner an linguistischen Themen interessierten Akademie die Auffassung, dass die toskanische Sprache nicht von der lateinischen abstamme, sondern von der etruskischen, die ihrerseits aus dem Hebräischen und Aramäischen stamme. In der Folgezeit wurde diese Art von Erwägungen, die aus kulturellen Ansprüchen verbunden mit Strategien allgemein politischer Art resultierten, jedoch für mehrere Jahrhunderte zurückgestellt, so dass sich die Diskussionen und Zwistigkeiten über diese Frage im Wesentlichen erst wieder seit der zweiten Hälfte des 19. Jhs. entzündeten. Zunächst ging es dabei um eine mögliche Verbindung zwischen den Wurzeln der etruskischen Zivilisation und der sogenannten Villanova-Kultur. In der ersten Hälfte des 20. Jhs. wurde das Thema mit neuen Akzenten und politischen Zielsetzungen, die zum Teil auch rassistisch gefärbt waren, erneut aufgebracht und schließlich wiederum in den letzten Jahren – diesmal aber mit größerer Beteiligung der Wissenschaft, das heißt im Lichte der neuen historisch-archäologischen Kenntnisse, die in der Zwischenzeit gewonnen wurden (Pallottino, Torelli, auf anderem Gebiet Rykwert) diskutiert. Inzwischen herrscht die These vor, dass die etruskischen Völker aus dem Osten stammten und sich auf der italienischen Halbinsel niederließen. In der Übergangsphase von der späten Bronzezeit zur Eisenzeit siedelte und behauptete sich die etruskische Zivilisation hier in einer ausgedehnten Zone, die sich zwischen dem Subapennin, der Toskana, dem nördlichen und südlichen Latium und Kampanien erstreckte (Torelli). Besser dokumentiert sind die Lebensumstände seit dem Beginn des 9. Jhs. v. Chr. Nun wird das etruskische Volk in Zusammenhang gebracht mit vielfältigen Aktivitäten, die sowohl auf die Nutzung der natürlichen Ressourcen in Form der Fischvorkommen in Binnenseen und im Meer und der Landwirtschaft gerichtet sind als auch auf die Viehzucht, die sich aber ebenso – und nicht etwa nur in zweiter Linie – auf das Hüttenwesen und andere Formen des Handwerks wie beispielsweise das Töpferhandwerk beziehen. Aus dieser Lebensweise hat sich eine Form der Besiedlung ergeben, die auch schon Aspekte der inneren Kolonisation beinhaltet und die im Wesentlichen aus einem System von Dörfern besteht, die »dazu bestimmt sind, sich wie Städte zu entwickeln« (Torelli). Titus Livius benutzt den Begriff *urbes*, um die etruskischen Gründungen zu bezeichnen, die nach genau festgelegten Ritualen erfolgten. Diese Rituale wurden in den *libri rituales* überliefert, deren Fassungen aus römischer Zeit wir kennen. Schließlich begann gegen Ende des 9. Jhs. v. Chr. speziell im Süden eine erkennbar urbane Phase der etruskischen Gesellschaft, welche in Form von *curiae* organisiert und in drei Gruppen der Priester, der Krieger (ausgestattet mit Schwert und Lanze) und der Frauen untergliedert war. Wichtige Aspekte in der Entwicklung der etruskischen Gesellschaft sind das Aufkommen einer Geschlechteraristokratie, die Ausbildung von großen Kulturkreisen – speziell im Latium und in Kampanien – und die Durchsetzung einer regelrechten Thalassokratie. Letztere beinhaltete die Organisation und Kontrolle des Seehandels, auch mit Merkmalen der Piraterie, und sollte das gesamte Tyrrhenische Meer bis zum Ende des 7. Jhs. v. Chr. beherrschen. Das zeigt die

Bedeutung, die die Etrusker in Handel und kommerziellem Warenaustausch erlangt hatten, ist aber auch ein verbindendes Element zu Gesellschaft, Handwerk und Kunst Griechenlands. Die archäologischen Forschungen haben herausgestellt, dass es zwei grundlegende Arten von städtischen Ansiedlungen gab: zum einen den konzentrierten Siedlungsraum als Zentrum des Austauschs und zum anderen eine Siedlungsform, die aus einer Kette von Ortschaften bestand und meist entlang eines Flusslaufs gelegen war. Die Zeit von 710 bis 630 v. Chr. sah auf jeden Fall eine entschiedene Stärkung der städtischen Strukturen (Torelli) und eine neue Organisation des südlichen Etruriens, welche die endgültige Bildung von *curiae* als der sozialen und politischen Organisationsform der etruskischen Welt (die später in die römische übergehen sollte) und die politische Geburt der etruskischen Stadt mit sich brachte. Dieser Phase zuzuordnen ist auch die Herrschaft der etruskischen Könige, die auch das Gebiet des Latiums umfasste, und die Verfestigung der Gründermythen: in Lavinio, wo man die Figur des Äneas in den Blickpunkt rückt (Castagnoli), und dann in Rom, wo man in einem Grab der Forums-Nekropole (der Lapis Niger) das *heroon* des Romulus erkennt. Das dazu überlieferte Datum 763 v. Chr. ist offensichtlich eine mythische und historiografische Konvention, doch gibt es neuere archäologische und kulturelle Bestätigungen dafür (Carandini). In Rom entstanden die Tempelgründungen durch Servius Tullius (Diana vom Aventin) und durch die Tarquinier (Jupiter Capitolinus) dieser Periode. Ebenfalls von den Tarquiniern wurden die zahlreichen städtebaulichen Maßnahmen durchgeführt, die mit dem Beginn einer offiziellen Nutzung des Areals des Forum Romanum verbunden sind (Pflasterung, Abwasserentsorgung). Seit der zweiten Hälfte des 6. Jhs. v. Chr. geriet die etruskische Thalassokratie jedoch unter dem Druck der entgegenstehenden maritimen Interessen der Griechen und Karthager in eine Krise. Die ökonomischen Rahmenbedingungen im tyrrhenischen Raum verschoben sich zugunsten der Karthager und um das 5. Jh. v. Chr. verlor die bisher von den Etruskern ausgefüllte Rolle der ökonomischen Vermittlerin zwischen den verschiedenen Bereichen des Mittelmeerraums deutlich an Bedeutung. Daraus ergab sich für Athen die Notwendigkeit, im Bereich der Adria jenen Zugang zu den Märkten des kontinentalen Europas zu suchen, den es bis dahin über Marseille und das Rhone-Tal im tyrrhenischen Raum gefunden hatte. Das etruskische Volk gewann zu dieser Zeit neue Siedlungszentren hinzu, indem es sich einerseits im Tal des Po konzentrierte und andererseits Raum ließ für eine dynamische Entwicklung interner Zentren wie Volterra, Chiusi oder Orvieto (diese These erfährt jedoch manche Einwände). Das wirtschaftlich am meisten florierende System der Etrusker konzentrierte sich zweifellos im Tal des Po und entlang der Achse des Flusses Reno. Zu jener Zeit entstanden die Städte Felsina (Bologna, mit Ursprüngen schon aus der Villanova-Zeit), Spina und Marzabotto, eine Neugründung vom Beginn des 5. Jhs. v. Chr.

Insbesondere die letztgenannte Stadt Marzabotto hat mit den Ergebnissen ihrer Ausgrabungen stichhaltige Informationen über die etruskischen Städte in jener Zeit erbracht. Marzabotto ist in Form von drei Siedlungskernen angelegt, die sich in Bezug auf Funktion und Charakter voneinander unterscheiden (und mit drei natürlichen Terrassen zusammenfallen), jedoch zur gleichen Zeit entstanden sind: die Akropolis, der Stadtbereich und die Nekropole. Auf der Akropolis gab es drei Tempel, die verschiedenen Göttern gewidmet waren, mit Altar, der einer Gottheit geweiht war und in Beziehung zu den Gründungsriten der Stadt stand, mit heiligem Brunnen *(mundus)*, einem mit einer Zugangsleiter versehenen, an symbolischen Elementen reichen Ort und mit einem weiteren Gebäude, das als *auguraculum* gedeutet wird, also als der Ort, an dem die Augurenzeichen gedeutet wurden. Der städtische Bereich war an einer Hauptstraße ausgerichtet, die in Nord-Süd-Richtung verlief und mit einer Breite von gut 15 Metern sein stattliches Rückgrat bildete. Im rechten Winkel zu dieser, also in Ost-West-Richtung, verliefen drei Straßen von gleicher Breite und mit gleich großem Abstand voneinander, die den ganzen städtischen Bereich in acht Sektoren unterteilten. Weitere Straßen mit geringerer Breite (5 Meter) unterteilten wiederum die acht Sektoren in Blocks von langgezogener rechteckiger Form, die zur Bebauung bestimmt waren. Die unterschiedliche Größe der Blocks, die vielleicht auch mit Überlegungen zur örtlichen Zweckmäßigkeit zusammenhing, trägt dazu bei, den Eindruck von übermäßiger Strenge des städtebaulichen Musters zu verhindern, das ja im Übrigen sehr klar definiert ist. Zumindest in Marzabotto waren die handwerk-

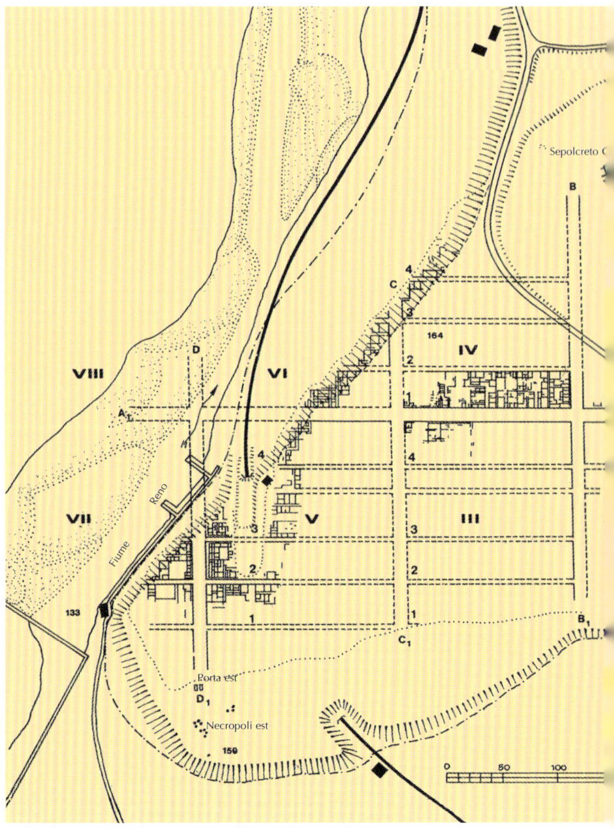

13

lichen und allgemein produktiven Tätigkeiten (Gießereien, Brennereien, Lager) nicht etwa am Ortsrand angesiedelt, sondern in zentralen Lagen, die an die Hauptverkehrsachsen angebunden waren. Ein archäologisches Fundstück von größter Bedeutung und höchstem Interesse besteht in einem Stein, der mit zwei perfekt rechtwinklig zueinander verlaufenden Linien markiert ist und genau im Zentrum, wo die beiden Achsen sich kreuzen, eingekerbt ist. Dieser Stein wurde als symbolisches Andenken an einen Gründungsritus und als Projektion des idealen himmlischen *templum* auf die Erde gedeutet – ein Zeichen also, das vergleichbar ist mit jenem, das man später in der *crux* der Gromatici wiederaufgenommen findet. So hat sich an dem urbanen System Marzabottos über viele Jahre eine Auslegungsdebatte entzündet. Marzabotto wird von einigen Wissenschaftlern mit Bezug auf die Thematik der rechtwinkligen Anlagen hippodamischen Ursprungs betrachtet, von anderen sogar als Vorwegnahme des Lagerschemas römischer Herkunft. Doch schon der Bezug auf Griechenland wirft manches Problem auf, da »das Beispiel für einen rechtwinkligen Plan, das chronologisch am nächsten liegt (auch wenn es nicht ausgerichtet ist), in der großen Plattform des königlichen Palastes in Persepolis besteht, das heißt in einem Komplex, der in Bezug auf Größe und Pracht absolut keinen Vergleich in der griechischen Welt findet« (Rykwert).

Der Fall von Spina, wo erst 1922 die ersten Überreste gefunden und die Ausgrabungen begonnen wurden, stellt eine andere Form der Ansiedlung vor. Heute herrscht die Meinung vor, dass die Stadt um 550 v. Chr. gegründet wurde. Demgegenüber vertreten einige griechische Historiker die Auffassung, dass die Gründung dieses Zentrums deutlich länger zurückliege, nämlich sogar schon in vor-etruskischer Zeit erfolgt sei, und dass es in jeder Hinsicht eine Art griechische Stadt war, da es einen seiner Schätze in Delphi aufbewahrte und Mitglied in der delphischen Amphiktyonie war. Gesichert ist, dass Spina in mehrere Zentren aufgeteilt war, weshalb vermutet wurde, dass die Stadt – ein wichtiger Handelsplatz – als ein Ensemble von einzelnen Zentren funktionierte, die unter dem Dach einer urbanen Einheit verbunden waren. Spina hatte insgesamt eine geschätzte Fläche von mehr als 700 Hektar, die Einwohnerzahl betrug auf dem Höhepunkt ihrer Entwicklung etwa eine halbe Million. Die Stadt, die neben Adria einer der wichtigsten Häfen am adriatischen Meer war, war vollständig aus Holz erbaut und bediente sich der Pfahlbau- und Flechttechnik, die in der Po-Ebene schon seit langer Zeit bekannt war. Es ist nicht bekannt, in welcher Epoche die Stadt zerstört wurde und dann schrittweise verfiel. Man vermutet jedoch, dass das Ereignis mit den Angriffen oder Belagerungen durch die Kelten zusammenhängen könnte.

14

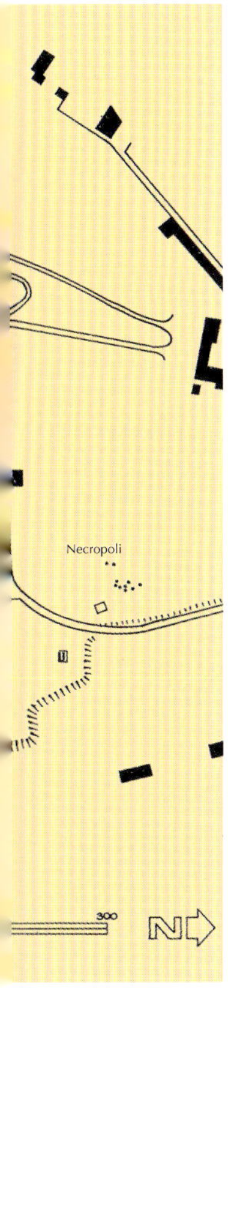

13 Marzabotto, Luftbild eines Teils der Ausgrabungen, auf dem die Hauptstraße und der städtische Bereich ins Auge fallen.

14 Lageplan von Marzabotto, einer etruskischen Stadt in der Nähe von Bologna, erbaut Anfang des 5. Jhs. v. Chr.

Eine Gemeinsamkeit unter den etruskischen Städten ist die Aufmerksamkeit, die man der Wasserversorgung gewidmet hat. Das Netz von Wasserversorgungsleitungen und Kanalisation sowie die Bautechnik der großen Sammel- und Speicherzisternen zeigt sich technisch stets sehr weit gediehen. Ebenso fortschrittlich war die Technik für den Bau von Zufahrtsstraßen zu den städtischen Zentren; man zögerte in der Tat nicht, auch in felsigen Gegenden aufwendige Grabungs- und Abbauarbeiten durchzuführen. Ein weiteres wichtiges Kennzeichen, auch unter kulturellen und symbolischen Gesichtspunkten, ist die Trennung zwischen der Stadt der Lebenden und der Nekropole. Was die konkrete Gestalt der entsprechenden Siedlungsstrukturen betrifft, so hing viel von der Natur der jeweiligen Orte ab. Gegenden mit Felswänden, kleine abgetrennte Täler etc. legten von Mal zu Mal unterschiedliche Lösungen nahe. In vielen etruskischen Städten sind bogenförmige gemauerte Strukturen anzutreffen, die traditionell als typisch etruskische Lösung gelten, da sie die Griechen der archaischen und klassischen Zeit nicht für ihre Bauwerke nutzten. Heute wird jedoch von mancher Seite angezweifelt, dass es sich bei der Bogenform um ein autochthon etruskisches Produkt handelt: Die Verwendung der bogenförmigen Bautechnik stammt demzufolge erst aus einer späteren Zeit und ist eine Folge dessen, dass sich Baumethoden und -maßstäbe hellenistischer Art sowohl im etruskischen als auch im punisch-italischen und später im römischen Raum verbreiteten. Das in Bezug auf die etruskischen Städte Gesagte gilt jedenfalls auch für andere italische Zentren, die nicht nur in ständigem, mal friedlichem, mal kriegerischem Kontakt mit der etruskischen Welt standen, sondern mit dieser vielfach auch Riten der Stadtgründung, Gottheiten, religiöse Überzeugungen und Techniken verschiedener Art gemeinsam hatten. Vor diesem Hintergrund wird später auch das Ereignis der Gründung Roms zu sehen sein.

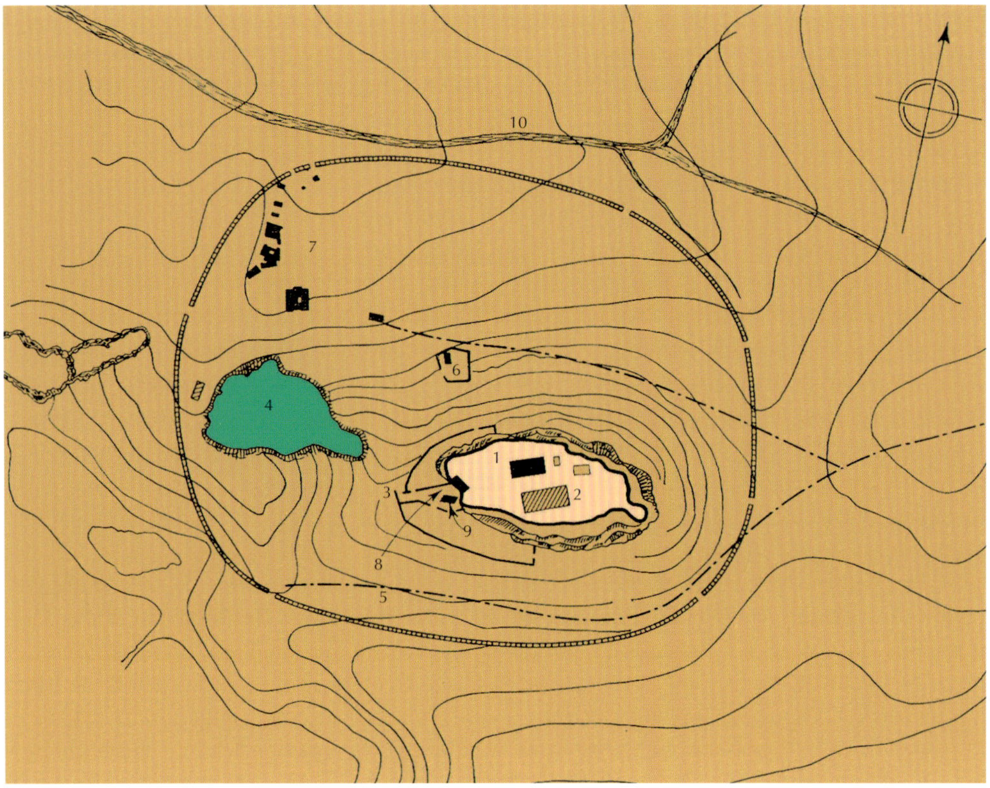

1

1 Akropolis und Agora in Athen, zur Zeit Solons (vor den Peisistratiden).
1. Antiker Tempel der Athene
2. Sitz des Parthenons
3. Enneapylon
4. Areopag
5. Heiligtum der Nymphe
6. Eleusinion
7. Agora
8. mykenisches Tor
9. mykenischer Turm
10. Fluss Eridanos

2

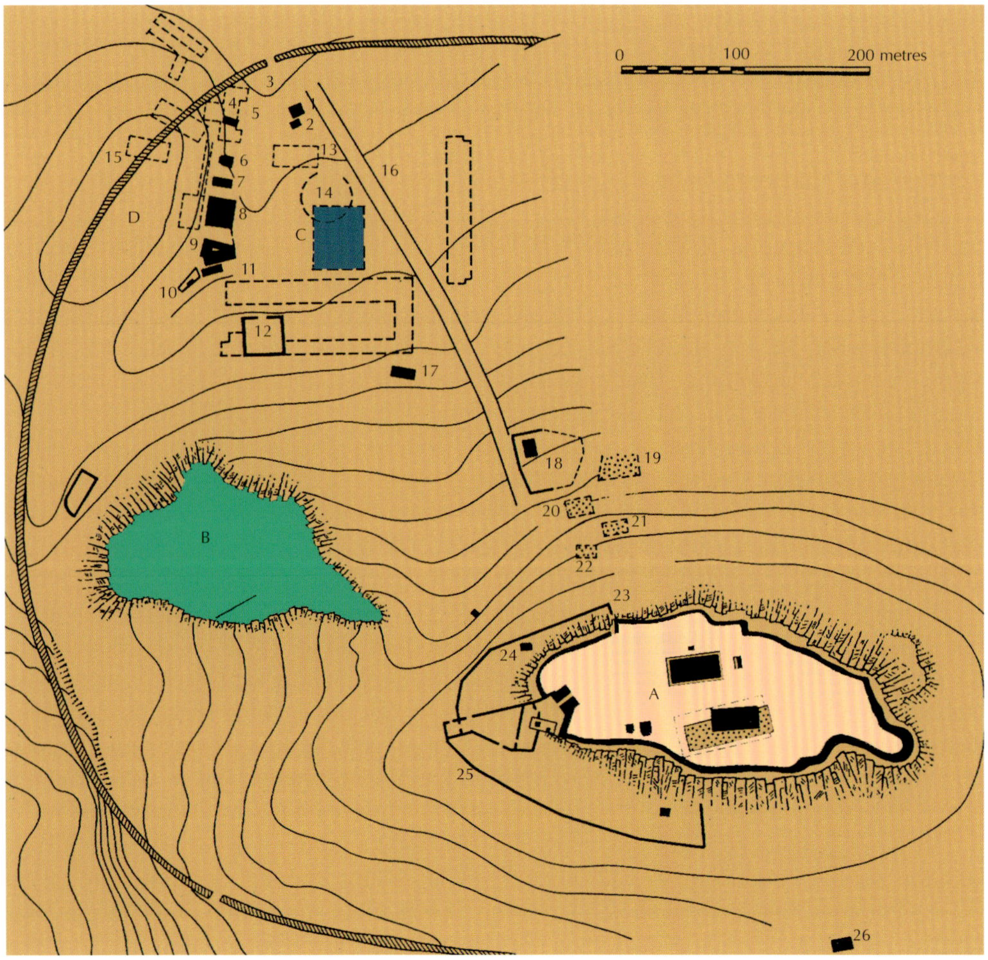

2 Akropolis und Agora zur Zeit der Peisistratiden, vor der persischen Invasion (480–479 v. Chr.).
A. Akropolis
B Areopag
C. Agora
D. Kolonos Agoraios
1. Zwölfgötteraltar
2. Ares-Tempel
3. Leochorion
4. Zeus-Tempel
5. Zeus-Heiligtum
6. Apollon-Tempel
7. Metroon
8. Buleuterion
9. Speisesaal des Prytaneion
10. Gräber-Peribolos
11. Grenze der Agora
12. Gerichtshof der Heliaia
13. Denkmal der Tyrannenmörder
14. Orchestra
15. Tempel des Hephaistos
16. Panathenaia-Straße
17. Brunnen
18. Eleusinion
19. Theseum
20. Prytaneion
21. Bucoleum
22. Thesmotheteion
23. Höhle der Aglauros
24. Wasseruhr
25. Enneapylon
26. Dionysos-Tempel

KAPITEL III

Die Welt des archaischen und klassischen Griechenland

3 Gewandstatue einer Kore (eines Mädchens) vom Athena-Tempel, heute im Akropolismuseum in Athen.

4a Der alte Athena-Tempel, erbaut zwischen 529 und 520 v. Chr. an der Südseite des Erechtheions.
1. Cella
2, 2a. Schatzkammern
3. Adyton (innerster Teil des Tempels)

4b Das antike Erechtheion.
1. östliches »Secos« der Athena
2, 2a. östliches Heiligtum, Erechtheus und Poseidon geweiht
3. Mündungssaal des Erechtheions
4. nördliche Säulenhalle
5. Säulenhalle der Karyatiden
6. Heiligtum der Göttin Pandrosos
7. Abdruck des Dreizacks von Poseidon

Es besteht Einigkeit darüber, dass ein entscheidender Moment bei der Ausformung des Konzepts der Stadt in der – wie man sie später nennen wird – westlichen Welt in der Herausbildung der *polis* im griechischen Raum besteht. Bevor es so weit kam, existierten jedoch auch im griechischen Umfeld völlig andere urbane Formen. So konnte in der archaischen Epoche die Stadt als Ballungsraum unter der Führung und Kontrolle eines Autokraten, des *wanas*, erstehen, der zusätzlich eine sakrale Rolle verkörperte. Zu diesem antiken urbanen Konzept kennt man Vorläufer – speziell im mykenischen Raum – seit dem Beginn des 15. Jhs. v. Chr. (Platon). Im Rahmen von späteren, komplexen Entwicklungen sollte sich ein anderes System der autokratischen Regierung herausbilden, das auch an die oligarchische Gesellschaftsklasse gebunden war und sich institutionell im Tyrannen verkörperte. Die Wohnstätte des autokratischen Tyrannen war von jener der Untertanen geschieden, denn in der Regel (es gibt auch Fälle von archaischen griechischen Städten, die in der Ebene erbaut wurden) befand sich der Kern der Niederlassung und auch der mit diesen autokratischen Herrschern verbundenen Symbolik auf einem erhöhten und geschützten Ort: der befestigten Akropolis. Sie wurde ebenso als bevorzugter sakraler Ort geschätzt wie als Sitz derjenigen Einrichtungen, die mit den wichtigsten Kulten und den Gründungsmythen der Stadt und den entsprechenden Riten verbunden waren. Die Inangriffnahme von gewaltigen öffentlichen und religiösen Bauprojekten ist dementsprechend charakteristisch für die Politik der griechischen Tyrannis. Ein bedeutendes Beispiel dafür ist in Athen die Phase unter Peisistratos und den Peisistratiden, während

3

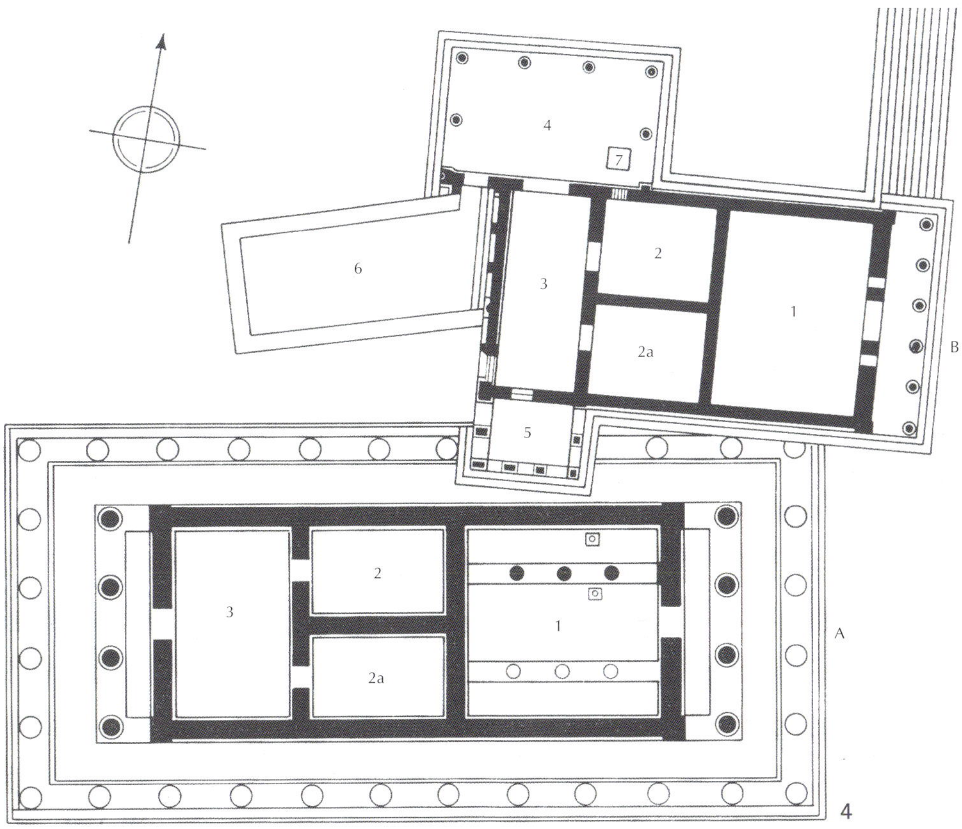

4

der sich auf der Akropolis die ersten und wichtigsten Tempelbauten (Vorparthenon, Tempel der Artemis Brauronia, eventuell eine erste Anlage dessen, was später das Erechtheion werden wurde) ansiedelten und man begann, die Panathenäischen Prozessionen zu feiern. Es sind gerade diese Initiativen, die einen radikalen Erneuerungsprozess der Stadt in Gang setzten, der sich sowohl auf symbolischer Ebene als auch ganz konkret auf städtebaulicher Ebene abspielte. Zum Beispiel bildete die Strecke, auf der die Panathenäischen Prozessionen ihren Weg nahmen und welche die Unterstadt mit der Akropolis verband – wobei sie auch schräg über die Agora führte –, von dieser Zeit an eine Art zentralen Nerv im gesamten städtischen Gewebe Athens. Während der späteren Entwicklung, als sich nach dem Fall der Tyrannenherrschaft das demokratische System der *polis* herausbildete, wurden die bis dahin in diesem Umfeld gültigen Werte und Normen, obgleich die sakrale Basis und die mit den polyadischen Wurzeln verbundenen Leitmotive erhalten blieben, einem einschneidenden Wandel unterworfen. Zwischen dem ersten und zweiten Jahrzehnt des 5. Jhs. v. Chr. übernahm Athen ein im Vergleich zu anderen griechischen Städten völlig neues und einzigartiges Siedlungsmodell. Es ist den Anregungen von Themistokles (493–492 v. Chr. Archon, 481–479 v. Chr. Strategos, wenn auch mit manchen stürmischen Unterbrechungen) zu verdanken, dem Sieger von Salamis und Hauptbegründer der unbestrittenen Vormacht Athens auf See. Gerade mit Blick auf diese Vormachtstellung regte Themistokles die Ausgestaltung eines außerordentlichen Siedlungsmodells an, das in der Tat als völlig neuer urbaner Entwurf angesehen werden kann. Es basierte auf zwei verschiedenen, aber miteinander verbundenen Siedlungspolen, die durch die Anlage des athenischen Hafens in Piräus und vor allem durch den Bau der starken und langen Mauern entstanden, welche die ganze Stadt samt ihrer Treppen und Verbindungswege umschlossen. Möglicherweise war es den Athenern selbst gar nicht bewusst, dass dieses städtische System etwas Innovatives war und dass Athen damit zu etwas anderem als vorher geworden war – die gegnerischen Städte jedenfalls, allen voran Sparta, sahen darin nur den Aspekt einer bedrohlichen militärischen Macht.

Auch Aristoteles scheint sich noch auf das bekanntere städtische Modell zu beziehen, denn er nimmt in seinen Schriften das Motiv der Unterscheidung zwischen dem höher gelegenen Ort, der Akropolis (verstanden als Standort der Macht), und den Zonen im unteren Bereich (bestimmt für die übrigen Funktions- und Wohnbereiche der Stadt) wieder auf. Während er diese Zweiteilung als typischen Ausdruck der hierarchischen Struktur in einer durch das System der Tyrannis regierten Stadt ansieht, vertritt er die Auffassung, dass die Stadt (die *polis*) im demokratischen System sich in der Ebene ausbreiten solle. Hier-

5

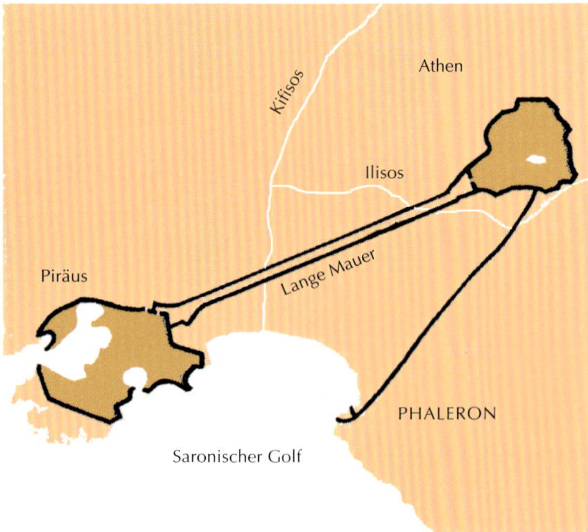

5 Die städtebauliche Achse Athen-Piräus im klassischen Zeitalter.

6

6 Schwarzfigurige attische Schale von Nikosthenes (1530–1510 v. Chr.), Louvre, Paris. Sie zeigt Galeeren, die segeln, ohne von den Rudern Gebrauch zu machen.

8 Agora von Athen zur Zeit von Perikles.
1. offener Hof, 2. unvollendeter Bau 3. Stoa Poikile, 4. Hermes-Stoa,
5. Panathenaia-Straße, 6. Zwölfgötteraltar, 7. Leochorion, 8. Stoa des Zeus,
9. Bänke, 10. Tempel des Hephaistos, 11. Altar der Eponymen, 12. altes Buleuterion,
13. neues Buleuterion, 14. Tholos, 15. Strategeion, 16. kleines Gebäude,
17. Südwest-Brunnen, 18. Gerichtshof der Heliaia, 19. Süd-Stoa,
20. Südost-Brunnen, 21. Münzprägestätte, 22. Orchestra,
23. Grenzstein der Agora, 24. Kolonos Agoraios

7

7 Rekonstruktion einer Agora aus der Anfangszeit, jedoch schon mit Säulenhallen.

8

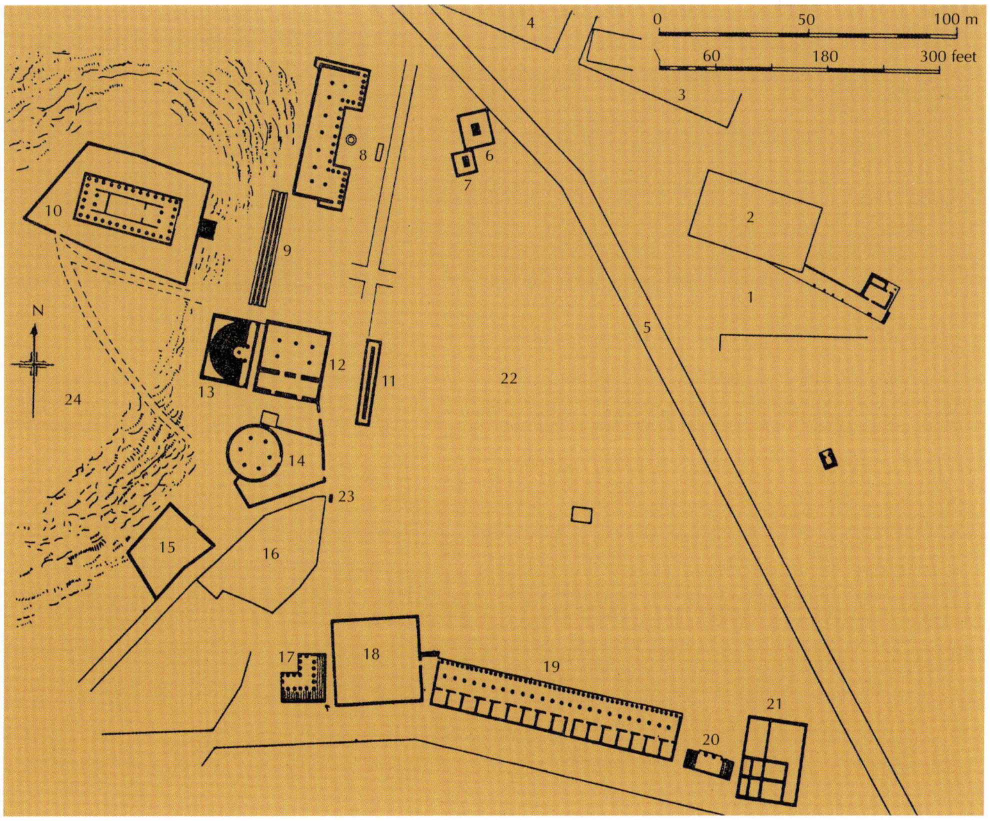

9, 10 Rekonstruktion athenischer Straßen, eher schmal und mit Treppen zur Überwindung der Höhenunterschiede.

9

10

bei handelt es sich offenbar um ein Schema, das symbolisch das Konzept der Gleichheit unter den Bürgern (den *politai*) zum Ausdruck bringen soll; in Wirklichkeit gab es auch Städte (*poleis*), die an Orten mit Höhengefälle lagen. Es ist jedoch wahr, dass sich in den demokratischen Regierungsformen das städtische Leben auf den *agorai* konzentrierte, welche sich auf ebenem Gelände befanden. Ursprünglich beinhaltete das Konzept der *polis* kein einheitliches und präzise definiertes Siedlungsmuster. Es umfasste mehrere, verschieden untergliederte Kerne und basierte auch auf dem Verhältnis zwischen der Akropolis auf der einen Seite und *asty* beziehungsweise *kômai* als den Zonen, die die Akropolis umgeben oder ihr gegenüberstehen, auf der anderen Seite (Pugliese Carratelli). Die *polis* wurde also aus verschiedenen Kernen gebildet, die sich über einen relativ ausgedehnten Bereich verteilten und deren bauliche Anlagen generell – weder im Einzelnen noch im Gesamtbild – nicht auf präzise Vorbilder zurückzuführen waren. Entscheidend war, dass es ein Prytaneion (der Regierungssitz an einem erhöhten Ort) gab, dessen gesetzgebende Gewalt allgemein anerkannt war, so dass dem Prytaneion als der Versammlung der Prytanen eine identitätsstiftende sowie einigende Funktion und Bedeutung zukam. Die städtebauliche Anlage der *polis* war von relativ schmalen Wegen gekennzeichnet, die (nach Martin) durchschnittlich zwischen 3 und 4,5 Meter breit waren und bei Höhengefällen auch zu mehr oder weniger steilen Rampen (wie bei dem Weg auf die Akropolis in Athen) oder regelrechten Treppen wurden. Während sich Tempelbauten, Gebäude für Regierungsorgane und solche für öffentliche Aktivitäten (Theater, *odeia*, Gymnasien) in Form und Dimen-

11

11 Der Tempel des Hephaistos gehört zu den großen Bauwerken, die aus der archaischen Zeit vor Perikles erhalten sind.

12a Dionysostheater in Athen. Es handelt sich um ein weiteres der großen Bauwerke aus der spätklassischen und prähellenistischen Epoche (mit späteren Ergänzungen).
12b Plan des Dionysostheaters.

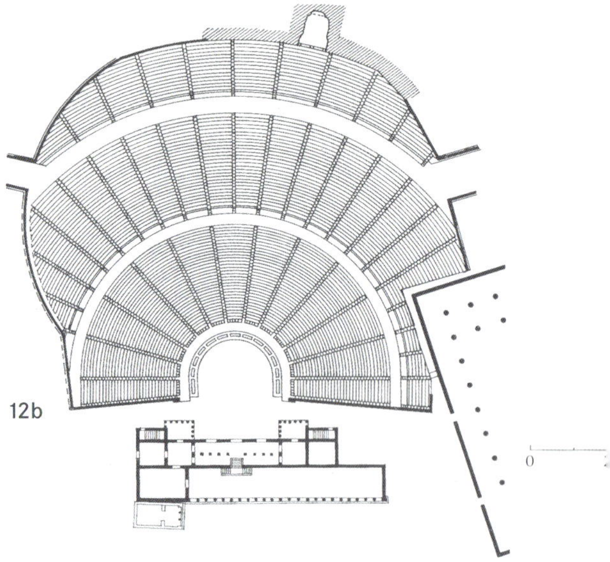

12b

sion vom Rest der Gebäude unterschieden, gab es laut Demosthenes zumindest bis zum 5. Jh. v. Chr. keine Größenunterschiede, welche von außen die Häuser der politischen und wirtschaftlichen Honoratioren und jene der übrigen Bürger erkennbar gemacht hätten.

Es gab jedoch auch andere Arten von Siedlungen, die kaum als Stadt im eigentlichen Sinne zu definieren sind, die aber dennoch als dauerhafte Siedlungsformen angelegt waren. Das bezieht sich sowohl auf die Form des sogenannten *emporion* (Anlegestelle, Markt) als auch auf die großen Heiligtümer, von denen einige nur zu bestimmten *poleis* in Beziehung standen, andere hingegen – mit panhellenischem Charakter und ebensolcher Funktion – auf das gesamte System der hellenischen Gräzität bezogen waren. Die griechischen Städte zeigten sich jedenfalls in Bezug auf ihr Erscheinungsbild und ihre Dimensionen sehr verschieden, auch wenn ihr allgemein gültiges Kennzeichen und konzeptionelles, kulturelles und technisches Prinzip in der Tatsache liegt, dass die Stadt als unveränderliche soziale und materielle Einheit gedacht wurde. In der Tat wurde auch die Meinung vertreten (Poete und andere), dass das System der Gründung von Kolonien durch die wichtigsten griechischen Städte ein Mittel war, mit denen es der alten Stadt gelang, ihre Einwohnerzahl und die Ausdehnung der Siedlungsfläche in einem stabilen Gleichgewicht zu halten.

Als Platon, der etwa im letzten Viertel des 5. Jhs. v. Chr. geboren wurde und lange lebte, ein präzises Modell der Stadt vorlegte (Nomoi, VIII, 848 d), tat er dies möglicherweise gerade unter Berücksichtigung der vielgestaltigen und zergliederten Situation und in der Absicht, alternative Modelle der Vervollkommnung vorzuschlagen. Angelegt für circa 5 000 Einwohner hat Platons Stadt ihren Ursprung in einem sakralen, von einem Mauerring befestigten Kern (Akropolis), zu dem sich zwölf *kômai* gesellen, Siedlungskerne mit einer gewissen, auch kulturellen und organisatorischen eigenen Identität, die wiederum durch das Vorhandensein von eigenen sakralen Gebäuden und Bereichen sowie von gemeinschaftlichen Räumen (Tempel und *agorai*) gekennzeichnet sind. Manche Aspekte verdeutlichen, wie wichtig das Verhältnis zwischen urbaner Realität und dem Begriff des Heiligen empfunden wurde, was auch Platon unterstreicht. Bezogen auf die Gründung oder Erneuerung von urbanen Zentren findet man bei Platon beispielsweise die Vorschrift zur Respektierung von vorher bestehenden, hellenischen oder panhellenischen lokalen Kulten und zur Beachtung von möglichen Sprüchen der berühmten Orakel. Der Gesetzgeber der neuen Stadt sollte außerdem jedem Stadtviertel eine Gottheit, einen Dämon oder einen Helden zuteilen (Pugliese Carratelli).

Wie aber bildete sich die Stadt? In der Mitte des 4. Jhs. v. Chr. definiert Aristoteles (384–322 v. Chr.) in einem berühmten Passus seiner »Politica« die griechische Stadt, die *polis*, als Verbund von mehreren Dörfern. Dabei spielt er auf das wichtige Phänomen des

12a

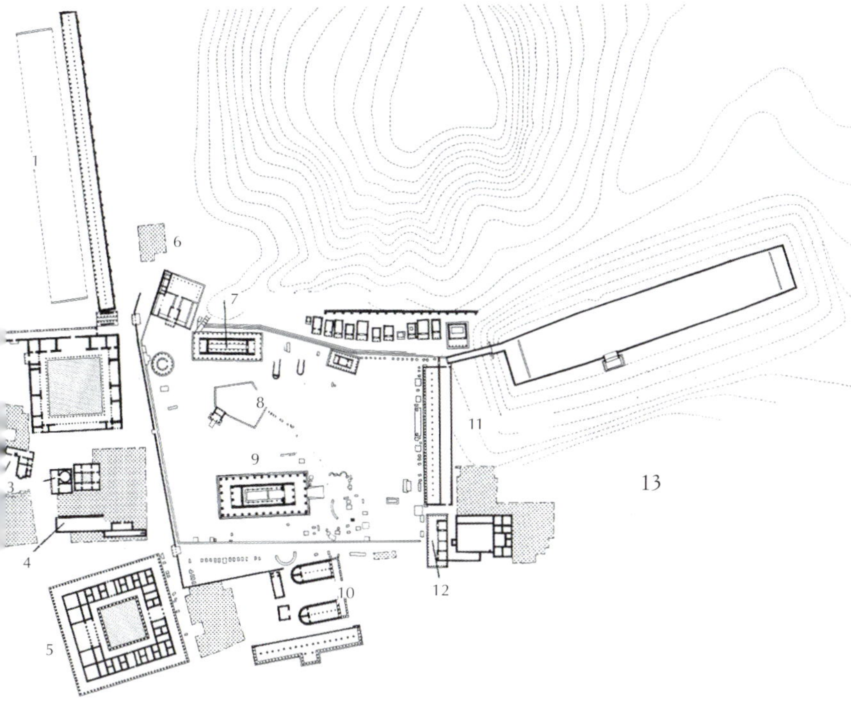

13

14

13 Olympia gehörte zu den Städten, die rings um Heiligtümer entstanden sind und der Durchführung bestimmter Riten gewidmet waren. Die Karte zeigt es schon zu späterer Zeit (4. Jh. v. Chr.).
1. Gymnasium
2. Palästra
3. Bäder
4. die große Werkstatt des Phidias
5. Leonidaion (für die Besucher)
6. Prytaneion
7. Tempel von Hera und Zeus
8. Pelopion
9. Zeus-Tempel
10. Buleuterion
11. Stoa der Nymphe Echo
12. Hellanodikeion (Sitz der Kampfrichter der Spiele)

14 Überreste des Gymnasiums von Olympia.

Synoikismos an, den Prozess der teilweise freiwilligen, teilweise zwangsweisen Zusammenlegung der Einwohner aus mehreren Ortschaften in einen einzigen Ort, den man bei der Gründung des neuen urbanen Zentrums als Basis bestimmte. Im Fall von Athen ist beispielsweise der von Theseus vorangetriebene Synoikismos grundlegend, welcher der Legende zufolge tatsächlich den Geburtsakt der Stadt darstellte. Die Städte, die auf diese Weise entstanden sind, haben sich also infolge eines langsamen Niederlassungsprozesses gebildet. Der beruhte seinerseits auf der stufenweisen Entwicklung einer städtischen und politischen Gesellschaft, die auch im Zusammenhang steht mit der fortschreitenden Aneignung und Nutzung der spezifischen Umweltgegebenheiten. Im Laufe der Zeit organisierten die griechischen Städte die verschiedenen Bestandteile des städtischen Netzes nach Prinzipien der funktionalen Diversifikation, und zwar nicht nur, indem die häufig von einem eigenen Verteidigungsring umgebene Akropolis vom Rest der Stadt unterschieden wurde. Dazu gehörte auch, dass die Orte (die *agorai*) des bürgerlichen und politischen Lebens festgelegt wurden, wobei man die störenden handwerklichen Tätigkeiten (Gießereien, Werkstätten, Brennereien, Lager) bevorzugt an die Ränder des städtischen Bereichs verbannte. Die Mutterstädte (*metropoleis*) gaben daher insgesamt ein Bild ab, das sich nicht auf präzise Muster-Lagepläne zurückführen ließ, auch wenn sie von Mauerringen umgeben waren. Letzteres war in der Realität fast immer der Fall, sieht man von der praktisch einzigen Ausnahme Sparta ab, welches in ideologischer und rhetorischer Art und Weise die Überflüssigkeit einer Mauer angesichts seiner stark militaristisch organisierten Sozialstruktur proklamierte. Jedenfalls bezog sich der Begriff *polis* zumindest in der klassischen Epoche der griechischen Welt (5. Jh. v. Chr.) auf eine Institution, welche nur die Gruppen betraf, die alle politischen und wirtschaftlichen Rechte innehatten. Das heißt, »die griechische *polis* ist ein Personenverband, die Gesamtheit der *politai*« und »das Territorium ist nicht zwangsläufig ein konstitutiver Bestandteil davon« (Crifò). Dies blieb gültig, auch wenn Perikles um die Mitte des 5. Jhs. v. Chr. in einer seiner berühmten Reden behaupten konnte: »Wir öffnen unsere Stadt für alle und es geschieht nicht, dass wir Fremde vertreiben [und] nur wir [...] halten jemanden, der in keiner Weise am Leben der *polis* teilnimmt, nicht nur für untätig, sondern für unfähig«. Mit diesen Worten stellt er stolz und selbstbewusst ein Gesellschaftsmodell vor, das auf den Werten der umfassenden Gemeinschaft und Teilhabe gründet, welche in der Tat in anderen Gesellschaften der Zeit nicht in gleichem Maße aufgenommen wurden. Gerade unter Perikles erwarb Athen den Ruf seiner zivilisatorischen, kulturellen und künstlerischen Überlegenheit, der der Stadt von da an immer zugestanden wurde. Tatsächlich leitete Perikles, nachdem die Athener unter der Führung von Themistokles die Perser geschlagen hatten, welche zuvor (480 v. Chr.) die Stadt Athen und insbesondere als symbolischen Akt ihre Akropolis zerstört

15 Akropolis in Athen in der klassischen Epoche.
1. Parthenon
2. Altar der Athena
3. Erechtheion
4. Statue der Athena Promachos
5. Chalkotheke
6. Propyläen
7. Tempel der Athena Nike

16 Ansicht der Akropolis in Athen. Propyläen und Tempel der Athena Nike zur Linken, Erechtheion in der Mitte, Parthenon zur Rechten.

15

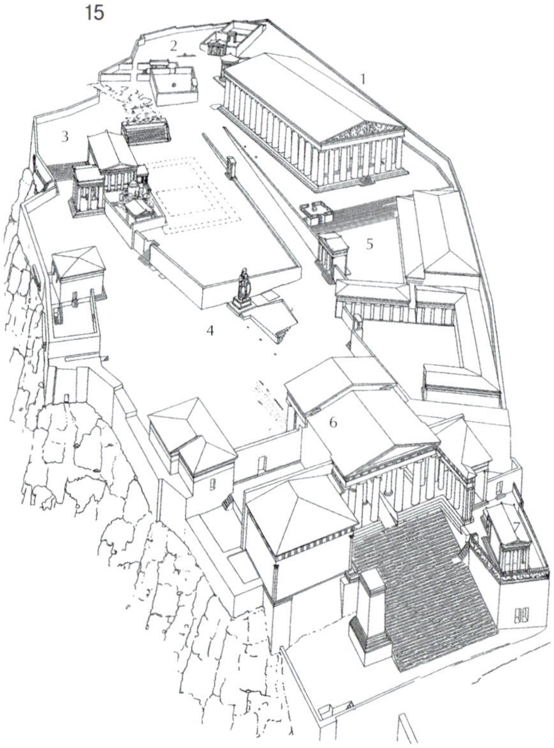

16

17

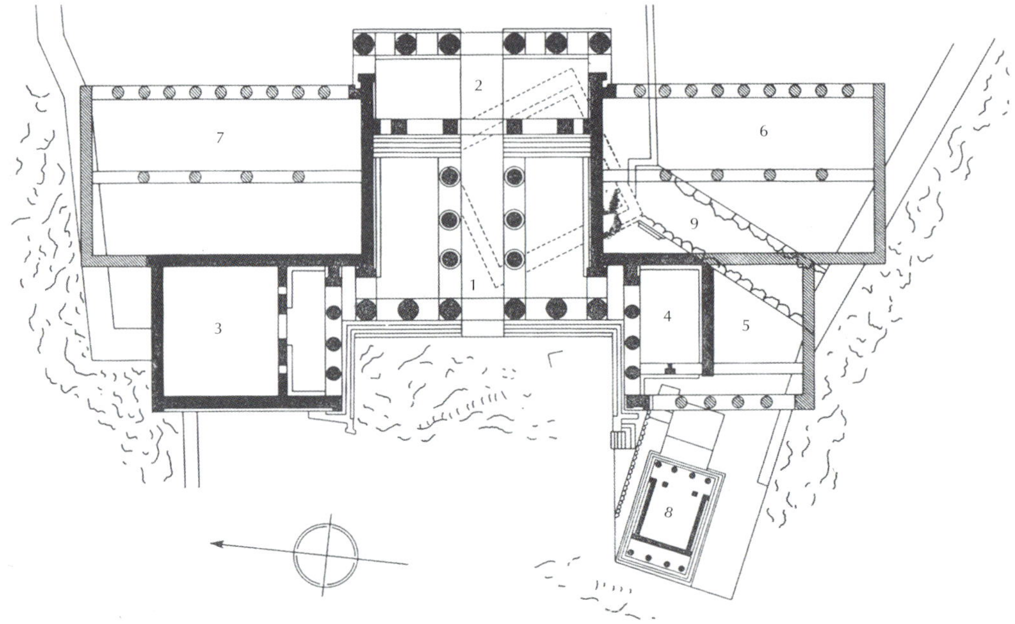

17 Propyläen und Tempel der Athena Nike.
1. zentraler (westlicher) Säulengang
2. östlicher Säulengang
3. sogenannte Pinakothek, in Wahrheit ein Saal für öffentliche Bankette und Rituale
4. Südflügel
5. Raum entsprechend der Pinakothek (nie ausgeführt)
6. innerer Säulengang im Südosten (nie ausgeführt)
7. innerer Säulengang im Nordosten (nie ausgeführt)
8. Tempel der Athena Nike
9. Teil der Zyklopenmauer

18

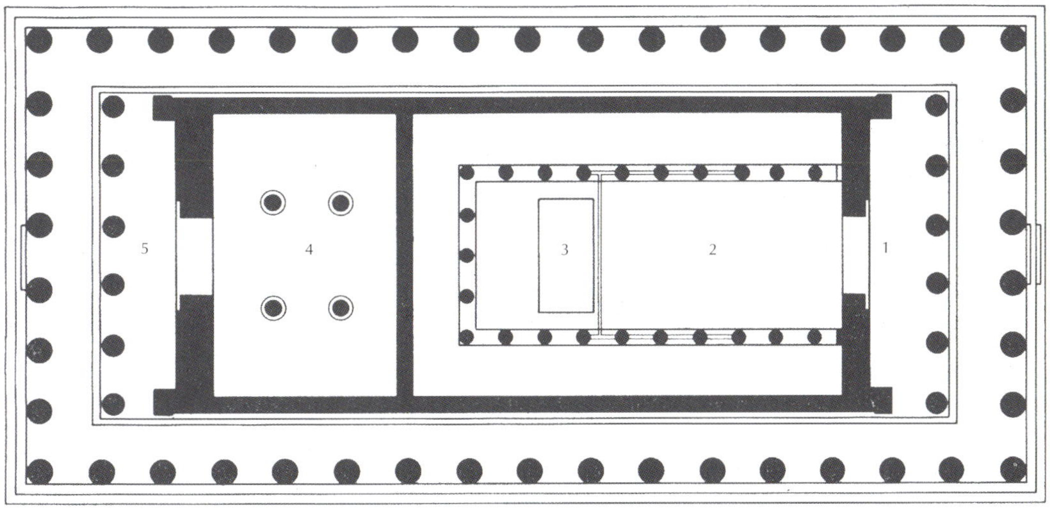

18 Parthenon.
1. Vorhalle mit prostylen Säulen
2. Cella
3. Basis der Statue von Athena Parthenos
4. Zugang mit vier ionischen Säulen
5. Opisthodom

19 Rekonstruktion des Treppenaufgangs und des Parthenons. Auf dem Tympanon sieht man den Kampf zwischen Athena und Poseidon um die Vorherrschaft über Attika. Entlang des Treppenaufgangs fallen die Stelen auf.

20 Detailansicht des Parthenons, auf der man gut die verbliebenen Triglyphen erkennen kann.

19

20

21 Tempel der Athena Nike auf der Akropolis (430–420 v. Chr.).

22 Erechtheion, Seite der Karyatiden.

21

22

23

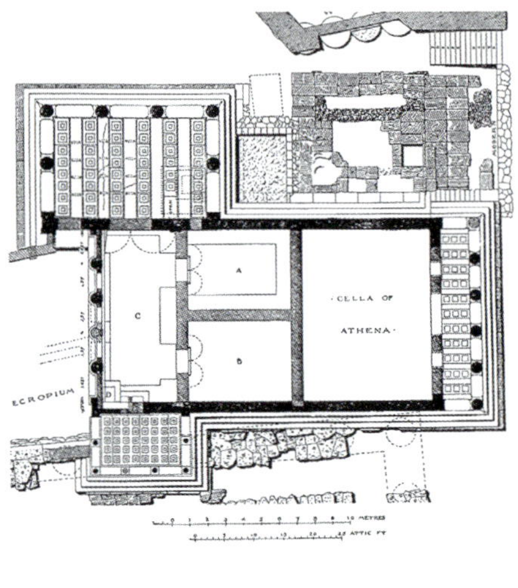

23 Erechtheion, Lageplan.

24

24 Delphi war für die Griechen der heilige Ort schlechthin; er wurde »das Heiligtum der Griechen« genannt und galt als heiliger Mittelpunkt der Welt. Apollon sprach dort durch die Stimme der Priesterin Pythia. Ansicht der Überreste mit Tholos (490 v. Chr.), dem runden Peripteraltempel (umgeben von Säulen).

25

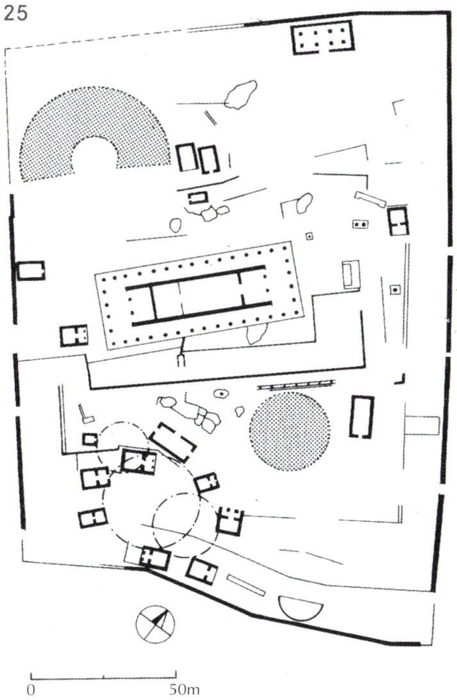

25 Archäologische Karte des Ausgrabungsgeländes des antiken Delphi (Mitte des 5. Jhs. v. Chr.). Oben erkennt man das Theater und in der Mitte den Tempel des Apollon.

26

26 Theater von Delphi.

27 Metapont, in der heutigen Basilikata (Italien), wurde im 7. Jh. v. Chr. von Griechen aus Achaia gegründet. Auf dem Foto sieht man vorne die Agora und in der Nähe das Theater. Weiter oben erkennt man rechts die Reste der sakralen Gebäude mit den Tempeln.

28 Archäologischer Lageplan von Metapont, ausgerichtet wie das Luftbild.

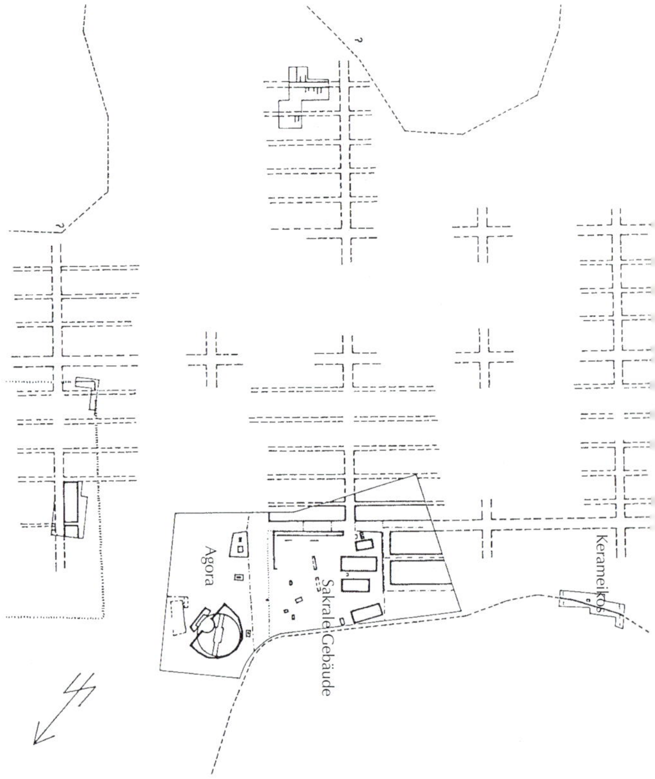

27 28

hatten, eine gewaltige Aktion des Wiederaufbaus der gesamten städtischen Anlagen ein. Die Akropolis wurde nun vollständig erneuert und mit großartigen Tempelkomplexen sowie dem neuen System der Propyläen ausgestattet. Damit waren die Grundlagen sowie die materiellen und symbolischen Verortungen der neuen bürgerlich-religiösen Werte, also der Kulte und polyadischen Rituale, geschaffen, während sich in den verschiedenen Bereichen der Stadt allerlei Gebäudekomplexe und Plätze – ob öffentlich oder privat, religiös oder nicht – ebenso entwickelten wie die Gesamtheit der Funktionen einer Stadt, die zum Zentrum der Gräzität geworden war.

Bis zu diesem Punkt wurde der Prozess der Herausbildung der griechischen Stadt (der *polis*) skizziert, die sich generell auf das System des Personenverbands beziehen lässt, das sich auch im Synoikismos ausdrückt. Aristoteles gelangt, gerade indem er den Antrieb zum Zusammenschluss als natürliche Gegebenheit voraussetzt, zu seiner berühmten (und häufig verdrehten) Definition vom Menschen als *zoon politicon*, das heißt als Lebewesen, das dazu neigt, sich zusammenzuschließen, um den Zustand der Perfektion und Harmonie in seiner Existenz- und Lebensform zu erreichen. Jedoch kann dieses Bild von der Entfaltung der Idee und Form der *polis* sowie von ihrer weiteren Entwicklung keine allgemeine Gültigkeit beanspruchen. Das System des Synoikismos fand durchaus nicht überall Anwendung, sondern vor allem auf der griechischen Halbinsel, im südwestlichen Teil der anatolischen Halbinsel und im Bereich der verschiedenen Inselsysteme, die zwischen der griechischen Halbinsel und der anatolischen Küste liegen. Andernorts gestaltete sich der Besiedlungsprozess, der von Gruppen der griechischen Bevölkerung vorangetrieben wurde, anders. Auch das System der *ktesis* war nämlich bekannt und wurde angewendet: ein Gründungsakt im eigentlichen Sinne. Auf dieses oder ähnliche Systeme wurde vor allem bei der Gründung von Kolonien zurückgegriffen, also neuen Städten, die von aus bestimmten Mutterstädten *(metropoleis)* stammenden Gruppen getragen (der Begriff Metropole bezeichnete in der Antike also ein völlig anderes urbanes Konzept als das aktuelle) und die außerhalb von deren Heimatland errichtet

29, 30 Die griechische Kolonie Empúries in Spanien. Nach einer ersten Ansiedlung auf einer Insel, zeitgleich mit der Gründung von Marseille (im Jahr 600 v. Chr.), wurde an der Küste die griechische Stadt Neapolis (neue Stadt) errichtet, von der man die Reste eines Tempels erkennt, der wahrscheinlich Asklepios geweiht war (29). Das gesamte Neapolis ist auf dem Luftbild zu sehen (30).

29

31

31 Selinunt, nach Thukydides im Jahr 628 v. Chr. von Kolonisten aus Megara Hyblaea im Osten Siziliens gegründet. Hier sieht man den Tempel im typisch dorischen Stil.

30

wurden. Es handelt sich dabei um ein Phänomen von größter Bedeutung, das sich schon seit dem 8./7. Jh. v. Chr. entwickelt hatte und das an den für die neue Ansiedlung ausersehenen Orten städtische Anlagen hervorbrachte, die Straßentrassen und Baugelände in einem gleichmäßigen Wegenetz aufwiesen. Denn offenbar waren die Stadtanlagen beeinflusst von allgemeinen Normen, die sowohl auf der kulturellen und kultischen Homogenität der Neusiedler basierten (die Kolonien unterschieden sich voneinander in Abhängigkeit von der jeweiligen griechischen Mutterstadt) als auch auf den sozialen und ökonomischen Faktoren, die sie charakterisierten. Dies gilt auch für Fälle, in denen es – sicher nicht nur in zweiter Linie – darum ging, sich mit vorher Bestehendem auseinanderzusetzen und daran anzuschließen. Man kennt zahlreiche Beispiele für derartige Städte: in der Magna Graecia (im Süden der italienischen Halbinsel), auf Sizilien, entlang der Südküste des heutigen Frankreich (die Kolonie von Massilia, also Marseille, ist ein wichtiges Beispiel dafür), in den Küstenregionen des gesamten Mittelmeerraums und in der Meerenge zum Schwarzen Meer. Der sogenannte Oikist war dafür zuständig, den Ort auszuwählen und die neue Kolonie zu organisieren, indem er Parzellen und Straßen abgrenzte und aufteilte. Der Gründungsakt erfolgte unter Beachtung der Riten und hatte daher eine sakrale Bedeutung. Die Gründung speziell der sizilianischen Kolonien und jener der Magna Graecia begann in der Tat genau in dem Moment, in dem ein Ort abgesteckt wurde, welcher der Gottheit gewidmet war, und in dem man die Errichtung der damit verbundenen sakralen Gebäudes in Angriff nahm.Von den vielen Beispielen für Kolonialstädte griechischen Ursprungs sind hier nur einige der bekanntesten zu nennen, ohne die unterschiedlichen Gründungszeiten zu berücksichtigen: in Italien die Städte Cumae, Agrigent, Neapel, Tarent (in beiden Lagen der ursprünglichen Siedlung), Poseidonia (also Paestum, mit rechtwinkligem Grundriss), Sybaris, Naxos, Syrakus, Megara Hyblaea (dorische Kolonie, gegründet um 725 v. Chr., wahrscheinlich mit rechtwinkligem Grundriss), später Selinunt (ebenfalls mit rechtwinkligem Grundriss), Gela, in Südfrankreich Marseille, in Spanien Empúries, in Nordafrika Kyrene, am Bosporus an der anatoli-

32

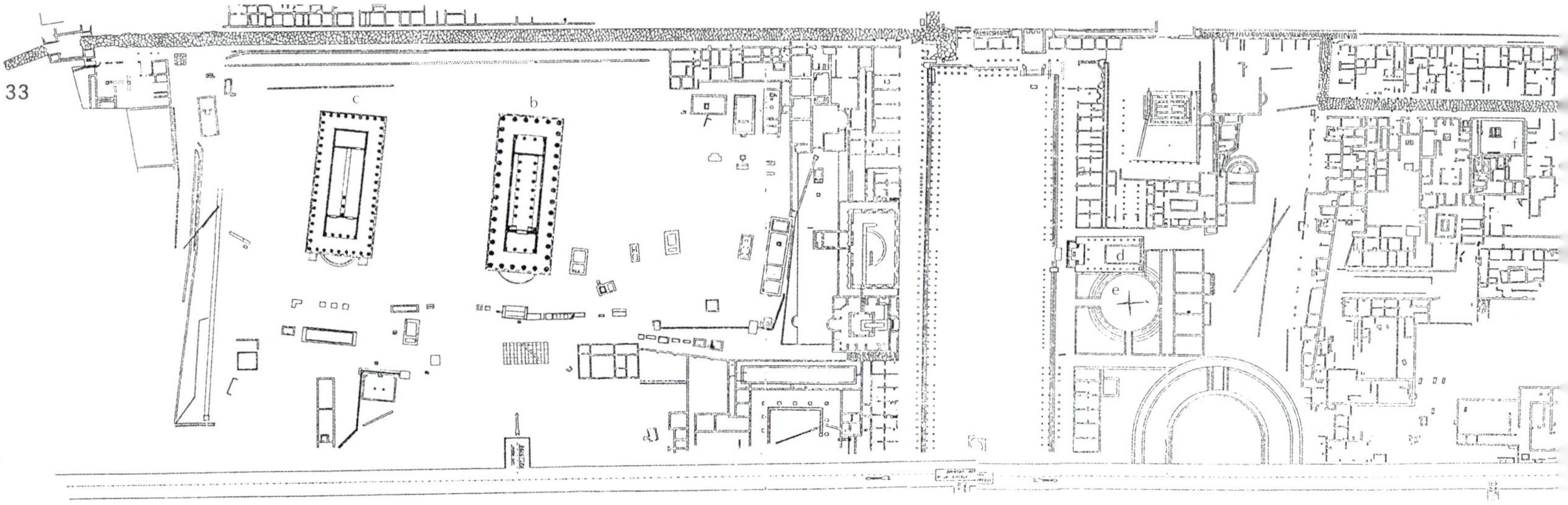

33

32 Paestum, im Süden Kampaniens (Italien), wurde um 600 v. Chr. von Griechen aus der Kolonie Sybaris in Kalabrien gegründet.

34

34 Ansicht des Tempels der Athena (ganz hinten auf dem Luftbild).

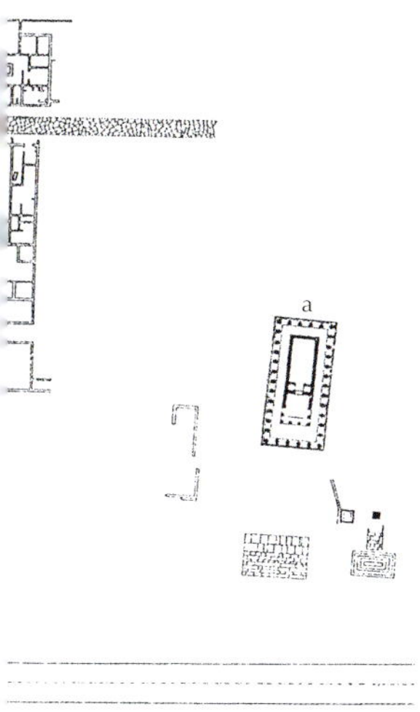

33 Auf dem Plan erkennt man die folgenden Monumente: a. Tempel der Athena; b. Hera-Tempel aus dem 5. Jh.; c. Hera-Tempel aus dem 6. Jh. Außer zahlreichen Heiligtümern und Altären erkennt man außerdem: d. italischer Tempel; e. Buleuterion; f. Temenos des Kenotaphs.

schen Küste Chalcedon, dem gegenüber an der europäischen Küste in der Folge Byzantion liegen sollte. Die Auflistung könnte noch viel länger sein. In manchen Fällen gestaltete sich im 6. Jh. v. Chr. der Prozess der Kolonisation wie ein System mit Kettenreaktion, welches, einmal angestoßen, wiederum untergeordnete Kolonien hervorbrachte. Das heißt, dass ehemalige griechische Kolonien, die sich schnell zu großen Städten entwickelt hatten und deren Regierungen sich von der Mutterstadt, mit der sie häufig in Konflikt gerieten, als politisch unabhängig erklärt hatten, ihrerseits zur Mutterstadt für weitere koloniale Ansiedlungen wurden. Dies zeigt sich etwa im aufsehenerregenden, aber sicher nicht exklusiven Fall von Syrakus, das von Kolonisten aus Korinth gegründet wurde. Die Bürger von Syrakus gaben sich, nachdem sie die politische Autonomie errungen hatten, eine eigene neue Regierungsform, gründeten auf Sizilien mehrere Kolonien (Akrai, Casmene, Camarina, eventuell Enna), unterstellten andere ihrer Herrschaft (zum Beispiel Gela) und zerstören wieder andere (zum Beispiel Catana, also Catania). Die Merkmale einer kulturellen Verwandtschaft, die bei den italiotischen und siziliotischen Städten (so wurden diejenigen Kolonien bezeichnet, die von ihrer Gründung her in einer Beziehung zur italienischen Halbinsel beziehungsweise zu Sizilien standen) zwischen griechischer Stadt und lokaler Gemeinde erkennbar sind, beruhen allerdings sehr viel mehr auf einem »Prozess, der beständig und in nur eine Richtung Elemente der hellenischen Zivilisation auf die nicht-hellenische überträgt« (Pallotino) als etwa darauf, dass ihnen innovative Elemente gemeinsam gewesen wären. Hervorzuheben ist ferner, dass die städtebauliche Anlage der Kolonialstädte sich – unabhängig davon, was zum ursprünglichen einheitlichen Gründungsakt gesagt wurde – beträchtlich von derjenigen ihrer jeweiligen Gründerstädte unterschied.

Ungefähr im dritten Jahrzehnt des 5. Jhs. v. Chr. kam es zu einer bedeutenden Neuerung in der Geschichte des griechischen Städtebaus, als die Stadt Milet nach 479 v. Chr. auf der Grundlage eines Systems von gleichmäßigen Parzellen wiederaufgebaut wurde.

Diese städtebauliche Episode wird häufig als eine entscheidende Innovation im Denken und in der städtischen Kultur interpretiert; sie stellt die erste bekannte Anwendung eines städtebaulichen Systems dar, das später Hippodamos von Milet zugeschrieben wurde und seit dieser Zeit als hippodamisches System bezeichnet wird. Jedoch bleibt Hippodamos bis heute eine Person mit teilweise unbekannten Zügen. So wird von einigen Wissenschaftlern die Meinung vertreten, er sei schon unter Themistokles tätig gewesen – womit er am Wiederaufbau Milets beteiligt gewesen sein könnte –, während andere ihn sogar schon im Zeitalter des Perikles ansiedeln und daher eher ausschließen möchten, dass Hippodamos zur Wiederherstellung der Stadt hätte beitragen können. Ihm ist jedoch eine Schrift zu verdanken, die von Aristoteles als eine regelrechte städtebauliche Programmschrift präsentiert wird, in welcher er sein System der Stadtanlage erfunden habe. Jedenfalls wird Hippodamos die Gründung mehrerer städtischer Anlagen zugeschrieben, darunter Thurioi (wiederum nicht ohne Meinungsverschiedenheiten), die Hafenstadt Piräus und eine erste Anlage von Rhodos, die allesamt ebenso von einer zeitlosen, präzisen geometrischen Ordnung (Martin spricht von einer »progressiven Entwicklung der Stadt«) geprägt sind wie von dem Umstand, dass bei der Festlegung der Baugebiete eine direkte Beziehung zur Struktur der städtischen Gesellschaft hergestellt wurde. Dies gilt sowohl für private Wohngebiete als auch für Areale, die für die Sitze der Stadtregierung und die übrigen Orte des gemeinschaftlichen Lebens vorgesehen waren. Alles steht auf der Grundlage eines triadischen Konzepts: Die Bürger gliedern sich in drei Klassen; die

35

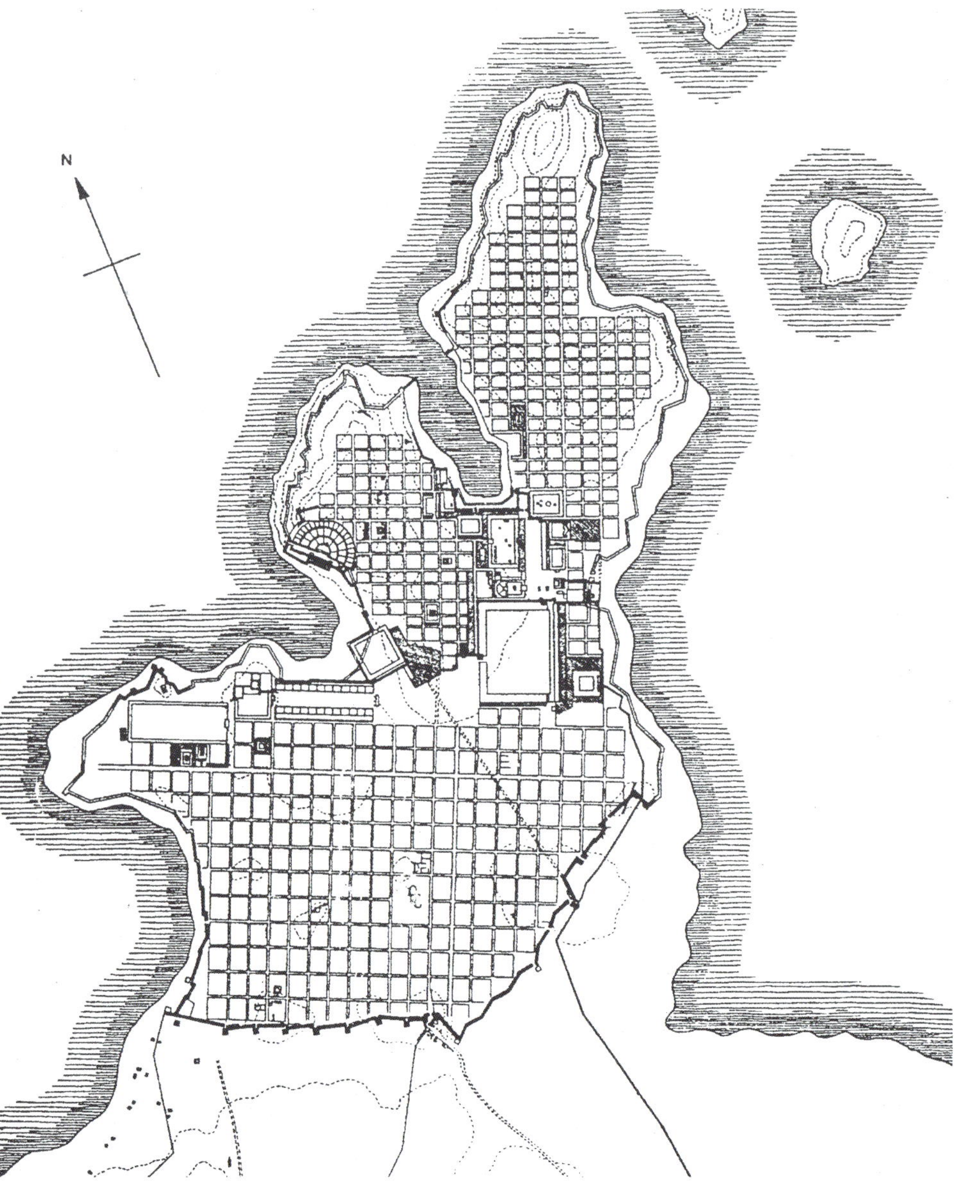

35 Dieser Lageplan stellt graphisch die archäologischen Forschungen zur Stadt Milet dar, welche von manchen auf ein Projekt des Hippodamos von Milet zurückgeführt wird. Diese Zuschreibung wird heute jedoch aus chronologischen Gründen angegriffen. Die gitterförmige Anlage dehnt sich nicht so weit aus, dass dadurch die Form der Stadt definiert würde, denn die Stadtränder sind mit Bezug zur örtlichen Situation gestaltet.

36 Detail aus dem vorherigen Lageplan, mit dem Buleuterion in der Mitte über der Agora.

36

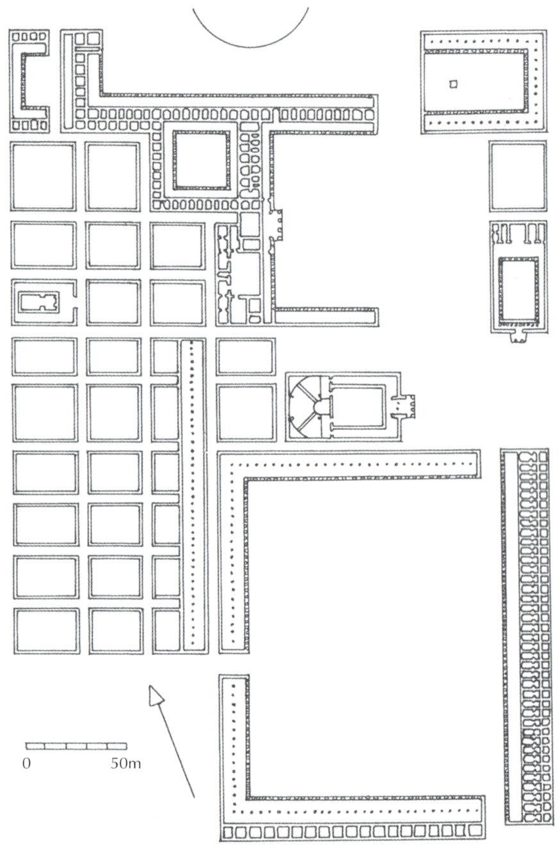

37, 38 Zwei Rekonstruktionen von Versammlungsräumen des Stadtrates (Bule): in Milet (37) und in Priene (38).

37

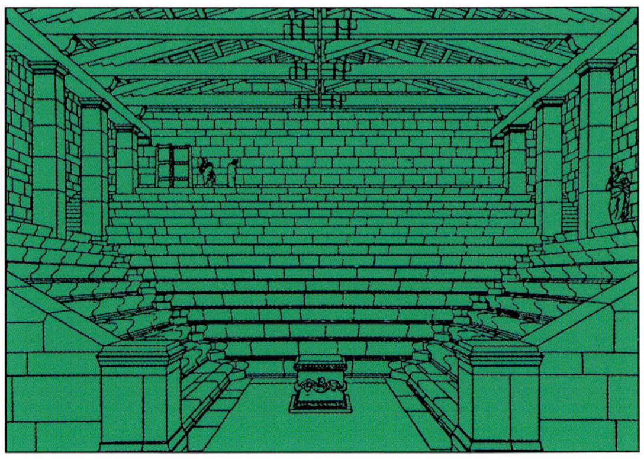

39 Theater der Stadt Milet.

40 Lageplan von Priene, das als typische Umsetzung des Hippodamischen Systems gilt. Die rechtwinklige Anlage fügt sich in das natürliche Höhengefälle ein, indem über Treppenstraßen Terrassierungen ermöglicht wurden.

39

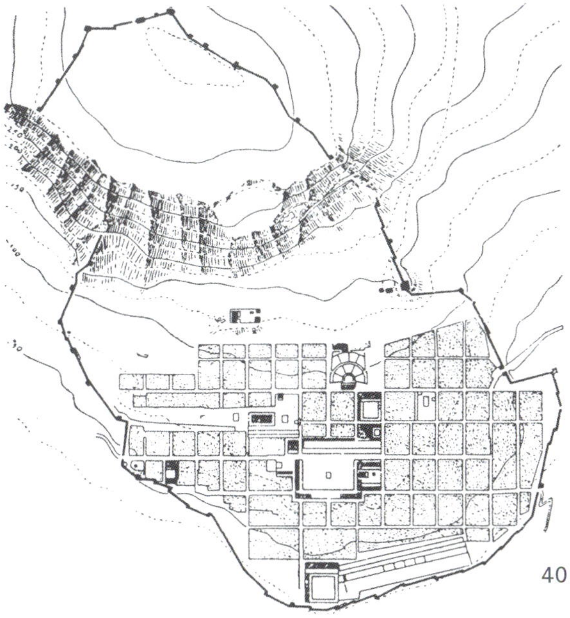

40

38

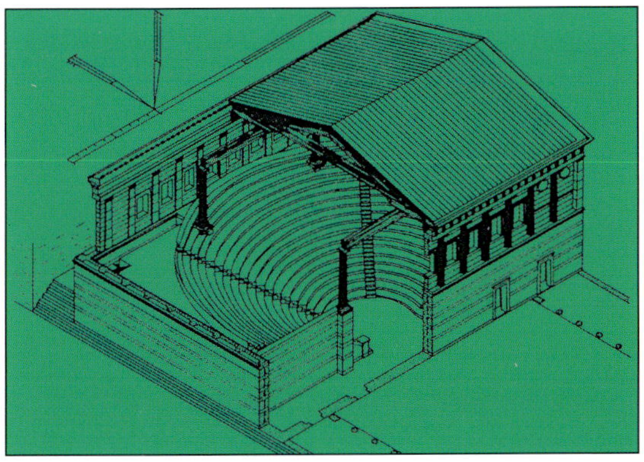

Welt unterteilt sich in eine öffentliche, eine heilige und eine private Sphäre; die Straftaten sind in drei Gruppen klassifizierbar, weshalb angesichts der Wiederkehr der Zahl drei schon ein Widerhall der pythagoräischen Lehre vermutet wurde. Die Grundlage für die Aufteilung der Stadtfläche bildete ein System, in welchem die Baugelände auf der Basis eines rechtwinkligen Gitters umrissen wurden. Die Parzellen etwa für die Wohnbebauung waren mit Bezug auf feste geometrische Muster dimensioniert und durch das auf gleichmäßigen Grundlinien angelegte Straßensystem begrenzt, mithin von parallelen Verkehrsachsen (*per strigas*), die im rechten Winkel von anderen Straßen (von den *plateiai*, breiten Straßen, bis hin zu den *stenopoi*, schmalen Straßen) gekreuzt wurden, so dass längliche Parzellen entstanden. Diese waren im Allgemeinen so dimensioniert, dass zwischen den langen und kurzen Seiten ein Verhältnis von 6 zu 1 bestand. Dagegen wurden für die Parzellen, die für Regierungs- oder Repräsentations- oder generell für gemeinschaftliche Zwecke gedacht waren, Gebiete mit unterschiedlicher Form und Größe nach Kriterien der Zweckmäßigkeit zugeteilt. Auf jeden Fall hatten diese Parzellen eine andere Form als jene, die für die Wohnbebauung vorgesehen waren. Entgegen dem ersten Anschein unterscheidet sich dieses System daher deutlich (Castagnoli) von jenem System regelmäßiger Anlagen, die durch die Kreuzung zweier zentraler Hauptachsen, mit entsprechender Fortsetzung bei den kleineren Achsen, gebildet werden. Das hier, aber auch in Olynth beschriebene System wurde, wie schon erwähnt, in Milet, Piräus, Rhodos und Thurioi angewendet. All diese Städte werden, da sie im 5. Jh. v. Chr. gegründet oder neu errichtet wurden, wie gesagt häufig mit dem Werk des Hippodamos in Verbindung gebracht, wobei die Meinung der Wissenschaftler nicht einhellig ist. Was das geometrische Gleichmaß des hippodamischen Schemas betrifft, ist jedoch eine Klarstellung erforderlich: Zwischen Gleichmaß und Starrheit ist zu unterscheiden. Die geometrische Gleichmäßigkeit der Anlage steht nicht im Konflikt zu einer möglichen natürlichen Unregelmäßigkeit, weder in Bezug auf die Bestimmung der Stadtgrenzen und noch viel weniger in Bezug auf die Höhensituation. Priene zum Beispiel wurde auf hohen natürlichen Terrassen erbaut, die untereinander über Wege verbunden sind, die regelrechte Treppenanlagen bilden – zum Teil auch relativ steile. In der hippodamischen Konzeption sollte die Zahl der Einwohner 10 000 nicht übersteigen. Das ist eine Zahl, die heute extrem gering erscheint, die aber für die damalige Zeit ganz gut zu »passen« scheint – wie schon erwähnt dachte Platon an Zentren mit 5000 Einwohnern. Es gibt Wissenschaftler, die eine Unterscheidung zwischen Theorie und Praxis des hippodamischen Systems vorschlagen: Hippodamos sei schließlich mehr ein Techniker als ein Theoretiker in Bezug auf

41

die Aufteilung der Erde für urbane Zwecke – auch wenn, wie manche beobachten, seine Bildung durchaus von politischen Komponenten und den spezifischen Kenntnissen eines *meteorologos*, eines Erforschers der Himmelsphänomene, geprägt war. Der Umstand, dass die hippodamische Theorie von Aristoteles aufgenommen und geschätzt wurde, obwohl ihm dieses System aufgrund einiger politischer Aspekte angreifbar erschien, ist in der Tat als ein wichtiges Zeichen zu werten. Die hippodamische Theorie wird auf jeden Fall gegenüber der Tradition als ein innovatives, planmäßiges Verfahren angesehen, auch wenn wir einerseits den Inhalt von Hippodamos' Werk nicht genau kennen, denn »das, was wir besitzen, ist das aristotelische Bild von Hippodamos« (Greco, Torelli), und wenn andererseits das hippodamische System vorherige Erfahrungen verschiedener Herkunft (koloniale, aus dem Osten etc.) mit einschließt. So ist bekannt, dass, auch wenn der größte Teil der antiken griechischen Städte keine rechtwinklige Anlage hatte (die griechische Stadt Smyrna bildet eine Ausnahme), die Könige von Urartu im äußersten Osten von Anatolien, nahe dem Vansee und dem heutigen Erciş, eine Stadt auf völlig rechtwinkligem Grundriss erbauten. Sie besaß im Wesentlichen quadratische Bebauungsblöcke von circa 35 Metern Seitenlänge, auf denen je zwei Häuserpaare, durch eine Durchgangsgasse voneinander getrennt, errichtet wurden. Es ist aber, immer noch in Bezug auf den hippodamischen Städtebau, mit Rykwert ebenfalls zu berücksichtigen, was der Franzose J. P. Vernant aufgedeckt hat: dass die Konzeption, auf die sich die hippodamische Stadt gründet, im Gleichklang mit der Konzeption der kosmischen Ordnung steht, die im Denksystem des ionischen Philosophen Anaximander erscheint, aber auch, dass vor Hippodamos – so ist es der Satire zu entnehmen, die Aristophanes daraus macht – möglicherweise ein anderer Stadtplaner, Meton von Kolonos (der einzige neben Hippodamos, von dem man aus dieser Epoche den Namen kennt), auch er ein *meteorologos*, ein Athen mit einem kreisförmigen Grundriss und mit strahlenförmigen Straßen geplant hat, also ebenfalls mit kosmologischen Bezügen.

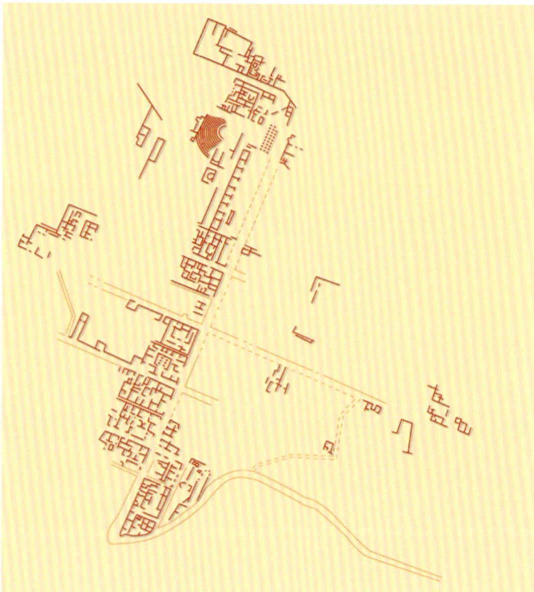

42

41 Solunt, Sizilien bei Palermo, Ansicht eines Details der Stadt, wie es bei den archäologischen Ausgrabungen sichtbar wurde.

42 Solunt, bei Palermo, 6.–5. Jh. Lageplan der Stadt.

43

44

43 Palermo, die antike griechische Stadt, wie sie auf dem Plan der heutigen Stadt erscheint, sowie die vermutete Lage der späteren griechischen Stadt.

44 Solunt, Gesamtansicht von West nach Ost. Neuere Studien stellen die Hypothese auf, dass während der griechischen Epoche Palermo und Solunt ein einziges gewaltiges Siedlungszentrum gebildet haben.

1

2

Mittelmeer
Grab der Stratonike
Königlicher Hafen
Kleiner Palast
Tempel der Isis Pharia
Portus Magnus
Königliche Paläste
Hippodrom
Timonium
Antirrhodos
Insel Pharos
Brücke
Poseidonion
Emporion
Palästra
Theater
Heptastadion
Neapolis
Via Canopica
Neptun-Tempel
Eunostoshafen
Brücke
Neoria
Caesareion
Gymnasion
Kibotos
Arsinoeion
Dikasterion
Kanal
Via Canopica
Sarapis-Tempel
Grab Alexanders des Großen (?)
Rhakotis
Kanal
Pompeius-säule
Serapeum

KAPITEL IV

Die hellenistische Welt

3

Das Aufkommen der makedonischen Macht unter der autokratischen Führung von Philipp II. ist Ursache und Folge von grundlegenden Veränderungen, die schon in der ersten Hälfte des 4. Jhs. v. Chr. im gesamten griechischen Raum im Gange waren. Die Zeitgenossen waren sich bereits der Tatsache bewusst geworden, dass sich in der gesamten griechischen Welt ein völlig neues Szenario anbahnte, denn die Makedonier wurden – wie unter anderem Thukydides (zweite Hälfte des 5. Jhs. v. Chr.) notiert – in der Kultur und der Geschichte der griechischen Völker im traditionellen Sinne als ein nicht-griechisches Volk angesehen. Ihr Aufstieg zu Protagonisten rief daher Furcht hervor, vor allem bei den Athenern. Deren Wortführer war Demosthenes, der sich in der Mitte des 4. Jhs. v. Chr. mit drei flammenden politischen Reden, den Philippischen Reden, dem makedonischen König entgegenstellte. Philipp II. errichtete und verkörperte in der Tat ein autokratisches und dynastisches Regierungssystem, und zwar gerade in dem Moment, als die Krise der griechischen *polis* schon begonnen hatte und die politische sowie wirtschaftliche Hegemonie Athens sich im Niedergang befand. Die neue Situation wird auch unter dem Gesichtspunkt des Themas »Stadt« erkennbar: Im Vergleich zu dem untergehenden System der griechischen Stadt-*polis* offenbaren die städtebaulichen Initiativen Philipps II. ein anderes Verständnis von Stadt und entsprechend auch eine andere Bauweise. Während der Begründung und des Ausbaus seiner Herrschaft wählte der makedonische König mit der Erbauung von Pella tatsächlich eine Form der Stadt, die gemäß der angeführten Definition von Aristoteles ein typischer Ausdruck des Systems der Tyrannis war. Dies beweist die Errichtung eines gewaltigen, noch nicht vollständig ausgegrabenen Palastes in einer erhöhten und von der eigentlichen Stadt abgesonderten Lage, der zum vorher bestehenden und besser bekannten Palast im nahen Palatitsa (heute Vergina) hinzukam. Ein Blick auf letzteren, der sich ebenfalls in einer erhöhten und von der Stadt abgesonderten Lage befand, ist daher sinnvoll, um eine Vorstellung von der komplexen Aufteilung des Königspalastes von Pella zu gewinnen. In der Anlage von Palatitsa gab es neben dem königlichen Residenzbereich – verteilt um einen wahrhaft gewaltigen Hof (Peristyl) – weitere Bereiche, die für unterschiedliche Aufgaben bestimmt waren: für die Ausübung der Regierungsmacht, für rituelle und zeremonielle Anlässe, für die Wachtruppen etc. Etwas tiefer gelegen gab es außerdem ein kleines Theater, wo der Königsmord an Philipp in aller Öffentlichkeit begangen werden sollte, gefolgt von der Machtergreifung durch Alexander. Die wirkliche Neuerung jedoch, die von Philipp II. eingeführt wurde, bestand aus einer gewissen Distanz betrachtet in der Anlage einer regelrechten Hauptstadt und den Impulsen für ihre beschleunigte Entwicklung. Ihre Bestimmung war es, die führenden Schichten der makedonischen Gesellschaft aufzunehmen und mit ihrer architektonischen Raffinesse die Macht sowie den Reichtum des Herrschers und seines Hofs zu repräsentieren. Auch das Doppelwort Palast-Stadt gewinnt also neue Bedeutungen hinzu: Die Stadtanlage ist nicht mehr, wie in der Stadt des Tyrannen, nur physische und symbolische Verkörperung des Gegensatzes zwischen oben, dem Sitz der Politik und des Sakralen, und unten, der Stadt der Untertanen, sondern spiegelt die umfassende urbane Konzeption eines Regierungssystems, das auch auf die Hierarchie der städtischen Klassen in ihrer Funktion als Hofstaat gegründet ist.

In einem gewissen Abstand zum Palast und auf geringerer Höhe erstreckte sich das städtische Netz auf vorwiegend flachem Terrain. Es war durch Straßenzüge mit gleichmäßiger gitterförmiger Anlage gekennzeichnet. Im Bereich der Wohnviertel beanspruchten die zahlreichen gewaltigen und prächtigen Wohnstätten der führenden Klassen eine besondere Bedeutung, während andere Bereiche für notwendige städtische Funktionen bestimmt waren. Vollständig außerhalb der Stadt befand sich schließlich der aus-

1 Alexandria in Ägypten.

2 Lageplan von Alexandria in Ägypten, mit Hervorhebung der hellenistischen und ptolemäischen Stadt und mit dem antiken Hafen in seiner tatsächlichen Größe.

3 Bildnis von Alexander, römische Marmorkopie nach einem möglicherweise von Lisippus stammenden Original (338–336 v. Chr.).

gedehnte Bereich für die Bestattung der Königsfamilie. Das System der Ansiedlung in Pella unterschied sich mithin erheblich von jenem der griechischen *poleis:* Die Herausbildung einer neuen Stadt kündigte sich an.

Es sollten jedoch erst die ungestüme Aktivität Alexanders des Großen und die daraus folgende gewaltige Erweiterung der Grenzen seines Reichs bis an die Schwelle Indiens sein, welche in noch einschneidenderer Weise – und mit Wirkungen und Konsequenzen, die sich erst im Laufe der Zeit ermessen ließen – sämtliche traditionellen Ordnungen der antiken Welt veränderten. Denn die Kampfhandlungen des jungen Herr-

4 Ein aktuelles Panorama der Stadt Alexandria und ihres Hafens, welches auch eine Vorstellung von der Ausdehnung der hellenistischen Stadt ermöglicht.

5 Pella (Makedonien), Peristylhaus.

6 Vergina (Palatitsa).

4

5

6

7 Vergina (Palatitsa), Ausgrabungen des Palastes Philipps II., Lageplan des Palastes.

8 Pergamon, Detail der Akropolis.

7

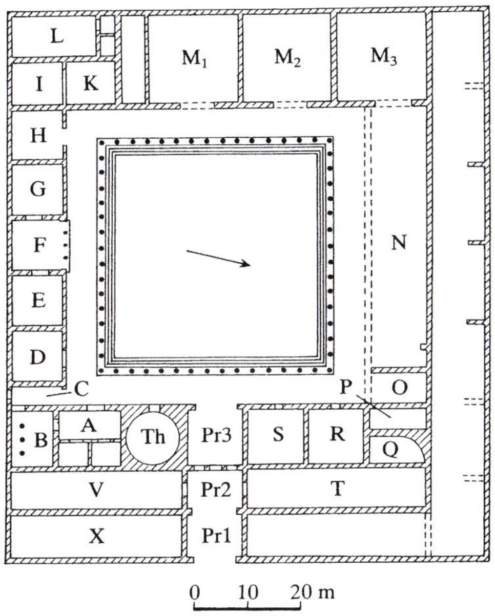

8

schers erweiterten den Bereich dessen, was bis dahin eine relativ begrenzte Welt war – in einem Ausmaß, das wir heute kontinental nennen würden, gen Osten. Damit wurde ein politischer, wirtschaftlicher, sozialer und kultureller Rahmen geschaffen, der sich erheblich von jenem unterscheidet, der bisher im Inneren und im Äußeren die Gräzität gekennzeichnet hatte. Daher sind die Machtergreifung Alexanders oder der Zeitpunkt seines Todes (323 v. Chr.) die Ereignisse, welche die Geschichtsschreibung als Zeitpunkt *post quem* für die Entwicklung des Hellenismus ansetzt. Letzterer wird inzwischen als komplexes und unabhängiges System angesehen, dessen Wirkungen sich sinnbildlich, aber auch physisch auf mehreren Ebenen wahrnehmen lassen, und nicht mehr, wie in der Vergangenheit üblich, als Phase des Niedergangs der hellenischen Gräzität (Adriani, Lauter).

Auch wenn sie aus der Gräzität hervorgegangen war, verband sich die hellenistische Kultur tatsächlich über komplexe Formen der Synthese, der Vermittlung, der synkretistischen Kombination aus verschiedenen kulturellen und wissenschaftlichen Modellen und Konzepten mit Elementen, die aus Gegenden des Nahen und Mittleren Ostens stammten. Von zentraler Bedeutung war dabei das kommunikative *medium* der griechischen sprachlichen Matrix, die ein unersetzliches einigendes Element (die sogenannte *koinè*) innerhalb des gesamten alexandrinischen imperialen Systems darstellte. Sicher nicht weniger wichtig als Instrumente der Vereinheitlichung innerhalb der unterschiedlichen Zusammenhänge waren indes sowohl die städtische Siedlungsform, die sich in mehreren Regionen verbreitete, als auch die architektonische Sprache, die deren wichtigste Bereiche kennzeichnete. So gründete Alexander der Große zahlreiche neue Städte, denen er seinen Namen verlieh, und es gab daher mehrere Städte, die Alexandria hießen. Wann endete diese Phase? Nach allgemein anerkannten Kriterien wird das Ende des hellenistischen Zeitalters auf den Zeitpunkt der Machtergreifung durch Augustus nach seinem Sieg in der Schlacht bei Actium datiert, also auf das Jahr 31 v. Chr. Dieser Chronologie folgt heute der größte Teil der Archäologen, Kunst- und Architekturwissenschaftler, denn von diesem Zeitpunkt an sollte Rom in der gesamten antiken Welt führend sein, leicht ablesbar etwa an den bahnbrechenden und dauerhaften Bauwerken, an der territorialen Infrastruktur (Straßen, Aquädukte, Brücken) und an den innovativen Techniken der Architektur und des Bauwesens. Freilich blieben die Motive und die städtebaulich-architektonische Sprache des reinen Hellenismus weiterhin (zumindest bis zum Zeitalter von Trajan und Hadrian) zumindest in Teilen prägend für die Architektur und die städtische Szenerie, wie sie von Rom innerhalb der Stadt selbst und in den von ihr unterworfenen Städten modellhaft vorgegeben wurde. Dies geschah jedoch bereits in einem anderen Kontext und indem Raum für die Entwicklung einer neuen Wirklichkeit gegeben wurde. So entstand ein kulturelles und künstlerisches System, das man – da es sich auf eine Kultur bezieht, die durch den Kontakt mit der hellenistischen Welt in die spätrepublikanische und dann kaiserliche römische Welt importiert und übernommen wurde – mit dem Begriff Neohellenismus definieren könnte. Jedenfalls sollte berücksichtigt werden, dass im 4. Jh. v. Chr. (während Philipp und Alexander im Zentrum des Geschehens stehen) die Gräzität, verstanden im Sinne ihrer wissenschaftlichen, kulturellen und künstlerischen Merkmale, schon eine viele Jahrhunderte alte historische Schichtung hinter sich hatte. Sie bildete jedoch – unbeschadet aller Unterschiede – sowohl für Philipp als auch später für Alexander einen wesentlichen Bezugspunkt angesichts der politischen Legitimation der makedonischen Dynastie durch die Griechen, aber auch und vor allen Dingen aufgrund der Faszination, welche die Gräzität nach wie vor auf die gesamte antike Welt ausübte. Gerade um die Tradition sowie die kulturelle und künstlerische Identität solcher Elemente, die als griechisch konnotiert wurden, auch in einem veränderten Umfeld zu bewahren, war es notwendig, über ihre komplexe Schichtung nachzudenken. Es erschien daher angebracht, jene Elemente in eine systematische Struktur zu bringen. Dies gilt insbesondere vor dem Hintergrund dessen, dass zunächst die Kampfhandlungen Philipps II. und daraufhin vor allem die Eroberungen Alexanders die Gräzität in direkten Kontakt brachten mit kulturellen, künstlerischen, philosophischen und religiösen Systemen und Modellen sowie den entsprechenden gesellschaftlichen Bräuchen, welche sich von den hellenischen unterschieden – speziell mit jenen der alten Reiche (des Mittleren Ostens, Ägyptens), die in manchen Bereichen, zum Beispiel bei technisch-wissenschaftlichen Anwendungen, teilweise fortgeschrittener waren. So wurden in diesem neuen Umfeld die bis dahin aufgekommenen und glaubhaft gemachten wissenschaftlichen und philosophischen Positionen und Theorien überprüft. Die technische Kultur machte einen regelrechten qualitativen Sprung, indem sie außerordentliche Neuerungen kennenlernte. Auch kam es zu einer Art linguistischer Revision, weil sich das Bestreben auf Vereinheitlichung im bunt zusammengesetzten Bild der zahlreichen griechischen Sprachen richtete. Sehr wichtig, vielleicht sogar am allerwichtigsten sind auch die Innovationen in der künstlerischen Produktion. In Malerei und Bildhauerei wuchs das schon gegen Ende des 5. Jhs. v. Chr. aufgekommene Interesse an Themen aus dem realen und alltäglichen Leben, auch unter dem Aspekt der Expressivität und der spontanen Geste. In der Architektur wurden neue Formen und Modelle eingeführt: Im zivilen Bauwesen verbreitete sich im öffentlichen Raum das System der Plätze und Säulengänge, im Zusammenhang mit neuen Entwicklungen bei der Theaterbühnengestaltung wurden große Bühnenaufbauten errichtet, die Nutzung von dekorativen, kultischen und Votivelementen, die auch auf die Initiative Einzelner zurückgehen konnte, nahm zu. Im Bereich des privaten Wohnhausbaus findet man bei den gehobenen Residenzen häufig den Typus des Peristylhauses, das manchmal auch mit mehreren Peristylen oder mit Peristylen über mehrere Stockwerke ausgestattet war, wie im Fall des sogenannten rhodischen Peristyls. Beim Bauen auf mittlerem und einfachem Wohnniveau waren die gefundenen Lösungen dagegen sehr variantenreich. Auch die typologischen Variationen im Bereich der religiösen und Tempelbaukunst fielen erheblich aus, beispielsweise kam die Pseudodipteros genannte Form des Tempels auf. Auf jeden Fall verbreitete sich sowohl bei zivilen Bauten (ob öffentlich oder privat) als auch bei religiösen die Anwendung des neuen korinthischen Architekturkonzepts, und mitweit größerer Unbefangenheit als vorher (das Thema war auch in diesem Fall schon in der zweiten Hälfte des 5. Jhs. v. Chr. aufgekommen) wurden das Nebeneinander, die Austauschbarkeit und die syntaktische Variabilität der Elemente und der proportionalen Verhältnisse akzeptiert, welche nach ihrer Zugehörigkeit zu dem einen oder anderen traditionellen Architektursystem bis dahin die Gebäude, und speziell die Tempel, im Ganzen wie auch in ihren einzelnen Teilen voneinander unterschieden hatten. Schließlich fand das Bogensystem offiziell Eingang in die architektonische Sprache und Syntax, was als ein sicher nicht zweitrangiger konzeptioneller Aspekt anzusehen ist. Bögen konnten für sich stehen oder auch mit dem traditionellen trilithischen System, bestehend aus vertikalen Trägern und horizontalen Balken, kombiniert werden. Die griechische Sprache wurde, wie bereits erwähnt, aus mehreren linguistischen und syntaktischen Codes zusammengeführt, was eine einfache Kommunikation unter verschiedenen Völkern ermöglichte: Das hellenistische Griechisch wurde zu einer Art Lingua franca mit großer Verbreitung. Diese bedeutenden Beiträge hat die griechische Kultur über eine Erneuerung ihrer Wurzeln dem Kulturkreis von Alexandria zu verdanken, dessen Zentrum seine berühmte Bibliothek war. In der Summe erfuhren das künstlerische Schaffen, die Literatur, die Architektur, das

9

9 Pergamon, Tempel des Serapis.

10 Pergamon, Plan der Bibliothek.

10

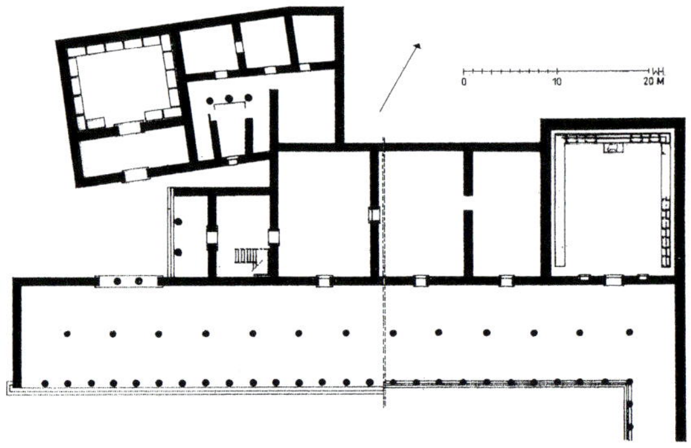

11

12

11 Ephesos, Theater.

12 Pergamon, Asklepieion.

13 Pergamon, Lageplan der Akropolis.

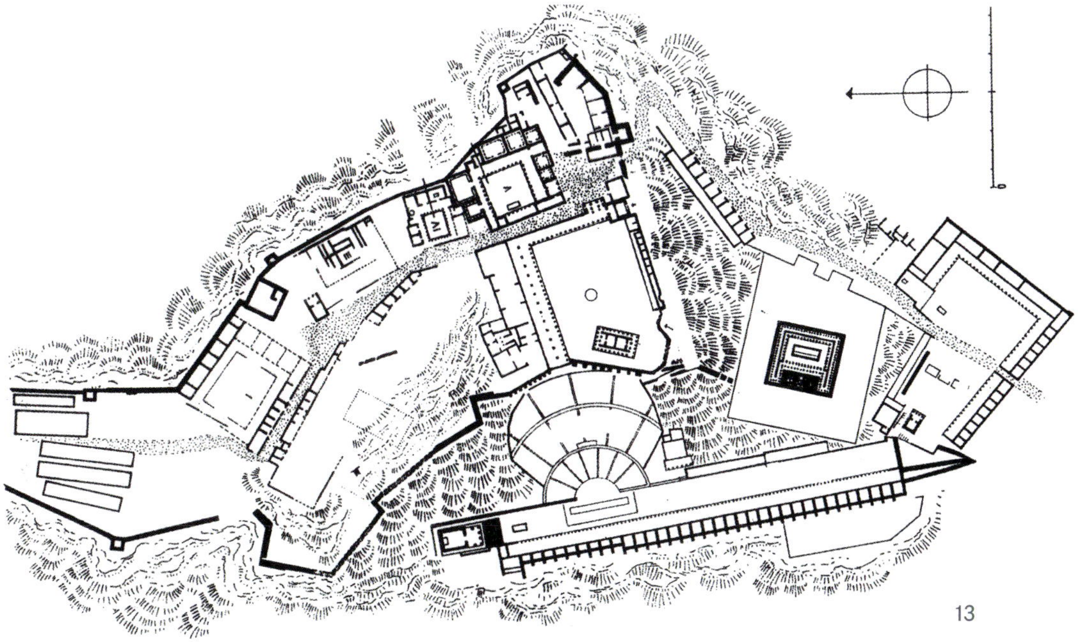
13

14

15

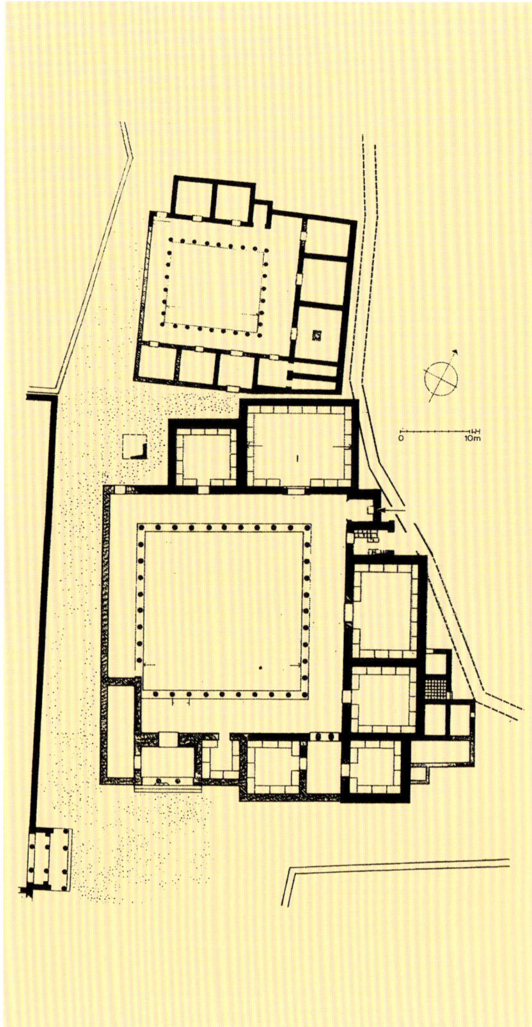

16

Denken, die Wissenschaft, die gesellschaftlichen Bräuche und sogar die religiösen Überzeugungen, auch wenn sie stark in der Welt der Gräzität verwurzelt blieben, eine Art genetische Mutation. Die Ausbildung der monarchischen Staaten des autokratischen Typs, die durch die alexandrinischen Eroberungen auf den Weg gebracht wurden und sich nach seinem Tode festigten, begründete eine neue Wirklichkeit und eröffnete eine neue Welt.

Innovativ war auch die Art und Weise, wie »Stadt« imaginiert und realisiert wurde. Die hellenistische Stadt stellte eine völlig andere Realität dar als jene, die mit dem Konzept der *polis* verbunden war. Nun formte und bildete sich die Stadt nämlich mit Bezug auf die neue politische Organisationsform, wonach Bürger Untertanen waren, und mit Bezug auf die – auf die städtische Bühne übersetzte – Kommunikation der symbolischen und religiösen Werte, die vom Herrscher gesetzt oder übernommen wurden. Neuere Forschungsergebnisse erhellen zusammen mit vorhandenen Kenntnissen und Quellenaussagen viele Aspekte der Anlage von Alexandria in Ägypten, deren Gründung folgende, von Vitruv erzählte Begebenheit vorausgegangen sein soll: Der Architekt Deinokrates habe sich Alexander dem Großen vorgestellt, indem er ihm vorschlug, das Erscheinungsbild des Berges Athos dergestalt zu verändern, dass man seine Form entsprechend der Gestalt ebenjenes Alexanders behaut, der in einer Hand eine Stadt hält und in der anderen einen See. Der Vorschlag, der nicht realisierbar war und in der Tat nicht umgesetzt wurde, habe jedoch den jungen Monarchen beeindruckt, der dann – zwischen 332 und 333 v. Chr. – entschied, Deinokrates die Verwirklichung seines neuen Alexandrias anzuvertrauen. Ungeachtet dessen, ob die von Vitruv erzählte Episode nun wahr oder falsch ist, werden darin einige der innovatorischen Elemente in der urbanen und territorialen hellenistischen Kultur deutlich. Zu den schon genannten Elementen kommt das wich-

17

14 Detail der Akropolis von Pergamon.

15 Lageplan des Palastes von Eumenes II., König von Pergamon. Der Palast besteht aus zwei peristylen Säulengängen. In Pergamon hat man drei Bauphasen bestimmt, deren zweite – um 188 v. Chr., das Jahr des Friedens von Apameia – mit der Herrschaft von Eumenes II. zusammenfällt. Hier zeigt sich ein großer Reichtum in der Entfaltung und eine bemerkenswerte Befähigung zur Verschmelzung der verschiedenen Formensprachen der klassischen Kunst.

16, 17 Ausgrabungen auf der Akropolis in Pergamon.

tige Thema der kühnen Umformung in großem Maßstab von bestehenden natürlichen Gegebenheiten hinzu. Naturräume wurden zu einem einheitlichen Landschaftsbild umgestaltet, zum Teil auch mit symbolischen Bedeutungen politischer und dynastischer Art aufgeladen. Es ist offensichtlich, dass ein solches Unterfangen von dem Bewusstsein getragen wurde, über ein breites technisches Wissen zu verfügen, was insbesondere für die Hydraulik gilt. Alexandria lag auf einer Halbinsel und war über einen langen gemauerten Damm, eine Art Viadukt, mit der kleinen Insel Pharos verbunden, wodurch sich zwei Häfen mit unterschiedlichen Funktionen herausbildeten. Dieses Schema der zwei Häfen verbreitete sich daraufhin auch anderweitig und ist etwa in Kleinasien anzutreffen. Man weiß wenig über die Gebäudekomplexe (auch aus späterer Zeit), die die Stadt prägten, aber es ist bekannt, dass die städtebauliche Anlage von Alexandria dem hippodamischen Schema folgte. Es gab zwei 15 bis 20 Meter breite Hauptstraßen, die von Säulengängen gesäumt waren, die während der ganzen Nacht von brennenden Lampen erhellt waren. Die Wasserversorgung der Stadt wurde durch ein Netz von unterirdischen Kanälen gesichert, deren Wasser, gespeist vom Nil und trinkbar gemacht, sogar die Wohnungen erreichte. Es gab Parks, Theater, Stadien, Turnhallen, Tempel mehrerer Religionen und eine große Pferderennbahn. Großartig war, Strabon zufolge, das Gymnasium. Ein mitten in der Stadt gelegener künstlicher Hügel erlaubte es, die Aussicht zu genießen. Die Bedeutung, die dieser Hafenstadt im politischen Geschehen, in der Kultur und in der Vorstellungswelt der antiken Welt zukam, ist bekannt: Ihr berühmter Leuchtturm zählte zu den sieben Weltwundern. Die Bevölkerung war international, hier lebten Syrer, Perser, Römer, Libyer, Araber, Baktrer und andere. Indem Alexandria die Möglichkeiten nutzte, die die regelmäßige Anlage bot, stellte es die vollendete Ausformung des neuen Typs der hellenistischen Stadt dar: offen für jede denkbare zukünftige Entwicklung in Größe und

Gestalt und, anders als die griechischen Städte des archaischen und klassischen Zeitalters, nicht mehr als abgeschlossene Einheit gedacht. Daher rührt wohl auch das Diktum (Poete, Benevolo, Russo), dass die Konzeption der hellenistischen Stadt ein Vorläufer jener war, die typisch für die gegenwärtige Zeit ist. Andere bekannte Beispiele für hellenistische Städte sind Priene in seiner wiederaufgebauten Form aus dem 4. Jh. v. Chr. und vor allem Pergamon – beides Städte, denen eine starken Gefällelage eigen ist und die daher durch Terrassierungen untergliedert sind, die sich in funktioneller und symbolischer Hinsicht unterscheiden. Im Fall von Pergamon hängt die Gesamtanordnung und vor allem die Untergliederung in Bereiche von Säulenhallen (*stoai*) und heiligen Bezirken von der topographischen Situation ab. Aus ebendieser ergaben sich auch sehr interessante Lösungen in Form von Häusern, die auf verschiedenen Ebenen angeordnet waren, verbunden durch ein System von ebenfalls stark abfallenden Straßen. Die großen U-förmigen Säulengänge, die auf den ebenen Flächen der Terrassen verliefen und in ihrem Inneren Tempel Votivaltäre – wie den berühmten, heute in Berlin befindlichen – und anderes einschlossen, fungierten mehr als Einrahmung des Ganzen denn als Orte mit ständigem Besucherverkehr. Durch intelligenten Einsatz von ikonologischem Schmuck in Form einer Reihe von Hochreliefs trugen sie zur Verbreitung von Botschaften bei, die mit der Herrscherideologie und dem Herrschergeschlecht zusammenhingen. Überaus bedeutend sind auch die terrassenförmigen Anlagen von Heiligtümern. Zu diesen gehört das berühmte Heiligtum der Stadt Lindos auf der Insel Rhodos, welches einen typologischen Vorläufer für das Heiligtum der Fortuna Primigenia in Palestrina im Latium darstellt (jedoch erst später – es stammt aus dem 2. Jh. v. Chr.). Ein weiteres innovatives Element in der hellenistischen Stadt liegt in dem Wandel begründet, den die Theaterauf-

18

19

20

21

18, 19, 20 Ephesos, Details der Ausgrabungen des Forums.

21 Lindos, Insel Rhodos, Modell des Athena-Heiligtums.

22, 23, 24 Palestrina (das antike Praeneste, zentrales Latium). Der Fortuna-Tempel: perspektivische Aufsicht auf den Tempel, Rekonstruktionsplastik und Luftbild des aktuellen Tempelkomplexes mitten in der Stadt aus der Hubschrauberperspektive.

22

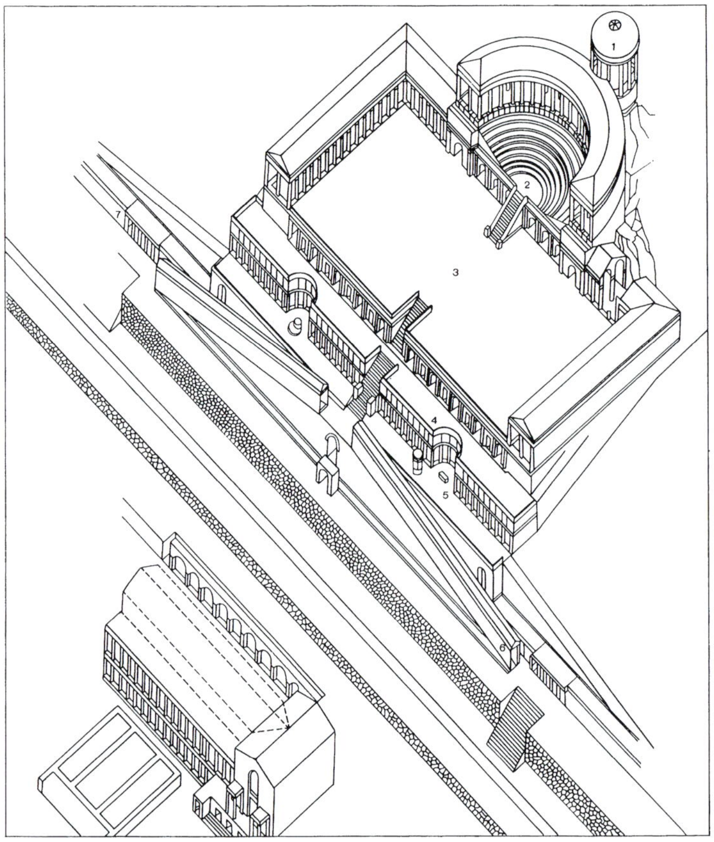

23

führungen und in der Folge auch das Theater selbst in der Zwischenzeit erfahren hatten. Daraus ergaben sich Veränderungen in der gesamten Bühnenanlage ebenso wie daraus folgende im Orchester- und im Zuschauerraum (auf Griechisch *koilon*, im Lateinischen *cavea*). Sie führten zu architektonischen Lösungen, die sich stark von den traditionellen unterscheiden.

All diese Lösungen sind von großer Bedeutung und haben wichtige Konsequenzen für die römische architektonische Kultur der spätrepublikanischen Epoche und sogar der Kaiserzeit. Obgleich die römischen Theater sich weiter von jenen der eigentlichen hellenistischen Welt fortentwickelt haben, besitzen sie in jedem Fall einen Bezugspunkt zu ihnen. In dem berühmten, von Vitruv zur Zeit des Kaisers Augustus verfassten Traktat »De Architectura libri decem« besitzen wir ein wichtiges Zeugnis dafür, in welchem Maße die städtebauliche und architektonische Kultur hellenistischen Ursprungs – selbstverständlich im Zusammenspiel mit der Tradition und den Merkmalen der italischen Kultur – die römische beeinflusst hat.

1

1 Rom, Bereich des Circus Maximus mit Blick auf den Palatin.

2 Rom, Lageplan des mythischen viereckigen Rom, von Romulus mit dem Pflug gezeichnet.

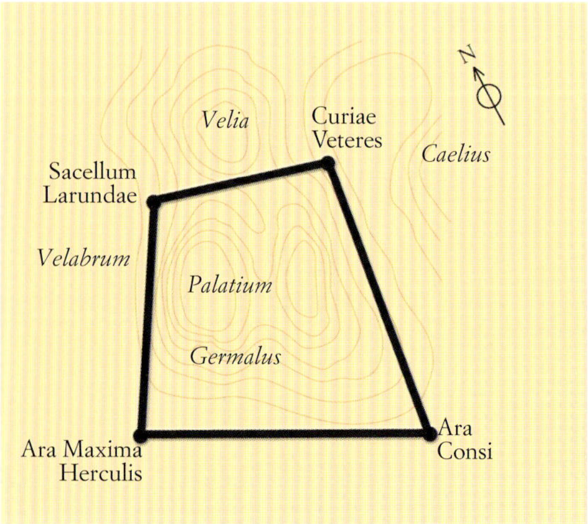

2

Die Gründung des quadratischen Roms, welche die Legende Romulus zuschreibt, verweist auf eine Ritualisierung im Bereich der Religion und der Rechtsetzung, die schon in der etruskischen Welt gegeben war. Die Interpretation des Flugverhaltens von bestimmten Vögeln – im Fall Roms des Adlers – und von anderen zeichenhaften Ereignissen bestimmte die Wahl des geeigneten Ortes und des günstigsten Zeitpunkts für den eigentlichen Gründungsakt. Dieser bestand neben weiteren Ritualen hauptsächlich darin, dass mit einem Pflug, dem ein Stier und eine Färse vorgespannt waren (auch dieser Umstand hatte klare symbolische Bezüge), Furchen in die Erde gezogen wurden, welche das – sakralisierte – Gebiet der späteren Stadt begrenzten. Die Stadtgrenzen durften nicht überschritten werden, weshalb die Legende auch Remus, der dieses Sakrileg begangen hatte, mit dem Tod bestrafte. Ausgenommen waren nur die Stellen, wo die Furchen unterbrochen waren, um den Bau der Stadttore zu ermöglichen. Diese fungierten ihrerseits als – physisches und symbolisches – Scharnier für den Austausch zwischen dem sakralisierten Stadtbereich und der Welt außerhalb davon. Der Bereich innerhalb der Furchen, der den Namen *pomerium* erhielt und selbstverständlich im Laufe der Jahrhunderte immer weiter ausgedehnt wurde, war eben aufgrund seines geheiligten Charakters tabu für Elemente oder Praktiken der »Verderbnis« wie die Bestattung oder Verbrennung der Toten. So sollte es jedenfalls das Zwölftafelgesetz festlegen. Aus dieser Vorschrift folgte die Errichtung von Grabmälern und Friedhofsarealen außerhalb des *pomerium*, meist entlang der Hauptverkehrsachsen der Stadt.

KAPITEL V

Geburt und Entwicklung Roms

3

3 Kapitolinische Wölfin. Etruskische Bronzefigur aus dem 5. Jh. v. Chr. Die Zwillinge wurden erst während der Renaissance von Pollaiuolo hinzugefügt.

Eine bis in das augusteische Zeitalter zurückzuverfolgende Überlieferung datiert die »Geburt« Roms auf den 21. April des Jahres 753 v. Chr. Die Gründungsriten gingen dieser Überlieferung zufolge teils auf die etruskische Zivilisation zurück, beinhalteten aber auch Elemente, die mit einer Kultur und Gesellschaft agrarischen Ursprungs verbunden waren (der Frühlingsanfang: Ceres-Pales und die folgenden Palilienfeste). Stratigraphisch-archäologische Ausgrabungen und bestimmte Überlegungen scheinen zu bestätigen, dass während des 8. Jhs. v. Chr. im Bereich der Hügel, die sich über dem Tiber erheben, und im angrenzenden Tal eine Ansiedlung entstanden ist, die sich rasch in eine präurbane Form entwickelte. Es fehlt freilich der Beweis, dass es einen regelrechten Gründungsakt durch die Handlung eines Oikisten, also Romulus, gegeben hat, der ihr Initiator und Lenker gewesen sein soll (Bernardi). Möglicherweise ist der Name Romulus auch nur ein Patronymikon, das im Laufe der Zeit aufgekommen ist, und gar nicht der Name einer realen Person. Jedenfalls erfreute sich die neue Ansiedlung aufgrund ihrer Lage auf den Anhöhen und im Tal des Flusses mehrerer Vorteile: Die Verfügbarkeit von Wasserquellen und gesunder Luft in den höher gelegenen Bereichen kam ihr ebenso zugute wie die Möglichkeit, die Verkehrswege auf dem Fluss und zu Land beherrschen und kontrollieren zu können. Denn an diesem Ort, in der Nähe der Tiberinsel und der Furt, mündeten sowohl die Strecken ein, die aus dem südlichen Latium kamen und nach Etrurien führten, als auch andere Hauptverkehrsachsen: »Das frühgeschichtliche und archaische Wegesystem des mittleren und unteren Tibertals ist eng an den Verlauf des Flusses gebunden und davon entscheidend beeinflusst« (Coarelli). Der Platz bildete einen wichtigen Verbindungsknoten zwischen den (nördlichen und südlichen) etruskischen Völkern, den italisch-latinischen und jenen der Magna Graecia. Weiterhin soll es auch Beweise für das Vorhandensein von phönizischen Elementen geben. Der Austausch unter den verschiedenen Völkern, sei es bei rituellen und religiösen Anlässen oder solchen von eher ökonomischem und kommerziellem Charakter, muss schon damals sehr rege gewesen sein – und oft auch von Konflikten belastet. Die ursprüngliche Ortschaft hat sich schon sehr früh auf die umgebenden Hügel und Täler ausgedehnt. Die Zeremonie des Septimontium, die sich sehr lange erhalten hat, besteht aus einem rituellen Weg, der die sieben Hügel Palatin, Germalus, Velia, Fagutal, Caelius, Oppius und Cispius einschließt. Wahrscheinlich wiederholte sie in ihrem symbolischen Gehalt gerade die historische Tatsache einer Gesamtheit von mehreren, durch eine Art Synoikismos oder rituelle Bedeutung untereinander verbundenen antiken Siedlungen. Wenn schließlich das 8. Jh. v. Chr. zugleich die Epoche ist, in der sich verschiedene mittelitalienische Zentren im urbanen Sinne entwickelt haben, so scheint der Werdeprozess der neuen Stadt doch anders verlaufen zu sein als bei den meisten Zentren in derselben Region. Wenn man sowohl die archäologischen Ergebnisse (Carandini) als auch die wesentlichen Aussagen in der Vielzahl der Gründungsmythen – einschließlich jenes von Tacitus überlieferten Mythos vom Ziehen der Furche durch Romulus – in Betracht zieht, dürfte der Ursprung des zukünftigen Roms (Coarelli) in der schon präurbanen Besiedlung der Hügel Kapitol, Palatin und Aventin und vor allem auch des Areals des späteren Forum Boarium gelegen haben. Dort erhob sich vielleicht schon seit den Anfängen der Ara Maxima, dessen Kult möglicherweise auf phönizische Rituale zurückzuführen ist: Romulus hätte demnach beim Ziehen der Furche den schon bestehenden Altar als einen der vier Kardinalpunkte seines quadratischen Roms übernommen. Das politische System der Könige von verschiedener Herkunft – latinisch und etruskisch –, welche Rom während seiner ersten beiden Jahrhunderte regierten, verdeutlicht die Vielfalt der Bevölkerungsgruppen in der sich formierenden römischen Gesellschaft. Aber gleichzeitig verdeutlicht es auch die Konstanz in der Siedlungsstrategie der neuen Stadt, für die die prägende Verbindung zum Tiber von zentraler Bedeutung war. Neben der Ausbildung eines Markt- und Hafensystems im städtischen Areal des Forum Boarium war auch die Öffnung in Richtung der Flussmündung wichtig. Infolgedessen kam es einerseits zur Zerstörung von Zentren (zum Beispiel Ficana), die sich aufgrund ihrer Lage diesem Entwurf widersetzten, und andererseits schon unter Ancus Marcius zur frühzeitigen Anlage eines Hafenstandortes: das zukünftige Ostia. Das neue städtische Netz war schon früh in Bereiche mit unterschiedlicher Funktion unterteilt, und zwar sowohl im Bereich der Hügel als auch in der Ebene. Der eigentliche Wohnort gliederte sich in Teilbereiche entsprechend der sozialen Gliederung der städtischen Klassen, wobei die herrschenden Klassen bevorzugt zwischen Palatin und Kapitol und in den angrenzenden Bereichen siedelten, die untergeordneten (die Plebs) hingegen auf dem Hügel Aventin. Besondere Bedeutung erlangten mindestens zwei Stadtbereiche: erstens der schon erwähnte Handelsplatz des Forum Boarium, entlang des linken Flussufers auf der Höhe der Tiberinsel gelegen und mit Anlegestellen am Fluss und entsprechenden Speichereinrichtungen ausgestattet (eine Bedingung für die Entwicklung eines dichten städtischen Gefüges auch in diesem Bereich, umso mehr, als die vorhandenen zwei Brücken die Flussufer untereinander in Verbindung setzten) und zweitens – aus anderen Gründen – die Ebene am Fuße des Palatins, die als Versammlungsort das eigentliche städtische Zentrum werden sollte: das *forum magnum* (heute Forum Romanum genannt, um es von den späteren Foren zu unterscheiden). Es befindet sich dort, wo die Einfallsstraße aus Süden – die in diesem Abschnitt die Bezeichnung Via Sacra erhielt – in das städtische Netz einmündete und wo auch diejenigen Straßen (Via Nova, Argiletum, Vicus Tuscus, Vico Jugario) zusammenflossen, die aus solchen Bereichen kamen, die sich in der Zwischenzeit zu Siedlungsschwerpunkten entwickelt hatten. Das war vor allem der Quirinal, dann aber auch der volkstümlichste Stadtteil, die Subura. Die Bedeutung, die das *forum magnum* sehr schnell erlangte, zeigt sich daran, dass es bereits während des Zeitalters der Tarquinier (6. Jh. v. Chr.) Gegenstand von Pflasterungsarbeiten und von Eingriffen zur Begradigung (in viereckiger Form) war, dass es mit einem Entwässerungssystem ausgestattet wurde und dass später auch sein Niveau angehoben wurde. Bei der Entwässerung denkt man insbesondere an wichtige Kanäle wie die Cloaca Maxima, einen von einem gemauerten Steingewölbe überdachten Abwasserkanal, vor dem allerdings (nach Lanciani) schon andere entsprechende Kanäle bestanden – später wurde auch sein Niveau angehoben. Wie bereits erwähnt, hatte Ancus Marcius schon im 7. Jh. v. Chr. den Mündungsbereich des Tibers ausgebaut, indem er mit Ostia einen bedeutenden Landungsplatz für den Handelsverkehr auf Fluss und Meer schuf.

Rom, das seit Beginn des 5. Jhs. v. Chr. zu einer großen Stadt geworden war und nun begann, die benachbarten Völker und Städte zu beherrschen, war eine multiethnische Gesellschaft geworden. Viele Historiker führen den Grund für seinen verhältnismäßig schnellen wirtschaftlichen, sozialen und politischen Erfolg auf ebendiese Tatsache zurück – auch wenn erst der Sieg über Veji (396 v. Chr.) kommen musste, um Dauerhaftigkeit zu sichern. Nachdem der letzte König vertrieben worden war (509 v. Chr.), organisierte sich die römische Gesellschaft in republikanischer Form, indem sie die Macht in die Hände von jeweils zwei Wahlkonsuln legte. Dieses institutionelle System ist jedoch auch Ausdruck der beschränkten Macht der aristokratischen Schichten, also der Patrizier, aus denen sich die Klasse der Senatoren bildete. Denn die von der Macht ausgeschlossene Plebs lehnte sich sehr bald auf und drohte, Rom zu verlassen, um eine neue Stadt zu gründen. Als die Krise überwunden war, wurde der Aventin, den die Klasse der Plebejer sich zum Wohnort wählte, zu öffentlichem Eigentum erklärt (456 v. Chr.). In der Zwischenzeit war es in

4

4 Der Palatin war im Laufe der Geschichte Roms immer ein zentraler Ort, an dem die Sage von Romulus und Remus lokalisiert wird. Die Zwillinge sollen aus dem Fluss Tiber gerettet und in einer Höhle direkt am Fuße des Palatins, Lupercal genannt (von lateinisch *lupa* für Wölfin), von der Wölfin gesäugt worden sein.

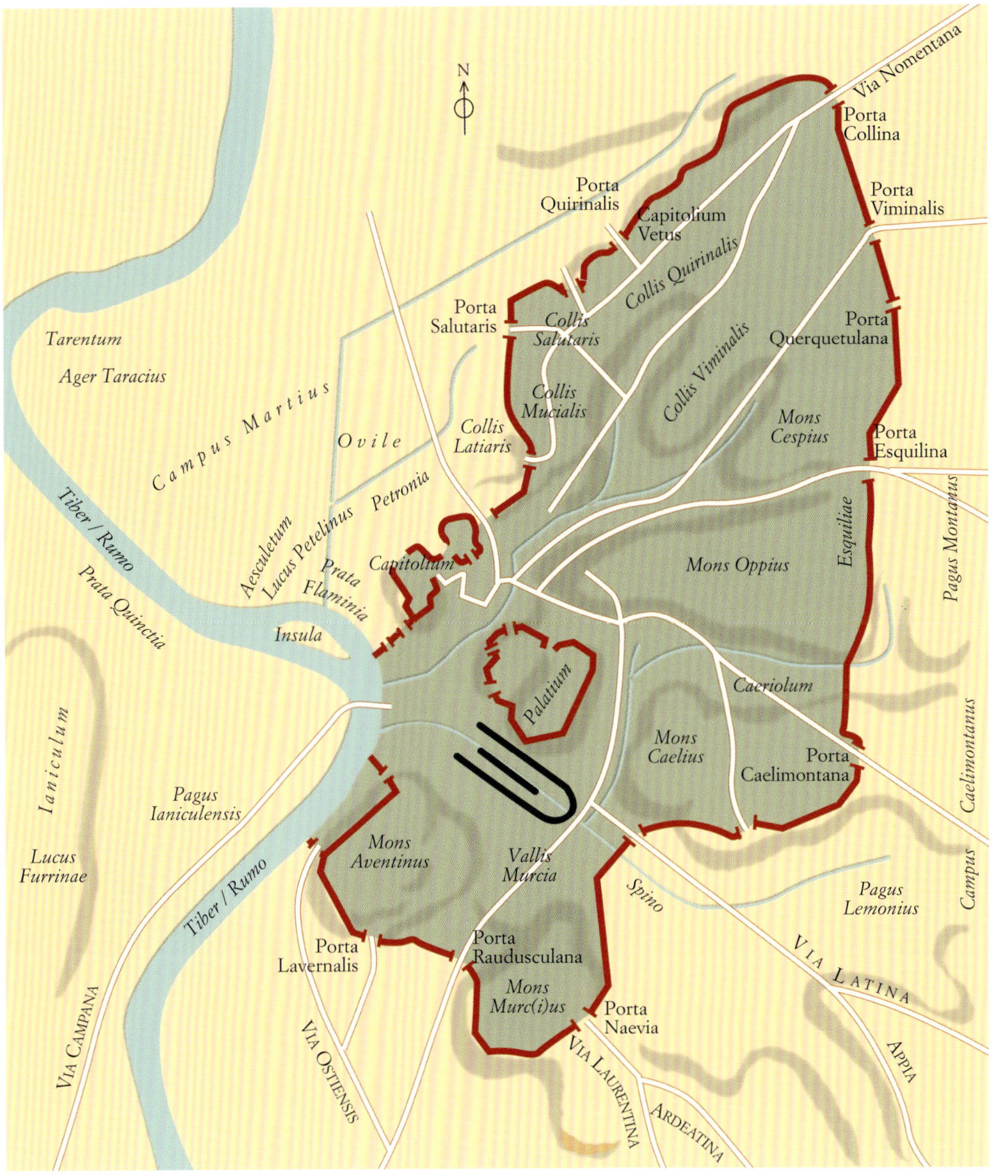

5

5 Lageplan von Rom zu Beginn des republikanischen Zeitalters, mit Hervorhebung der sieben Hügel, der Mauern und des Stadtbereichs auf der ersten Entwicklungsstufe.

sozialem und religiösem Sinne zu einer Art Verschmelzung der verschiedenen Einwohnergruppen gekommen. So kam es, dass sich die Stadt zumindest unter zwei wichtigen Gesichtspunkten veränderte: Auf dem Felde der Religion entstanden Tempel, die latinischen Göttern geweiht waren, in erster Linie der Triade Jupiter, Juno, Minerva (der Tempel wurde der Triade im Jahr 509 v. Chr. durch den Konsul Pulvillus geweiht, war aber schon von den beiden Tarquiniern angelegt und damals nur dem Jupiter Optimus Maximus geweiht worden), außerdem dem Saturn, den Dioskuren, Vesta und auch – offensichtlich speziell im Sinne der Patrizier – Juno Lucina, Mars und Fortuna. Auf dem Felde des städtischen Lebens erhielt Rom neue Strukturen in Form von Gebäuden, aber auch von Plätzen, die der Ausübung der Riten und der politischen Rechte dienten. Genannt seien die Baumaßnahmen auf der *regia,* also dem Sitz des *pontifex maximus*, der an der Stelle der Residenz des Königs Numa errichtet worden war, und auf den *comitia,* den Orten, wo die öffentlichen Versammlungen abgehalten wurden. In diesem erneuerten Rahmen nahm die *gens* Claudia (später Iulia-Claudia) mit sabinischer Herkunft seit Beginn ihrer Zuwanderung nach Rom (Anfang des 5. Jhs. v. Chr.) einen wichtigen Platz ein. Ihre Hauptvertreter waren, nachdem sie Teil der aristokratischen Schicht geworden waren, dazu ausersehen, eine entscheidende Rolle in der Geschichte der Stadt zu spielen. Zwischen dem 5. und 4. Jh. v. Chr. war Rom auch der Austragungsort von erbitterten sozialen Auseinandersetzungen. Im Zusammenhang damit spaltete sich die Stadt in Zonen, die der strik-

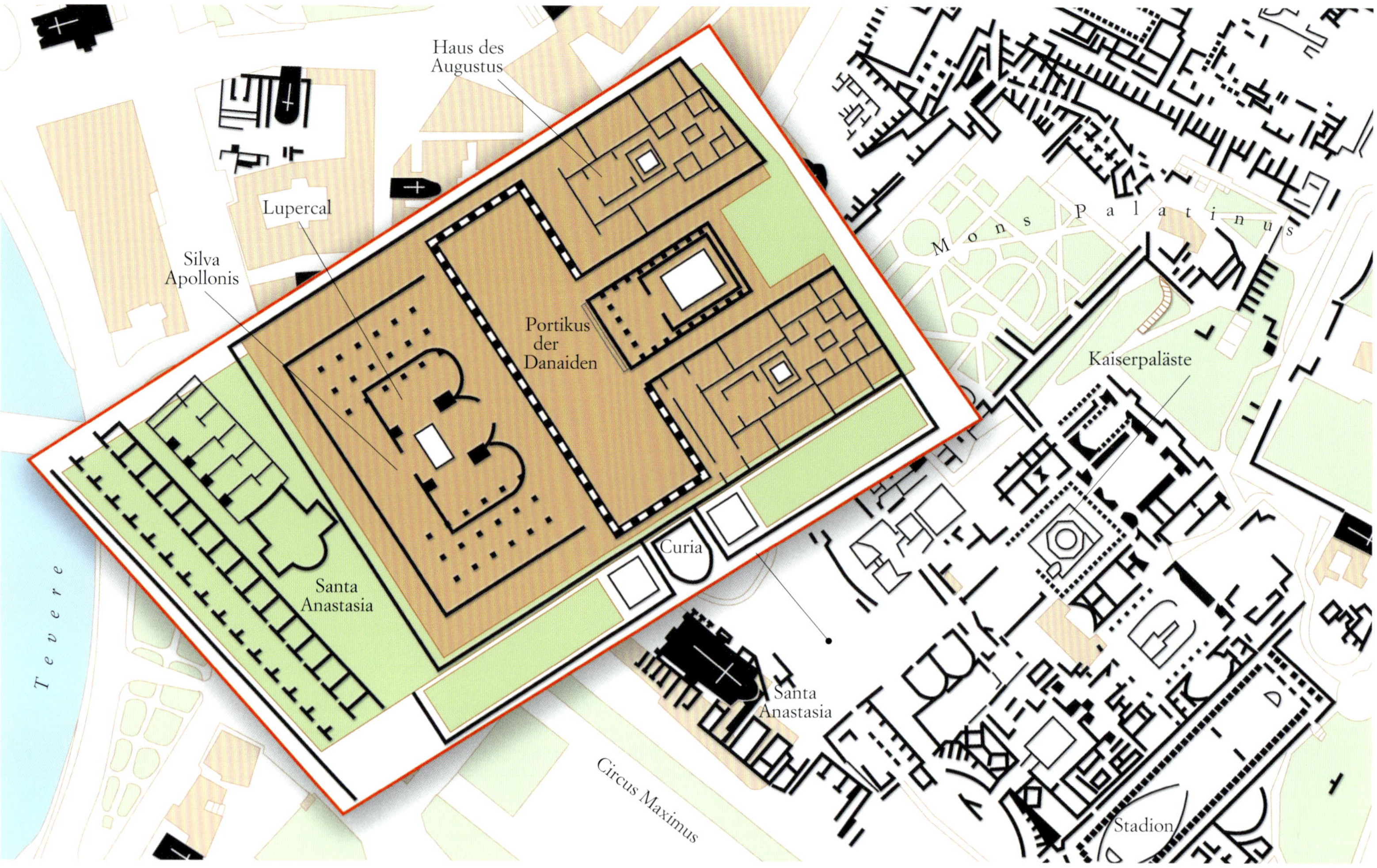

6 Die neueren Funde auf dem Palatin mit dem Lupercal im Inneren des palatinischen Komplexes aus augusteischer Zeit geben uns eine bessere Vorstellung von dem Ort, wo der Mythos von Romulus und Remus und der Entstehung von Rom seinen Ursprung haben soll.

ten Hierarchie ihrer sozialen und politischen Komponenten entsprachen. Auf der einen Seite gab es also die Stadt der herrschenden Klassen, die vor allem auf dem Palatin und an seinen Hängen siedelten, auf der anderen Seite die der unteren Schichten, welche sich außerhalb des Aventin auch im Murciatal angesiedelt hatten. In diesen beiden Bereichen der Stadt wurden auch Tempel des Merkur, des Gottes der Händler, sowie von Ceres, der Erntegöttin, erbaut – beides Gottheiten, deren Kult in der Tat nicht aus dem Umfeld der Patrizier kam. Die Beschlagnahmung von Ländereien, die im Nordosten zwischen Tiber und Quirinal lagen und sich bereits im Besitz der Tarquinier befanden, durch die Republik bereitete im 5. Jh. v. Chr. den Weg für die Entwicklung eines weiteren wichtigen Areals, allerdings außerhalb des antiken *pomerium*: Es handelt sich um das dem Kriegsgott Mars geweihte Areal, das Campus Martius genannt werden sollte. Die Fläche wurde seit dieser Zeit für verschiedene Funktionen genutzt: militärische Manöver (schon seit dem servianischen Zeitalter fanden dort die Comitia Centuriata statt, also Abstimmungen in Form von Heeresversammlungen), sportliche Aktivitäten, Vergnügungsanlässe und anderes.

Die funktionelle Untergliederung der Stadtteile bestätigt sich auch unter dem Aspekt der Religiosität und der diversen Kulte, die damit verbunden waren. Von besonderem Interesse ist im Bereich des Flusshafens und des nahen Forum Boarium die frühzeitige Existenz von Kulten, welche Göttern latinischen Ursprungs galten: Vertreten waren hier Hercules, ein italischer Gott, der jedoch auch Züge unterschiedlicher Herkunft angenommen hatte und dem der älteste Tempel gewidmet war (der schon erwähnte Ara Maxima), die Mater Matuta (im Bereich des heutigen sakralen Areals von Sant'Omobono,

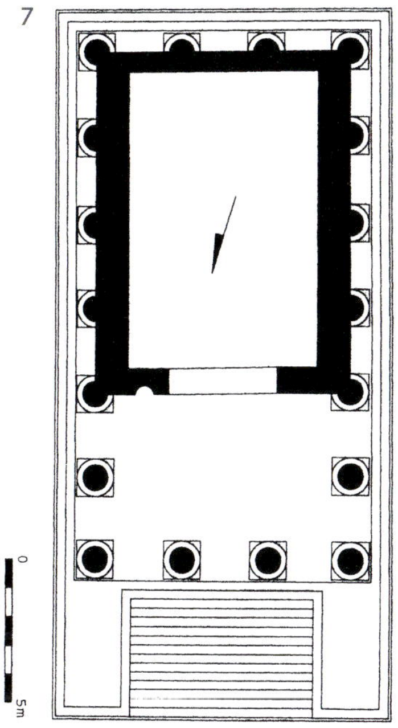

auf die Zeit des Servius Tullius zurückzuführen) und der Gott Portunus. Diese Gottheiten weisen, wenn sie auch unterschiedlich interpretiert wurden (Wissenschaftler haben versucht, sie mit bekannteren Gottheiten gleichzusetzen), zurück auf Formen der Religiosität, die mit der Entstehung Roms verbunden sind oder die sich auf Tätigkeiten in Verbindung mit Wasser beziehen. Ebenso bedeutsam ist die Erbauung des Tempels der Dioskuren im Jahr 484 v. Chr., denn diese wurden als die Beschützer von Rom angesehen.

Die Errichtung der servianischen Mauer war das Zeichen für den Beginn einer neuen städtischen Ordnung. Das Entwicklungsmuster, das sich während der vorausgehenden Jahrhunderte herausgebildet hatte, war grundlegend verändert worden, und gerade die servianische Mauer bezeugt den Prozess, der stattgefunden hatte. Die Stadt wurde nun unter administrativen Gesichtspunkten und natürlich nur innerhalb der neuen Mauern in vier Bereiche unterteilt: Palatina, Collina, Suburana und Esquilina. Darüber hinaus gab es im Nordosten und Südwesten andere, nicht genutzte Areale. Das städtische Netz hatte sich ausgedehnt und war weiterhin dabei, sich auszudehnen und zu verändern, jedoch ohne dass es möglich wäre, ein präzises urbanes Modell zu erkennen. Die Form der Stadt hat sich also aus aufeinanderfolgenden Angliederungen von autonomen Zentren und Arealen ergeben und sicher nicht als Ergebnis eines vorher festgelegten Schemas. Während des 4. Jhs. v. Chr. begann sich auch die Zusammensetzung der römischen Gesellschaft, die nun zahlenmäßig stark anwuchs, grundlegend zu verändern. Eine Reihe von

7 Plan des Tempels des Portunus, Schutzgott des Flusshafens, auf dem Forum Boarium.

8 Die Fotografie zeigt das Gebiet des Forum Boarium mit dem Rundtempel des Hercules Victor, früher Vesta-Tempel genannt. Ursprünglich war dieses Areal in der Flussschleife des Tibers gegenüber der Tiberinsel sumpfig, doch es wurde der erste Hafen der Stadt.

9 Die Karte des *ager Romanus antiquus* veranschaulicht die Beziehung zwischen Stadt und Umland; der Bereich entspricht heute der Gemeinde Rom und den angrenzenden Gemeinden. In der Antike grenzte Etrurien im Norden und Nordwesten unmittelbar an die Stadt, was die engen Verflechtungen und Beziehungen zwischen Etruskern und Römern sowohl in der Königszeit als auch in den Anfängen der Republik erklärt.

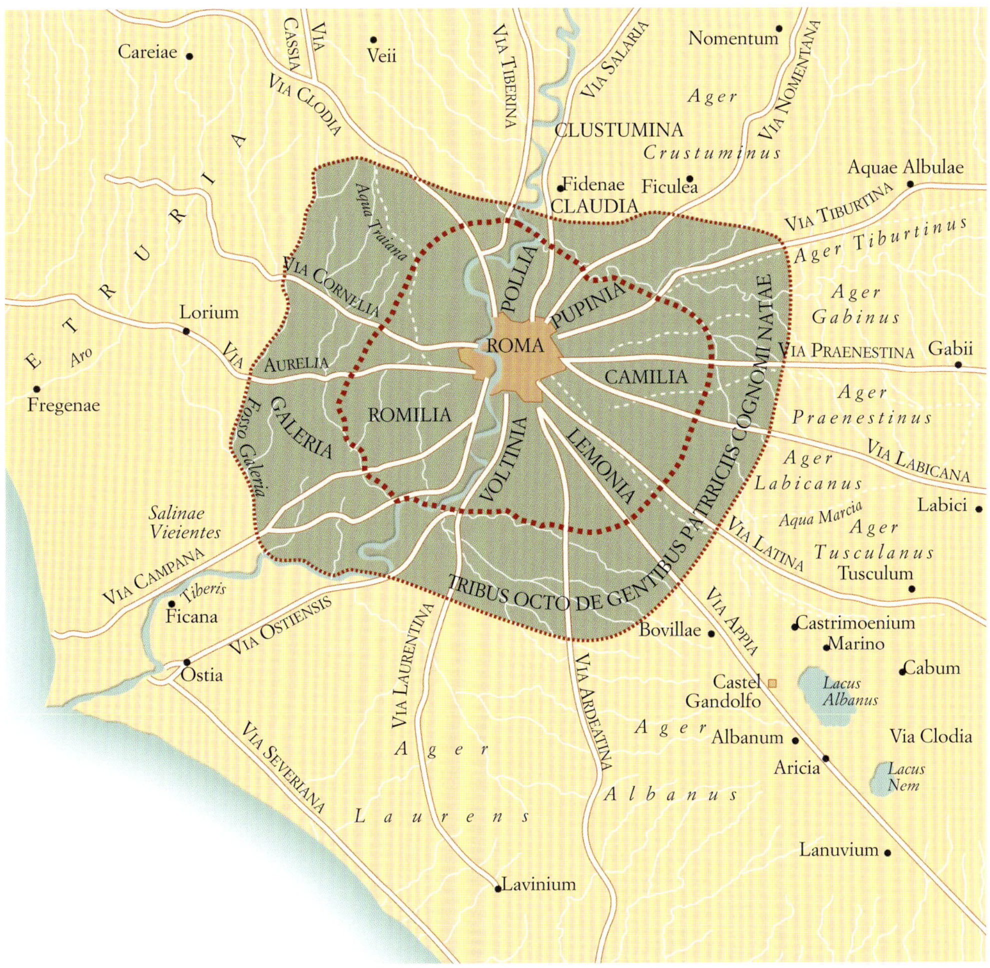

10, 11 Heiliger Bezirk von Torre Argentina im Herzen Roms. Hinten auf dem ersten Bild (10) eine fotografische Ansicht von Tempel A, eines sechssäuligen Peripteros, Mitte des 3. Jhs. v. Chr. Tempel B (11) mit rundem Grundriss wurde Aedes Fortuna huiusce Diei genannt und durch den Konsul Quintus Lutatius Catulus im Jahr 101 v. Chr. gestiftet, der zusammen mit Gaius Marius bei Vercelli über die Kimbern siegte.

Kriegen, die man geführt hatte, um die Hegemonie über das Latium und andere angrenzende Gebiete zu festigen, sowie die beträchtliche Entwicklung des Handels brachten die traditionelle sozio-ökonomische Ordnung ins Wanken. Rom orientierte und organisierte sich immer schneller in Richtung eines Produktionssystems auf der Basis der Sklaverei. Eine Konfliktlage zeichnete sich ab zwischen den Schichten mit vorwiegend territorialen Interessen, die auf einen Gebietszuwachs ausgerichtet waren, und jenen, die sich auf den Ausbau des Handels und der Märkte im Bereich der Magna Graecia und der Mittelmeerregion konzentrierten und eine Bündnispolitik anstrebten. Jedenfalls dehnte die Stadt zwischen dem 4. und 3. Jh. v. Chr. nach und nach ihr Netz der Verbindungswege mit mittlerem und großem Radius aus, so dass zusätzlich zur traditionellen Via Aurelia die Straßen Flaminia, Salaria, Nomentana, Tiburtina, Labicana, Appia, Latina, Ardeatina und Ostiense entstanden, und erneuerte gleichzeitig die Infrastrukturen. Im Jahr 312 v. Chr. baute man die Via Appia zwischen Rom und Capua, die sich im 3. Jh. v. Chr. bis nach Benevent, Tarent und Brindisi verlängern sollte, und aus dem gleichen Jahr datiert auch das Aquädukt Claudia. Im Jahr 272 v. Chr. oder 269 wurde das Aquädukt Anio Vetus errichtet, welches den Esquilin mit Wasser versorgte. Die Via Flaminia wurde um 220 v. Chr. angelegt, und so weiter. Zwischen dem 3. und 2. Jh. v. Chr. wurde das gesamte städtische Netz innerhalb und außerhalb des *pomerium* zum Gegenstand einer umfangreichen Erneuerung. Die Hauptstraßen der Stadt wurden gepflastert, man legte den Circus Flaminius im Bereich des Marsfeldes an, man erneuerte den Circus Maximus, man errichtete neue Tempel (die typologisch einen Kompromiss zwischen den italischen und jenen griechisch-hellenistischer Herkunft darstellen) und man gestaltete erneut das Forum um. Letzteres wurde mit weiteren Statuen und Ehrensäulen zur Ehre von bedeutenden oder mächtigen Personen sowie mit den Göttern geweihten Votivsäulen ausgestattet. Der Brauch hellenistischen Ursprungs, Ruhmessäulen zu errichten, hatte sich schon seit einiger Zeit in Rom eingebürgert: Zu den bekanntesten gehört die Columna Rostrata, die den Seesieg von Gaius Duilius aus dem Jahr 260 v. Chr. rühmte. In sie waren die Schiffsschnäbel der feindlichen Schiffe eingebaut. Aus dieser Phase stammt auch die Anlage sowohl des sogenannten Sant'Omobono-Areals als auch des heiligen Bezirks des heutigen Largo Argentina (insbesondere des sogenannten Tempels C) und, zusammen mit diesem, des gesamten Marsfeldes, welches immer mehr die Merkmale eines Ortes annahm, der für politische Zwecke und Wahlen bestimmt ist. Die Vergrößerung der Stadt ist indes auch als eine Auswirkung der Ausweitung und Steigerung des politischen und militärischen Einflusses von Rom nicht nur im Latium und in Etrurien, sondern auch in Richtung Magna Graecia und Sizilien zu sehen. Ausgeübt wurde dieser Einfluss sowohl in Form von direkten Eroberungen als auch in Form einer klugen Bündnispolitik, welche dann in Verfahren der direkten Kontrolle überging. Die Auseinandersetzung mit den Wirtschafts- und Seemächten des Mittelmeerraums, insbesondere mit Karthago, aber auch mit den Kolonien der Magna Graecia und Siziliens konnte daher nicht lange auf sich warten lassen und wurde über lange Zeit und erbittert geführt. Dennoch wendete Rom gegenüber den Kolonien vor ihrer endgültigen Eroberung (am wichtigsten war die Eroberung von Syrakus im Jahr 212 v. Chr., bei der während der Plünderung, die auf die Belagerung folgte, Archimedes den Tod fand) immer wieder auch Formen der Bündnispolitik an. Der erste punische Krieg (264–241 v. Chr.) trieb Rom dazu, seine militärische Flotte und sein Arsenal hochzurüsten. Dadurch erhielten sowohl das Hafenareal am Tiber als auch das nahe dem Forum Boarium neue Impulse. Der Abladeplatz für die zerbrochenen Amphoren wurde zu einem Hügel, der eben deshalb (von lateinisch *testae*, das sind Scherben) Mons Testaceum (heute Testaccio) genannt wird. Das gesamte Areal, das zu einem geschlossenen

10

11

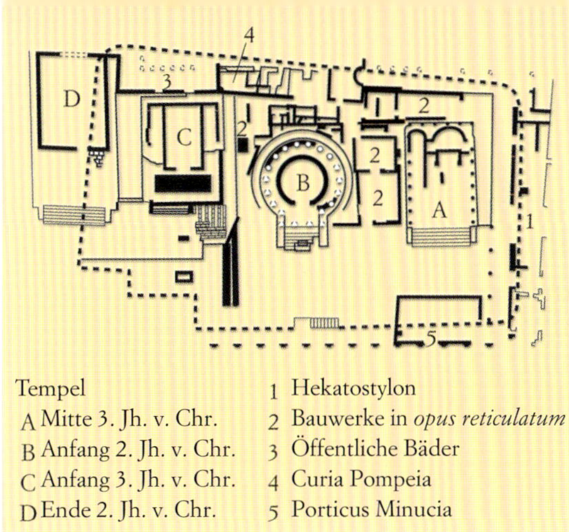

12

12 Lageplan des Areals von Torre Argentina, mit Angabe der Tempel und Gebäude, wie sie heute erscheinen.

13

13 Geographische Karte Italiens mit den römischen Konsularstraßen, deren Netz Rom mit den übrigen Städten der Halbinsel verband.

14

15

16

14 Auf diesem Lageplan der Stadt aus der frühen republikanischen Zeit sind durch gepunktete Linien die vier servianischen Stadtteile (I. Palatina, II. Collina, III. Esquilina, IV. Succusana) und die servianische Mauer gekennzeichnet. Die arabischen Zahlen markieren die Standorte der wichtigsten Monumente der Zeit.

15 Tempel des Portunus auf dem Forum Boarium.

16 Tempel des Hercules Victor.

17 Porticus der Octavia, von Augustus zwischen 27 und 23 v. Chr. auf dem Gebiet des Tempels der Juno Regina erbaut.

18 Plan des Porticus der Octavia.

und komplexen Hafen- und Handelszentrum geworden war, wurde im Jahr 174 v. Chr. noch besser strukturiert durch die Errichtung der ersten Brücke aus Stein, der Pons Aemilius, welche man einem anderen Mitglied der *gens* Aemilia verdankte und welche die zweite Brücke Roms überhaupt darstellte (die erste, aus Holz, ist die Pons Sublicius). Aus der Gesamtheit dieser Baumaßnahmen folgte neben einer weiteren Entwicklung des linken Tiberufers auch die kommerzielle Entwicklung der Bereiche am rechten Ufer sowie die fortlaufende Niederlassung von Völkern verschiedener ethnischer Herkunft im gesamten Hafen- und Handelsareal beim Forum Boarium und bei den Anlegestellen des Tibers. Darunter ist die jüdische Ansiedlung besonders bedeutsam, die sich auch durch den Zustrom von Gruppen aus Alexandria und Palästina vergrößerte. Neueste Ausgrabungen in dem Gebiet, das viele Jahrhunderte später das Ghetto bildete, in der Nähe des Porticus der Octavia und bei der aktuellen Piazza delle Cinque Scole, beweisen seinen jahrhundertealten, in Schichten abgelagerten Bestand. Einige Juden ließen sich aber auch im Bereich des Marsfeldes und an anderen Orten nieder.

17

18

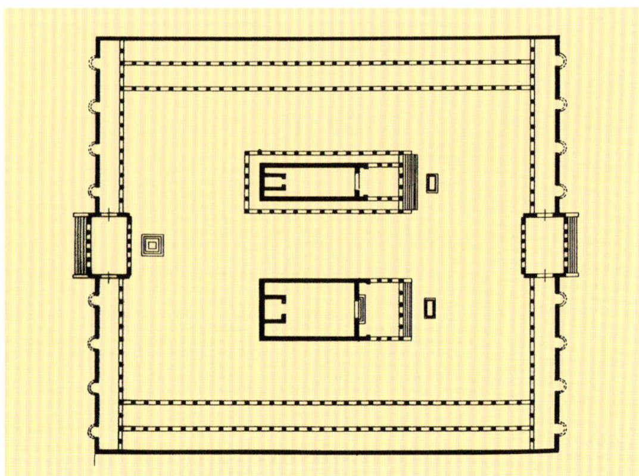

Unter typologischem Aspekt betrachtet, hatten sich in der Zwischenzeit in der Stadt drei verschiedene Kategorien von Wohngebäuden herausgebildet: die *domus*, die *villae urbanae* und die *insulae*. Die ersten beiden waren kennzeichnend für die privilegierten Schichten, die dritte war für die Mittel- und Unterschicht bestimmt. Die *domus* und mehr noch die *villae urbane* waren ausgedehnte Gebäudekomplexe, die eingeschossig blieben und sich in mehreren Blöcken um allseitig von Säulengängen umgebene Innenhöfe und Gärten gliederten. Die *villae* waren zudem mit Wirtschafts- und Lagerräumen ausgestattet. Sie wiederholten damit das Schema der Peristylhäuser hellenistischen Ursprungs. Die *insulae*, verdichtete Formen, waren hingegen sehr kompakte Gebäudekomplexe, die sich über mehrere Stockwerke erhoben, von denen jedes für mehrere Wohnzellen bestimmt

19

20

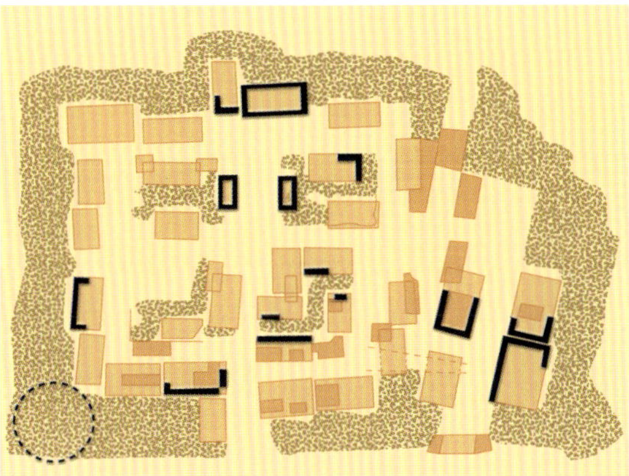

19 Vierseitiger Janusbogen, erbaut im konstantinischen Zeitalter – ein Gebäudetyp mit vier Pfeilern und Kreuzgewölbe, der an Straßenkreuzungen errichtet wurde und die Funktion einer überdachten Passage erfüllte.Er dokumentiert die zentrale Bedeutung, die das Forum Boarium während der gesamten römischen Geschichte innehatte.

20 Lageplan des Grabs der Scipionen, erbaut im 3. Jh. v. Chr. Der gepunktete Kreis bezeichnet einen Kalkofen, mit dem im Mittelalter aus Marmor Kalk gebrannt wurde.

war. Im Erdgeschoss befanden sich häufig Läden, wie dies bei jenen *insulae* der Fall ist, die am Fuße des Kapitols ausgegraben wurden. Außerdem gab es noch die *domuncula*, eine Zwischenform, die zwar den begüterten oder höheren Schichten vorbehalten war, aber weder die Ausdehnung noch den luxuriösen Charakter eines *domus* besaß. Entscheidende Unterschiede zwischen den Bauformen erkennt man auch in Bezug auf die Qualität und Dauerhaftigkeit der verwendeten Baumaterialien. Während die Wohnungen der privilegierten Schichten mit erstklassigen Materialien und Techniken errichtet wurden und daher durch Dauerhaftigkeit und relative Brandsicherheit (Ziegel- und Steinmaterialien, weitere Schutzmaßnahmen) gekennzeichnet waren, bestanden die *insulae* hingegen zum größten Teil aus Holzkomponenten und waren daher einem ständigen Brandrisiko ausgesetzt. Die Siedlung des 2. Jhs. v. Chr. umfasste die sieben bekanntesten Hügel Palatin, Kapitol, Quirinal, Viminal, Esquilin, Aventin, Caelius (die zum Teil unter ihrem Namen ursprüngliche Hügel subsumierten, so den Oppius und die Velia) neben weiteren Anhöhen und ausgedehnten Ebenen, die eingebettet zwischen all den Erhebungen lagen. Doch die Stadt als Gesamtorganismus war deutlich größer, denn sie erstreckte sich jenseits des Flusses im Bereich von Trastevere und Gianicolo, außerdem verlängerte sie sich in Richtung der wichtigsten Konsularstraßen, vor allem in Richtung der Via Appia, der Via Nomentana und der Via Tiburtina. Die römische Expansionspolitik, die sich in dieser Zeit in Richtung Magna Graecia, Sizilien und allgemein in Richtung der hellenistischen Gebiete in Nordafrika und im Mittleren Osten wendete, sowie die Folgen der gesellschaftlichen Auseinandersetzungen führten zu verstärkten Einwanderungsbewegungen in die Stadt. Das betraf einmal die neuen staatstragenden Schichten, aber auch ein Proletariat mit gemischter Zusammensetzung und vielfältiger Herkunft. Die Zuwanderer stammten häufig aus einem bäuerlichen Umfeld; die Kriege und die Unruhen hatten die Menschen zur Auf-

21

21 Panorama der Via Sacra, mit dem Palatin zur Linken.

22

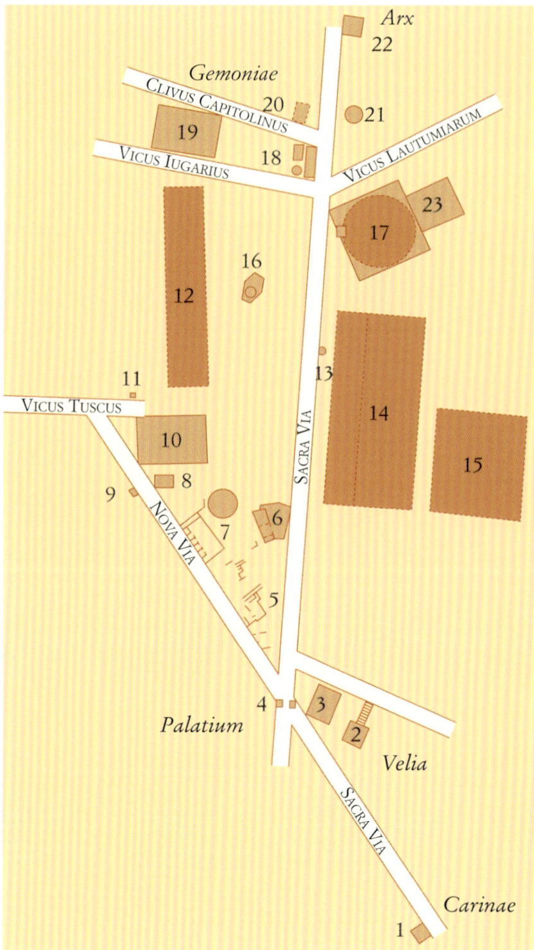

22 Lageplan der Via Sacra im republikanischen Zeitalter. Die Via Sacra ging vom Heiligtum der Strenia (1) aus und führte in Richtung Kurie (23) und Auguraculum (22) auf dem Kapitol. Die anderen arabischen Ziffern kennzeichnen zivile und religiöse Gebäude aus der Zeit.

gabe ihres Landes gezwungen. Man hat errechnet, dass Rom im Jahr 86 v. Chr. 463 000 Einwohner zählte, und es wird vermutet, dass diese sich im Wesentlichen noch im Areal des antiken *pomerium* zusammenballten, das offensichtlich übervölkert war. Doch der Prozess der Verstädterung schritt in immer schnellerem Rhythmus fort. Aus den genannten wie anderen Gründen begann während des 1. Jhs. v. Chr. eine entscheidende Phase in der Herausbildung der zukünftigen Kaiserstadt. Derzeit hatte sich in Rom trotz des Widerstands der Konservativen die griechisch-hellenistische Kunst und Kultur schon weit verbreitet und durchgesetzt; in einigen sozialen Schichten der Stadt hatten auch Bräuche und religiöse Riten ägyptischer und allgemein östlicher Herkunft Einzug gefunden. Besondere Bedeutung erlangten der Isiskult und jener, der von Serapis inspiriert ist. Für beide Götter wurden Tempel und Kultstätten in verschiedenen Teilen der Stadt errichtet. Horaz schrieb später, dass die Eroberung Griechenlands in Rom das Konzept der Kunst eingeführt habe (»Graecia capta ferum victorem cepit et artes intulit agresti Latio«). In der Tat hatten sich die Elemente von außen in eleganter und manchmal auch pragmatischer Verschmelzung mehrerer künstlerisch-kultureller Hintergründe mit den autochthonen Elementen verbunden. Dieser Phase, zeitlich anzusetzen zwischen Sulla und Caesar, und gerade diesem hellenisierenden Klima zuzuschreiben ist der kleine rechteckige Tempel ionischer Ordnung, der nahe dem Hafenareal am Tiber liegt. Er wurde lange irrtümlicherweise für einen Tempel der Fortuna Virilis gehalten und wird heute mit größerer Glaubhaftigkeit dem Gott Portunus zugeordnet.

Von großer Bedeutung sind vor allem einige öffentliche Bauwerke. Zu den wichtigsten gehört das Tabularium, das große Staatsarchiv in Rom, das 79–69 v. Chr. durch Quintus Lutatius Catulus erbaut wurde. Zum südlichen Abhang des Kapitols hin geöffnet, verband

23

24

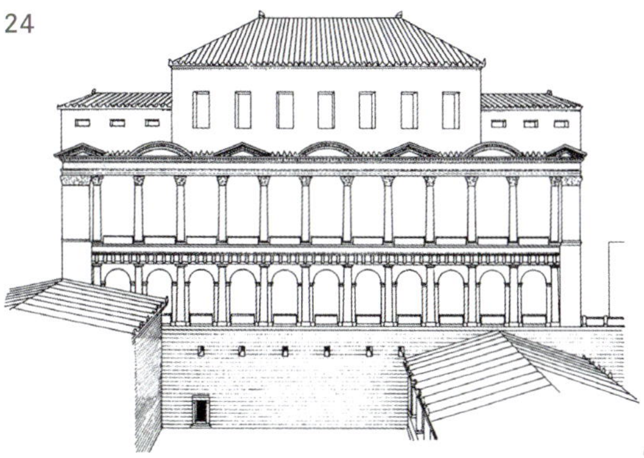

25

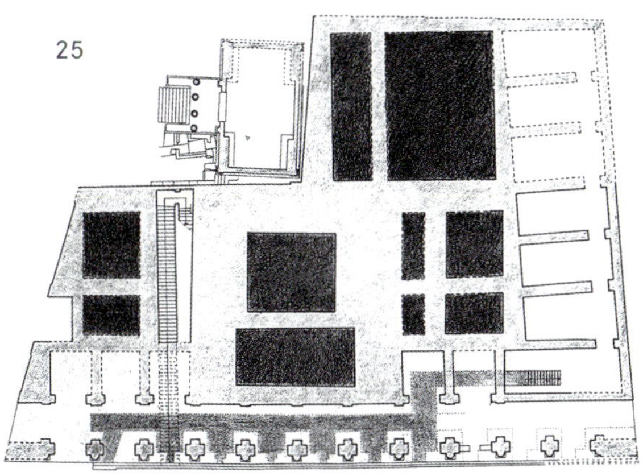

23, 24, 25 Tabularium, römisches Staatsarchiv am Kapitolshügel: aktuelle Ansicht, Rekonstruktion und Lageplan.

es mit einer kühnen bautechnischen Lösung dessen beide Hügelkuppen. Es hat die Anlage dieses Stadtteils insgesamt verändert, indem es das Bild und die Gesamtordnung des Forum Romanum vervollständigt hat. Schon vorher wurde dieses von den Basiliken, dem Tempel der Concordia, dem des Janus, dem Comitium, der Curia, dem Tempel der Vesta und entsprechend vom Haus der Vestalinnen, vom Tempel der Dioskuren und, nach Süden hin, vom Bogen Fornix Fabianus, der den Eingang zur Via Sacra bildete, eingerahmt. Das Tabularium präsentierte sich zum Forum hin mit einer großen Tuffsteinmauer, die heute noch zum Teil existiert und auf der sich eine lange Bogengalerie als Zugang zu den einzelnen Räumen öffnete, die heute in die verschiedenen Bauabschnitte des Senatorenpalastes eingegliedert sind. Hier erscheint, vielleicht zum ersten Mal, das statisch-dekorative System von Bögen auf Pilastern innerhalb eines architektonischen Rahmenwerks, welches das typische Thema der imperialen römischen Architektur werden sollte und dann in der Renaissance wiederaufgenommen wurde. Ebenfalls in dieser Periode entstanden einige der berühmtesten privaten Gärten (die *horti*). Ein erster Kern, der sogenannte Collis Hortulorum (Hügel der Gärten), wurde gebildet von den Gärten des Lucullus (90–89 v. Chr., sie lagen im Bereich der heutigen Via di Porta Pinciana und von Trinità di Monti), von einem Komplex, der Pompeius und später Dolabella gehörte, und von jenem der Familie Acilia auf dem Hügel Pincio (der Name stammt von der nachfolgenden Familie der Pincii). Letzterer wurde mindestens seit dem 6. Jh. v. Chr. von einer hohen Mauer gestützt, von welcher der Abschnitt der Torto-Mauer erhalten geblieben ist. Ein zweiter Kern wird beinahe ausschließlich von den berühmten Horti Sallustiani gebildet, die zwischen der Via Salaria und der Porta Collina lagen. Ausgehend vom Erwerb einer Villa noch aus dem Besitz Caesars hat Sallust zwischen 44 und 34 v. Chr. (seinem Todes-

26

jahr) deren planerisches Konzept mit Prunk und erlesenen Dingen erweitert, indem er auch neue Gebäude errichten ließ und in seiner Vorstadtresidenz die Schätze und Kunstwerke Numidiens, dessen Statthalter er war, anhäufte. Zum Beispiel befanden sich dort neben weiteren Skulpturend der berühmte Ludovisische Thron und eine der Niobidenstatuen. Der gesamte Komplex ging dann in den Besitz der Kaiser über. Ein Charakteristikum für die Geschichte Roms in dieser späten Phase der republikanischen Ära, das auch in imperialer Zeit weiterbestand, waren die um sich greifenden städtebaulichen Initiativen – angesiedelt irgendwo in der Mitte zwischen öffentlich und privat – von einflussreichen Persönlichkeiten oder solchen, die dies werden wollten. Unter das Euergetismus genannte Phänomen fallen einige Initiativen von Sulla zur Gestaltung des Forums im hellenistischen Sinn sowie in erster Linie die Errichtung eines großen gemauerten Theaters durch Pompeius auf dem Marsfeld, also in der Nähe des Circus Flaminius, im Jahr 55 v. Chr. Da es gesetzlich verboten war, innerhalb von Rom ständige Theater zu errichten, wurde die Initiative anfangs als Bau eines Heiligtums der Venus Victrix ausgegeben, an dessen Grund sich eine weite Exedra befand – in Wirklichkeit der von Bögen gestützte Zuschauerraum des Theaters. Nachdem der Bau zunächst mit provisorischen Holzbühnen ausgestattet worden war, kam es in der Folge auch zur endgültigen Errichtung einer gemauerten Bühne. Die Anlage, von der manche Teile erhalten geblieben sind, war das erste ständige Theater Roms, das bis zu 20 000 Zuschauer aufnehmen konnte. Hervorzuheben ist in diesem Zusammenhang, dass das römische Theater, auch wenn es sich in die hellenistische Tradition einfügte, die ihrerseits eine Abwandlung des eigentlichen griechischen Theaters war, sich dennoch aus mehreren Gründen recht schnell von dieser löste und eine eigenständige Form annahm. Die von Pompeius erbaute Anlage wurde später durch einen kolossalen Quadriportikus mit zen-

27

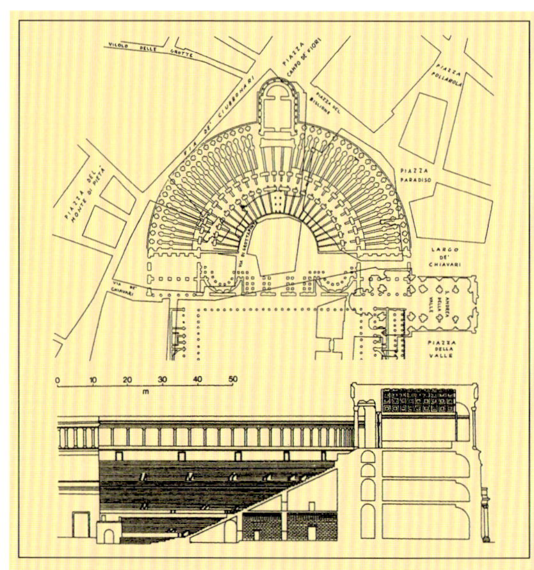

28

29

26, 27, 28 Das Theater des Pompeius war das bedeutendste Theater in der spätrepublikanischen Epoche (61–65 v. Chr.) und lag zwischen dem Heiligen Bezirk von Torre Argentina und dem heutigen Campo dei Fiori. Im Laufe der Zeit wurde es eingegliedert in Paläste wie den Palazzo Righetti (26) oder in die Rückseite des Gebäudes, das sich dem Campo dei Fiori zuwendet.

29 Die Curia, Herz des städtischen Lebens im republikanischen und imperialen Rom, und die Ruinen der Basilica Aemilia (179 v. Chr.) auf dem Forum Romanum entlang der Via Sacra. Im Hintergrund das Kapitol.

tralem Garten vervollständigt, der indirekt auch mit dem Heiligen Bezirk (auf dem heutigen Largo Argentina) verbunden war. In der Nähe des Theaters stand auch die große Stadtvilla, die Pompeius sich mit Bau- und Dekorationselementen eindeutig hellenistischer Herkunft hatte erbauen lassen. Die Entscheidung, aufwendige Bauwerke im Bereich des Marsfeldes zu errichten, das ein volkstümlich geprägter Bereich war, ist möglicherweise mit einer eventuell als populistisch einzuordnenden Politik in Zusammenhang zu bringen, die auch auf der Ebene des Städtebaus den Zweck verfolgte, den Auftraggeber zu fördern.

Als komplexer und vielschichtiger erweist sich die städtebauliche Strategie, die von Julius Caesar in die Wege geleitet wurde. Caesar zu verdanken sind, soweit es hier von Interesse ist, sowohl ein Gesetz (»De urbe agenda«), das die Änderung des Tiberverlaufs vorsah, um das Vatikanfeld in ein neues Marsfeld zu verwandeln, jedoch ohne konkrete Auswirkungen blieb, als auch andere Initiativen. Deren wichtigste sind im Bereich des Forums: der Wiederaufbau der Curia (die jedoch erst von Augustus im Jahr 42 v. Chr. fertiggestellt wurde) in einer leicht veränderten Position gegenüber der bestehenden, der sogenannten Curia Cornelia, die Errichtung der Basilica Iulia (46 v. Chr.) als Ersatz für die vorherige Basilica Sempronia und die Einrichtung der Rostra, einer Tribüne für Zeremonien und die Wahl von Richtern. An den östlichen Abhängen des Kapitols wurde nach 58 v. Chr. ein neues Forum erschaffen, das mit einem der Venus Genetrix (der erklärten Beschützerin der *gens* Iulia) geweihten Tempel und mit Läden ausgestattet war. Die Kosten für dieses Projekt, das gleichfalls erst unter Augustus abgeschlossen wurde, beliefen sich, wie man sagt, nur für den Erwerb und die Enteignung des Gebiets auf circa 60 Millionen Sesterzen. In Trastevere betrieb Caesar die Anlage großartiger Gärten, die er im Testament großzügig dem römischen Volk vermachte. Auf dem Campus Martius leitete er eine Neugestaltung des Areals ein, die eventuell auf den Plänen eines griechischen

30

30 Caesarforum.

Architekten basierte. Dazu gehörte die Errichtung einer neuen Halle *(saepta)* für die Wahlversammlungen, die Caesar vom Stadtzentrum fernhalten wollte. Auch dieser gewaltige und elegante Komplex, der circa 300 Meter lang und circa 120 Meter breit war sowie reich mit Bildschmuck und sogar mit einer Skulptur von Skopas ausgestattet war, wurde erst nach seinem Tode verwirklicht. Mit der Ausführung war zunächst Lepidus betraut, der den Bau im Jahre 26 v. Chr. Saepta lulia nannte, und dann Agrippa, der offenbar das Diribitorium hinzufügte, also das Gebäude, das für die Stimmauszählung bei den Wahlen bestimmt war. Die Initiativen Caesars haben, auch wenn er sie nicht selbst in die Tat umgesetzt hat, dem Stadtzentrum eine neue Ausrichtung gegeben: Zwar behielt es seine Eigenschaft als bevorzugter Ort für geschäftliche Aktivitäten und als Begegnungsstätte bei, aber es verlor allmählich seinen ursprünglichen Charakter als Ort für öffentliche politische Versammlungen (es blieben die Curia, die aber dem Senat diente, und das Comitium), um immer mehr zu einem offiziellen »Staatsraum« zu werden. Architektur und Organisation der öffentlichen Räume sowie die dazugehörige Ausstattung trugen dazu bei, dass das Stadtzentrum ein Instrument und Ort für die Übermittlung von Botschaften wurde, die mit der politisch-ideologischen Vorstellung von der Vormachtstellung Roms verbunden sind. Mit dieser Vormachtstellung war allerdings auch ein recht strukturiertes administratives und bürokratisches System verbunden, das effizient und im Wesentlichen respektvoll gegenüber den verschiedenen ethnischen Gruppen war, die in der Stadt ansässig waren – ein System, dessen Verdienste, wie Sueton anerkennt, auch der Amtsführung Caesars zuzuschreiben sind. Man erinnere sich etwa an die Reihe von Anordnungen zum Schutz der jüdischen Bevölkerungsgruppe. Die Lage der untersten Bevölkerungsschichten in der Stadt hatte sich jedoch verschärft: In dieser Zeit wurden mehr als 300 000 Lebensmittelkarten zur Unterstützung der Bedürftigsten ausgegeben.

Aufgrund der schnellen Entwicklung und des hohen technischen Standards, den das römische Straßensystem und die damit verbundenen territorialen Infrastrukturen wie Brücken, Aquädukte und Garnisonsstandorte schon seit längerer Zeit erreicht hatten, übertrugen sich die kulturellen Begleitwirkungen der römischen Dominanz, sowohl auf religiöser als auch auf städtebaulicher und bautechnischer Ebene (privat und öffentlich), auf Zentren und Gegenden außerhalb Roms. Schon unter Sulla, aber auch im kaiserlichen Zeitalter, ist in diesem Zusammenhang die Errichtung von Kolonien wichtig, die für Bevölkerungsgruppen bestimmt waren, die von anderen Orten abgezogen und in der neuen Ansiedlung zusammengeführt wurden. Die umgebende landwirtschaftliche Fläche wurde auf der Grundlage eines Wege- und Kanalsystems mit rechtwinkligem gitterförmigem Zuschnitt eingeteilt. Man verwendete Maße und Methoden aus der Landwirtschaft, die sogenannten Zenturien, die ein spezieller Berufsstand anlegte, die Feldmesser oder Gromatici, da sie sich bei der Landabsteckung einer Messlatte *(groma)* bedienten. Wir kennen ihre Instrumentenausrüstung und Techniken in einer späteren, mittelalterlichen Version.

31 Das Augustusforum besteht aus einem großen, weitgehend rechteckigen Gelände, an dessen Längsseiten sich in der Nähe des Tempels zwei halbrunde Exedren öffnen, die von Kolonnaden abgetrennt sind. Diese stützten ihrerseits ein hohes Gebälk, das im Wechsel mit Karyatiden und mit Rundschilden mit Köpfen von Gottheiten geschmückt war. Eine Bogenreihe erlaubte den Zugang zum großen Platz und verband ihn so mit der Subura und dem Esquilin.

32 Palatin: Antiquarium des Palatin und Ruinen des Domus Augustana.

31

32

1

2

1 Caesarforum mit den drei Säulen des Tempels der Venus genitrix in der Mitte.

2 Ara Pacis des Augustus, am letzten Präsentationsort vor dem aktuellen.

4 Alesia, zentrales Gallien, heutiges Burgund. Ausgrabungen der römischen Stadt, die an der Stelle errichtet wurde, wo sich die epische Schlacht zwischen Julius Caesar und Vercingetorix ereignete, eine zentrale Episode in »De Bello gallico«.

KAPITEL VI

Das Römische Reich

3

3 Büste des Caesar Augustus mit Bürgerkrone, aufbewahrt in den Kapitolinischen Museen in Rom. Die Büste zeigt den Gründer des Kaiserreichs gegen Ende seiner Herrschaftszeit.

4

Das iulisch-claudische Zeitalter

Die Unruhen und die Ereignisse, die auf die Ermordung Caesars folgten (Iden des März im Jahre 44 v. Chr.), endeten bekanntlich mit der Machtergreifung (Schlacht von Actium, 31 v. Chr.) von Caesar Octavian, dem Adoptivneffen Julius Caesars, der in der Folge Augustus genannt wurde. Unter ihm wurde Rom zur Hauptstadt eines wahrlichen Imperiums, das sich über sämtliche Gebiete des Mittelmeerraums und einen großen Teil des kontinentalen Europas (einschließlich einiger Inseln) ausdehnte. In diesem gewaltigen Raum wurden zahlreiche territoriale und infrastrukturelle Ordnungsmaßnahmen umgesetzt. Architektonische und städtebauliche Projekte spiegelten die zentralistische Konzeption der von Rom ausstrahlenden Macht wider und übermittelten symbolische und politische Botschaften und Signale, da sie reich mit Reliefbildern und Inschriften ausgestattet waren. Einen allgemeinen Bezugsrahmen des hierarchischen Systems, an dessen Spitze wie gesagt Rom stand, bildeten sowohl die hierarchisch in Haupt- und Nebenzentren sowie »Kolonien« unterteilten Städte mit ihrer koordinierenden Funktion als auch das von Rom ausstrahlende Straßennetz und das erweiterte System der Häfen als unerlässliche Verbindungselemente. Hier waren der neue Hafen von Classe bei Ravenna und jener von Misenum bei Neapel am wichtigsten. Die symbolische Präsenz des Kaisers drückte sich (sowohl unter Augustus als auch unter den folgenden Kaisern, die dessen Brauch übernahmen) auch in der Namenswahl für die zahlreichen neuen und erneuerten urbanen Zentren aus, insbesondere die vielen »Augusta«. Zu nennen sind etwa Augusta Taurinorum, also Turin; Augusta Praetoria, das spätere Aosta; oder auch im germanischen Raum Augusta Vindelicorum, welches zu Augsburg wurde. Häufig erhielten die Städte auch solche Namen, die ihren Grad von Zugehörigkeit beziehungsweise Autonomie bezeichneten, wie im Fall der deutschen Stadt Köln, was auf den lateinischen Namen Colonia zurückgeht. Andere Orte erhielten hingegen ganz spezifische Namen, darunter zum Beispiel Fano, das nach einem der Göttin Fortuna geweihten Tempel benannt ist (Fanum Fortunae). Im Falle der Erweiterung von wichtigen Zentren wurde der kaiserliche Name manchmal auch ebendieser verliehen, so im Fall der Erweiterung Athens durch Hadrian. Augusteische Bauwerke wie Brücken, Triumphbögen, militärische Präsidien und Stadtmauern konnten eine symbolische oder allegorische Bedeutung haben, indem ihre Anlage oder ihre architektonischen und künstlerischen Dekorationen oder Inschriften diese Maßnahme des Kaisers priesen. Bei den Inschriften reicht das Spektrum von der emblematischen an der Porta Etrusca in Perusia, heute Perugia, die da lautet »Augusta Perusia«, bis hin zu solchen mit einer Beschreibung der vom Kaiser durchgeführten Maßnahme. Unter der Regierung von Octavian Augustus erfuhr also nicht nur der italische Raum, sondern auch die gesamte territoriale Ordnung in den von Rom – direkt oder in anderer institutioneller Form – beherrschten Gebieten tiefgreifende Veränderungen mit langanhaltender Wirkung. Dies ist der Grund, weshalb man die Machtergreifung von Augustus als das Anfangsdatum einer neuen geschichtlichen Phase ansetzt und weshalb es auch sinnvoll und notwendig erscheint, die wesentlichen von Augustus eingeführten Neuerungen aufzuzeigen. Im Rahmen einer konzeptionellen Hierarchie stand an erster Stelle die Erneuerung des urbanen Netzes und des Erscheinungsbildes von Rom in materiellem und symbolischem Sinne (konkret wurden für die Erneuerung der Hauptstadt zwei neue Marmorsteinbrüche in Carrara eröffnet). Aber auch Baumaßnahmen in schon bestehenden Haupt- oder Nebenzentren, die Gründung oder Neugründung von Kolonien, die Verbesserung (im qualitativen und funktionellen Sinn) und Ausdehnung des Verkehrswegenetzes und der Handelszentren waren mitbeinhaltet. Das Werk von Augustus hatte noch

5 Eine weitere Ansicht des Caesarforums.

6 Das Augustusforum mit dem Tempel des Mars Ultor im Zentrum.

5

6

andere bedeutende Nebeneffekte. Zu den wichtigsten gehört die Aufteilung des italienischen Territoriums in zwölf Regionen und die vollständige Erneuerung des administrativen und militärischen Systems des Staates und des gesamten römischen Reiches. In dieses weitreichende Vorhaben fügt sich auch der kartographische Bereich ein. Wir haben wahrscheinlich Agrippa die von Augustus beauftragte große kartographische Tafel, den *orbis pictus* (auf Deutsch »gemalte Welt«), zu verdanken, die im Porticus Vipsaniae öffentlich ausgestellt ist und die das geographische Wissen, das in den früheren *tabulae pictae* beschrieben wird, systematisierte und aktualisierte.

Augustus übte die ihm vom Senat verliehene Macht auf verschiedene Arten aus: Er verbesserte das Wegenetz durch die Errichtung von gemauerten Brücken, die Erneuerung des Straßenbelags, den Ausbau von Handelsstationen und -zentren und dergleichen mehr. Er legte sowohl zu kommerziellen als auch zu militärischen Zwecken neue Häfen an. Was die allgemeine Ansiedlungspolitik außerhalb von Rom betrifft, so griff er die Methode auf, die schon mindestens seit dem Zeitalter von Sulla und Caesar weitverbreitet angewendet wurde: Den Soldaten wurden am Ende ihrer Dienstzeit landwirtschaftliche Flächen überlassen, deren Aufteilung auf der Landvermessungstechnik der Zenturiation basierte. Damit förderte Augustus zugleich die Anlage von Kolonien, die fast immer auf ebener Fläche lagen, eben wegen ihres produktiven Charakters. Bei der Anlage neuer urbaner Zentren übernahm er das schon bekannte System des rechtwinkligen Straßennetzes, das darauf beruhte, dass *cardines* (Straßen mit Nord-Süd-Ausrichtung) und *decumani* (Straßen mit ungefährer Ost-West-Ausrichtung) sich kreuzten. Er passte es jedoch in pragmatischer Weise an die funktionellen Erfordernisse und topografischen Geländebedingungen der Orte an. Weiterhin festigte er den römischen Brauch (der sich hierin von den milesisch-hippodamischen Anlagen unterschied), den Tempelbau (das Kapitol), welcher den Bezug zu Rom symbolisierte und verdeutlichte, an der Kreuzung des größten *cardo* mit dem größten *decumanus* zu errichten. Maßnahmen in schon bestehenden Städten folgten keiner so klaren Richtschnur. Mit Ausnahme eventueller Eingriffe in die Siedlungsstruktur von neuen Entwicklungsbezirken und mit Ausnahme der Errichtung von Gebäuden oder der Ausstattung mit Skulpturen, die einen Bezug zur römischen Präsenz herstellten, wurde der Rest des Siedlungsgefüges im Allgemeinen grundsätzlich respektiert. Der allgemeine Bezugsrahmen änderte sich jedoch und damit die territoriale Funktion, die Rom den unterworfenen Städten zuwies. Während früher jede von ihnen eine Anziehungskraft auf das eigene umgebende Territorium ausgeübt hatte, fungierten sie nun als Verschiebestationen (heute würden wir sie vielleicht Terminals nennen) zwischen den großen Handelswegen und den lokalen Gegebenheiten. Sie wurden also Teil eines Systems, dessen einziges Zentrum der Ausstrahlung und Anziehung Rom war, das als Koordinationszentrum der Macht zugleich der Ort war, an dem sich der Reichtum und die Ressourcen aus den verschiedenen Teilen des Reiches sammelten.

Die neue politisch-administrative Ordnung des imperialen Systems spiegelte sich im Gefüge der Hauptstadt. Der schon vorher bestehende Trend des Bevölkerungszuwachses in Rom erfuhr eine weitere starke Beschleunigung, und die Stadt veränderte ihre Existenzform und ihren Entwicklungsmodus. Die von Augustus vorangetriebenen Maßnahmen offenbaren seine klare Absicht, aus der Stadt Rom eine Hauptstadt des Imperiums zu machen, die auch für kulturelle und künstlerische Impulse stehen sollte. Nicht umsonst geht die Lobrede, Rom habe sich von einer Stadt aus Ziegeln in eine Stadt aus Marmor verwandelt. Vielfältige Erfordernisse und Notstände galt es dabei zu berücksichtigen beziehungsweise zu beheben: In den Stadtteilen, die traditionell von den unteren Schichten bewohnt wurden, war bei den Wohnstätten der *insulae* schon seit langem der

besorgniserregende und immer stärker beschleunigte Prozess des Wachstums in die Höhe durch Hinzufügung von immer mehr Stockwerken in Gang. Unter dem Gesichtspunkt der hygienischen Zustände, der Brandsicherheit und der öffentlichen Sicherheit war diese Entwicklung außerordentlich bedenklich, und Anzeichen dieser Besorgnis finden sich auch in Ciceros Werk »De officiis«. Man setzte daher eine Feuerwehrtruppe ein und erließ ein Gesetz, das bei dieser Art von Gebäuden die Höhe auf 20 Meter begrenzte. Augustus' Entscheidung, sich in einem Haus auf dem Hügel Palatin niederzulassen, folgte einer anderen Tendenz, die ebenfalls schon lange festzustellen war: Der Charakter der Residenzen auf diesem Hügel wurde ein stärker patrizisch-aristokratischer. Dass Augustus hier ansässig wurde, war (möglicherweise beabsichtigterweise) der Auslöser für die zukünftige funktionale, symbolische und politische Umwandlung des Palatins, der dazu bestimmt war, durch die fortschreitende Enteignung (mit Ausnahme einiger Tempel und wenigem mehr) von beinahe allem, was vorher bestand, zum Sitz der folgenden kaiserlichen Residenzen zu werden. Was das öffentliche Bild der Stadt angeht, so richteten sich wichtige augusteische Maßnahmen auf die Fertigstellung der von Caesar begonnenen Projekte – darunter das Forum, das eben Caesarforum genannt wird – sowie auf die Restaurierung zahlreicher Tempel. In seinem Testament rühmte sich Augustus, allein im Jahr 29 v. Chr. etwa achtzig davon instandgesetzt zu haben. Noch bedeutender sind diejenigen Maßnahmen, die auf die Erschaffung eines neuen Stadtzentrums und auf die Entwicklung des Marsfeldes zielen. Das gewaltigste Werk ist die Errichtung eines neuen Forums (geplant schon um 42 v. Chr., doch erst im Jahre 2 v. Chr. eingeweiht) am Rande der Subura, im rechten Winkel an den beiden vorher bestehenden ausgerichtet (das älteste ist das von Caesar) und auch am Verlauf der alten Wegstrecke des Argiletum orientiert. Jüngste Ausgrabungen konnten die Anordnung des Komplexes neu bestimmen. Über seine architektonische, bildhauerische und allgemein künstlerische Ausgestaltung drückte das Augustusforum in direkter Form auch die ideologischen Absichten aus, von denen die Kulturpolitik des Kaisers, der damals zum Pontifex Maximus ernannt wurde, inspiriert war. Eine Doppelreihe von Statuen bildete mythische Figuren ab – von Äneas zu den Königen von Alba Longa – sowie berühmte Persönlichkeiten aus der Geschichte Roms – Appius Claudius Caecus, Gaius Duilius, Fabius Maximus, Scipio Asiaticus, Gaius Marius, Sulla und schließlich Caesar – und brachte so die Kontinuität in der politischen, militärischen und zivilen Vorstellungswelt zum Ausdruck, auf die sich der Kaiser berief. Andere bildhauerische Werke wie ein Apollon und eine Minerva aus Elfenbein, eine Bronze-Quadriga und vor allem die kolossale Statue des Augustus selbst standen zeichenhaft für eine Ära der Sakralität und Autorität, aber auch für eine untergründige Verhaftung in Stil und Symbolen der hellenistischen Kultur. Dies gilt trotz des Interesses, das Augustus an einer Wiederherstellung der römischen figurativen Traditionen hatte, da für ihn die Kontinuität in der römischen Tradition ein allgemeines politisches Prinzip darstellte. In der Tat beriefen sich viele Maßnahmen auf die Traditionen: die Wiedereinführung der ältesten Rituale, die Privilegien der Priester und Vestalinnen, deren Sitze man instandsetzte, einige Zeremonien, Gesetze gegen Luxus und zur Verbesserung der öffentlichen und privaten Moral und so weiter. Die Themen des bürgerlichen Anstands und auch der Religiosität bilden überhaupt zentrale Aspekte von Augustus' Tätigkeit in Rom (Zanker). In erheblichem Umfang wurden unter Augustus auch die schon bestehenden oder in verschiedenen Stadtteilen neu geschaffenen *porticus* weiterentwickelt. Zahlreiche Tempel wurden restauriert oder neu errichtet. Es soll hier genügen, den Apollo-Tempel auf dem Palatin, den Apollo-Tempel, der von Sosius restauriert wurde und deshalb Sosianus genannt wird, und den Vesta-Tempel anzuführen. Zahlreich sind auch die

7

zivilen Bauprojekte: In der Nähe des Porticus Octaviae wurde zum Beispiel das überaus raffinierte und dem Lieblingsneffen des Kaisers gewidmete Marcellustheater erbaut, das somit zu dem des Pompeius hinzukam. Es muss jedoch auch darauf hingewiesen werden, dass das von Augustus geförderte kulturelle Klima zahlreiche Fälle von Euergetismus begünstigt hat, worunter die private Finanzierung von Werken verstanden wird, die dem öffentlichen Interesse oder Ansehen dienen. Hierzu zählen die Restaurierung des Atrium Libertatis und das prachtvolle große Theater (mit dem Rom von da an über drei Theater verfügte), das Cornelius Balbus nicht weit von dem Theater des Pompeius (heutige Via delle Botteghe Oscure) errichten ließ. Es ließen sich viele weitere Beispiele anführen.

Besonders umfangreich und gewichtig ist das Werk des Marcus Agrippa, des Schwiegersohns des Octavian Augustus. Neben anderen Maßnahmen ist ihm die Errichtung des ersten Pantheons (Tempel, der allen Göttern geweiht ist) auf dem Marsfeld zu verdanken, was man als Antwort auf die verschiedenen religiösen Bedürfnisse der zivilen und militärischen Besucher dieses Stadtteils verstehen muss. Wohlgemerkt lag das Marsfeld außerhalb des ursprünglichen Stadtzentrums, entwickelte sich aber schon seit der Zeit Caesars zu einem sehr dynamischen Ort, der eine Reihe unterschiedlicher Funktionen erfüllte. Ebenfalls Agrippa zu verdanken sind der Porticus Vipsaniae, die öffentlichen Thermen auf dem Marsfeld (sie sind das erste Beispiel für kaiserliche Thermen), einige Baumaßnahmen im Bereich der Aquädukte (darunter der Aqua Virgo, also eines jungfräuliches Wasser genannten Aquädukts, welcher nach seiner Restaurierung durch Claudius in den Jahren 45–46 n. Chr. in einem großen, dem Claudius gewidmeten Bogen die Via Lata, also den heutigen Corso, nahe der Via del Caravita überspannte), die Trockenlegung des Areals zwischen dem Marsfeld und den Hügelhängen östlich der Via Flaminia mit der Anlegung eines unterirdischen, immer noch existierenden Wasserlaufs für die

8

7, 8 Zwei Ansichten des Marcellustheaters, eines der bedeutendsten Monumente aus augusteischer Zeit.

9

9, 10 Agrippathermen: erhaltene Überreste, von den Römern »Ciambella« genannt, und Rekonstruktionszeichnung. Die heutigen römischen Stadtteile des Marsfeldes und der Pigna erfuhren erst im spätrepublikanischen und kaiserlichen Zeitalter eine starke Förderung, zunächst vor allem durch Pompeius (Theater), dann durch Marcus Agrippa (Thermen und erstes Pantheon) und Augustus selbst, woraufhin sie während der verbleibenden Kaiserzeit zum wichtigsten Entwicklungspol der Stadt wurden.

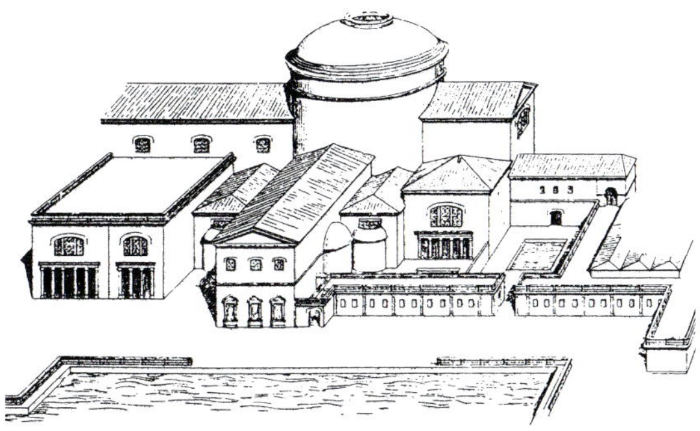

10

Ableitung des Grundwassers in Richtung Tiber, die Errichtung eines großen Getreidelagers aus Tuff- und Travertinblöcken (die Horrea Agrippiana) am Fuß des Palatins, eine Brücke an unbekannter Stelle (Lugli vermutet, dass sie sich stromaufwärts von der späteren Ponte Sisto befinden könnte) und noch weitere Dinge.

Vielleicht noch folgenreicher für die gesamte städtische Ordnung ist das von Maecenas in Angriff genommene und von Augustus entscheidend unterstützte Projekt, das Areal des Esquilin von einem Friedhofsbezirk für das Volk in ein Gebiet zur Wohnbebauung umzuwandeln. Man erreichte dies durch die flächendeckende Aufschüttung und Bedeckung der bestehenden Gräberfelder, die auch viele Gemeinschaftsgräber enthielten, so dass sich der Esquilin, bis dahin ein grausiger und stinkender Ort, in eine recht begehrte Wohngegend mit schönem Ausblick verwandelte. Nach den Berechnungen von Lugli wurden dort 3850 *insulae* und 380 *domus* errichtet. Eine wichtige Baumaßnahme für den Bereich des Esquilin, die der Freigebigkeit von Livia, der Ehefrau des Augustus, oder eventuell Augustus selber zu verdanken ist, war die Anlage des großen Marktes, des Macellum Liviae, auf dem Forum Esquilinum, welcher den Mittelpunkt des gesamten Stadtviertels bildete. Ebenso bedeutend ist die Anlage der kaiserlichen Münzprägestätte nahe der heutigen Basilika von S. Clemente zu Beginn der Kaiserzeit (Coarelli). Eine Aufwertung des neuen Stadtviertels stellte auch die großartige und raffinierte Anlage der Gärten (*horti*) des Maecenas dar: Der ausgedehnte Komplex, der sich in Richtung der Hänge des Fagutal und des Oppius erstreckte, umfasste einen hohen Turm, von dem aus der Blick über das Panorama der Stadt schweifen konnte, wahrscheinlich auch private Thermen und ein Auditorium (für andere handelt es sich um ein Nymphäum), das im Gebiet des heutigen Largo und Palazzo Brancaccio (Via Merulana) lag. Für seine Errichtung wurden die sogenannten servianischen Mauern quer durchschnitten. Nach dem Tod des Maecenas

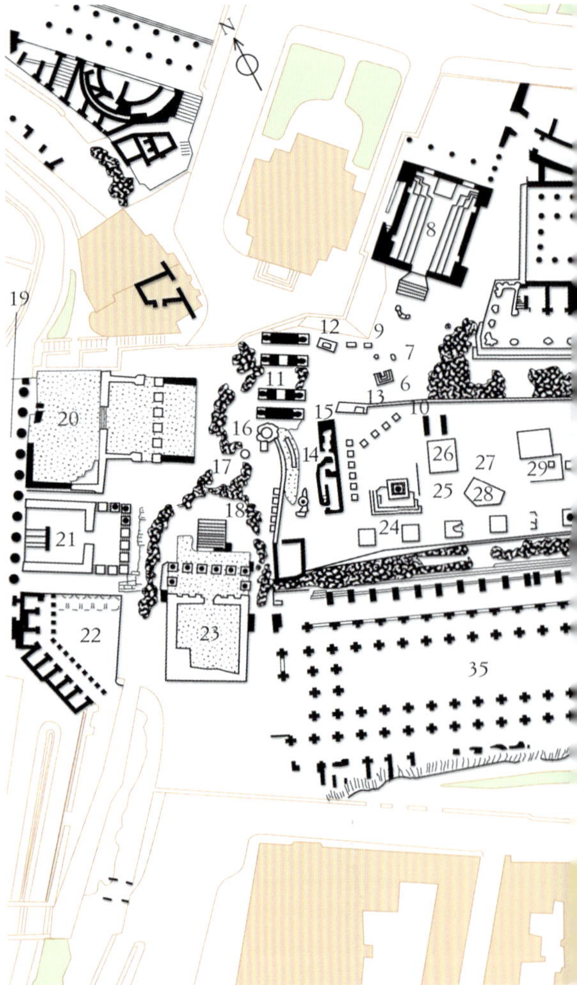

11 Plan des Forum Romanum.

1. Große Widmungsinschrift
2. Porticus von Gaius und Lucius Caesar
3. Tabernae Novae
4. Heiligtum der Venus Cloacina
5. Basilica Aemilia et Fulvia
6. Lapis Niger
7. Comitium
8. Curia Iulia
9. Podest der Statue des Mars
10. Podest der Statue von Arcadius, Honorius und Theodosius
11. Bogen des Septimius Severus
12. Podest von Constantius II.
13. Decennalienbasis
14. Kaiserliche Rostra
15. Rostra Vandalica
16. Mundus / Umbilicus urbis
17. Altar des Saturn
18. Miliarium Aureum
19. Tabularium
20. Concordia-Tempel
21. Tempel des Vespasian und des Titus
22. Porticus der Dei Consentes
23. Tempel des Saturn mit Aerarium
24. Phokas-Säule
25. Inschrift des L. Naevius Surdinus
26. Feigenbaum, Olivenbaum, Weinstock
27. Abflussgraben
28. Lacus Curtius
29. Doliola
30. spätantike Doliola
31. Ehrensäulen
32. Tempel des Divus Iulius
33. Rostra ad Divi Iulii
34. Actium-Bogen
35. Basilica Iulia
36. S. Maria Antiqua
37. Ziegelsteinsaal
38. Horrea Agrippiana
39. Dioskuren-Tempel
40. Juturna-Quelle
41. Oratorium der Vierzig Märtyrer
42. Tempel des Antoninus und der Faustina
43. Friedhof
44. Privathaus
45. Regia
46. Vesta-Tempel
47. Haus der Vestalinnen
48. Ädikula
49. Domus Publica
50. Tempel des Romulus
51. mittelalterlicher Portikus
52. Heiligtum des Bacchus
53. Basilika des Maxentius
54. Horrea Vespasiani
55. Haus des M. Aemilius Scaurus
56. Titusbogen
57. Antiquarium Forense

(8 n. Chr.) wurde die Anlage zum Eigentum des Augustus. Gerade der Einschnitt in die antiken Mauern ist – zusammen mit dem Umstand, dass in augusteischer Zeit weder neue Mauern errichtet noch die bestehenden erneuert wurden – ein deutliches Zeichen dafür, dass sich der neue politische und militärische Rahmen bereits gefestigt hatte: Es waren im Grunde keine Angriffe von außen zu befürchten.

Die Bestrebungen zur Neustrukturierung und zur Schaffung eines neuen Stadtbildes schlugen sich im Bereich von Verwaltung und Rechtsprechung in einer Vielzahl von Verfügungen nieder. Von größter Wichtigkeit ist in diesem Rahmen die vollständige Neuordnung der städtischen Bezirke im Jahr 7. v. Chr. Zwischen dem 1. und 3. Jh. n. Chr. zählte man 14 Bezirke, aber möglicherweise hatte Augustus nur 12 davon festgelegt. Die Bezirksgliederung umfasste nun die Stadt in ihrer gesamten Ausdehnung, einschließlich derjenigen Teile, die außerhalb der servianischen Mauer lagen. Diese war, wie schon erwähnt, mittlerweile von der dynamischen Ausbreitung der Siedlung seit spätrepublikanischer Zeit mit fortgerissen und überschritten worden, was auch mit dem stellenweisen Abbruch von Mauerabschnitten verbunden war. Die Neuaufteilung ergab nun sieben Bezirke, die vollständig innerhalb der servianischen Mauern lagen, sechs Bezirke zwischen den Mauern und dem *pomerium* und schließlich einen Bezirk – der Bereich von Trastevere – jenseits des Flusses. Viele Straßen in der Stadt wurden trassiert oder verbessert oder neu gepflastert. Neben der schon erwähnten Truppe von Feuerwehrmännern wurde eine weitere geschaffen, welche die öffentliche Ordnung sichern sollte. Die städtische Wasserversorgung wurde verbessert und ausgebaut – auch indem öffentliche Brunnen errichtet wurden. Möglicherweise gehörte auch das Brunnenpaar, das kürzlich in der Nähe des Pantheons entdeckt wurde, dazu. Rom hat folglich damals mit den Maßnahmen, die direkt oder indirekt auf Augustus zurückgehen, eine städtebauliche Anlage und eine ideologisch-

12 Unter dem Kapitol sind die Ruinen von einigen mehrstöckigen Stadthäusern, den insulae, erhalten.

12

funktionelle Prägung erhalten, die man als Elemente eines »genetischen Entwicklungscodes« definieren könnte, haben sie sich doch zumindest bis zur Ära Konstantins als charakteristische und quasi unvermeidliche Gegebenheiten für jede weitere städtische Ordnung und Entwicklung aufgedrängt. Der auch unter dem Aspekt des technischen und ökonomischen Aufwandes wahrhaft imperiale Charakter der Aufträge für die größten öffentlichen Bauwerke wurde unter anderem auch zur Voraussetzung und zur Grundlage dafür, dass die Bautechnik rasche Fortschritte machte und sich neue typologisch-formale Lösungen herausbildeten. Es wurden in der Tat bautechnische sowie funktionale Verfahren und Modelle erprobt und perfektioniert, welche zweifellos in ihrer Gesamtheit einen der wertvollsten und bedeutendsten Beiträge darstellen, die von Rom geleistet wurden – nicht nur zur Baukultur der eigenen Zeit, sondern auch für die folgenden Zeitalter. Während nach Augustus' Tod der vom ihm geschaffene politische Rahmen mit seiner unvollkommenen und dialektischen Bipolarität in der Machtausübung zwischen Kaiser und Senat (offensichtlich mit Vorrang des Ersteren über Letzteren) Bestand hatte, verlangsamte sich hingegen der bauliche und städtebauliche Eifer seiner Regierungsjahre bis fast zum Stillstand. Der auf Augustus zurückgehende Rang und Modellcharakter Roms als der Hauptstadt eines großen Systems, des Imperiums, konsolidierte sich jedoch, strahlte mit Nachdruck auf ein riesiges geopolitisches Umfeld aus und beschleunigte so weiterhin den Prozess der zentripetalen Anziehung der Immigrationsströme in Richtung Rom, der ja bereits seit einiger Zeit im Gange war. Die Bevölkerung wuchs folglich weiterhin immer schneller: Man schätzt, dass sich nun mehr als eine Million Einwohner in der Stadt zusammenballten, von denen circa ein Drittel nicht-römischer Herkunft oder Ethnie war. Vorschriften regulierten den Handel zwischen der Stadt und den sie unmittelbar umgebenden landwirtschaftlichen Gebieten, welche die Lebensmittelversorgung der

Stadt gewährleisteten. Beispielsweise durften die Fuhrwagen, wie schon seit Caesar festgelegt, nur während der Nachtstunden fahren, und das Auf- und Abladen von Ware musste an genau festgelegten Orten nahe beim Mauerring erfolgen, welcher, nachdem er praktisch seinen Charakter als Verteidigungsstruktur verloren hatte, immer mehr die Funktion einer Zollgrenze annahm. Innerhalb der Wohnviertel nahmen die *insulae* immer mehr zu, woraus eine weitere Verdichtung der Bau- und Wohnstruktur folgte und dementsprechend wachsende Probleme bei der Versorgung, der Infrastruktur, der städtischen Hygiene sowie bezüglich des Brandrisikos aufkamen. Wie wir aus zahlreichen Texten von Literaten, Poeten und Historikern wissen, wurde das Rom der frühen Kaiserzeit als ein sehr kontrastreiches Ganzes wahrgenommen, wobei jedoch die unangenehmen Aspekte bei weitem überwogen. Vor allen Dingen die großen und sehr hohen »Wohnsilos«, also die mehrstöckigen verdichteten Häuser, wurden negativ beurteilt, auch wenn sie häufig mit Balkonen und Fenstern und manchmal sogar mit Blumenschmuck ausgestattet waren. Abneigung rief auch der große Lärm hervor, die spärliche nächtliche Beleuchtung, das Straßennetz, das sich vor allem durch die Enge der Straßenzüge auszeichnete (das antike Zwölftafelgesetz legte eine maximale Breite von 4,80 Meter fest, aber auch in der Kaiserzeit erreichten selbst die breitesten Straßen nur 6,50 Meter) und die multiethnische Promiskuität. Dazu kamen weitere Aspekte, welche die öffentliche und private Moral betrafen, die Verschmutzung durch lästige handwerkliche Tätigkeiten und anderes. Als gefällig wurden außer den schon angeführten reich geschmückten, mit Statuen und anderem ausgestatteten Portiken die Brunnen wahrgenommen, die öffentlichen Bauten mit ihren großen Plätzen, die religiösen Bauten und die Wohngebiete, in denen die *domus* vorherrschten. Allerdings gab es auch an diesen Orten zu den – wie wir heute sagen würden – Hauptverkehrszeiten, welche am späten Vormittag lagen, stets einen großen Auflauf von Menschen aller sozialen Klassen. Unter diesen Umständen errichteten die elitären Schichten ihre Residenzen in weiter außerhalb gelegenen Gebieten – nicht nur in den nordöstlichen Stadtbezirken, wo die verschiedenen bereits erwähnten *horti* lagen, sondern auch entlang des Tibers (im Bereich der Farnesina lag möglicherweise die sehr raffinierte und hellenisierende Villa der Clodia, der Geliebten des Catull) und zwischen dem Vatikan und dem Gianicolo, wie wir von Cicero, Catull, Martial und Plinius wissen und wie auch durch neuere archäologische Ausgrabungen bestätigt wurde.

Ein vollständiges Bild der urbanen und architektonischen Kultur zur Zeit des Augustus schenkt uns Vitruv, von dem sich glücklicherweise das berühmte Werk »De architectura libri decem« über die Zeiten erhalten hat. In seiner Zeit dürfte es nicht das einzige derartige Werk gewesen sein und ist sicher aus anderen Traktaten hellenistischen Ursprungs abgeleitet, obwohl seine Sichtweise der Architektur eine rein römische ist. Das Traktat erläutert die Prinzipien und Methoden des technischen und theoretischen Wissens sowie die vielfältigen Aspekte in der Architektenausbildung der damaligen Zeit. Es ist ein grundlegender Schlüssel des Wissens, wenn man sich der römischen Stadt des 1. Jhs. sowie ihren baulichen und infrastrukturellen Komponenten annähern will: Die drei berühmten Anforderungen Vitruvs an jedes architektonische Werk – *firmitas, utilitas, venustas* – haben sogar den Bogen der Jahrtausende überdauert.

Der erste Nachfolger des Augustus, Tiberius, bestieg den Kaiserthron im Jahre 14 n. Chr. Da ihm vor allem daran lag, die Infrastruktur der großen Wegenetze mit Blick auf militärische Problematiken neu zu ordnen, sind in Rom nur wenige von ihm vorangetriebene Werke zu finden. Sueton, der sehr kritisch gegenüber dem Kaiser eingestellt war, dem private Ausschweifungen und öffentliche sowie private Grausamkeiten vorgeworfen werden, sollte ihm in der Tat zur Last legen, auch die begonnenen Werke unvoll-

13

13 Ostia Antica, Kaserne der Wachen.

14

14 Rom, Palatin, nordöstliche Seite des Stadions des Domitian.

15 Ostia Antica, Zuschauerraum des Theaters.

15

endet gelassen zu haben, also den Tempel des Augustus und die Instandsetzung des Theaters des Pompeius. Dennoch ist Tiberius die Errichtung einer neuen kaiserlichen Residenz auf dem Palatin zu verdanken, mithin eines Werkes, das sicherlich mit extremem Aufwand verbunden war: Die sogenannte Domus Tiberiana, von der man noch die imponierenden Überreste (verblieben sind die Teile, welche die Farnesischen Gärten stützen) der wichtigsten architektonischen Glieder sehen kann, wurde in der Zementbetontechnik erbaut und nach außen mit Ziegelelementen ergänzt und geschützt. Mit dem neuen kaiserlichen Palast, der 150 Meter lang und 120 Meter breit war und an den auch die Bibliothek angeschlossen war, die das kaiserliche Archiv beherbergte, beginnt eine entscheidende Phase für die Umgestaltung des gesamten Hügels. Der war von da an fast in Gänze für die kaiserlichen Residenzen bestimmt und nahm daher ein neues Erscheinungsbild an, das sich mit einem unregelmäßigen Profil vom Panorama der Stadt abhob. Ebenso wichtig war die Errichtung eines Kasernenkomplexes der Prätorianergarde (die Castra Praetoria) im Nordosten der Stadt. Mit der Ausführung beauftragte man Seianus, zunächst zuverlässiger Kommandant der Prätorianer, später wegen versuchtem Aufruhr verurteilt. Die Anlage bestand aus einem rechteckigen Areal von über 430 Metern Länge und 370 Metern Breite (circa 16 Hektar), war von hohen Mauern mit Türmen und vier befestigten Toren umgeben. Im Inneren war sie entsprechend dem typischen Schema des römischen Feldlagers (und auch der neu gegründeten Planstädte) unterteilt durch die rechtwinklige Kreuzung zwischen *cardo* und *decumanus*, also den Achsen, welche die verschiedenen Bereiche des Lagers separierten. Sie konnte über 9000 Soldaten aufnehmen. Dieses wichtige militärische Zentrum wurde natürlich zum Kern einer Ansiedlung, die etwa unterhalb der heutigen Universitätsstadt zunächst provisorisch mit Baracken und Hütten, später dann dauerhaft angelegt wurde. Hier entstanden Wohnungen der Familienangehörigen und Verwandten (ehelich oder nicht) der Prätorianer, Wohnungen von Immigranten verschiedener Herkunft, Lokale für Prostituierte, mehr oder weniger ungesetzliche Vergnügungsorte und dergleichen mehr. Auf Tiberius gehen auch bedeutende Villenanlagen auf dem Land zurück, deren wichtigste auf der Insel Capri liegt. Caligula, der Nachfolger des Tiberius, leitete die Instandsetzung des Pompeiustheaters und vor allen Dingen die Erweiterung des kaiserlichen Palastes in die Wege. Letzterer wurde bis zum Forum Romanum und speziell bis zum Dioskurentempel sowie zum Haus der Vestalinnen ausgedehnt, die damit quasi als Propyläen – dies gehörte zur politischen Vorstellungswelt, die vom Kaiser befördert wurde – für seine Residenz fungierten, in der er 41 n. Chr. von Mitgliedern seiner Gefolgschaft ermordet wurde. Ebenfalls Caligula zuzuschreiben ist die Anlage eines großen Circus zwischen den beiden Erhebungen im Bereich des Vatikans. Als Zierde für die Spina dieses Circus wurde auch der große ägyptische Obelisk nach Rom geschafft, welcher sich heute im Zentrum des Petersplatzes befindet. Außerdem ist Caligula möglicherweise die Errichtung eines Amphitheaters im Bereich des Marsfeldes zu verdanken.

In der Zwischenzeit, seit dem 2. Jh., aber mehr noch seit dem 1. Jh. v. Chr., hatte sich zumindest bei den elitären römischen Gesellschaftsschichten das Interesse an der hellenistischen oder östlichen Kultur und auch Religion ausgebreitet. Zahlreiche Anzeichen für dieses neue Klima sind an den Bauwerken sowie in einigen Bereichen der Malerei und der Bildhauerkunst, in der Dichtung, der Literatur und der Memorialistik ablesbar. Ein weiteres bedeutendes Zeugnis dafür ist die sehr bemerkenswerte unterirdische Basilika in der Nähe der Porta Maggiore, von der man glaubt, dass sie auf den Ritus einer pythagoräischen Sekte zurückzuführen ist, die in Rom während des 1. Jhs. aktiv war.

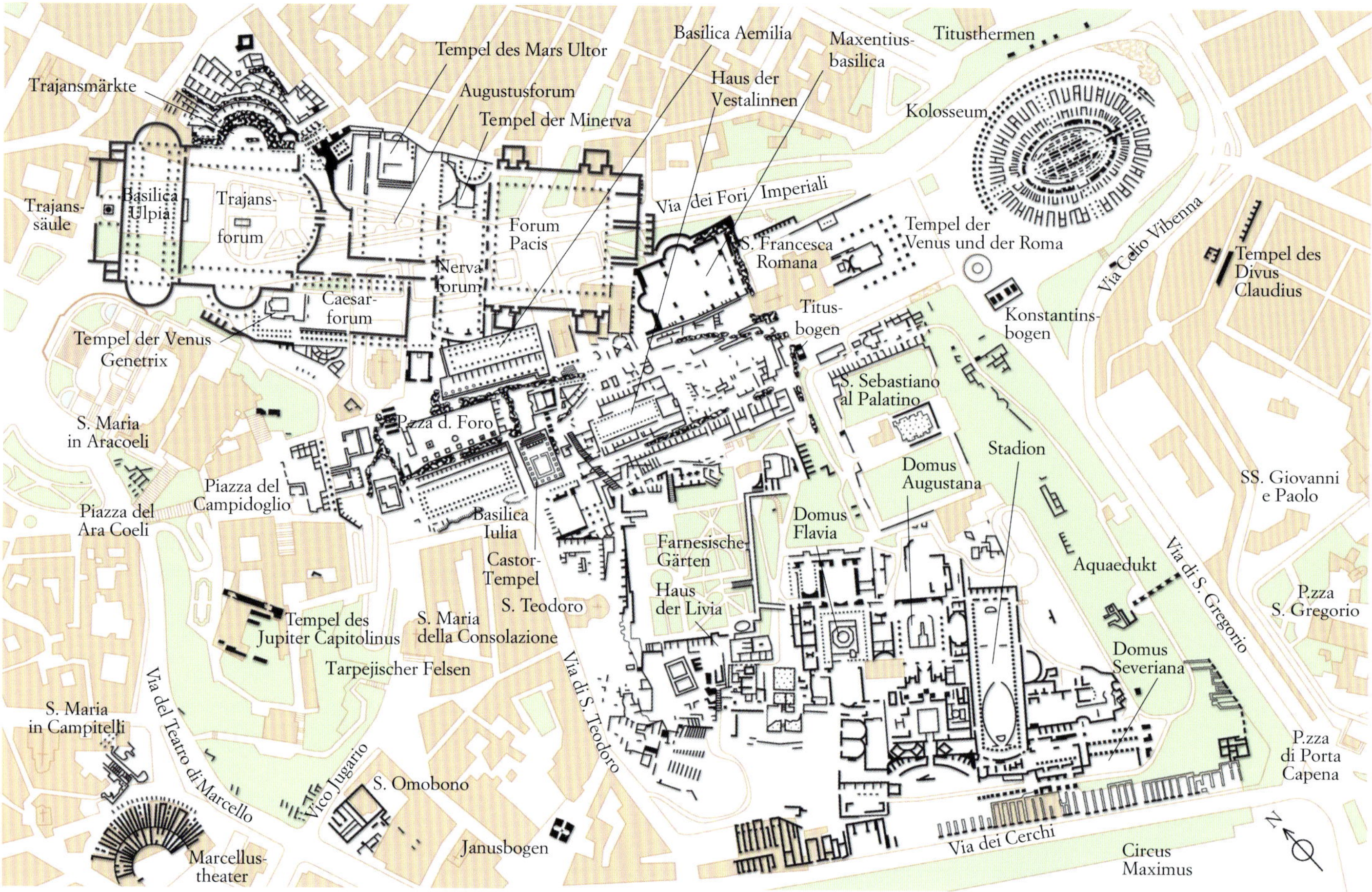

16

16 Areal der Foren bis zum Kolosseum und zum Caelius. Lageplan nach alten Ausgrabungen.

Claudius, der auf Caligula folgte, spielte eine wichtige Rolle in der Anregung und Realisierung von infrastrukturellen Anlagen. Im Jahr 42 n. Chr. ließ er den Bau einer wichtigen Hafenanlage in Ostia beginnen. Es handelte sich um eine Anlage mit zwei halbkreisförmigen Kais, einer Mole, Hochwasserkanälen zum Schutz des Hafens und einem hohen, auf einer künstlichen Insel angelegten Leuchtturm, die zugleich eine neue Tibermündung öffnete. Diese Maßnahme hat den Schiffsverkehr auf dem Tiber weiter verstärkt, der zu einer regelrechten Verbindungsader in Richtung Meer und damit zu einem Bindeglied im Fernhandel wurde. Ebenfalls Claudius zu verdanken ist der Bau von zwei Aquädukten: des imposanten, der seinen Namen trägt, und außerdem des Anio Novus. Sueton schreibt ihm auch die Ausschmückung des Circus Maximus mit marmornen Schranken und goldenen Metae zu. Wesentlich komplexer und zum Teil nicht geklärt sind die von Nero veranlassten Maßnahmen. Indem er einen schweren Brand zum Anlass nahm, der im Jahr 64 n. Chr. komplette Bezirke im Zentrum der Stadt zerstört hatte (nach Tacitus blieben nur 4 der 14 Bezirke unbeschädigt; auch das Forum war durch die Zerstörung des Vesta-Tempels und des Tempels der Penaten stark in Mitleidenschaft gezogen), initiierte der Kaiser einen Prozess der Erneuerung im Gefüge der Bauten und der städtischen Ordnung. Der Wiederaufbau erfolgte, wie Tacitus berichtet, nach einem genau festgelegten Plan. Die Straßen wurden nach Kriterien der Regelmäßigkeit und mit deutlich breiterem Zuschnitt trassiert. Es wurden neue Vorschriften für die Errichtung von Häusern erlassen, für die nun eine geringere Höhe als bisher festgelegt wurde und die in einigen Bauteilen statt aus Holz, wie es bisher üblich war, aus feuerbeständigen Materialien (Stein aus Gabi oder aus Albano, also Travertin oder Ähnliches) gebaut werden mussten. Außerdem ordnete er an, dass die Häuser in Häuserzeilen keine gemeinsamen Mauern haben durften, so dass jedes strukturell unabhängig von den benachbarten war. An den Fas-

18

17 Die Foren der Kaiser Trajan, Caesar, Nerva und Augustus und das Friedensforum. Lageplan nach neuen Ausgrabungen.

18 Ostia Antica, Theater und Platz der Korporationen.

17

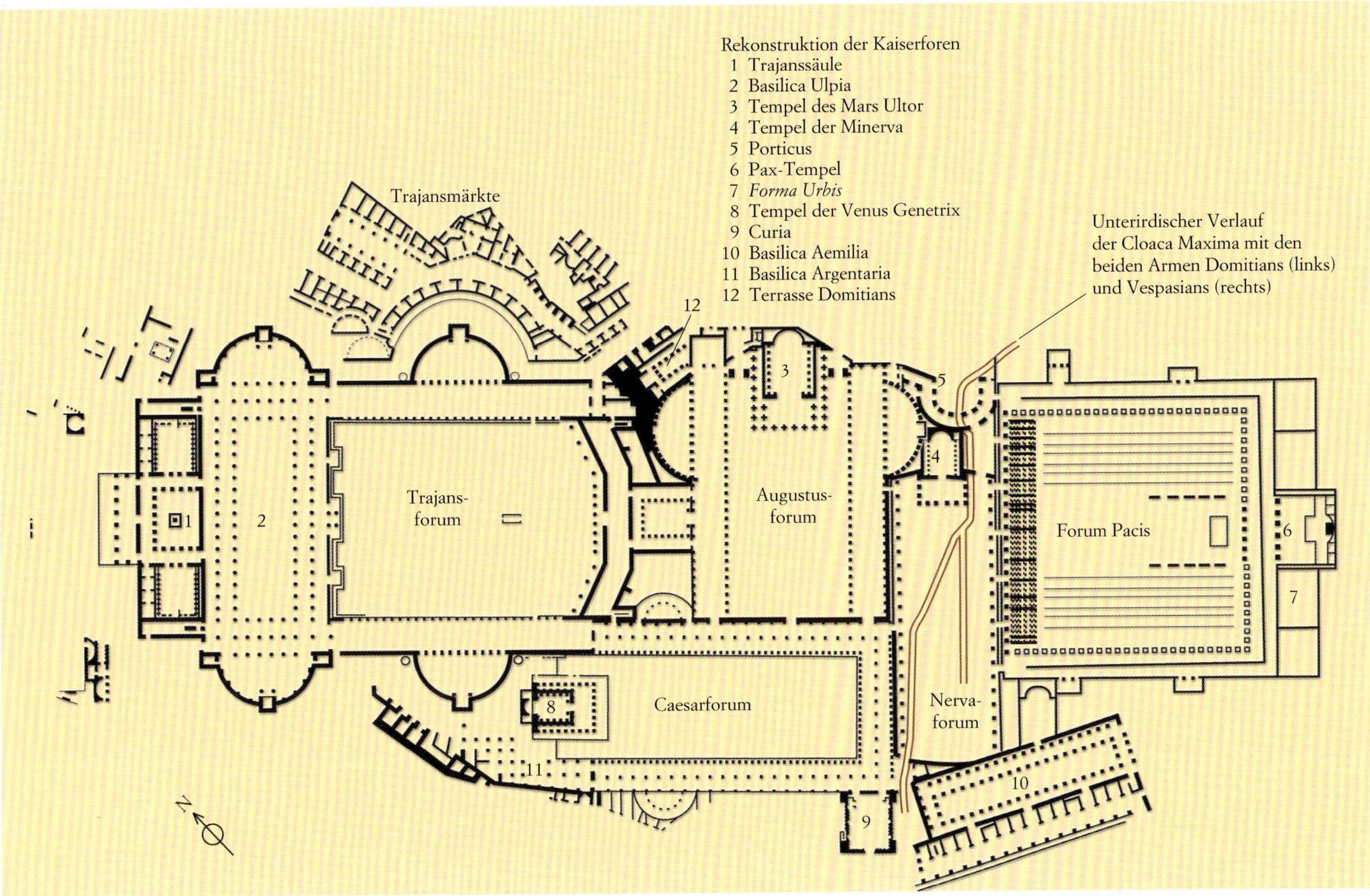

19 Der Aventin vom Tiber aus gesehen, augenfällig die frühchristliche Basilika von Santa Sabina.

19

saden der Wohnhäuser ließ er eine Reihe von Terrassen über Säulengängen anlegen, um die Kontrolle von Bränden zu erleichtern, und Sueton und Tacitus stimmen darin überein, dass dies auf Kosten des Kaisers geschah. Ebenfalls im Sinne der Prävention erging die Vorschrift, dass in jedem Haus, in einem eigenen Raum, alles vorhanden sein musste, was zur Brandbekämpfung notwendig war. Schließlich wurde ein interessantes städtebauliches Prinzip eingeführt, das außerordentlich modern erscheint: eine Art von allgemeiner Enteignung der Baugebiete. Der Wiederaufbau der Häuser musste nämlich innerhalb eines festgelegten Zeitrahmens und auf Initiative von Privatpersonen erfolgen, denen die Gebiete frei von Trümmern überlassen wurden. Diesen Privatpersonen wurde eine Belohnung gezahlt, wenn sie den von ihnen – entsprechend ihrer Möglichkeiten – eingegangenen Verpflichtungen, auch bezüglich des Zeitrahmens, nachgekommen waren. Andere Vorkehrungen betrafen die städtische Wasserversorgung. Um zu verhindern, dass sich Privatleute widerrechtlich Zugang zur Wasserversorgung verschafften, setzte Nero spezielle Kontrolleure und Aufseher ein, die dafür sorgten, dass das Wasser für alle und an mehreren Orten zugänglich war. Aus all diesen Maßnahmen ist das Gefüge des Stadt ästhetisch und funktional verbessert hervorgegangen. Doch gab es auch Zeitgenossen, welche die damit verbundenen negativen Auswirkungen auf das Umfeld kritisierten: Die im Vergleich zu früher größere Straßenbreite und niedrigere Gebäudehöhe hätten dazu geführt, dass die Straßen vermehrt den glühenden Strahlen der Sonne ausgesetzt seien, sie hätten also eine Unannehmlichkeit für die Bürger mit sich gebracht. Die Beobachtung ist zweifellos bezeichnend für die erfolgte Veränderung. Die neue Ordnung der städtischen Räume und Bauten war in der Tat Ausdruck und Folge dessen, dass die Stadtentwicklung im wiederaufgebauten Bereich einem Modell folgte, das sich grundlegend von dem vorherigen unterschied: dem Modell einer geplanten Stadt, wohingegen

20 Lageplan des Hügels Oppius mit Hervorhebung von Neros Domus Aurea.

21 Plan des Friedenstempels.

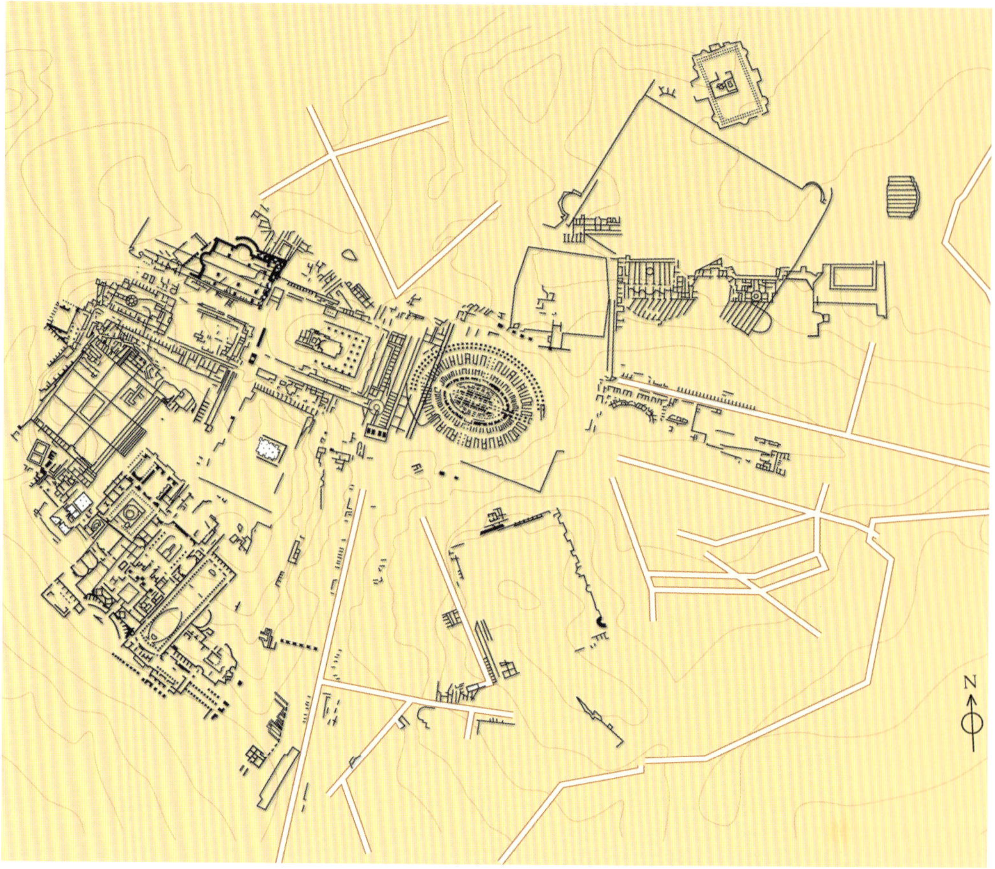

20

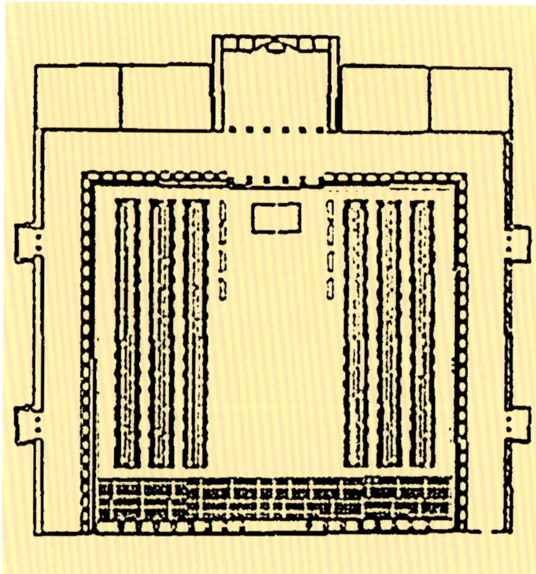

21

das ursprüngliche Rom bis dahin immer organisch aus sich selbst heraus gewachsen war. Nero werden auch die Arbeiten zur Instandsetzung, oder eventuell zum Wiederaufbau, des Circus Vaticanus zugeschrieben. Man verdankt ihm ferner die Errichtung einer neuen öffentlichen Thermenanlage auf dem Marsfeld, eben der Nero-Thermen, den Wiederaufbau (59 n. Chr.) der großen Markthalle auf dem Caelius – des Macellum Magnum – und den Bau einer Brücke (ad Sassiam) zwischen dem Marsfeld und dem Bereich, wo sich der Circus Vaticanus und die Gärten der Agrippina erhoben. Ein Verdienst Neros ist auch die Anlage eines gut ausgestatteten Hafens außerhalb von Rom, in Anzio, einem Ort, in den er eine Kolonie von Veteranen der Prätorianergarde »abgezogen« hatte. Sueton zufolge hatte Nero die Absicht, ein Teilstück der Stadtmauern bis nach Ostia zu verlängern und das Hafenzentrum durch den Bau eines schiffbaren Kanals mit der Hauptstadt zu verbinden. Ein weiterer langer schiffbarer Kanal sei geplant gewesen, um Ostia sogar mit dem Averno-See zu verbinden. Er sollte so dimensioniert sein, dass darauf Schiffe mit fünf Ruderpaaren einander in entgegengesetzter Richtung hätten passieren können. Auch aus diesen Vorhaben muss man jedenfalls schließen, dass der Kaiser für Rom die Verwirklichung eines umfassenden städtebaulichen Programms im Sinn hatte und deshalb einen neuen »Entwicklungscodex« für die Stadt aufstellte. Abgesehen von den wenigen, schon erwähnten kritischen Stimmen fanden all diese städtebaulichen Maßnahmen Neros im Allgemeinen durchaus den Beifall seiner Untertanen (aber, wie es scheint, nicht den der herrschenden Schichten). Anders fällt die öffentliche Meinung seiner Zeit wie auch die der Geschichtsschreiber des antiken Zeitalters gegenüber dem zweiten, vielleicht noch berühmteren Projekt Neros aus: der Erbauung seiner außergewöhnlichen, riesigen Residenz, die sich zwischen dem Palatin und dem Esquilin (oder besser dem Hügel Oppio) erstreckte. Sie wurde anfänglich als Domus Transitoria, also als »Durchgang« von einem

22 Das Kolosseum aus der Perspektive des Hügels Oppius. Hier erscheint die elliptische Form des Amphitheaters der Flavier beinahe abgeflacht.

23 Pompei, Säulen von Gebäuden am Rand des Forums.

22

23

Teil der Stadt zu einem anderen angesprochen und erst nach dem Brand im Jahr 64, der sie beschädigt hatte, Domus Aurea genannt. Dies bezog sich auf ihre reiche Ausschmückung, zu der architektonische Elemente aus buntem Stuck gehörten, goldene, mit Gemmen und Perlmutt versehene Leuchter, diverse Ausstattungsgegenstände aus wertvollen Materialien und Skulpturen. Die berühmtesten darunter sind die marmorne Laokoongruppe – möglicherweise die römische Kopie eines griechischen Originals – und ein Koloss aus vergoldeter Bronze von circa 36 Metern Höhe, der den Kaiser darstellte. Der Komplex, der noch immer erst in Teilen bekannt und ausgegraben ist, enthielt auch eine große Zahl von außergewöhnlichen Artefakten: von einem drehbaren Gewölbe, auf dem die astrologischen Konstellationen dargestellt waren, über interne Wasserfälle, bei denen eventuell auch Klangeffekte vorgesehen waren, überdachte und offene Gänge, spezielle Systeme zur Belüftung und Klimatisierung der Räume bis hin zu Thermen. Sehr lange dreifache Säulengänge (man spricht von 1 500 Metern) und Gärten mit exotischen Pflanzen und Tieren vervollständigten das Ensemble. Weiterhin gab es – ein zentrales Element – einen großen See (Sueton bezeichnet ihn als »stagnum maris instar«), der von Gebäuden umstanden war, die an eine Stadt denken ließen. Eine große Zisterne, heute als Sette Sale bekannt, bildete das riesige Wasserdepot der Anlage. Bei der Einweihung soll Nero ausgerufen haben: »Endlich kann ich in einem Haus wohnen, das beinahe eines Menschen würdig ist!« Abgesehen von dem außerordentlichen Charakter der kaiserlichen Anlage, die sowohl aufgrund der Einfälle als auch aufgrund ihres Ausmaßes orientalisch beeinflusst zu sein scheint, muss indes auch betont werden, dass der Kaiser sich mit diesem Umzug von seiner Residenz auf dem Palatin entfernte. Damit verband sich vermutlich die Absicht, die endgültige Trennung der Rolle und Figur des Kaisers von den Senatoren zu bekräftigen. Die kaiserliche Residenz war daher erdacht und ausgeführt

24 Modell von Rom im 4. Jh. (I. Gismondi, Museo della Civiltà Romana). Der Ausschnitt zeigt den zentralen Bereich des Forum Romanum und der Kaiserforen. Am rechten Rand das Trajansforum mit der Reiterstatue des Trajan.

24

25

25 Ostia Antica, Via degli Horrea Epagathiana und Eingang zu einem Geschäftshaus.

26 Rom, Areal des Marsfeldes, Via del Piè di Marmo. Der Marmorfuß, wahrscheinlich ägyptischer Herkunft, der heute der Straße bei Santa Maria sopra Minerva ihren Namen gibt.

26

als etwas, das sich von jedem städtischen Bezugsrahmen abhob. Sie war ein geschlossenes und autonomes Universum, dazu bestimmt, die Figur des Kaisers ins Riesengroße wachsen zu lassen – und zwar sowohl bei denen, die dort vorgelassen wurden, als auch bei denen, die ausgeschlossen blieben. Auf diese Weise stellte Nero sich, auch im alltäglichen Leben, über jegliche andere Wirklichkeit und jede andere Regel oder Sitte. Er reihte sich somit in eine ideologische und politische Linie ein, die schon Caligula eröffnet hatte, auch wenn er bei der Amtsübernahme erklärt hatte, dass er sich an das von Augustus eingeführte System des Ausgleichs halten wolle. Von diesem hatte er in der Tat vor allem zu Beginn einige Dinge übernommen: die gute öffentliche Verwaltung, die Wiedereinführung der Gesetze gegen Luxus, die Wiederbelebung einiger Feste und traditioneller Riten (daher auch die grausame Unterdrückung der Christen und die Kreuzigung von Petrus im Circus Vaticanus), die Vorschriften zur Beförderung der öffentlichen Moral und anderes. Aber im Laufe seiner 14-jährigen Herrschaftszeit änderte sich das Bild entscheidend. Morde und Grausamkeiten auch gegenüber Mitgliedern seiner eigenen Familie, die allmähliche Verschärfung des Konflikts mit der Senatorenklasse und anderen elitären Schichten, eine Reihe von militärischen Niederlagen an den Reichsgrenzen, eine Epidemie, die gemäß Sueton 30 000 Opfer kostete, die verschiedenen Exzesse und die Sittenlosigkeit, die ihm zur Last gelegt wurden (wenngleich sie sicher auch von seinen Gegnern aufgebauscht wurden), führten zu einer allgemeinen Revolte (auch des Volkes) gegen Nero. Der führte am Ende (68 n. Chr.) seinen eigenen Tod herbei, um nicht der Gewalt der Bürger zum Opfer zu fallen. So wurde das für Rom entworfene organisatorische und ideologische Modell im Keim bereits wieder aufgegeben. Nur die Gesamtheit der baulich-typologischen Regelungen blieb in Kraft, sprich die Normen im Sinne des Brandschutzes und bezüglich der Errichtung von Gebäuden mit vielen Wohneinheiten.

Das Zeitalter der Flavier

Mit dem Tod Neros erlosch die (direkte und indirekte) iulisch-claudische Dynastie. Nach der sehr kurzen und verworrenen Periode von Galba, Otho und Vitellius (drei Kaisern im Zeitraum von wenig mehr als einem Jahr) wurde Ende des Jahres 69 Flavius Vespasian in Rom wie zuvor schon in den Provinzen zum Kaiser proklamiert: der erste aus der Dynastie der Flavier. Im Jahr 70 zerstörte Titus, sein Sohn, bei der Niederschlagung des schon einige Jahre andauernden jüdischen Aufstands die Stadt Jerusalem (wir wissen jedoch nicht, in welchem Maße), die im Übrigen auch schon von Pompeius geplündert worden war, und beraubte ihren Tempel. Er verschleppte als Zeichen seines Triumphs auch die Menora nach Rom, den großen, heiligen siebenarmigen Leuchter.

Vespasian präsentierte sich als der Friedensstifter der römischen Welt, und in ebendiesem Rahmen lassen sich seine politisch und ideologisch wichtigsten Werke in Rom einordnen. Nachdem er die Schließung des Janus-Tempels angeordnet hatte, womit das Ende jeden Kriegszustandes symbolisiert wurde, baute er den Tempel des Jupiter Capitolinus wieder auf, der während des letzten Angriffs auf Vitellius' Gefolgsmänner zerstört worden war. Außerdem brachte er den Bau des großen Friedenstempels an der Zugangsachse zum Forum Romanum aus Richtung des Esquilins und Quirinals auf den Weg, der im Jahr 75 vollendet wurde. Der Tempel war Teil einer größeren Anlage, er lag hinter einem großen Portikus, der den Namen Friedensforum erhielt. Außerdem wurde aus Hass gegen das Andenken Neros der Gebäudekomplex der Domus Aurea zerstört. Zu den Baumaßnahmen Vespasians gehörte auch der Wiederaufbau des Tempels des vergöttlichten

27 Ostia Antica, Forum und Kapitol.

28 Rekonstruierte Gesamtansicht der beiden kaiserlichen Häfen von Ostia (Zeichnung von J. Bleau nach der perspektivischen Ansicht von S. du Perac).

27

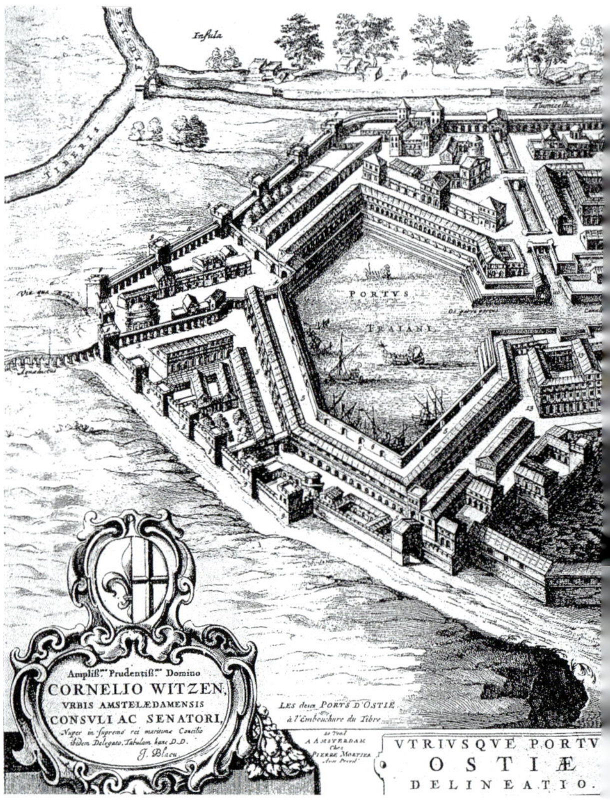

Claudius (er wurde von Agrippina zu Ehren ihres Gatten begonnen), der im Zuge der Errichtung von Neros Palast unvollendet geblieben war und vom dem einige Teile genutzt worden waren, um daraus ein Nymphäum zu gestalten. Im Rahmen seines politischen Entwurfs, der die Berücksichtigung von Volk und Militär propagierte, ist auch Vespasians Entscheidung zu sehen, eine ständige Anlage für die öffentlichen Spiele zu schaffen. Die hatten ihren Ursprung im Süden des Landes, wo sie für Kampanien und Lukanien seit dem 4. Jh. v. Chr. dokumentiert sind. In Rom hatten Gladiatorenkämpfe und *venationes* (Tierhetzen und Kämpfe zwischen Menschen und Raubtieren) bis dahin in mehr oder weniger provisorischen Einrichtungen aus Holz in verschiedenen Teilen des Stadtzentrums stattgefunden, wenngleich es im Bereich des Marsfeldes vielleicht schon Amphitheater gab. Solche Spektakel hatten in Rom schon in spätrepublikanischer Zeit großen Anklang in der Öffentlichkeit gefunden, auch wenn sie den anspruchsvolleren Eliten nicht gefielen (sie wurden zum Beispiel von Cicero kritisiert). Zur Entstehung der Bauform des Amphitheaters besitzen wir eine kuriose Notiz von Plinius dem Älteren: Die Form der zwei gegenüberliegenden Halbrunde (daher der Name) gehe auf eine frühere Idee von Curio (52 v. Chr.) zurück, der die gerundeten hölzernen Stufenanlagen zweier Theater einander so weit zugedreht habe, bis sie sich trafen. Die Wahl des Ortes für die große neue Einrichtung des Vespasian hatte sicherlich auch politische Beweggründe. Indem die neue Vergnügungsstätte im Tal zwischen Palatin und Esquilin sowie nahe bei den Foren (Forum Romanum, Caesarforum und das neue, von Vespasian vorangetriebene Forum) errichtet wurde, verließ man nicht nur den traditionellen Ort des Marsfeldes und begab sich in das Herz der Stadt, sondern der Kaiser verfolgte möglicherweise dabei auch die – politisch bezeichnende – Absicht, das Stadtzentrum, bisher ein Ort für die elitären Schichten, für das Volk zu öffnen. Jedenfalls vollzog man die bedeutungsvolle Geste der *damnatio memoriae* des verhassten neronischen Palastes. Schon die für dessen Bau nötigen Enteignungen von Grund und Boden hatten Hass hervorgerufen – nun wurde dieser den Bürgern zurückgegeben. Tatsächlich wurde das neue flavische Amphitheater, das später den Namen Kolosseum erhielt (möglicherweise weil unter Hadrian die kolossale Statue dorthin gebracht wurde, die den Eingang von Neros Palast zierte), genau auf dem trockengelegten See der Domus Aurea angelegt. Titus, der Sohn des Vespasian, hatte schon bei mehreren Gelegenheiten mit seinem Vater zusammen politische und militärische Aktionen durchgeführt und behielt dessen politische und ideologische Linie auch später bei. So trugen zu seinem Ruhm verschiedene Taten bei, die er schon vollbracht hatte, bevor er an die Macht kam, darunter der bereits erwähnte Sieg im Jüdischen Krieg, der zur Zerstörung und Ausraubung Jerusalems und seines Tempels führte. In seine Kaiserzeit fiel dann die Ausdehnung der Grenzen des Imperiums (unter ihm konnte Agricola Britannien erobern). Doch die kurze Herrschaft des Titus, die wenig mehr als zwei Jahre währte, vom 24. Juni 79 bis zum 13. September 81, wurde von zahlreichen Unglücken überschattet. Im Jahr 79 kam es zu dem vernichtenden Ausbruch des Vesuv, der Pompei begrub. Im Jahr 80 zerstörte ein großes Feuer in Rom den Jupiter-Tempel auf dem Kapitol, die Domus Tiberiana auf dem Palatin, das Pantheon, die Agrippa-Thermen, den Porticus der Octavia, die Saepta und vieles anderes mehr. Außerdem suchte eine schwere Pestepidemie die Stadt heim und raffte viele Opfer dahin. Die Figur des Titus – des vorletzten der zwölf Kaiser, die Sueton in seiner »De vita Caesarum« aufführt – wurde über die Jahrhunderte als die eines gerechten und frommen Mannes überliefert, da viele seiner Handlungen im Bereich der Regierung und des öffentlichen Lebens, vor allem auf dem Feld der Justiz, von Gerechtigkeit gekennzeichnet waren. Die Zeitgenossen kritisierten jedoch seinen überzogenen Autoritätsanspruch, die Grausamkeit gegenüber inneren und äußeren Feinden und auch

28

eine Reihe von ausschweifenden privaten Verhaltensweisen. Sueton berichtet, dass Titus von einigen sogar als neuer Nero bezeichnet wurde. In Bezug auf die Stadt Rom sind ihm außer einer Erweiterung des Kolosseums wichtige Initiativen zu verdanken, die sich auf die Verbesserung einiger Infrastrukturen im öffentlichen Interesse richteten. Im Rahmen des schon von Vespasian beschrittenen Weges, die Anlagen von öffentlichem Interesse auszubauen, verwandelte der neue Kaiser viele Bereiche der neronischen Villa in öffentliche Gärten und legte auf dem Hügel Oppius einen neuen für jeden zugänglichen Thermenkomplex an, möglicherweise indem er Teile des Thermensystems der Villa nutzte und neu ordnete. Die nach ihm benannten Titus-Thermen waren nicht sehr groß (Lugli zufolge maß der Komplex 120 mal 105 Meter) und mit Ausnahme von ein paar kurzen Mauerbruchstücken ist von ihnen kaum irgendeine erkennbare Spur erhalten geblieben.

Umfangreicher und vielschichtiger ist das Werk von Flavius Domitian, des Bruders des Titus, der ihm im Jahr 81 folgte. Auch diesmal wirkten ein großer Brand, der schon erwähnte im Jahr 80, und die von ihm verursachten schwersten Schäden – wie schon häufig in der Geschichte der Stadt – als Auslöser und Antrieb für den beinahe vollständigen Neuaufbau und die Neuorganisation der Stadt. Unter Domitian scheinen sich wie schon unter Augustus und Nero städtebauliche Neuorganisation und erneuertes Stadtkonzept und -bild mit dem politischen Handeln zu verbinden, das auf die Wiederherstellung der kaiserlichen Macht – verstanden als Instrument zur Festigung des Staates – ausgerichtet war, indem sie dieses bildlich zum Ausdruck bringen. Daher betreffen die Eingriffe Domitians in die Struktur und das Bild der Stadt auch beinahe alle Bereiche der Infrastruktur und des Siedlungsgefüges der Stadt. Für die praktische Umsetzung seines Programms waren zwei Dinge wesentlich: die erfolgte Weiterentwicklung – in den experimentellen

29

30

Erkenntnissen und auch im organisatorischen Vorgehen – bei der Bauweise mit Beton (ein Gemisch, welches in Rom aus Kalk, Puzzolanerde, Ziegelbruchstücken etc. bestand), die mit Teilen aus Ziegeln kombiniert wurde (*opus listatum*, *opus coementitium*, *opus latericium*), ebenso wie das Erkennen der räumlichen Möglichkeiten, die sich aus der Anwendung dieser Technik ergaben. Domitian ist die endgültige Erweiterung des Kolosseums mit der Errichtung der Bekrönung und mit anderen technisch-funktionalen Verbesserungen zu verdanken. In funktionaler Beziehung zu dem großen Amphitheater stand der Bau von vier Kasernen für die Gladiatoren (Ludus Magnus und andere) in der Nähe des Kolosseums (im Bereich zwischen der Via Labicana, Via S. Giovanni in Laterano und der Via SS. Quattro Coronati). Sie waren mit Wohnbereichen sowie den dazugehörigen Bädern, Turnhallen und einem kleinen Amphitheater ausgestattet und dienten den Kämpfern als Ort zum Wohnen sowie für die notwendige Schulung. Auf dem Marsfeld entstand unter Domitian das große Wettkampfstadion, das 20 000 Zuschauer fassen konnte. Man betrat das Stadion, dessen Form in der heutigen Piazza Navona erhalten ist, durch einen imposanten Eingangsbogen, der kürzlich durch Restaurierung wieder zur Geltung gebracht wurde. Es besaß breite gemauerte Ränge, deren Strukturen als Fundament für die Häuser dienen, die den Platz umgeben. Das gleichfalls neu errichtete Odeon, dessen Anlage in etwa derjenigen der heutigen Piazza Massimo entsprach, war für die Musik bestimmt. An seiner Realisierung scheint der Architekt Apollodor von Damaskus mitgewirkt zu haben, der in der Folge der wichtigste Architekt Trajans wurde. Man weiß außerdem vom Bau einer Naumachie und von anderen Anlagen. Beeindruckend und in jeder Hinsicht bedeutungsvoll sind auch die Projekte in den symbolischen und öffentlichen Bereichen der Stadt. Der Erinnerung an seinen Bruder Titus gewidmet ist der Bau eines großen Triumphbogens mit nur einem Tor (Titusbogen) auf der Via Sacra – in dem Abschnitt, wo

31

32

29 Titusbogen.

30 Aquädukt aus neronischer Zeit, das Wasser zum Palatin führte.

31 Piazza Navona. Der Circus des Domitian befand sich an dieser Stelle. Im Laufe der Jahrhunderte wurde er nach und nach umgestaltet und der Platz im barocken Zeitalter neu konzipiert.

32 Detail aus dem Circus des Domitian, zu sehen an der Nordseite des Circus auf der Piazza delle Cinque Lune.

diese eine Art symbolisches und ideologisches Scharnier zwischen der äußeren zentralen Zone und der weiter innen gelegenen Zone des (historischen) Stadtzentrums bildet. Ebenfalls Domitian zuzuschreiben ist der Anstoß zur Anlage der großen Thermen auf dem Oppius, die als Trajan-Thermen bekannt sind, da sie dann tatsächlich erst von diesem Kaiser erbaut und fertiggestellt wurden. Es ist daher umstritten, ob der Entwurf für das Vorhaben von Rabirius stammt, dem von Domitian bevorzugten Architekten, oder, was wahrscheinlicher ist, von Apollodor von Damaskus. Ein bedeutendes und gewaltiges (städte)bauliches Projekt war auch die Neustrukturierung der kaiserlichen Paläste auf dem Palatin, die durch die Aufschüttung der Senke zwischen den beiden Hügeln, dem Germale und dem eigentlichen Palatin, verwirklicht wurde. Im Palastkomplex des Domi-tian waren die als offizielle Residenz und für Repräsentationszwecke bestimmten Bereiche (Domus Flavia) klar von denen der eigentlichen privaten Residenz des Kaisers (Domus Augustana) unterschieden. Domitian führte damit ein Modell ein, das in der Folge weite Verbreitung finden sollte. Das ganze Ensemble lag hinter einem majestätischen Monumentalbogen, der als Eingang zum kaiserlichen Bezirk diente. Er bildete topographisch den Endpunkt einer Neuordnung des palatinischen Hügels mit Treppenanlagen, Gärten und anderem. Dieser Bereich wurde nach unten hin von einem eigenen Platz, der Area Palatina, abgeschlossen. So separiert sich die kaiserliche Anlage vom Rest des städtischen Gefüges – und beherrscht es. Teil dieser gesamten Neuordnung war auch der Bau einer öffentlichen Thermenanlage in der Nähe des Stadions. Schließlich wurde im Jahr 97 n.Chr. das große Forum, Forum Transitorium genannt, angelegt (circa 115 mal 45 Meter), welches die Foren von Augustus und Vespasian verband und den Endpunkt der alten Strecke des Argiletum bildete. Es vereinfachte somit die Verbindung des Esquilin mit dem Stadtzentrum. Mit diesen Initiativen beschleunigte Domitian die endgültige

33 Lageplan des Marsfeldes. Hervorgehoben sind der Circus des Domitian, das Pompeiustheater, das Odeon des Domitian und das Areal, wo Marcus Agrippa das Pantheon und die nach ihm benannten Thermen erbauen ließ.

34 Ostia Antica. Der größte *decumanus* (Hauptachse).

Umwandlung sowohl des Zentrums der Stadt als auch der meisten übrigen wichtigen Bereiche im imperialen Sinne. Das politische und fiskalische Handeln Domitians, ausgerichtet auf die Stärkung des Heeres und der Macht des Kaisers, welcher sich schon zu Lebzeiten als vergöttlicht präsentierte, war der Senatorenklasse jedoch unliebsam, da sie sich in ihren Rechten und in ihrem Rang verletzt sah. So wurde im Jahr 96 der Kaiser im Rahmen einer Verschwörung ermordet, und der greise Nerva, der den Interessen der Senatorenklasse entgegenkam, bestieg den Thron. Eben aufgrund seiner Rolle wurde ihm und nicht Domitian, der es angelegt hatte, das erwähnte Forum Transitorium zugeschrieben, das seitdem als Forum des Nerva bekannt ist. Im Jahr 98 wurde Ulpius Traianus, der Neffe Trajans, zum Kaiser. Inzwischen hatte eine Phase des Wohlstands und der Stabilität des römischen Imperiums eingesetzt, das während des 2. Jhs. auch seine größte Ausdehnung erreichte. Die Siege in Dakien und andernorts spülten beträchtliche Einkünfte in die römische Staatskasse. Die soziale und politisch-ökonomische Aufstellung und Dimension der Stadt entsprach nun derjenigen einer Hauptstadt eines Reiches, das sich über den gesamten Mittelmeerraum erstreckte und daher auch in Kontakt mit allen Märkten Europas, Nordafrikas, des Mittleren Ostens und – indirekt – des Orients stand. Die Bevölkerung Roms überstieg mittlerweile die Zahl von einer Million Einwohnern bei weitem und wies multiethnische und multireligiöse Merkmale auf. Die Zahl der Menschen, die das Stadtzentrum bevölkerten, der Umfang des kommerziellen Austauschs, die Vielfalt der angebotenen Waren einschließlich der Luxusgüter, die Komplexität der verschiedenen Beziehungen, die sich dort entfalteten, fanden auf den existierenden Foren nicht mehr ausreichend Raum. Trajan verdankt man daher das letzte und spektakulärste Projekt im Zentrum der Stadt: die Errichtung des größten und ehrgeizigsten unter allen kaiserlichen Foren, das vielfältige Handels- und Verwaltungsstrukturen vorhielt. Um den Komplex zu realisieren, zögerte der Kaiser nicht, einen kompletten Hang des Quirinal-Hügels mit gewaltigen und kühnen Grabungs- und Terrassierungsarbeiten umzugestalten. Die Erdbewegungen müssen sich im Bereich von vielen Zehnmillionen Kubikmetern bewegt haben. Auf diese Art wurde auch das gesamte Stadtzentrum in großem Umfang – man rechnet mit ungefähr 18 Hektar – erweitert. Mit dem gewaltigen neuen Forum, das sich an die vorherigen Projekte (Forum Romanum, Caesarforum, Augustusforum, Friedenstempel und Nervaforum) anschloss, hat das gesamte politische, administrative und kommerzielle Zentrum der Stadt seinen endgültigen Platz gefunden. Damit wurde zugleich ein neues urbanes Modell eingeführt: das eines großen, eindrucksvollen Führungszentrums, dessen Ausgestaltung auch zur Verbreitung von politisch-symbolischen Botschaften beitrug. Auf ähnliche Überlegungen wird auch das andere gewaltige Projekt Trajans zurückgeführt: die Errichtung der Thermen oberhalb des neronischen *domus*, dessen Mauern teilweise als Fundament für die neue Anlage genutzt wurden, nachdem sie im Jahr 104 von einem wütenden Feuer weiter zerstört und vollständig mit Erde bedeckt worden waren. Die Trajan-Thermen waren insbesondere für die Bewohner des Esquilin bestimmt, und hier speziell für jene, die in den übervölkerten *insulae* wohnten. Sie werden als das erste mustergültige Beispiel für kaiserliche Thermen betrachtet, folgen sie doch erstmals dem Schema, welches dann typisch werden sollte und klar trennt zwischen den reinen Baderäumen und denen, die für andere Zwecke wie Bibliotheken, Sporthallen, Ruheräume etc. gedacht waren. Für Trajans Anlage ist auch die gewählte Ausrichtung charakteristisch. Die Nordost-Südwest-Achse (die damit um 30 Grad gegenüber den neronischen Strukturen gedreht wurde) ermöglichte die maximale Sonneneinstrahlung im Caldarium während der Hauptbesuchszeiten. In der Tat sah die typische Tageseinteilung eines Römers im kaiserlichen Zeitalter den Besuch der Thermen am frühen Nachmittag vor. In

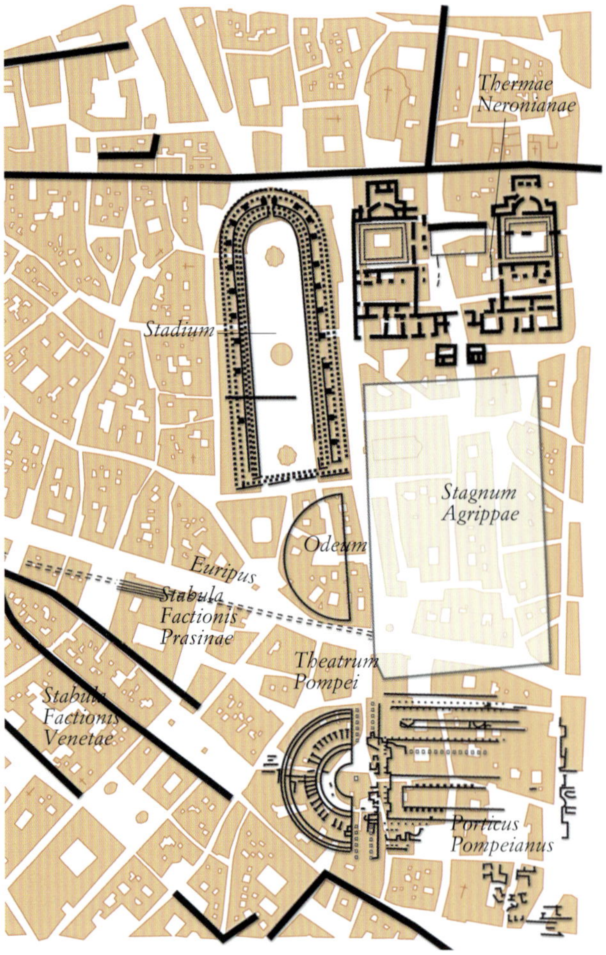

33

34

der Absicht, Einrichtungen des öffentlichen Interesses »pecunia sua«, also auf Kosten der Staatskasse, zu verwirklichen, ließ Trajan auch das große Aquädukt, das seinen Namen trägt, errichten. Es sollte die Wasserversorgung im Bereich von Trastevere verbessern. Von den versorgenden Quellen im Bracciano-Becken kommend trat das Bauwerk in die Stadt ein, folgte einem Abschnitt der Via Aurelia und endete in der sogenannten Mostra, deren halbkreisförmige Strukturen zum Teil in das Casino der Villa Spada eingegliedert sind.

Nicht in Rom, aber immer noch im Rahmen einer Vision von Rom als Nervenzentrum, wo die Interessen und der Handelsverkehr des gesamten Imperiums zusammenfließen, erbaute Trajan in Ostia eine neue große Hafenanlage, die an den bestehenden Hafen des Claudius angrenzte. Ihr Hauptbecken, das immer noch existiert und zum Gegenstand interessanter archäologischer Forschungen wurde, zeigt ein innovatives sechseckiges Muster. Außerdem gehen viele Projekte im Bereich des Straßennetzes auf Trajan zurück. Das bereits bestehende Netz wurde ausgebaut und verbessert, wofür die antike Via Appia ein Beispiel ist, die in der Folge die Bezeichnung Via Appia Traiana erhielt. Verbessert wurden auch die technische Infrastruktur (Brücken und anderes) und die Einrichtungen, die als Rastplätze, zur Kontrolle und zur Instandhaltung dienten (die *mansiones*). Die Maßnahmen betrafen praktisch das gesamte Gebiet des Imperiums. So

35 Blick von oben, aus Nordwesten, auf das Kapitol und das Forum, im Hintergrund die Maxentius-Basilika und das Kolosseum.

35

36

36 Monumentales Halbrund vor den trajanischen Märkten, an der rechten Seite des Trajansforums (Anfang des 2. Jhs. n. Chr.).

37 Rekonstruktionszeichnung der linken Seite des Trajansforums mit den großen dahinterliegenden insulae. Links oben erkennt man eine als Markt genutzte Straße.

37
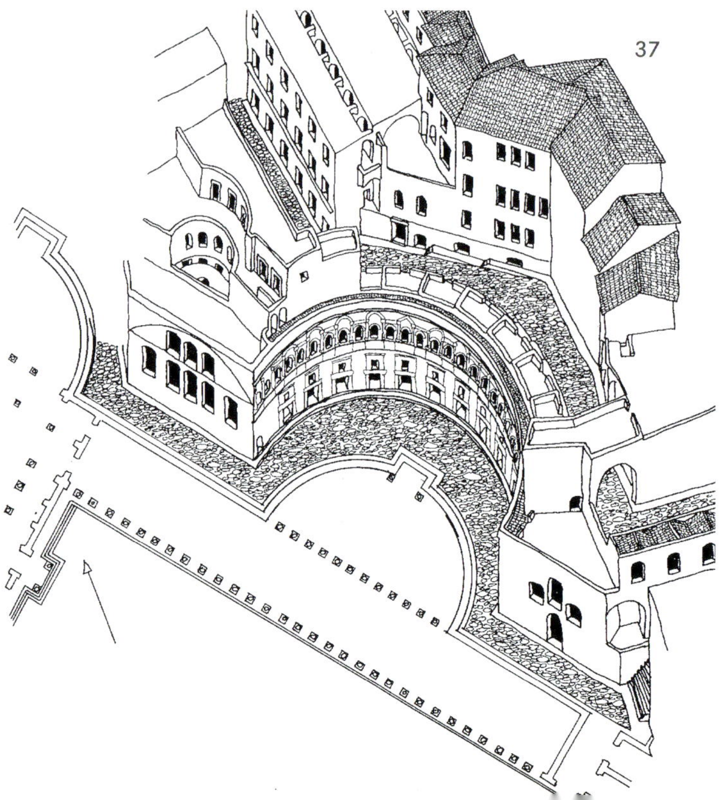

38 Eine Straße der trajanischen Märkte.

38

richtete Trajan zum Beispiel in Dakien (heutiges Rumänien) bei dem antiken Dorf Apulum einen Militärstandort ein – eine Initiative, die in der Folge zur Entstehung einer Stadt (das heutige Alba Iulia) führte. In Nordafrika entwickelte er das bestehende phönizisch-punische Leptis, indem er seinen Hafen erweiterte, die städtebauliche Ordnung nach hellenistisch-römischen Maßstäben umgestaltete und seinen Namen in Colonia Ulpia Traiana abänderte. Man könnte noch von vielen weiteren Projekten sprechen.

Rom in der Blütezeit des Imperiums: das Zeitalter des Hadrian und der Antoninen

Der Nachfolger und Adoptivsohn des Trajan, Hadrian, förderte neben weiteren Projekten im Bereich der Kaiserforen, die deren Charakter neu definierten, zahlreiche und bedeutende (städte)bauliche Initiativen auch in anderen Bereichen der Stadt. In Bezug auf die Architektur Hadrians wird üblicherweise die szenische und morphologische Gestaltung der Gebäude – auch im Rahmen der Landschaftsplanung wie im Fall des gewaltigen Komplexes der Villa Tivoli – auf der Basis von formalen Prinzipien hervorgehoben, die zum Teil neu sind und zum Teil einen Rückgriff auf die urbane und architektonische Kultur hellenistischer Herkunft bilden. Dies führte jedoch je nach vorhandenem städtebaulichem Kontext zu unterschiedlichen Ergebnissen, da in einigen Fällen die ursprüngliche Anlage respektiert wurde, indem dort nur einige gewissermaßen gleichartige Elemente ergänzt oder neue Teile hinzugefügt wurden, während man in anderen Fällen in gewaltsamer Weise das identitätsstiftende »Herz« (im religiösen und politischen Sinne) der eroberten Stadt überbaute. So beschloss Hadrian in Athen, die Stadt zu vergrößern, indem er sie um einen völlig neuen Stadtteil erweiterte: die Hadriansstadt. Sie war reich ausgestattet mit einem Forum, einer großen Bibliothek etc. und fügte sich hinter einem eigenen Eintrittsbogen an die »Stadt des Theseus« an, die im Wesentlichen respektiert wurde. In Ephesos baute der Kaiser die große Marmorstraße aus und verbesserte sie, indem er sie mit einer Bibliothek, mit Brunnen und anderem ausstattete. Entsprechende Maßnahmen wurden auch in anderen wichtigen Städten im Mittelmeerraum umgesetzt. In Jerusalem jedoch, wo trotz der schon auf Titus zurückgehenden Zerstörungen noch Zeichen jüdischer Präsenz vorhanden waren, entschied er, diese weiter zu zerstören, indem er die Reste des Tempels geradewegs einebnete, um eben dort den neuen römischen Tempel zu errichten – eine Geste des Sakrilegs gegenüber der jüdischen Bevölkerung. Außerdem änderte er den Namen der Stadt, die nun Aelia Capitolina hieß. Die kaiserichen Maßnahmen in Rom hatten innovativen Charakter, scheint Hadrian doch das Interesse an den effektvollen trajanischen Gestaltungen, die auf das Werk von Apollodor zurückgehen, völlig abzugehen. Es muss jedoch festgehalten werden, dass sich die wirtschaftliche Blüte der Trajanzeit mittlerweile abgeschwächt hatte. Nachdem er den Kaiserthron bestiegen hatte, entließ der neue Kaiser jedenfalls barsch den Architekten seines Adoptivvaters. Möglicherweise spielte so etwas wie »Berufsneid« dabei eine Rolle, denn Hadrian soll selbst direkt in die Planungen eingegriffen haben. Im Folgenden konzentrierte er sein Interesse auf den Bereich des Marsfeldes und auf dessen Verbindung mit dem rechten Tiberufer. Beide Bereiche profitierten daher von einer neuen baulichen Entwicklung. Das Rom des 2. Jhs. war noch stark geprägt von den mehrstöckigen *insulae*, die in sehr unregelmäßige Häuserblocks eingebettet waren. Trotz der Bestimmungen Neros und Trajans waren derartige Baukomplexe weiterhin häufig anzutreffen, wie wir von Tertullian (3. Jh.) wissen. Die *insula* Felicles auf dem Marsfeld wirkte auf die Zeitgenossen offenbar gera-

39

dezu wie ein Wolkenkratzer (Torelli). Die städtebauliche Planung Hadrians war hingegen durch die Anlage neuer Stadtviertel mit gleichmäßigen Häuserblocks gekennzeichnet, die von ebenso gleichmäßigen Straßennetzen mit rechtwinkligem Zuschnitt begrenzt und manchmal, an den breiteren Straßen, um Säulengänge bereichert wurden. Die Stadtviertel aus dem 2. Jh., die mehr oder weniger direkt auf die Eingriffe Hadrians zurückzuführen sind, bieten also gegenüber den vorher bestehenden ein stark erneuertes Bild: Auch wenn weiterhin die *insulae* vorherrschen (in der Nähe der Piazza Colonna, am Fuß des Kapitols, wurden einige davon entdeckt), so haben diese doch eine geringere Höhe und fügen sich in Häuserblocks mit rechtwinkligem gleichmäßigem Zuschnitt ein. Bei dieser Art des Wohnbaus auf mittlerem Niveau ist das Interesse des Kaisers offensichtlich, den Zuzug der mittleren Beamten- und Funktionärsschicht in die Stadt zu fördern. Einen völlig anderen Charakter offenbaren die großen Gebäudekomplexe, die sich wie unverkennbare Symbole des Kaisertums gebieterisch in der urbanen Landschaft Roms durchsetzten. In diesen Bauwerken erscheint wieder die Tendenz zum Monumentalen, die den Hauptwerken des Augustus zu eigen war, auf die im Übrigen recht explizit und in ideologischer Weise Bezug genommen wird. Die wichtigste Episode in dieser Phase der hadrianischen Bautätigkeit ist die Errichtung des gewaltigen Mausoleums in der Nähe des Vatikanfeldes, das mit der großen Pons Aelius (fertiggestellt im Jahr 134) verbunden war, welche ihrerseits das rechte Flussufer mit dem Areal des Marsfeldes verband. So wie Augustus sein Mausoleum erbaut hatte, um sich als der Begründer einer neuen Dynastie darzustellen, so tat dies auch Hadrian als Gründer seiner eigenen Dynastie. In seinem Mausoleum fanden in der Tat die antoninischen Kaiser (von Hadrian bis Caracalla) und dann die Severer ihre letzte Ruhestätte: Die Rede ist von der Engelsburg, begonnen im Jahr 130 und vollendet im Jahr 139. Der Bau besteht aus einem quadratischen Sockel (mit 89 Meter Sei-

40

39 Geopolitische Karte des Römischen Reichs zu Zeiten Trajans und Hadrians mit Hauptverkehrswegen zu Wasser und zu Land.

40 Ostia Antica, Eingang zu den Horrea Epagathiana.

41 Tivoli, Hadriansvilla. Blick aus dem Hubschrauber.

41

tenlänge), auf dem sich ein Zylinder mit 64 Metern Durchmesser und 21 Metern Höhe erhebt. Im Inneren gestattet eine große spiralförmige Rampe den Zutritt zur Grabkammer. Oberhalb des Zylinders erhob sich ein weiteres dreistöckiges parallelepipedisches Element, das als Sockel für das Standbild einer Quadriga mit der großen Statue Hadrians diente. Eine weiträumige viereckige Einfriedung begrenzte den ganzen Komplex, der außen und innen mit wertvollem Marmor geziert war.

Wenn das Mausoleum mit der Brücke auch die im emblematischen Sinne offensichtlichste Baumaßnahme Hadrians darstellt, so ist die berühmteste Episode doch der vollständige Wiederaufbau des Pantheons von Agrippa zwischen den Jahren 118 und 125, also jenes Pantheons, von dem heute noch der Hauptteil steht und das im Laufe der Zeit die Rolle eines emblematischen Bildes für die gesamte römisch-imperiale Architektur angenommen hat. Ein weiteres sehr bedeutendes Werk Hadrians ist der große Tempel der Venus und der Roma, dessen Bau gegen 121 n. Chr. begonnen wurde. Am zentralsten Abschnitt der Via Sacra gelegen, hatte er im Wesentlichen zwei Fronten: eine zum Forum Romanum, die andere zum Tal hin, welches zum Kolosseum führte. Nachdem Teile des Hügels Velia abgetragen worden waren und man verbliebene alte Bausubstanz abgerissen hatte (darunter Teile der neronischen Villa), erhob sich das stattliche Gebäude, von dem einige Teile erhalten geblieben sind, oberhalb einer großen künstlichen Plattform. Mit dem Bau des Tempels der Venus und der Roma verlagerte sich der Schwerpunkt des politischen und symbolisch-repräsentativen Zentrums der Hauptstadt im Vergleich zur bisher vorherrschenden Ordnung mehr in Richtung Osten. Man hat festgestellt, dass gerade seit der Weihe des Tempels der Venus und der Roma die Tradition der provinziellen Kulte Roms im öffentlichen Leben wieder an Bedeutung gewann (Torelli). Ein weiterer Tempel, der dem vergöttlichten Hadrian geweiht war, wurde später im Bereich des Marsfeldes (heute auf dem Petersplatz) errichtet; von ihm sind nur einige korinthische Säulen der Nordseite erhalten. Wie aus dem Gesamtpanorama der hadrianischen Werke deutlich wird, hat sich der Kaiser einerseits auf typologischer und stilistischer Ebene für den Rückgriff auf traditionelle Themen und Stile entschieden – und in den Rahmen dieser Denkweise fällt auch die Initiative zur Errichtung einer großen Bibliothek auf dem Kapitol –, aber auf der anderen Seite hat er eine ganz eigene Interpretation dieser Tradition geliefert. Dies ging bis zu dem Punkt, einigen ihrer Kanones zu widersprechen, beinhaltete aber auf jeden Fall, dass er stets völlig neuartige Lösungen und dekorative Ausgestaltungen bevorzugte. Gerade diesem Standpunkt Hadrians ist die Faszination zu verdanken, die immer noch von den von ihm verwirklichten Gebäudekomplexen ausgeht und die im originalen baulichen und dekorativen Zustand, wie leicht vorstellbar ist, noch stärker ausgefallen sein muss. Nach dem Tod Hadrians (138) kam Antoninus Pius an die Macht, der von Hadrian unter der Auflage adoptiert wurde, dass er als neuer Kaiser – verheiratet mit Faustina – seinerseits Mark Aurel adoptieren würde. Unter Antoninus erlebte das Römische Reich eine letzte Phase großen Wohlstands und relativer innerer und äußerer Ruhe. Was jedoch bauliche oder städtebauliche Eingriffe in das Gefüge der Hauptstadt angeht, so sind keine bedeutenden Episoden zu erwähnen. Eine Ausnahme stellt lediglich der Bau des großen Tempels (heute S. Lorenzo in Miranda) an der Via Sacra dar, der anfänglich (141 n. Chr.) nur Faustina geweiht war, aber später, nach Antoninus' Tod (161 n. Chr.), beiden gemeinsam geweiht wurde. Das Fehlen von bedeutenden baulichen Maßnahmen in Rom wird als Zeichen dafür gedeutet, dass die Stadt damals ihre maximale Ausdehnung erreicht und alle wichtigen Elemente ihres »genetischen Codes« erworben und entwickelt hatte, also jene Gesamtheit von sozialen, funktionalen, materiellen (auch im Sinne der Dimension), kulturellen (auch im rituellen und symbolischen Sinn der bürgerlichen und

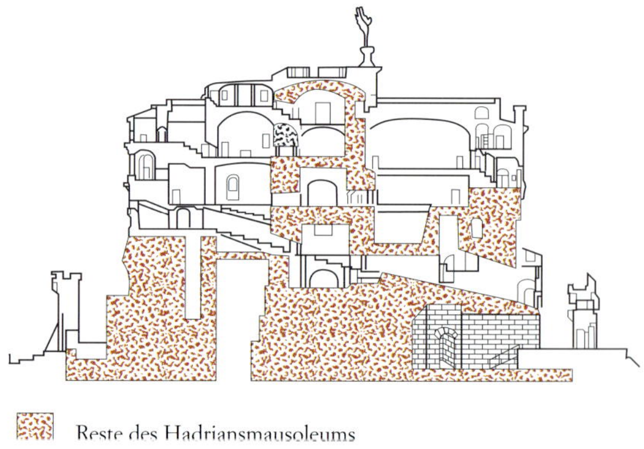

42

42 Schnitt durch die Engelsburg mit Kennzeichnung der erhaltenen Bereiche des Mausoleums des Hadrian.

43 Die fotografische Aufnahme des Pantheons zeigt Zentralbau und Pronaos. In letzter Zeit wird diskutiert, ob der Wiederaufbau aus hadrianischer Zeit die ursprüngliche Gestaltung aus der Zeit von Agrippa und Augustus berücksichtigt hat.

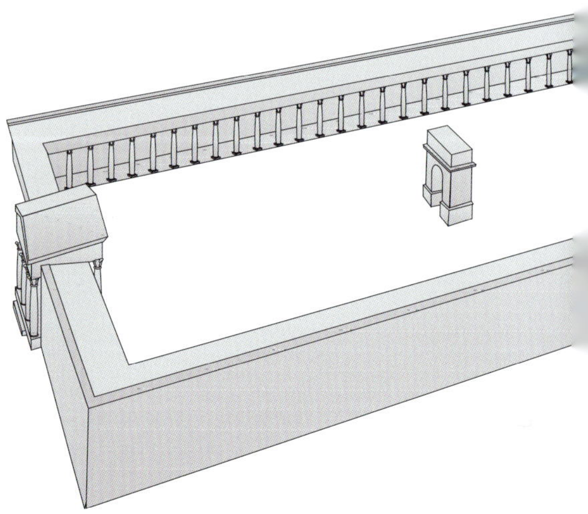

43

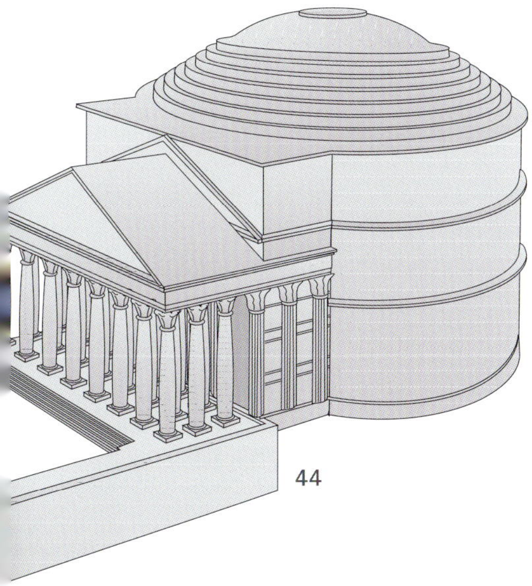

44

44 Graphische Rekonstruktion des Pantheon-Komplexes.

religiösen Werte), politischen und künstlerischen Komponenten und Elementen, die während des augusteischen Zeitalters angelegt worden waren und die, mit neu hinzugekommenen Varianten und auch Gegenentwürfen, die Entwicklung Roms während etwa zwei Jahrhunderten geprägt haben. Gleichzeitig ist dieses Phänomen jedoch auch ein Indiz dafür, dass die vorantreibende Vitalität im kaiserlichen Handeln verloren zu gehen drohte. Die ersten Zeichen für das Aufkommen einer langanhaltenden Krise sind in der Tat schon unter Mark Aurel zu bemerken, dem dritten der antoninischen Kaiser (wenn man Hadrian als Begründer der Dynastie ansieht), dem »Philosophen auf dem Kaiserthron«, der die Rolle und die Autorität der Senatorenklasse wiederherstellte. Während der fast zwanzig Jahre währenden Herrschaft Mark Aurels, der in Vindobona, dem heutigen Wien, im Jahr 180 n. Chr. starb, wurden alle Grenzen des riesigen römischen Reiches den Angriffen von benachbarten Völkern ausgesetzt. Drei östliche Provinzen gingen verloren, und die Einfälle der germanisch-barbarischen Völker sowie der Völker von jenseits der Donau begannen. Als Begleiterscheinung machte sich eine schwere wirtschaftliche Krise bemerkbar. Da nimmt es nicht wunder, dass unter den Spuren, die Mark Aurel im Stadtgefüge Roms hinterlassen hat, die einzige bedeutende die große, nach ihm benannte Säule ist, die etwas westlich von der Via Flaminia (heute Piazza Colonna und Via del Corso) errichtet wurde.

Die Phase des Niedergangs: vom Zeitalter der Severer bis zu Konstantin dem Großen

Die achtziger Jahre des 2. Jhs. wie auch noch die ersten Jahre des folgenden Jahrzehnts waren durch Kämpfe, Revolten, Wirtschaftskrisen und eine schwerwiegende Geldentwertung charakterisiert. In Rom kam es außerdem zu einem erneuten Brand, der im Jahr 191 einen großen Teil der Stadt zerstörte. Das düstere Bild ändert sich teilweise mit Septimius Severus, der im Jahr 193 Kaiser wurde und das Imperium bis zum Jahr 211 regierte. Er ist der erste römische Kaiser mit nicht-europäischer Herkunft. Geboren in Leptis Magna, ist er nordafrikanischer Herkunft. Mit ihm beginnt, obschon er sich formal auf die antoninischen Kaiser berief, die neue Dynastie der Severer. Auch wenn er durch zahlreiche Kriege gebunden war (besonders wichtig für die folgenden Entwicklungen ist sein langwieriger Angriff auf Byzantion, der mit Zerstörung und Verschleppung endete), sind seine Leistungen auf dem Verwaltungs- und dem Bausektor gleichermaßen zahlreich und einschneidend, und zwar sowohl in den Provinzen – natürlich wurde Leptis Magna damit besonders gesegnet und fast vollständig erneuert – als auch in der Hauptstadt. Gerade der Brand im Jahr 191 gab dem Kaiser die Gelegenheit, der Bautätigkeit neue Impulse zu geben und dabei auch in manchen Aspekten auf Veränderung hinzuarbeiten. Sehr bedeutend ist die große topographische Katasterkarte aus Marmor, die berühmte Forma Urbis, die im Friedenstempel aufbewahrt und ausgestellt wird und die ganze damalige Stadt inklusive ihrer Unterteilung in *regiones* dokumentiert. Die wenigen erhaltenen Fragmente legen Zeugnis von einer sehr gewissenhaften Vermessung ab. Das städtische Gefüge ist in vielen Bereichen noch wiederzuerkennen, in anderen leider weniger. Die Katastertafeln wurden auf der Grundlage von graphischen Konventionen erstellt, die heute nicht immer leicht entschlüsselbar sind; es bleiben daher Zweifel über die Zuordnung von Gebäuden, die es heute nicht mehr gibt und die wir nur aufgrund von schriftlichen Zeugnissen kennen. Die Stadt muss damals sehr verdichtet und voller Kontraste erschienen sein. Jedenfalls war mit Sicherheit eine wichtige sozioökonomische Veränderung im Gange, wofür das allmähliche Verschwinden der großen Häuser mit Atrium und Peristyl ein Anzeichen war. Sie blieben jedoch auf dem Quirinal, dem Caelius, auf dem gesamten Aventin (Kleiner und Großer Aventin) und auf den weiter außerhalb liegenden Hügeln erhalten. Zu den elegantesten Vierteln ist mit Sicherheit der sogenannte Kleine Aventin zu zählen (das Gebiet des heutigen Stadtviertels S. Saba). Auf dem Esquilin hingegen, und insbesondere östlich des Porticus Liviae, überwogen sehr dichte und chaotische Ansiedlungen mit zahlreichen *tabernae*, also Läden mit verschiedenen kommerziellen Aktivitäten, hinter oder über denen sich häufig mehrstöckige Wohneinheiten befanden: Auch dies gehörte zu dem speziellen Charakter (heute würden wir sagen von bürgerlich bis volkstümlich) dieses Stadtteils. Noch entschiedener volkstümlich muss sich die Besiedlung des Gianicolo präsentiert haben. Hier gab es Gebäude mit Innenhof und mit Räumen für kommerzielle Zwecke im Erdgeschoss. Auf Septimius Severus gehen viele Arbeiten zur Instandsetzung und zum Wiederaufbau dessen, was im Feuer zerstört wurde, zurück. Von besonderem Interesse sind im nördlichen Teil des Stadtzentrums die Maßnahmen für den öffentlichen Ruhm. In erster Linie ist auf den großen dreitorigen Triumphbogen (203 n.Chr.) hinzuweisen, der sich auf dem Forum Romanum befindet, dort, wo sich die Via Sacra teilt in einen Weg, der in Richtung des eigentlichen Kapitols führt, und in einen zweiten in Richtung Arx. Erwähnt seien aber auch die Errichtung des sogenannten Argentarierbogens, des Eingangsbogens zum Forum Boarium, und eine Reihe von Baumaßnahmen an den kaiserlichen Palästen, die aus der Errichtung der Domus Severiana

45 Pronaos des Tempels des Antoninus Pius und der Faustina, heute Basilika San Lorenzo in Miranda, auf dem Forum Romanum.

46 Via Lata, heute Via del Corso. Lageplan der insulae, großer mehrstöckiger bürgerlicher Wohnstätten, die sich links der Straße auf der Höhe der Piazza Colonna und des Palazzo Chigi erhoben.

45

46

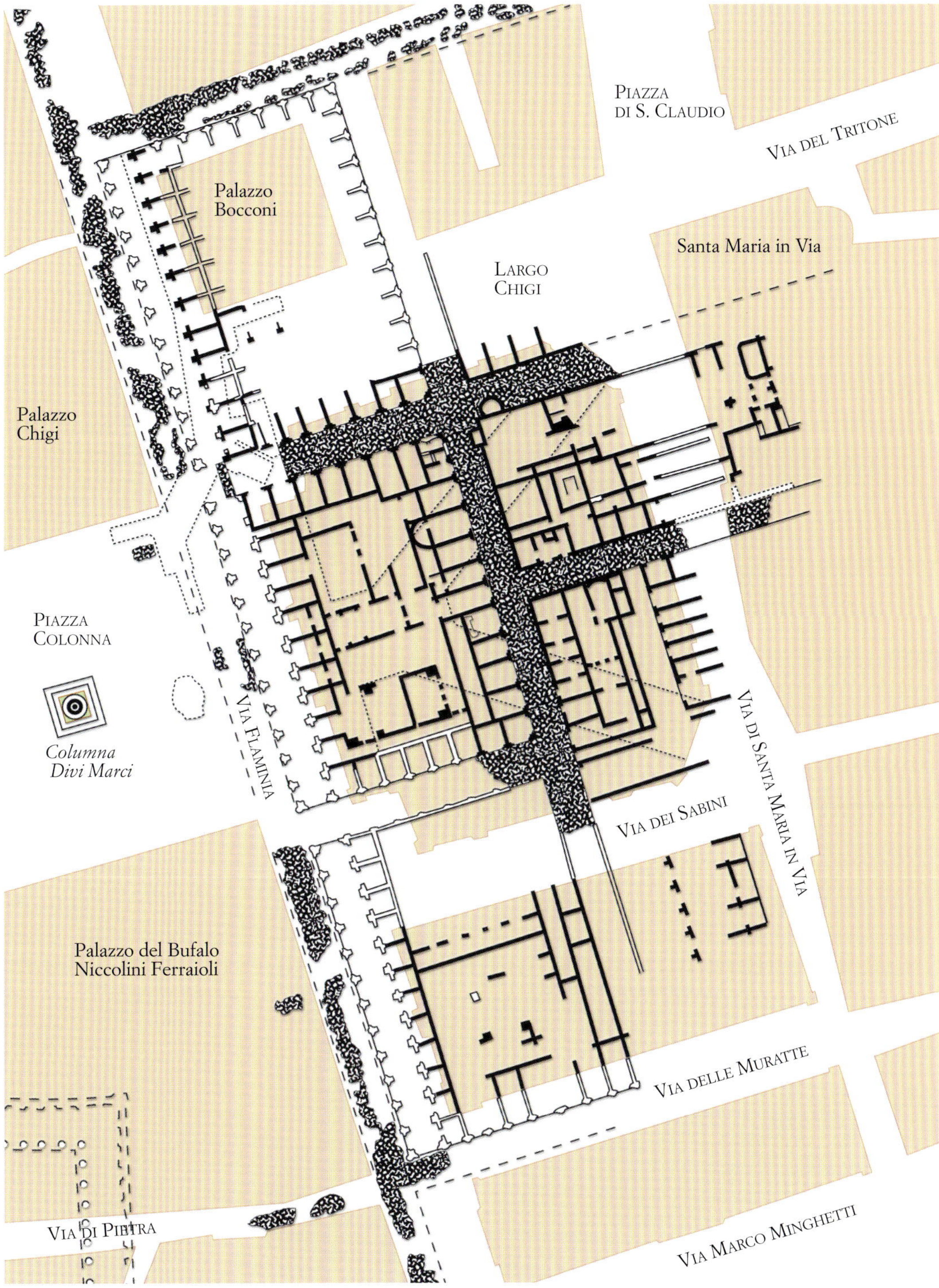

folgten. Diese erweiterte mittels noch immer sichtbarer, mächtiger Konstruktionen den kaiserlichen Palast und war mit einer großen Terrasse auf das Tal und das Stadion hin ausgerichtet. Die symbolische Rolle und Bedeutung dieser Maßnahmen, die allesamt der imperialen Macht Ausdruck geben sollten, bringt der Bau des Septizoniums (oder Septizodiums) auf den Punkt. Dieses bestand aus einer effektvollen Anlage, die für ein Nymphäum zur Ergänzung der kaiserlichen Paläste gehalten wurde: ein architektonisches Ensemble, das sich vor jedem, der die Stadt von der Via Appia kommend betrat, eindrucksvoll erhob. Der mehrstöckige Komplex (manche sprechen in Auslegung des Namens von sieben Stockwerken, andere von nur drei oder vier) mit seinen hervortretenden Vorbauten, die an die Konstruktion von Bühnenaufbauten denken ließen, blieb nur bis zum Ende des 16. Jhs. stehen – bis er nämlich von Fontana im Auftrag von Sixtus V. abgerissen wurde, auch, um seine wertvollsten Materialien wiederzuverwenden. Während des gesamten Mittelalters und bis ins 16. Jh. hinein hat das Septizonium Erstaunen hervorgerufen. Diesem Umstand ist es zu verdanken, dass das Gebäude in der Vergangenheit unzählige Male von Zeichnern, Stechern und Malern dargestellt worden ist, so dass wir seine Grundzüge kennen. Ungeachtet dessen ist das tatsächliche Aussehen des Monuments bis heute Gegenstand von Auseinandersetzungen. In jedem Fall gilt, dass Septimius Severus mit diesem Werk dafür gesorgt hat, dass sich die Stadt denjenigen, die sie von Süden her betraten, bestmöglich präsentierte. Entlang dieser Hauptverkehrsachse hatten sich in der Zwischenzeit militärischer wie ziviler Verkehr und Geschäfte verschiedener Art tatsächlich potenziert. Ob all dies eine Folge der Tatsache sein könnte, dass die neue nordafrikanische Kaiserdynastie sozusagen von außen und insbesondere von Süden her auf Rom schaute? Veränderungen gingen auch auf dem Areal des Laterans vonstatten. Hier, in einem Komplex, der einst den *horti* der Familie der Laterani entsprach, in der Folge gewaltsam von Nero in die kaiserliche Domäne eingegliedert wurde und dabei erhalten blieb, agierte Septimius Severus auf zwei verschiedene Arten: Einerseits gab er seinem Freund (später sollte er ihn als seinen Feind ansehen) Sextius Lateranus einen Teil der Villa zurück, andererseits behielt er einen großen Teil der ursprünglichen lateranischen Niederlassung im Staatsbesitz. So schritt der Prozess der Urbanisierung, der sich schon vorher angebahnt hatte, im kaiserlichen Bezirk und seiner Umgebung fort. In der Tat beweisen archäologische Ergebnisse die Existenz eines komplexen Wegenetzes (mit einer Ausrichtung, die sich von der aktuellen unterscheidet), das Teil eines zwischen das 2. und 3. Jh. datierbaren Siedlungsgefüges war. Hier stand ein Ensemble von Gebäuden mit unterschiedlichen Funktionen, das auch eine Kaserne für die *equites singulares* (die Castra priora) umfasste, also für die Leibwache des Kaisers. Zu dieser ersten Kaserne fügte Septimius Severus noch eine zweite (die Castra nova) hinzu und verdoppelte damit die zur Verfügung stehenden Anlagen. Die Erweiterung hatte sich als notwendig erwiesen, nachdem der Kaiser die Prätorianergarde aufgelöst hatte, die sich als unzuverlässig erwiesen hatte. Schließlich, gegen 206, leitete der Kaiser ebenfalls an der Einfallsstraße der Via Appia die Arbeiten zur Erbauung der großen Antoninischen Thermen ein, die jedoch zu dieser Zeit nicht recht vorangingen. Ab 211 war Bassanius Kaiser, der gewalttätige Sohn des Septimius, den man unter seinem Spitznamen Caracalla kennt. Aufgrund der kurzen Dauer seiner Herrschaft (Caracalla wurde im Jahr 217 ermordet), der Wirtschaftskrise, die ein weiteres Mal auf Rom lastete, und aufgrund der inneren und äußeren Turbulenzen (die Völker an den Grenzen des Reiches lehnten sich weiterhin auf und setzten ihre Einfälle fort) hatte Caracalla nur für wenige Maßnahmen in der Stadt die Zeit. Die wichtigste ist zweifellos die Wiederaufnahme der Arbeiten an dem großen, im Jahr 216 eröffneten Thermenkomplex, der seinen Namen erhielt – auch wenn das Bauwerk von

47 Detail des monumentalen Halbrunds des Trajansforums. Das große Forum (ca. 300 x 1900 Meter) wurde zwischen 107 und 113 n. Chr. erbaut. Architekt des Bauwerks war Apollodor von Damaskus, dem es gelang, schwere statisch-technische Probleme zu lösen – auch indem er funktionelle Notwendigkeiten mit hellenistischen Elementen und einer architektonischen Formensprache verband, die häufig einen erklärt orientalischen Ursprung hat.

47

48

Septimius Severus begonnen wurde und seine endgültige Fertigstellung (zwischen 218 und 235) unter Elagabal und Severus Alexander erfolgte.

Die Antoninischen oder Caracalla-Thermen erforderten den Bau einer neuen Parallelstraße zur Via Appia (Via Nova genannt), welche zu den schönsten Roms gezählt wurde. Die Anlage beanspruchte ein quadratisches Areal von circa 330 Meter Seitenlänge und erforderte für die Wasserversorgung den Bau eines riesigen Systems von Zisternen, das außerhalb des Geländes an seiner Südseite gelegen und direkt mit dem Aquädukt verbunden war. Um zu gewährleisten, dass der gesamte Komplex auf einer Ebene lag, war die Anlage eines aufwendigen Fundamentsystems notwendig, das jedoch intelligent als Raum zur Unterbringung all der technischen Anlagen sowie der Ausstattung für die vielen Aktivitäten genutzt wurde, die sich in dem weitläufigen, eindrucksvollen und reich dekorierten Gebäude abspielten. Neben den typischen Bade- und Sportaktivitäten mit den angeschlossenen sanitären Einrichtungen gab es dort unter anderem sogar Bibliotheken. Der Aufbau der Antoninischen Thermen war an einer Symmetrieachse ausgerichtet, entlang derer sich mit Schwimmbad, Basilika und Caldarium (Warmbad) die drei wichtigsten Einrichtungen aufreihten, und verdoppelte die Räume für die weiteren Aktivitäten. Dies stellte eine gelungene Entwicklung und Erweiterung des Schemas dar, das sich schon bei den Trajan-Thermen herausgebildet hatte. Ein Element, welches das neue kulturelle Klima des Zeitalters der Antoninen kennzeichnet und im Allgemeinen weniger herausgestellt wird, ist die schnelle Verbreitung von orientalischen Kulten in Rom, deren wichtigster der Mithraskult war. Es wird die Meinung vertreten, dass dieses Phänomen mit dem zunehmenden Identitätsverlust der traditionellen (im kulturellen und religiösen Sinne) römischen Welt in Verbindung zu bringen sei – ein naheliegender Effekt der immer größer werdenden Zahl von Militärangehörigen und zivilen Amtsträgern

48 Bogen des Septimius Severus am Fuße des Kapitols.

49 Lageplan der Caracalla-Thermen.

50 Die Aurelianische Mauer in der Nähe der Porta Tiburtina.

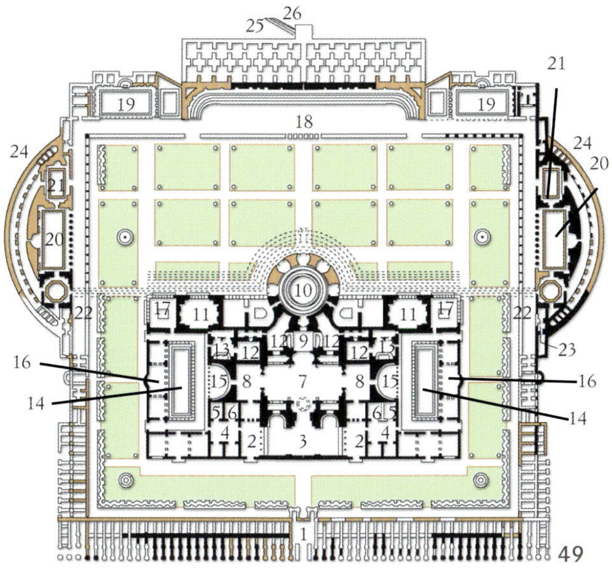

49

1	Hauptzugang	15	Exedra
2	Zugang zum Frigidarium	16	Gymnasium
3	Frigidarium	17	Bäder für die Verwaltung
4	Umkleideräume	18	Stadion
5	Raum für Öle ?	19	Griechische und lateinische Bibliothek
6	Raum für Sand ?	20	Zweite Palaestra
7	Basilika	21	Vortrags- und Konferenzräume
8	Vestibül	22	Öl- und Parfumlager
9	Tepidarium	23	Mithraeum
10	Caldarium	24	Arkaden
11	Übungsraum	25	Zisterne
12	Hof	26	Aquaedukt
13	Kleines Sudatorium		
14	Palaestra		

50

orientalischer Herkunft oder Kultur, die nach Rom eingewandert waren. Rom war ein Zentrum mit einem ausgeprägten multiethnischen und multikulturellen Charakter, eine Stadt mit dem sozioökonomischen Rang und der Struktur einer Metropole. Es ist jedenfalls bezeichnend, dass viele unterirdische Räume aus antoninischer Zeit und teilweise auch schon aus der direkt davorliegenden Periode gefunden wurden, die den rituellen Anforderungen des Mithraskultes entsprachen: ein rechteckiger Saal mit seitlichen erhöhten Absätzen für die Anhänger, die vielleicht auf Triclinia ausgestreckt lagen, ein kleiner Altar am Ende des Raumes, teilweise mit verdecktem Zugang für die Priester, eine spezielle Anordnung der Lichtquelle etc. Solche Einrichtungen wurden beispielsweise unter der kapitolinischen Arx, unter den Kirchen S. Clemente und S. Prisca und am Ende der Gärten des Palazzo Barberini ausfindig gemacht. Ein besonders großes Mithräum befand sich auch unter den Caracalla-Thermen, was man vielleicht als Zeichen dafür werten kann, dass der Kaiser das Interesse verloren hatte, sich mit der römischen Tradition und ihrem religiösen System zu identifizieren. Noch viel aufsehenerregender sollte dies unter Elagabal (218–222 n. Chr.) der Fall sein, dem jungen und ausschweifenden Kaiser, der auf Caracalla folgte. Er errichtete ein absolutistisches theokratisches System orientalischer Prägung, das auch mit dem Sonnenkult verbunden war, und er erbaute auf dem Palatin einen Tempel, der dem Sonnengott Heliogabal geweiht war. Erst Severus Alexander (222–235 n. Chr.), der seinerseits auf Elagabal folgte, sollte versuchen, dieser Tendenz entgegenzuwirken, indem die Verbindungen zur römischen Tradition wieder in den Blickpunkt rückten. Doch die Wesensart des neuen Kaisers, mehr theoretisch-reflexiv als politisch und militärisch effektiv, gestattete dem letzten der Severer kein weiteres Ziel als ein vorläufiges und unsicheres Gleichgewicht zwischen dem Kaiser einerseits und der Senatorenklasse und den konservativen Schichten Roms andererseits. In diesem Sinne ist die Umwandlung des Heliogabal-Tempels in einen Tempel des Jupiter Ultor zu verstehen. Elegabal und Severus Alexander ist jedenfalls die Errichtung von Bauwerken von außergewöhnlicher Raffinesse zu verdanken: Wahrscheinlich gehört das großartige Amphitheatrum Castrense dazu (das jedoch gemäß Lugli schon früher erbaut wurde, er ordnet es Ende des 2. Jhs. ein), das für die Vorstellungen des Hofes bestimmt war und auf einem Areal am südöstlichen Stadtrand erbaut wurde, welches sich in kaiserlichem Besitz befand. Es ist dasselbe Areal, wo sich später, etwa in der Mitte des 3. Jhs., das große Sessorium erheben sollte. Mit Sicherheit dem Severus Alexander zuzuschreiben ist die raffinierte bauliche Fertigstellung der Antoninischen Thermen und die Restaurierung – ein regelrechter Umbau – der Thermen des Nero, die aus diesem Grund auch als Alexandrinische Thermen bekannt sind. Andere Thermen, die viel kleiner sind, da sie für ein elitäres Publikum bestimmt waren, wurden im Jahr 242 von Decius am westlichen Hang des Aventins erbaut. In den Rahmen einer Politik, die auch die Zustimmung des Volkes zu erlangen bestrebt war, fallen weitere bedeutende alexandrinische Projekte: Neben dem Bau eines Aquädukts (Aqua Alexandrina), anderen Projekten im Bereich des Marsfeldes (ein Portikus, die Instandsetzung des Stadions des Domitian, die Errichtung der Basilica Alexandrina etc.), der Restaurierung des Marcellustheaters, des Amphitheaters der Flavier und des Friedenstempels sind Severus Alexander bemerkenswerte und einschneidende Neuerungen im administrativen Bereich zu verdanken. Hierunter fällt insbesondere die Einrichtung der XIV *curatores urbis*, welche Koordinationsaufgaben zwischen den *regiones* wahrnahmen, aber auch für die Cura Annonae zuständig waren, also das Amt, das die Verteilung der Lebensmittel leitete und die allgemeine Versorgung der Stadt gewährleistete. Der Überlieferung zufolge hat Severus Alexander außerdem verschiedene Mühlen auf dem Gianicolo und in verschiedenen anderen Teilen der Stadt errichten lassen, davon einige mit Wasserantrieb. Gerade diese Art von Maßnahme macht deutlich, dass sich die soziale Krise immer mehr verschärfte. In der Tat stieg die Zahl der Unterstützungsempfänger, und es waren neue Verwaltungsstrukturen notwendig, um die allgemeine Lebensmittelversorgung und die Organisation der Fürsorge durch die Zentralmacht zu bewältigen. Severus Alexander wurde im Jahr 235 bei Mainz von seinen eigenen Soldaten ermordet. Dieses Datum kann als der Beginn eines schnellen Niedergangs des Römischen Reichs angesehen werden. Die zweite Hälfte des 3. Jhs. wirkte sich besonders auf die Rolle Roms innerhalb des Imperiums verheerend aus. In der Tat haben die verworrenen und häufig grausamen Kämpfe um die Eroberung der höchsten Position im Reich im Verbund mit der immer stärkeren Dynamik in der Aggression der sogenannten barbarischen Völker, die von Norden andrängten, sowie der anderen Mächte und Völker aus den östlichen Reichsbereichen es den Kaisern sogar ratsam erscheinen lassen, andere Regierungssitze als Rom einzurichten. Auch wenn die Stadt ihre Rolle als offizieller Sitz beibehielt, waren doch in der Realität zwischen dem 3. und 4. Jh. die Städte Mailand, Treveris, Sirmium (eine Stadt in Pannonien), Spalatum, Nikomedia, Thessaloniki (Saloniki), Antiochia und, als letzte, Byzantion-Konstantinopel – gleichzeitig oder zu verschiedenen Zeiten – Sitz des Kaisers. Das deutlichste Zeichen dieses Niedergangs besteht in einem gewaltigen Projekt Aurelians: der Errichtung eines neuen Mauerrings um Rom. Es ist in Verbindung mit dem gesamten politischen und militärischen Handeln dieses Kaisers zu sehen, der in Sirmium geboren war und an der Spitze des östlichen Heeres stand, als er im Jahr 270 zum Kaiser proklamiert wurde. Er herrschte bis zum Jahr 275, als er ermordet wurde. Das Handeln Aurelians, eines weiteren nicht-römischen Kaisers, war jedoch geprägt von der angestrebten Wiederherstellung der römischen Vorherrschaft sowie von dem Versuch, Ordnung in das städtische Leben zu bringen. Auf das erste Problemfeld beziehen sich die vielen und im Wesentlichen siegreichen Unternehmungen in Pannonien, im Reich von Palmyra, an den Grenzen im Norden etc. Gallien und Britannien hatten jedoch faktisch eine relative Autonomie erlangt. In das zweite Feld des kaiserlichen Handelns, das der sozialen und ökonomischen Maßnahmen, gehören seine Versuche, zumindest teilweise den stark gesunkenen Wert des Geldes wiederherzustellen (dessen Silberanteil nur noch sehr gering war), sowie eine Reihe von Edikten, die den Luxus begrenzen und wieder moralische Maßstäbe in die privaten und öffentlichen Sitten einführen sollten. Natürlich ist Aurelians Herrschaft aufgrund seiner soldatischen Herkunft auch von harten Auseinandersetzungen mit der Senatorenklasse gekennzeichnet. Was das Thema hier betrifft, so markiert die Entscheidung, einen neuen Mauerring zu errichten, das definitive Ende jener Entwicklungslinie, die seit vielen Jahrhunderten die städtebauliche Entwicklung der Stadt geprägt hatte und die man als ein Fließen und Wachsen des Siedlungsgefüges unabhängig von physisch erkennbaren Grenzen charakterisieren könnte. Eine juristisch-administrative Unterteilung der verschiedenen Stadtteile bestand gleichwohl fort und folglich auch verschiedene Nutzungsvoraussetzungen in verschiedenen Stadtbereichen. Das Konzept des *pomerium* etwa bestand weiter und bezeichnete, auch wenn diese Stadtgrenze mehrmals erweitert wurde, eine innere, von den Mauern gezogene Einfriedung. Der neue Mauerring, der zwischen den Jahren 272 und 277 erbaut wurde (nach dem Tode Aurelians wurde er von Probus fortgeführt), legte nun eine physische Grenze fest, die allerdings ein weit, vielleicht zu weit ausgedehntes Areal umfasste. Sie wuchs in der Tat auf eine Länge von fast 19 Kilometern an und umschloss eine Fläche von circa 1400 Hektar mit gemauerten Kurtinen, die circa sechs Meter hoch und circa dreieinhalb Meter dick waren. Im Inneren waren neben ausgedehnten Garten- und Villenflächen weitere Bereiche nicht bebaut, die häufig als Reserve für

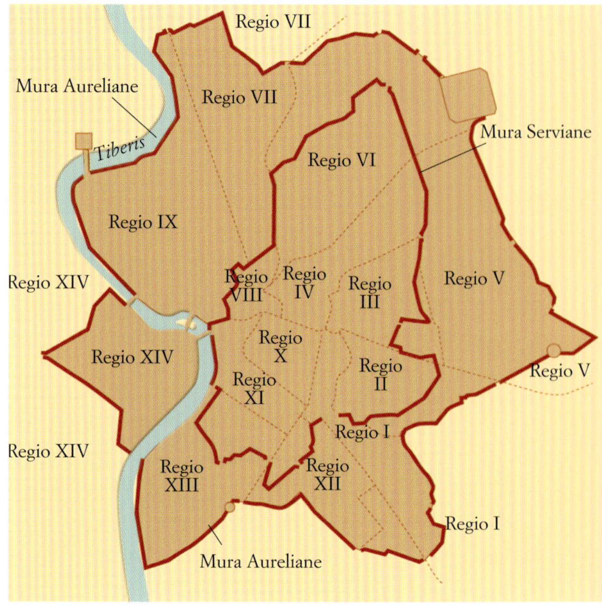

51

51 Lageplan von Rom zur Zeit der Errichtung der Aurelianischen Mauer. Im Jahr 271 gab Kaiser Aurelian den Anstoß zum Bau der Mauer, die in zwei Phasen (bis 275 und – unter Probus – bis 282) fertiggestellt wurde. Bis dahin war es nicht für notwendig erachtet worden, Mauern zu bauen. Im Wesentlichen hatte noch der servianische Mauerring fortstanden, der aus rituellen und das Zollwesen betreffenden Gründen erweitert worden war, aber keine militärischen Abwehrfunktionen erfüllte. Unter dem Druck der Goten zu Beginn des 5. Jhs. wurden die Mauern dann nochmals erhöht.

52 Die Aurelianische Mauer in der Nähe der Porta Tiburtina. Während des Mittelalters wurden Teile der Mauer in Wohnungen umgewandelt.

53, 54 Porta San Giovanni und Mauern bei der Porta Maggiore.

52

53

54

zukünftige Stadterweiterungen gedeutet wurden. Sie sind jedoch mit größerer Wahrscheinlichkeit auf militärische Erfordernisse (vereinfachte Truppenverlagerungen im Fall der Belagerung) und auf die Notwendigkeit zurückzuführen, die großen öffentlichen Infrastrukturen in den Abschnitten, wo sie in die Stadt eintraten, zu kontrollieren. Auch die Möglichkeit, im Inneren des Mauerrings eine angemessen große landwirtschaftlich nutzbare Fläche zu schaffen, dürfte eine Rolle gespielt haben. Die statisch und militärisch in bestimmten Abständen von halbkreisförmigen oder viereckigen Türmen verstärkte Mauer verlief im Rücken der Hügel und stieg dann ab, um die Straßen der Hauptverkehrswege zu kreuzen. Hier öffneten sich 16 große Tore und ebenso viele kleinere Tore (die *posterulae*). Die Haupttore waren, von Norden beginnend, im Uhrzeigersinn: Flaminia (heute Porta del Popolo), Pinciana, Salaria, Nomentana, Chiusa (in der Nähe der Castra Praetoria), Tiburtina, Prenestina und Labicana (später Porta Maggiore genannt), Asinaria (von lateinisch *asinus* für »Esel«, da sie Ort des Handelsverkehrs war, der die Tiere für Transportzwecke nutzte, heute Porta S. Giovanni), Latina, Appia (später S. Sebastiano), Ardeatina (zerstört im Jahr 1537 für die Sangallo-Bastion), Ostiense (später S. Paolo), Portuense (später ersetzt durch die Porta Portese in zurückversetzter Position), Aurelia (später S. Pancrazio), Cornelia (später S. Pietro, bei der Engelsburg). In einigen Fällen verbanden sich die Mauern und Tore mit vorhandenen Bauelementen und Infrastrukturen wie den Castra Praetoria, dem Amphitheatrum Castrense nahe dem Sessorium (später S. Croce in Gerusalemme), der imponierenden Porta Labicana oder anderen, weniger bedeutenden Gebäuden wie der Cestius-Pyramide, Grabstätte eines Prätors und Volkstribuns aus dem Jahr 12 v. Chr., und dem Grab des Bäckers Eurisace aus spätrepublikanischer Zeit. Die genannte Porta Labicana verdankt ihre Bedeutung der Tatsache, dass oberhalb des eigentlichen Torbogens die Strukturen von zwei Aquädukten (Claudia und Anio Novus) zusammenflossen, einer über dem anderen liegend. Die Aurelianische Mau-

55 Lageplan der Thermen des Diokletian.

56 Lageplan des berühmten Diokletianspalastes in Spalatum (Palast-Stadt). Dieser Palast wurde zum Modell für weitere Bauten bis hin zu den karolingischen von Aachen.

er muss als eine Art Mutationsfaktor innerhalb dessen angesehen werden, was als »genetischer Entwicklungscode« der Stadt definiert wurde. Künftig sollte ihre Existenz in der Tat das Leben und die städtische »Landschaft« in Rom in ganz anderer Art als vorher konnotieren, sei es während der spätkaiserlichen Phase, sei es während des gesamten Mittelalters, der Renaissance und des 17. und 18. Jhs., sei es sogar noch später bis zur Einheit Italiens – auch wenn natürlich während der vielen Jahrhunderte Form wie Ausdehnung der Mauer Veränderungen erfuhren. Die Besteigung des kaiserlichen Throns durch Diokletian, dessen Herrschaft von 284 bis 305 dauerte, markiert mit einer komplexen institutionellen Reform den Prozess der Zersplitterung der kaiserlichen Macht, der im Übrigen schon seit längerem im Gange war. Von nun an wurde das gesamte römische Imperium von zwei Augusti und zwei Caesares, die dazu bestimmt waren, im Rahmen der Nachfolge ihrerseits Augusti zu werden, regiert. Dieses institutionelle Schema wurde als Tetrarchie definiert. Gerade auf seiner Basis geschah es, dass sich das Konzept von Rom als effektiver Hauptstadt unwiderruflich und endgültig trübte, auch wenn der Stadt diese Rolle offiziell erhalten blieb. Unter anderem kehrte sich auch die Bevölkerungsentwicklung um: Die römische Bevölkerung begann abzunehmen. Dennoch mangelte es nicht an großartigen Bauprojekten. Ausgerechnet Diokletian, der seine Residenz in der Stadt aufgegeben hatte und sich den grandiosen Palast in Spalatum erbauen ließ, errichtete seit 298 n. Chr. die eindrucksvollste von allen kaiserlichen Thermenanlagen: die Thermen (»des Diokletian« genannt), die zwischen dem Viminal und dem Quirinal entstanden und im Jahr 306 vollendet wurden. Das Projekt erforderte die Enteignung und den nachfolgenden Abriss vieler Elemente im vorhandenen baulichen Gefüge des Areals. Dies zeigt einerseits, dass auf diesem Teil der Stadt, und insbesondere auf dem Quirinal und dem Esquilin, noch eine hohe Einwohnerdichte lastete, aber andererseits lässt es auch vermuten, dass in der für die neue Anlage ausgewählten Zone das – auch ökonomische – Interesse an einem Vorantreiben der Bebauung gesunken war und sie sich daher wahrscheinlich für Maßnahmen der systematischen Enteignung anbot. Diokletian zu verdanken ist auch eine lange Reihe von Instandsetzungsarbeiten: an der Curia, an der Basilica Iulia, an den Rostra, an der Via Sacra etc., denn die Politik der öffentlichen Aufträge bildete schon immer die offizielle Antwort auf schwere Wirtschaftskrisen. Das tetrarchische System des Diokletian hat nicht einmal bis zum Lebensende seines Schöpfers gehalten. Während verworrener, wechselvoller und teilweise grausamer Ereignisse kämpften Maxentius, Licinius und Konstantin, der auf seinen Vater Constantius gefolgt war, um die Macht. Am Ende vereinte Konstantin erneut die kaiserliche Macht nur auf seine Person und begründete somit eine neue kaiserliche Dynastie. Licinius, der bei einer Seeschlacht gegen Konstantin geschlagen wurde und starb, ist der weitläufige Saalkomplex (heute in der Nähe des Bahnhofs Termini) zuzuschreiben, der irrtümlich als Tempel der Minerva Medica bekannt war. Das interessante zehnseitige Gebäude, das von einer Kuppel mit einer recht komplexen geometrischen und baulichen Struktur bedeckt war, gehörte zu einem großen Bereich von Gärten, die seit langem im Besitz der Licinier waren. Früher dem Ende des 3. Jhs. n. Chr. zugeordnet, wird das Bauwerk heute auf das 4. Jh. datiert, da in konstantinischer Zeit wichtige Veränderungen (die Hinzufügung von Nischen und von zwei halbkreisförmigen Exedren) durchgeführt wurden, die seine statischen Eigenschaften verbesserten. Was jedoch die Stadt Rom betrifft, so waren es vor allem Maxentius und Konstantin, die dort Spuren in Form von bedeutenden Bauwerken hinterließen. Der Zweikampf zwischen den beiden wurde von der christlichen Geschichtsschreibung als der Gegensatz zwischen einem »Heiden«, also Maxentius, und einem »Christen«, also Konstantin, dargestellt – ein Gegensatz, der sich auch symbolisch in der berühmten Episode der soge-

55

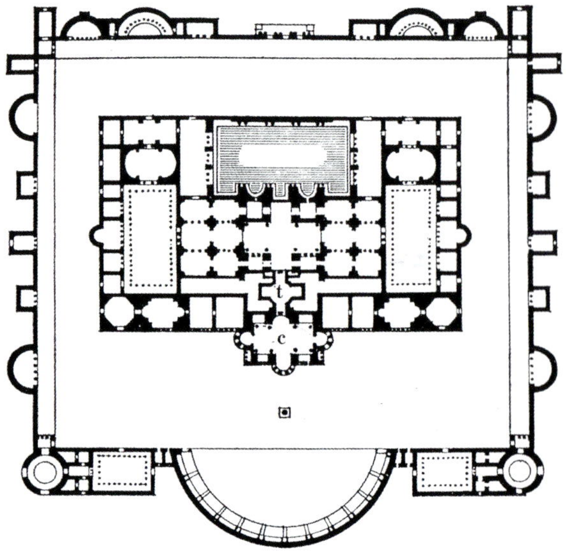

57 Bedeutende Überreste des Palastes von Spalatum. Das Peristyl des alten Eingangs ist glücklicherweise erhalten geblieben.

58 Ruinen des Galerius-Palastes in Gamzigrad als Beispiel für eine Palast-Stadt. Es handelt sich um das berühmte Felix Romuliana, heute in Serbien.

56

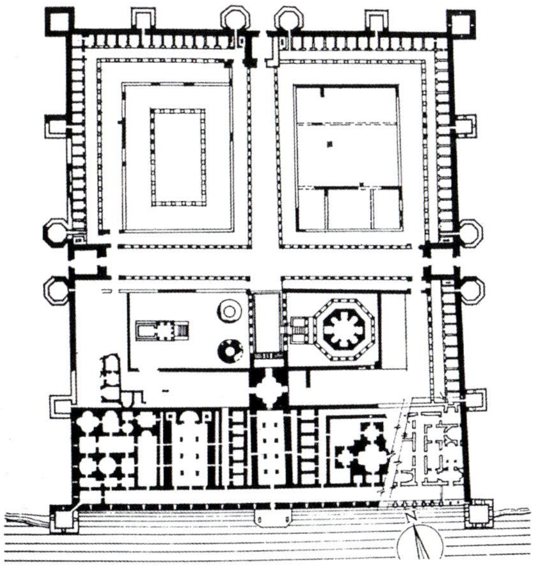

57

58

59

60

nannten Schlacht bei der Milvischen Brücke (in Wahrheit bei Saxa Rubra, also weiter nördlich) verdichtete. Ein mythischer Traum (»In hoc signo vinces«) soll Konstantin veranlasst haben, für seine Truppen das Abzeichen des christlichen Kreuzes zu wählen. Da Maxentius beabsichtigte, direkt über Rom zu herrschen, war er interessiert, vor allem die Infrastrukturen für das zivile und öffentliche Leben zu stärken und zu verbessern. Mit Blick auf die öffentlichen Werke gehen auf seine Initiative zurück: der Wiederaufbau des hadrianischen Tempels der Venus und der Roma, der Basilica Nova direkt im Westen des hadrianischen Tempels und mit Zugang zur Via Sacra sowie außerdem auf der Via Sacra der Rundtempel des Divus Romulus. Dieses Gebäude, das dem Sohn des Maxentius geweiht war, der im Jahr 309 als Kind gestorben und vergöttlicht worden war, und das sich am Rande der Via Sacra befand, wurde nach einem ungewöhnlichen Schema der römischen Tempelarchitektur gebaut. Der Tempel, dem eine Art konkave Exedra vorgelagert ist, ist mit Nischen für Statuen ausgestattet und öffnet sich nach hinten in einen rechteckigen Saal. Manche vermuten, dass das mit Sicherheit von Konstantin vervollständigte Ensemble eine Eingangshalle zum severianischen Flügel des Friedenstempels sein könnte. Mit beträchtlichem Aufwand verbunden waren die durchgeführten Verbesserungen an der Aurelianischen Mauer: Man verstärkte und erhöhte die Mauern und errichtete einen langen Mauerabschnitt entlang des linken Tiberufers zum Schutz der Stadt vor möglichen Angriffen vom Fluss aus. Ebenso ehrgeizig war Maxentius' Residenzbauprojekt. Nahe der Via Appia ließ er sich eine großartige Villa errichten, die auch einen eindrucksvollen Privat-Circus sowie ein Mausoleum für seinen Sohn Romulus umfasste. Die Niederlage und der Tod Maxentius' in der Schlacht von 313 besiegelten die endgültige Konzentration der gesamten kaiserlichen Macht in den Händen Konstantins. Zumindest anfangs scheint der junge Kaiser beabsichtigt zu haben, sein Ansehen zu stärken, indem er der Stadt neue Geltung verlieh. Möglicherweise übernahm er dabei auch die wichtigsten politisch-städtebaulichen Entscheidungen Maxentius'. Jedoch änderte sich die Lage in der

59 Monumentale Überreste der Maxentiusbasilika, später Konstantinsbasilika genannt, in Rom. Es handelt sich nicht um ein Werk Konstantins, sondern schlicht um die Verwertung der von Maxentius als gewaltiger ziviler Versammlungsraum angelegten Basilika zu christlichen Zwecken. Die Eingriffe Konstantins – die Öffnung zur Via Sacra hin und die Schaffung einer neuen Apsis – erzeugten eine neue Achse.

60 In der Mitte des Bildes, mitten auf dem Forum Romanum und mit der Maxentiusbasilika im Hintergrund, der Tempel des Divus Romulus, der unter Konstantin der Sacra Urbs Roma geweiht wurde.

61 Rekonstruktion des ersten bischöflichen Komplexes in Rom, der späteren Basilika San Giovanni in Laterano (H. Brandenburg, Zeichnung K. Brandenburg). Die erste von Konstantin begründete Basilika wurde zum Modell für die Kirchenbauten basilikaler Anlage in der konstantinischen Ära.

62 Das Baptisterium San Giovanni in Laterano.

63 Rekonstruktion des Baptisteriums San Giovanni in Laterano (H. Brandenburg, Zeichnung K. Brandenburg). Zeitgleich mit der Errichtung der Basilika San Giovanni ließ Konstantin in deren Nähe ein Baptisterium erbauen. Es ist das älteste uns bekannte Gebäude, das zur Erteilung des Taufsakraments bestimmt war. Das Bauwerk mit polygonalem, in diesem Fall achteckigem Grundriss wurde zum Vorbild für die frühchristlichen und mittelalterlichen Baptisterien.

64 Der antike Eingang zum Baptisterium San Giovanni.

65 Lageplan, der die Position der beiden konstantinischen Bauwerke – Basilika und Baptisterium – im städtebaulichen Umfeld der Epoche zeigt.

Folge: Seine Beziehung zum immer weiter verbreiteten Christentum, die auch durch die persönliche Glaubensentscheidung seiner Mutter Helena beeinflusst wurde, die daraus folgende Entscheidung, den christlichen Kult auch in Rom und im Westen des Imperiums zuzulassen (im Osten wurde die bereits erfolgte Tolerierung von Galerius rückgängig gemacht, woraufhin es auch zu Verfolgungen kam) sowie eine Reihe von Zusammenstößen mit der Senatorenklasse, die ihm grausames Verhalten vorwarf, führten zu einem unüberbrückbaren Bruch mit den herrschenden Klassen Roms. Daher sind in Bezug auf Konstantins Bauprojekte in Rom zwei verschiedene, teilweise parallel verlaufende Linien zu berücksichtigen. Diese werden auch im Sinne eines stilistisch-konzeptuellen Unterscheidungskriteriums genutzt, und überhaupt wird die konstantinische Ära in Rom unter dem doppelten Aspekt einer weiteren Entwicklung sowohl der spätantiken Architektur als auch der Herausbildung der neuen Strömung der frühchristlichen Architektur gesehen. Die römische Bevölkerung hat im konstantinischen Zeitalter beträchtlich abgenommen: Von etwa anderthalb Millionen im 2. bis 3. Jh. hat sich die Einwohnerzahl auf circa 800 000 reduziert, also auf kaum mehr als die Hälfte der früheren Größenordnung. Doch blieb Rom eine Stadt, die Besucher anzog und in Erstaunen versetzte. Eines der bekanntesten Werke Konstantins ist der große dreitorige Triumphbogen, der 315 eingeweiht wurde. Im Vergleich zum severianischen Bogen, dessen Anlage er wiederaufnimmt, zeigt

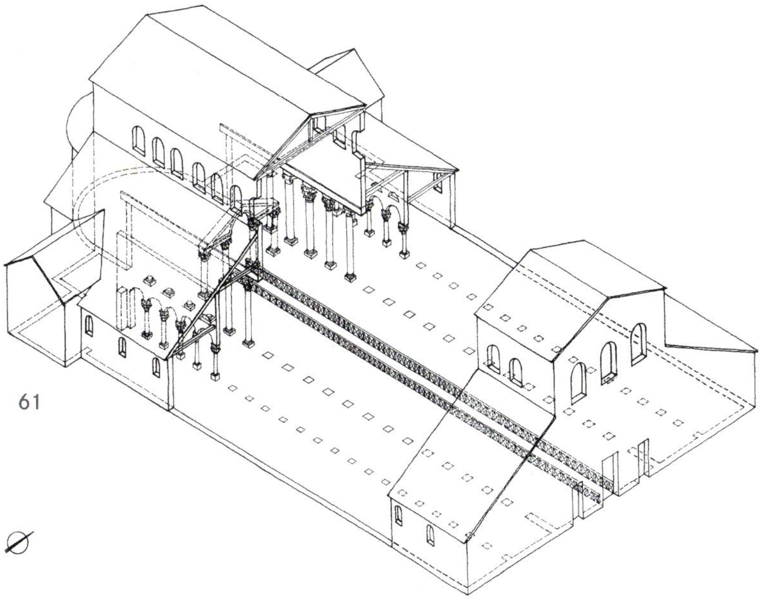

61

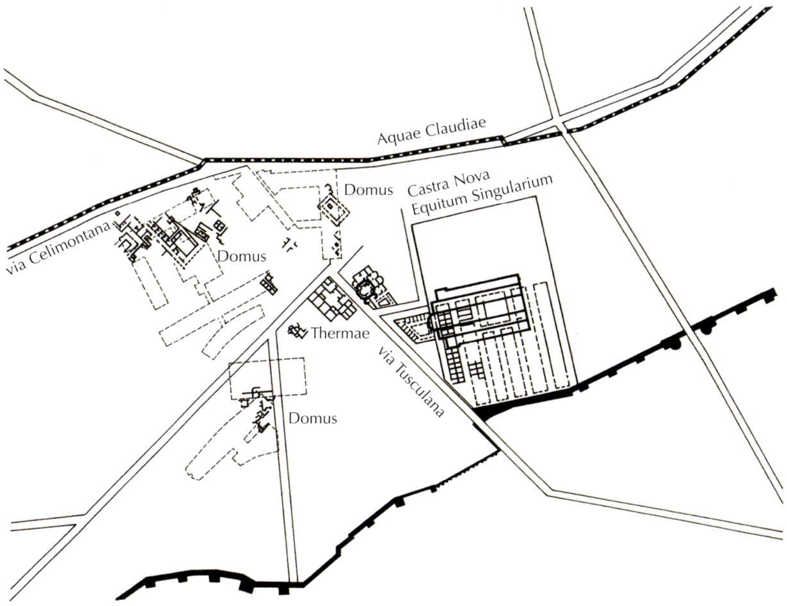

65

62

63

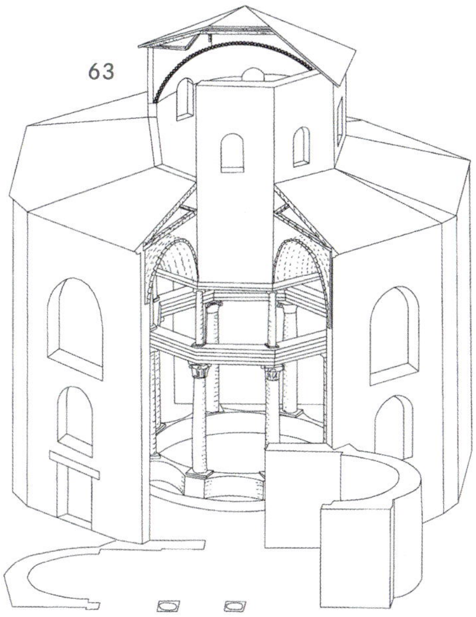

64

66

jener von Konstantin offenkundig die neue Orientierung des spätantiken Geschmacks: einerseits durch die Akzentuierung der monumentalen Emphase (ein auch in der Bildhauerei der Zeit zu beobachtendes Phänomen, dort allerdings durch das schon frühere gelegentliche Auftreten von Kolossalstatuen vorbereitet) und andererseits durch sein Interesse an der Wiederverwertung von Spolien, also von Teilen älterer Monumente, die in die neuen Werke mit eingebaut werden. In die römische Kunst im späten »Herbst« des Kaiserreiches hatte ein Verständnis von Vergangenheit als einer gleichsam qualitativen und zugleich qualifizierenden Größe Eingang gefunden. Konstantin zu verdanken ist ebenfalls der Bau des sogenannten Janusbogens, eines Quadriportikus (Tetrapylon), der am Eingang zum Forum Boarium stand. Auch der Bau einer kaiserlichen Thermenanlage in Ostia wird Konstantin zugeschrieben. Politisch viel bedeutsamer ist die Umwandlung und symbolische Aneignung der Maxentiusbasilika. Indem deren Ausrichtung von längs nach quer verändert und eine neue Apsis am Ende der neuen Symmetrieachse eingefügt wurde, ist die Basilica Nova steingewordener Ausdruck der Eroberung der Macht durch Konstantin und gleichzeitig der *damnatio memoriae* gegenüber dem besiegten Maxentius. Es ist dies im Übrigen ein analoges Phänomen zur Fertigstellung des Tempels des Divus Romulus, den Konstantin jedoch der Sacra Urbs Roma weihen ließ. Bedeutender noch sind indes die Bauprojekte, die Konstantin und die Mitglieder seiner Familie im Gefolge der Tolerierung des Christentums unternommen haben. Es existierte bereits eine Reihe von Kultbauten privaten Charakters, welche die christlichen Gemeinschaften schon seit dem 3. Jh. an verschiedenen Orten außerhalb und innerhalb der Stadt errichtet hatten, darunter Friedhöfe im Freien und Katakomben, andere Grabbauten und Orte für die gemeinschaftlichen Rituale. Sie waren juristisch allesamt durch den *titulus* geschützt, der im Kataster den Namen des jeweiligen Eigentümers bestätigte. Die Verteilung der von Konstantin initiierten Bauwerke christlichen Ursprungs im städtischen Gefüge

67

66 Konstantinsbogen, Detail eines Basreliefs.

67 Trier, Überreste der kaiserlichen Thermen.

68 Rom, Aurelianische Mauer.

68

hing nun von der städtebaulichen Ordnung ab, die sich in Rom im Laufe der Jahrhunderte herausgebildet hatte; sie wurde gleichermaßen bestimmt von den unterschiedlichen rechtlichen (insbesondere von den Grenzen des *pomerium*, die enger waren als die des Verteidigungsringes) und physischen Bedingungen in den verschiedenen Stadtbereichen wie auch von der Lage der in Frage kommenden Immobilien in Staatsbesitz oder im Privateigentum von Konstantins Familie. Bei der Betrachtung der »christlich« motivierten städtebaulichen Entscheidungen Konstantins – die zuweilen als Ausdruck des Willens, eine wahrhaft »christliche Hauptstadt« hervorzubringen, gedeutet wurden (Krautheimer) – darf auch der Umstand nicht aus den Augen verloren werden, dass die offizielle Religion des römischen Staates immer noch die traditionelle, die »heidnische« war. Es war also selbst für den Kaiser schwierig, in den städtischen Kernbereichen Bauwerke zu errichten, die mit dem neuen Kult verbunden waren, während dies im Bereich der kaiserlichen Besitzungen, die sich außerhalb des *pomerium* befanden, möglich war. Der erste und vielleicht in symbolischer und politischer Hinsicht wichtigste der »christlichen« konstantinischen Bauten ist, im Jahr 313 n. Chr., der große Komplex, der für die bischöflichen Aufgaben in Rom bestimmt war: die Basilika S. Salvatore, später S. Giovanni. Für ihre Errichtung wurde jener Teil der Villa der Laterani genutzt, der vorher schon umgewandelt worden war, um dort die später wieder aufgelösten Kasernen der kaiserlichen Garde zu bauen. Hier wurde auch das erste offizielle Baptisterium der Stadt erbaut, das noch in seinen Grundzügen besteht. Die Bedeutung des ersten öffentlichen Gebäudes für den christlichen Kult liegt, außer in der Tatsache an sich, auch in der für seine Verwirklichung gewählten Lösung: Konstantin übernahm das Schema der traditionellen zivilen Basilika (nicht jenes der Basilica Nova) mit der durch Säulenreihen in (fünf) Schiffe aufgeteilten Halle und mit hölzerner Bedachung. Dieses Schema (jedoch in der Regel mit einer dreischiffigen Anlage) sollte so auch bei allen anderen christlichen Basi-

70 Sankt Peter. Das Innere der antiken Basilika auf einem Fresko von Filippo Gagliardi (ca. 1650) in San Martino ai Monti.

71 Rekonstruktion des konstantinischen Baldachins über dem vermutlichen Petrusgrab (Ward-Perkins, Toynbee).

72 Das frühchristliche Rom konstantinischer Prägung auf einem Foto vereint: Im Vordergrund sieht man den Chorumgang an der Apsis der Basilika von Sant'Agnese, rechts den Zentralbau des Mausoleums von Constantina Augusta, Tochter Konstantins, das heutige Mausoleum Santa Costanza. Der Glockenturm zur Linken ist Teil des mittelalterlichen Roms und gehört zur neuen Kirche von Sant'Agnese.

70

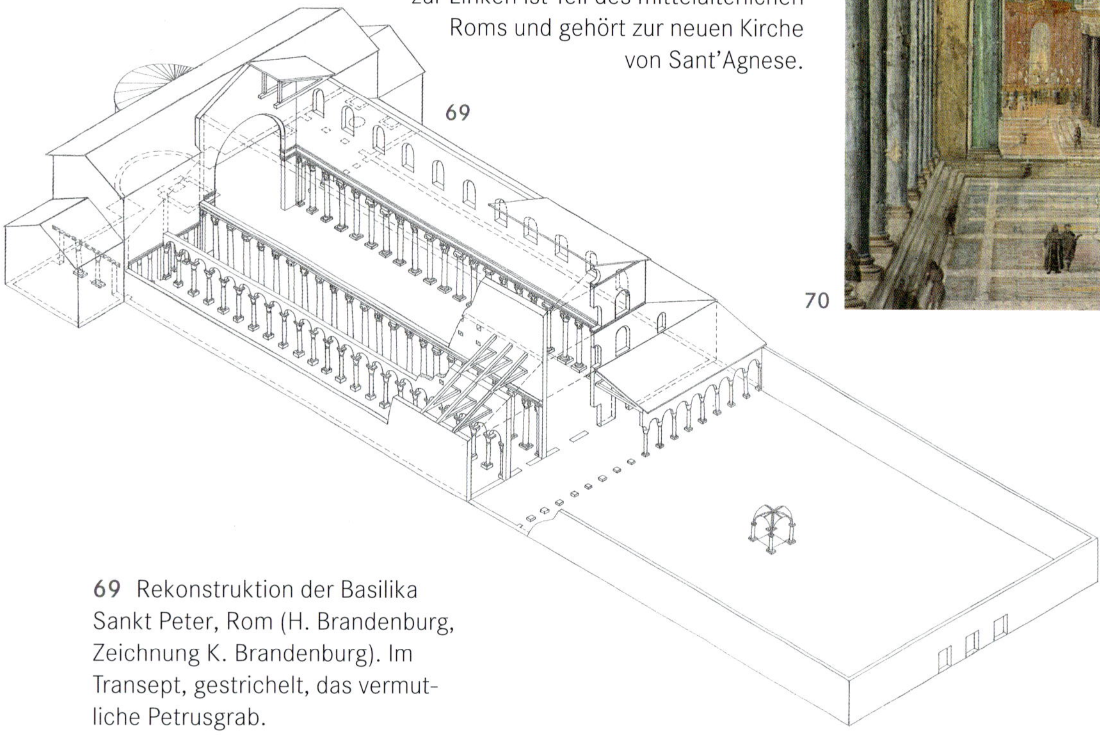
69

69 Rekonstruktion der Basilika Sankt Peter, Rom (H. Brandenburg, Zeichnung K. Brandenburg). Im Transept, gestrichelt, das vermutliche Petrusgrab.

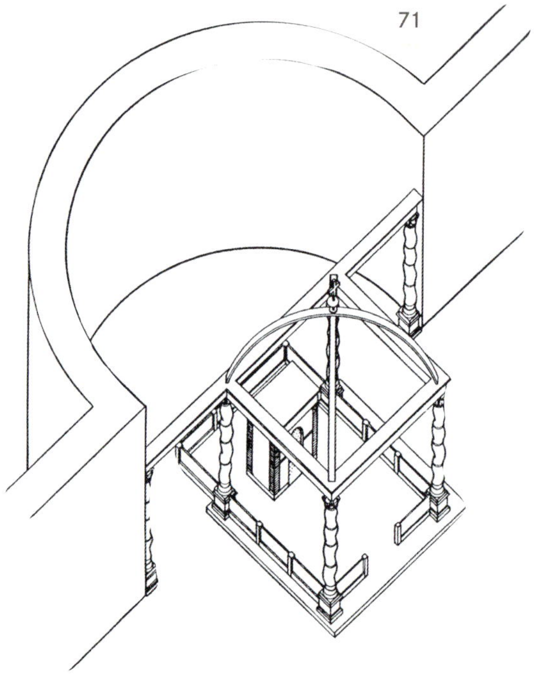
71

liken, die außerhalb der Mauern in der Nähe der Friedhöfe oder der Gräber der christlichen Märtyrer entstanden (S. Lorenzo, SS. Marcellino e Pietro, S. Agnese, S. Sebastiano etc.), angewendet werden. Der bischöflichen Basilika durch ihre Fünfschiffigkeit eng verwandt ist dann die andere von Konstantin im Jahr 315 begonnene Basilika: die Vatikanische Basilika, Sankt Peter geweiht, die dann zur eindrucksvollsten von allen wurde. Sie wurde jedoch erst 326 von Papst Silvester geweiht und im Jahr 349 fertiggestellt, da zahlreiche Hindernisse technischer, juristischer und liturgischer Art überwunden werden mussten. Auch in diesem Fall lag das ausgewählte Areal außerhalb des *pomerium*. Wegen der Abschüssigkeit des Ortes war es notwendig, sich mit dem Fundament des Gebäudes über einen bestehenden Friedhof hinwegzusetzen und Stützkonstruktionen zu schaffen. Auf diesem Friedhof hatte die Überlieferung mindestens seit dem Ende des 1. Jhs. das Grab des Apostels Petrus ausgemacht, das somit als Brennpunkt für das religiöse Handeln und für die architektonische Gestalt in den Bau integriert wurde. Die Vatikanische Basilika erfüllte im Gegensatz zur Lateranbasilika auch die Aufgabe eines überdachten Friedhofs, wo der Ritus des Leichenschmauses vollzogen wurde, den die Christen in abgewandelter Form aus der heidnischen Tradition übernahmen. Die Menge der Katechumenen, also der noch nicht getauften Christen, sollte im Außenbereich empfangen werden, weshalb man vor der eigentlichen Kirche einen großen viereckigen Portikus errichtete, der über einen

73 Plan der Basilika und des Mausoleums, auf dem man gut den Chorumgang mit der alten Verbindung zum Mausoleum erkennen kann (H. Brandenburg, Zeichnung K. Brandenburg).

74 Das Innere des Mausoleums, mit Blick auf seinen außergewöhnlichen Mosaikschmuck.

72

73

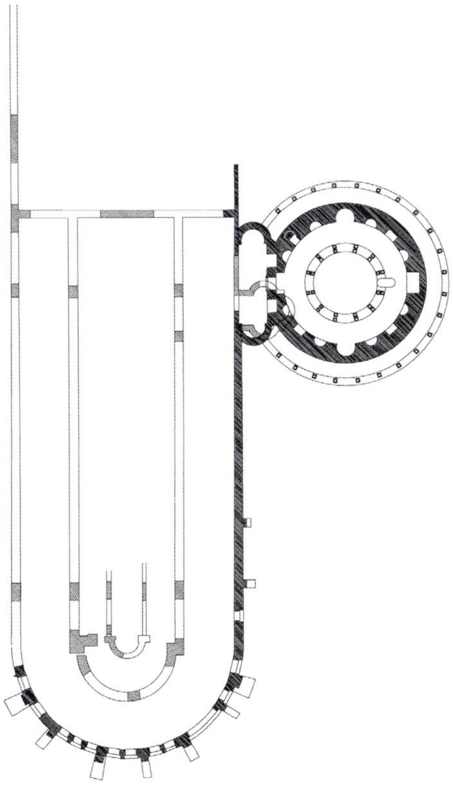

74

75

Eingangsbereich zugänglich war. Dieser anfängliche Komplex wurde in der Folge mit weiteren Grabstätten und Votivelementen angereichert und hatte bis zum Ende des 15. Jhs. Bestand. Aus dem privaten Vermögen der konstantinischen Familie wurden die Baumaßnahmen am Sessorium und der Bau des Familienmausoleums finanziert. Im ersten Fall ging es um die Anlage eines Thermenkomplexes (die Thermen der Helena), welcher sich an die anderen Einrichtungen des Palastes anfügte, sowie einer privaten Basilika, die offenbar verwirklicht wurde, indem man einen Flügel des Palastes umbaute. Die S. Croce in Gerusalemme genannte Kirche war unter anderem dafür vorgesehen, die Reliquien des Wahren Kreuzes zu bewahren, die von Konstantins Mutter Helena nach Rom gebracht worden waren. Der Gesamtraum war wahrscheinlich in drei durch Bögen abgetrennte Bereiche unterteilt, die verschiedenen rituellen Nutzungen entsprachen. Ein Mausoleum, das für die Familie und insbesondere für die Tochter Constantina und für Helena bestimmt war (später wurde es in ein Baptisterium und schließlich in eine Kirche umgewandelt), vervollständigt das Bild dieser Phase der konstantinischen Aktivität in Rom. Es wurde bei den Katakomben errichtet, in denen die sterbliche Hülle der heiligen Agnes verwahrt wurde und über denen die ihr geweihte Basilika Sant'Agnese entstand. Im Jahr 330 dann, einige Jahre nachdem Konstantin die Zustimmung der Senatorenklasse eingebüßt und – auch in Anbetracht der Verlagerung des Schwerpunkts des Imperiums in Richtung Osten – endgültig die Stadt verlassen hatte, wurde am Bosporus, nach einer vollständigen Neustrukturierung des antiken Byzantions, die neue Hauptstadt Konstantins ein-

75 Rom, Basilika Santa Croce in Gerusalemme. Ansicht des Hofs des Sessoriums von Südosten. Die Apsis wurde angefügt, als das Gebäude in eine Kirche umgewandelt wurde.

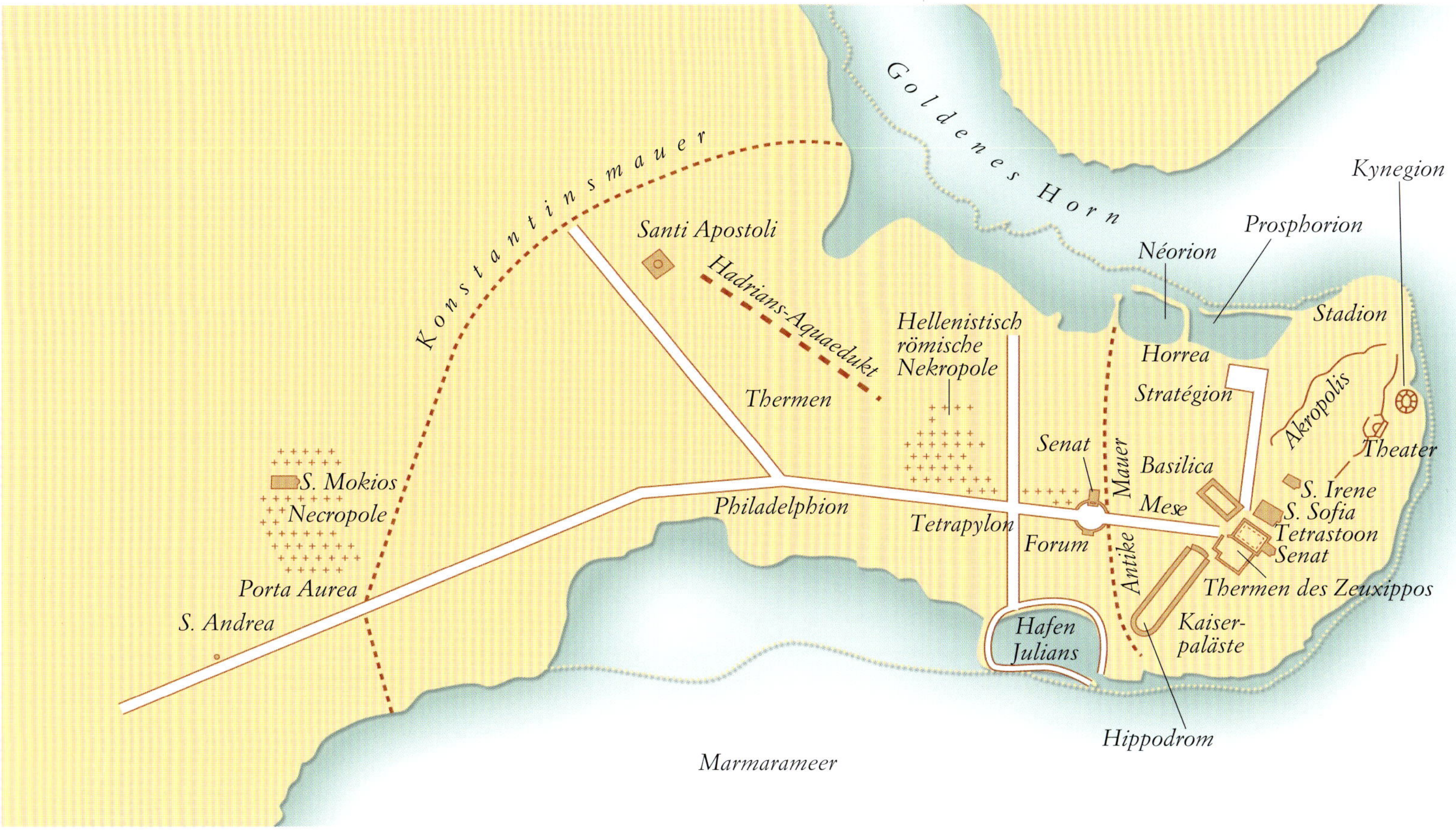

76

76 Lageplan von Konstantinopel.

geweiht: Konstantinopel, welches bald das zweite Rom genannt werden sollte. Die doppelte Ausrichtung in Konstantins architektonisch-städtebaulichen Entscheidungen und vor allem das Überwiegen solcher Maßnahmen, die die christliche Bevölkerungsgruppe in der römischen Gesellschaft unterstützten, wurde von manchen als der Wille des Kaisers interpretiert, ein politisch-städtebauliches Programm mit dem Fernziel einer christlichen Hauptstadt ins Leben zu rufen. Freilich gelang es Konstantin nicht, eine solche direkt in Rom zu errichten, sondern sie wurde, zumindest in Teilen, zunächst in Konstantinopel verwirklicht. Später allerdings und in anderer Form wurde sie auch in Rom eben von jenen Würdenträgern der christlichen Gemeinschaft ausgebaut, die der Kaiser an die Spitzenpositionen in den Schaltzentren der römischen Gesellschaft gebracht hatte und die es während der Abwesenheit des kaiserlichen Sitzes und nach Phasen der Verirrung verstanden, die Zügel des städtischen Lebens in die Hand zu nehmen. Dies geschah in einem subtilen und intelligent gelenkten Prozess der Einführung der neuen Werte und der neuen Orte der christlichen Gesellschaft bei gleichzeitig langsam fortschreitender Eingliederung, Überlagerung und Neudefinition des Bestehenden, und zwar sowohl unter dem Aspekt der Sitten und der Kultur als auch unter dem der Aneignung v on Orten und Dingen. Die Auflösungsphänomene, die in der Gesellschaft und Struktur der Stadt schon vorhanden waren, wurden damit beschleunigt, so dass in relativ kurzer Zeit ein neues Rom Gestalt annahm: das christliche Rom des Mittelalters.

1 Ravenna, Basilika Sant' Apollinare Nuovo. Das Wandmosaik zeigt Ravenna am Ende des 5. Jhs.

1

2 Konstantinopel. Die Hagia Sophia, in osmanischer Zeit Moschee, ist heute Museum.

2

KAPITEL VII

Von der Spätantike zum frühen Mittelalter

3

3 Rutilius Claudius Namatianus, ein römischer Dichter der Spätantike, schrieb um das Jahr 416 sein elegisches Gedicht »De Reditu suo«. Darin beschreibt er eine gefährliche Seereise von Rom entlang der Küste in seine Heimat Gallien: Überall sieht er die Zerstörung und Verwüstung von Straßen, Dörfern und Häfen durch die Barbaren.

Die Teilung des Römischen Reiches in einen westlichen und einen östlichen Teil im Jahr 395 n. Chr. ist sicher nicht das geringste der Krisenzeichen des ausgehenden 4. Jhs. In der Folge sollten es noch mehr werden, und eine traditionelle Periodisierung sieht in der Absetzung des Romulus Augustulus im Jahr 476 den Beginn des Mittelalters. Wie dem auch sei: Der Bruch zwischen dem östlichen und dem westlichen Teil des Kaiserreichs scheint sich schon ein paar Jahrzehnte später unumkehrbar vertieft zu haben, wenngleich Justinian in den dreißiger Jahren des 6. Jhs. Versuche zur Wiedervereinigung unternahm (insbesondere auf der italienischen Halbinsel und in Nordafrika). Selbstverständlich hat der Ab- und Auflösungsprozess je nach Gebiet in einem anderen zeitlichen Rahmen und auf andere Art und Weise seinen Lauf genommen. In Italien sind in einer ersten Phase zwischen dem Ende des 5. und der Mitte des 6. Jhs. die sogenannten römisch-barbarischen Reiche entstanden. Das wichtigste war das Reich des Ostgoten Theoderich, der seine Hauptstadt in Ravenna etablierte, einer Stadt, die sich in der Nähe des augusteischen Hafens Classe befand. Innerhalb seiner vielschichtigen staatsrechtlichen Bestrebungen begann und verwirklichte er ein umfangreiches Programm an Einzelbauten und städtebaulichen Maßnahmen, die jedoch bald darauf durch die Zerstörung im griechisch-gotischen Krieg zu leiden hatten. Es folgten die Invasionen durch die Vandalen und andere Gruppen sowie vor allem der Einfall der Langobarden (588–589). Letztere eroberten in mehreren Etappen so gut wie die ganze zentrale Achse der Halbinsel (von byzantinischen Restgebieten vor allem in Rom, aber auch in Florenz abgesehen) und erreichten sogar Benevent. Sie organisierten die Herrschaft über diese Gebiete auf neuen Grundlagen, indem sie etwa vom Norden bis in den Süden der Halbinsel Herzogtümer errichteten. Auch in lokalem Maßstab führten sie neue Rechtsvorstellungen sowie Formen des Zusammenschlusses und der Ansiedlung ein (Wehrbauern, *farae, salae*). Auf jeden Fall bestand in Italien das (nunmehr byzantinische) Kaiserreich direkt oder indirekt noch einige Jahrhunderte lang weiter: auf Sizilien bis zur islamischen Eroberung, in Süditalien bis zu den normannischen Eroberungen in Apulien, in der Lagune von Venedig bis zum allmählichen Entstehen Venedigs als eigenständiger Macht und so weiter. Aber die zunehmende Ablösung der italienischen Gebiete vom Oströmischen Reich hatte auch noch andere Ursachen. Seit dem 7. Jh. hatten sich nämlich besonders in der Mitte und im Süden der Halbinsel einschließlich der kleineren Inseln einige Zentren herausgebildet, die mit dem westlichen (benediktinischen) Mönchtum verbunden waren und oft großes wirtschaftliches wie territoriales Gewicht besaßen. Zudem veränderte sich das ganze landwirtschaftliche Produktionssystem. Viele der großen Besitztümer des späten Kaiserreichs zerfielen oder wurden verlassen und machten neuen Produktionseinheiten Platz, die eine andere wirtschaftliche und soziale Struktur aufwiesen. Außerdem erwies sich auf religiös-doktrinärer Ebene, in Bezug auf die Ansiedlung griechischer Mönche in Italien und auch auf politischer und ökonomischer Ebene die jahrhundertelange Krise (711–843), die durch die ikonoklastische Politik des Ostens verursacht wurde und im Westen nicht angenommen wurde, als sehr folgenschwer.

Die Spaltung zwischen dem Oströmischen Reich und den restlichen Teilen des Mittelmeergebietes sowie des westlichen Europas darf etwas knapper beschrieben werden. In Ägypten und in Nordafrika ging sie ziemlich schnell vor sich: zuerst unter dem Druck arabischer und anderer barbarischer Invasionen und dann, ab dem 7. Jh., durch die dauerhafte islamische Eroberung. Dagegen offenbart die Entwicklung in Westeuropa Phasen und Charakteristika, die zumindest teilweise denen auf der italienischen Halbinsel ähnlich sind. Es fanden nämlich auch hier mehrere Invasionen durch barbarische Völker statt (Sweben, Alemannen, Goten). Besondere Bedeutung kam dem Auftreten der

4

5

Westgoten zu, die ihre Herrschaft im Norden der Iberischen Halbinsel etablierten, und – ebenfalls auf iberischem Gebiet, aber später – dem Königreich Asturien. Einen wichtigen Markstein stellt die Entstehung der verschiedenen europäischen Königreiche dar: auf französischem und deutschem Gebiet besonders die der Merowinger und der Franken, die sich zwischen dem 7. und dem 9. Jh. durchsetzten, um dann im karolingischen Reich aufzugehen. Dagegen war zwischen dem 8. und dem 9. Jh. im Süden der Iberischen Halbinsel wie schon auf Sizilien ein muslimisches Herrschaftssystem mit verschiedenen Zentren entstanden, deren Fortschreiten durch die Niederlage in Poitiers im Jahr 732 aufgehalten wurde.

Innerhalb dieses weiten und reich gegliederten Rahmens behielt Rom sein altes Prestige bei, hatte aber jedes tatsächliche Gewicht verloren. Wenngleich die Goten bei ihrem Angriff auf Rom im Jahr 410 nur einige Wasserleitungen zerstört hatten, wog der immaterielle Schaden doch ungleich schwerer. Ein letzter schwacher Widerhall des einstigen Ruhmes ist die melancholische Säule, die Kaiser Foca in den ersten Jahren des 7. Jhs. auf dem antiken Forum Romanum noch aufstellen konnte. Trotzdem sollte dann gerade dieser Kaiser das Pantheon Papst Bonifatius IV. überlassen, um eine Kirche daraus zu machen (S. Maria ad Martires): eine bedeutsame Auslöschung, eine Metamorphose der römischen Religion unter christlichem Vorzeichen.

Nach 330 war die wahre Hauptstadt des Römischen Reiches Konstantinopel. Hier wurde am Ende des 5. Jhs. das Griechische zur Amtssprache, wenn auch auf der italienischen Halbinsel und in anderen Teilen des europäischen Westens weiterhin das Lateinische benutzt wurde. Das Christentum war schon 313 durch Konstantin im ganzen Kaiserreich toleriert worden. Zwar hatte Kaiser Julian, der deshalb der Apostat genannt wurde, 362 nochmals versucht, den heidnischen Kult wiedereinzuführen, doch wurde das Christentum unter Theodosius I. (379–395) sogar zur Staatsreligion, was die Zerstörung oder radikale Umfunktionierung der heidnischen religiösen Bauwerke in christlichem Sinne mit sich brachte. Weite Teile des europäischen Kontinents und des Kaiserreiches selber waren jedoch noch nicht christianisiert worden. Wie bereits angedeutet, vollzog sich der endgültige Bruch zwischen christlichem Osten und Westen im 8. Jh. im Zuge der schweren ikonoklastischen Krise, die letztlich den Einfluss des römischen Papsttums

4 Mausoleum der Kaiserin Helena, der Mutter Konstantins des Großen.

5 Rom, Pantheon (Santa Maria ad Martyres). Ikone der Gottesmutter Maria, Anfang des 7. Jhs.

6

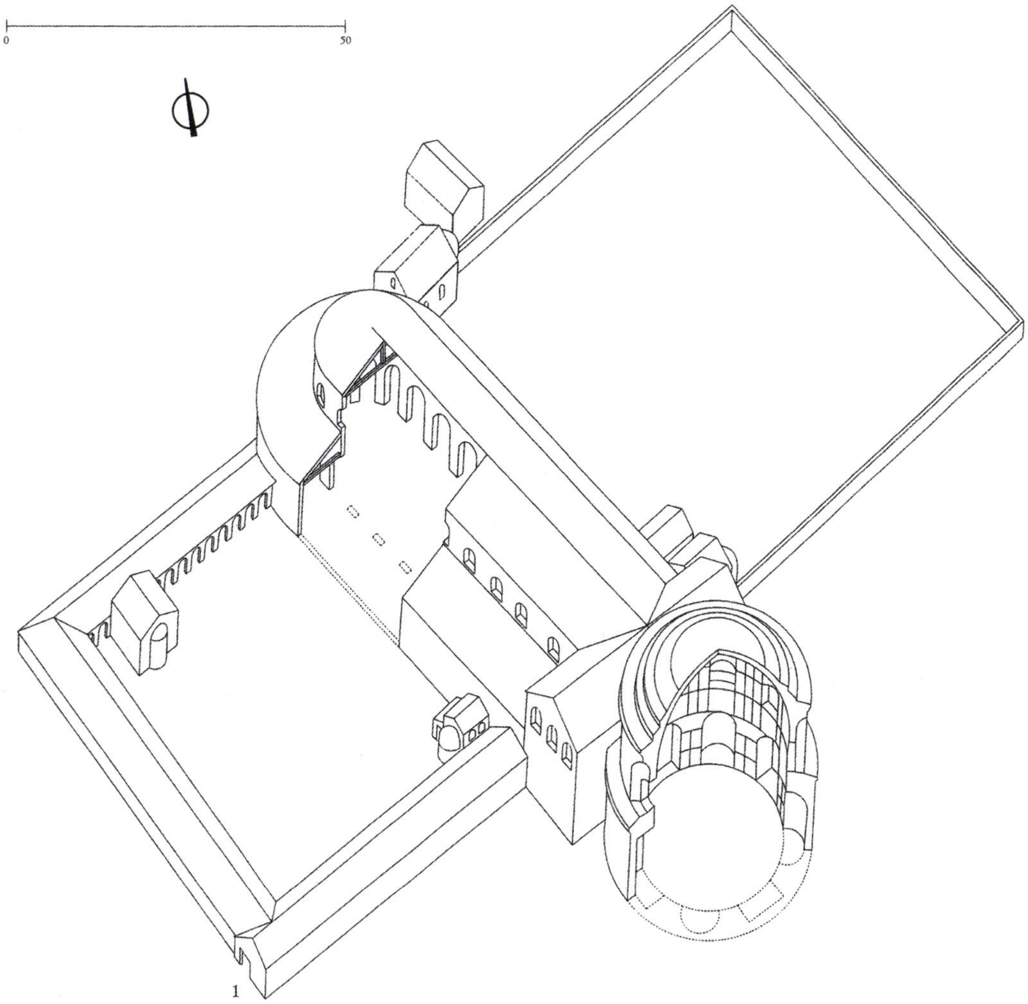

7

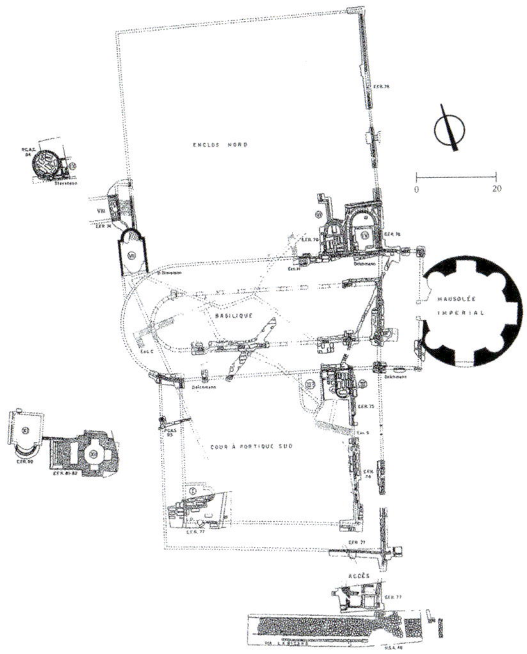

7 Plan der Ausgrabungen auf dem antiken Gräberfeld mit der Basilika und dem Mausoleum der Helena.

6 Rekonstruktion der Basilika mit dem Mausoleum der Helena auf dem Areal eines antiken Gräberfeldes.

8

8 Rom, San Paolo fuori le mura. Kapitelle der antiken Basilika.

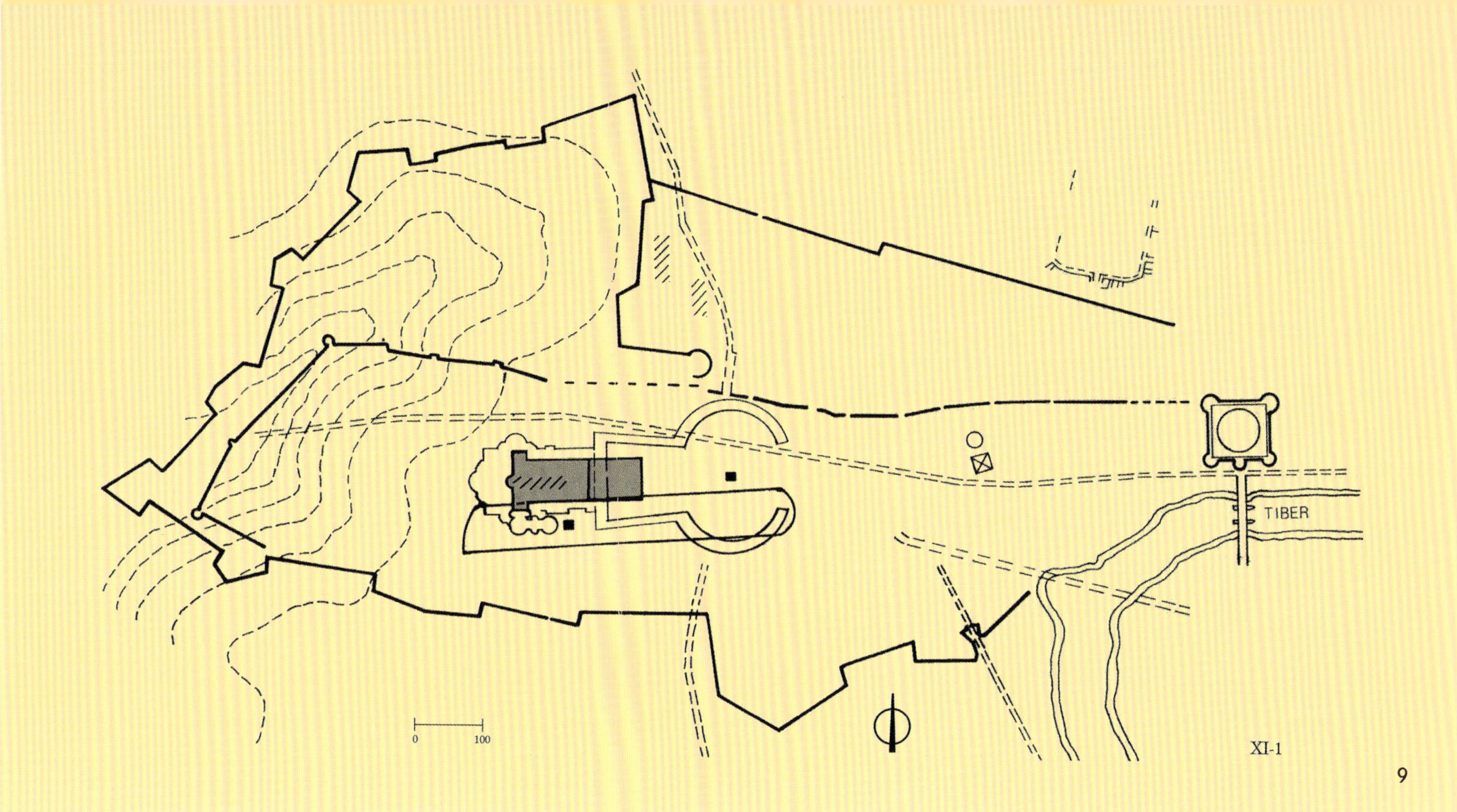

9

– in der Mitte der Halbinsel und mit Rom als ihrem Zentrum – begünstigte. Grundsätzlich vermehrte und verstärkte die rechtliche Gliederung der Kirche in Diözesen und der Diözesen wiederum in ein Netz von Pfarrbezirken die Kontrolle der Bischöfe über ihre Herrschaftsbereiche, und zwar nicht nur in religiöser Hinsicht, sondern auch mit Blick auf weltliche Rechtsprechung und Wirtschaft. Die Herausbildung neuer landwirtschaftlicher Zentren (die *domuscultae*), die den Platz der alten *villae* der römischen Zeit einnahmen, war eine Folge der wirtschaftlichen Aktivitäten der Kirche. Andere Teile der italienischen Halbinsel entwickelten sich anders. Sowohl an der italienischen Adriaküste (von der Lagune von Venedig bis Apulien) als auch in manchem Gebiet im Inneren der Halbinsel, auf Sizilien oder auf manch anderer Insel konnte das byzantinische (römische) Reich nämlich noch lange seine Macht ausüben (mancherorts bis ins 11. Jh. hinein) und die Rolle der Städte stärken, manchmal direkt wie zum Beispiel in Apulien, manchmal dagegen indirekt, zum Beispiel in Venedig.

Wenn man auf die Entwicklung außerhalb der italienischen Halbinsel blickt, so wurde dort die alte Gebietseinheit des Römischen Reiches durch exogene Kräfte sehr viel gewaltsamer zerbrochen: Ihre ganze Wucht zeigte die rasche Ausbreitung des Islam ab dem 7. Jh. im Nahen Osten, in Ägypten, längs der Mittelmeerküste Afrikas, auf Sizilien und anderen kleineren Inseln sowie eben auf der Iberischen Halbinsel.

Letztendlich waren im ganzen westlichen Bereich Europas – zwar zu verschiedenen Zeiten, jedoch unaufhaltsam – die gesellschaftlichen, wirtschaftlichen, politischen und militärischen Verwaltungs- und Ordnungsstrukturen verschwunden, die die Herrschaft Roms getragen hatten. Durch die Synergie all dieser Faktoren (sowie durch verschiedene andere, die hier nicht erwähnt werden) gingen im gesamten christlichen Europa, besonders im Westen, aber auch teilweise im Osten viele Ansiedlungen wieder unter; nur das islamisierte Europa bietet ein anderes Bild. Die übriggebliebenen städtischen wie nichtstädtischen Siedlungsordnungen und Infrastrukturen erfuhren eine endgültige Destrukturierung oder zumindest eine tiefe Veränderung. Es war ein Szenario der Dekadenz, das da vom 7. bis zum 11. Jh. herrschte. Demographisch ist eine gewaltige zahlenmäßige Abnahme der Europäer zu verzeichnen, die im augusteischen Zeitalter etwa 26 Millionen waren und im 7. Jh. auf weniger als 15 Millionen geschrumpft waren, um bis zum 10. Jh. wieder auf circa 23 Millionen anzuwachsen. Die territoriale Verteilung der Bevölkerung wurde eine andere, denn die Städte verloren einen Großteil ihrer Bewohner. In den Städten und außerhalb entstanden neue Gesellschaftsschichten und Hierarchien. Die Wirtschaft

10

9 Plan der konstantinischen Basilika und des neronischen Circus auf dem Grundriss der heutigen Basilika Sankt Peter.

10 Rom, Sankt Peter. Römische Nekropole unter der Basilika, möglicherweise mit der Grabstätte der Iulii. Das Deckenmosaik zeigt den Sonnengott mit dem Himmelswagen, umgeben von Weinreben.

11 Rom, Santa Croce in Gerusalemme. Antike Palastaula, von Nordosten gesehen. Die großen Fenster im Obergeschoss wurden im Mittelalter hinzugefügt.

11

12

12 Rom, Basilica dei SS. Giovanni e Paolo. Frühchristliche Apsis mit mittelalterlicher Empore. Rechts älteres, in das Seitenschiff integriertes römisches Mauerwerk.

war rückläufig: Der Radius des Handelsverkehrs wurde geringer, die Produktivität ließ nach, das Brachland nahm zu, es bildeten sich lokal orientierte Wirtschaftsformen aus oder solche, die das bloße Auskommen zum Zweck hatten, Münzgeld wurde selten, der Geldtausch ging zurück. Unter dem Gesichtspunkt von Jurisdiktion und Verwaltung war dieses Dekadenz-Szenario gekennzeichnet durch das Verschwinden oder die Veränderung der vorherigen Gesetzes- und Normsysteme, die durch andere ersetzt wurden oder sich mit anderen vermengten, die andere kulturelle Wurzeln hatten. Nicht einmal Wissen, ob kulturelles, künstlerisches oder technisches, blieb beständig. Schließlich, was aber keineswegs als sekundär erscheinen soll, änderten sich die sozialen Strukturen, zum Beispiel durch die Verbreitung andersartiger Sitten und Bräuche.

Das Zusammenspiel dieser neuen Realitäten hatte selbstverständlich Folgen auch auf der Ebene der Siedlungen und der Infrastruktur, etwa durch die Unterbrechung von Wasserleitungen, die Verschlechterung des Straßenzustands, den Verfall von Brücken und örtlichen Kontrollpunkten, durch eine andere Ausrichtung der Schifffahrtswege. Das Netz der großen Hauptstraßen, welche die Stabilität und das Wachstum des Römischen Reiches getragen hatten, verfiel und wurde zum Teil aufgegeben; manche große Route blieb freilich im Dienst, noch andere waren im Entstehen. Die Schifffahrt auf den großen Flüssen bestand weiter und die Binnensee- und Flussschifffahrt über kürzere Entfernungen nahm sogar zu. Was die Seewege betrifft, so blieb die Küstenschifffahrt bestehen, aber die westlich-christliche Seeschifffahrt über längere Strecken traf auf erhebliche Schwierigkeiten, weil die Hauptrouten von den islamischen Flotten durchkreuzt wurden. Ihre Kontinuität und wirtschaftliche Bedeutung nahm folglich ab. Die politischen und territorialen Strukturen wirkten sich auf diese neuen Realitäten logischerweise aus. Einerseits entstanden neue Formen der Machtausübung und der Territorialkontrolle, da die vorherigen ihre Bedeutung und ihre Effektivität verloren hatten. Andererseits änderten sich die Hierarchien und territorialen Rollen aller früheren Ansiedlungsformen, ob städtisch oder nicht.

Obwohl noch innerhalb der christlichen Welt befindlich, ist das Bild für den balkanischen südöstlichen Teil Europas ein anderes, denn das Byzantinische Reich konnte die Kontrolle über diese Gebiete wahren. Seine Hauptstadt diente hier als zentralistischer Bezugspunkt. Sein Einfluss basierte auch auf der »internationalen« Verbreitung seiner goldenen Münzen, die freilich später allmählich an Wert verloren. Die Ausübung der kaiserlichen Macht, die um den Kaisersitz, das heißt um Byzanz, zentriert war (Konstantinopel hatte wieder seinen alten Namen angenommen), gründete auf einem kom-

13

13 Die geopolitische Karte zeigt die Eroberungen Justinians im 6. Jh.

14 Abschnitt der Via Nova Traiana bei Kirbat al-Sanira in Jordanien. Die unter dem Konsul T. Claudius Severus gebaute Straße verbindet den Hafen von Aila am Roten Meer mit Bosra, der Hauptstadt der römischen Provinz Arabia.

plexen Netz aus politischen und fiskalischen Strukturen, auf territorialer, militärischer und maritimer Jurisdiktion und auf einem genauso ausgeklügelten System an technischem, kulturellem und künstlerischem Wissen. Diese Strukturen und Wissensformen nahmen auf verschiedenen Gebieten konkrete Gestalt an, zum Beispiel in der Rechtsprechung durch die Organisation in Themen *(themata)*, bei der militärischen Kontrolle in der Gestalt des Strategen, in der sozialen und berufskorporativen Hierarchie, aber auch in der Besiedlung der direkt oder indirekt Byzanz unterstellten Gebiete. Trotz einiger Wechselfälle und trotz örtlicher Besonderheiten ist die Rolle der städtischen Siedlungen im gesamten östlichen Teil Europas im Allgemeinen durch eine größere Kontinuität charakterisiert. Darf man doch die Dauer des Byzantinischen Reiches getrost bis ins 14. Jh. ansetzen, wenn man nicht gar als seinen symbolhaften Schlusspunkt erst das Jahr 1453 mit dem endgültigen dramatischen Fall Konstantinopels (unter die osmanische Herrschaft) ansehen will. Mit Blick auf die einzelnen städtischen Siedlungen ergibt indes auch der byzantinische Bereich weder ein einheitliches noch ein eindeutiges Bild. Wenn die Zentren in Kleinasien ihre territoriale Funktion auch mindestens bis ins 6. und 7. Jh. behalten haben, haben auf der anderen Seite die Invasionen der Awaren und Slawen auf dem Balkan, der Araber und Perser im Mittleren Osten und die schon im 7. Jh. einsetzende islamische Eroberungswelle im Mittleren Osten, im Heiligen Land und in Ägypten das städtische Gesamtsystem einschneidend verändert. Selbst in Konstantinopel kann man einen mehrfachen Wechsel zwischen Fort- und Rückentwicklung feststellen. Es bleibt jedoch unbe-

14

15

15 Das römische Theater von Bosra ist praktisch unversehrt erhalten, weil es in islamischer Zeit als Befestigung genutzt wurde.

zweifelt, dass das Byzantinische Reich im Großen und Ganzen weiterhin die Grundzüge einer städtischen Kultur aufweist, trotz des Wechsels zwischen Glanzzeiten und Krisen und trotz mancher Phasen, in denen die Zeichen ernsthaft auf Konfrontation standen, sei es im Inneren des Reiches, sogar in der Hauptstadt selber, oder in den Grenzgebieten. Es sei betont, dass das Mittelmeerbecken in all den Jahrhunderten nicht aufhörte, den Ort und die Gelegenheit eines allgemeinen ökonomischen und kulturellen Austausches zu bieten, der zwischen den unterschiedlichen Welten der Christenheit östlicher oder westlicher Prägung und den islamisierten Gebieten in Nordafrika, auf Sizilien und anderen Mittelmeerinseln sowie im südlichen Teil der Iberischen Halbinsel auch tatsächlich stattfand. Die Hauptorte und -träger dieses kulturellen, künstlerischen und technischen Austausches waren sowohl das Milieu des Kaiserhofs in Byzanz als auch die kulturellen und wissenschaftlichen Kreise, die in den wichtigsten Zentren der islamisierten Welt entstanden waren. Sie waren es, die das Wiederaufleben des bedeutenden philosophischen, historiographischen und technischen Kulturgutes der griechischen Klassik und der hellenistischen Zeit ermöglichten. Dabei waren zweifellos das ganze Mittelmeerbecken, das östliche und das westliche Europa Subjekt und Objekt zugleich, Drehpunkt und Ort des politischen, wirtschaftlichen und religiösen Zusammenstoßes sowohl zwischen den Machtzentren der Christenheit und jenen der islamisierten Bereiche als auch, auf nicht weniger dramatische Weise, zwischen verschiedenen politischen und ökonomischen Instanzen des christlichen Europas selbst. An dieser Stelle sei abschließend folgende Verallgemeinerung gestattet: In der Zeit des frühen Mittelalters finden wir im Mittelmeerbecken auf der einen Seite die Welt der Christenheit, die in mindestens zwei große und getrennte Einflussbereiche aufgespalten war. Sie nahm in ihrem östlichen und ihrem westlichen Teil eine je verschiedene Entwicklung. Der allgemeinen und gravierenden Krise im Westen, die mit dem Verfall der Koordinierungsfunktion der städtischen Zentren einherging, steht im Osten eine örtlich begrenzte Krise gegenüber. Sie betraf zwar zum Teil auch die Hauptstadt, wurde aber zum Teil auch wieder durch die noch immer zentralistische kaiserliche Verwaltung aufgefangen und eingegrenzt, woraus das Überleben des urbanen Netzwerkes trotz seiner hochkomplexen funktionellen Gliederung folgte. Auf der anderen Seite finden wir die dem Islam unterworfene Welt in ihrer ganzen territorialen Weite. Da sie der christlichen Welt in mancherlei Weise entgegengesetzt war, kann sie trotz ihrer Zerrissenheit durch heftige (religiöse, ökonomische und politische) Auseinandersetzungen, trotz der blutigen inneren Kämpfe und der komplexen Struktur ihrer Machtzentren als eine eigene und einheitliche Welt angesehen werden und wurde damals auch als solche wahrgenommen. Diese Welt befand sich weithin in einer Wachstumsphase und war allgemein blühend. Neben dem erwartungsgemäßen Wechsel im religiösen System sowie innerhalb der sozialen und politischen Klassen beobachtet man im Bereich des europäischen, nordafrikanischen und mittelöstlichen Islam ein eindrucksvolles wirtschaftliches Wachstum und eine großartige Zunahme der kulturellen, künstlerischen, philosophischen und wissenschaftlichen Tätigkeit. Da das muslimische System grundsätzlich urbanen Ursprungs ist, genossen die alten und vor allem die neugegründeten Städte in der islamisierten Welt meist eine lange Zeit des Wohlstands. Sie wuchsen nicht nur mit Blick auf ihre physische Ausdehnung und die Anzahl ihrer Bewohner, sondern auch in Bezug auf die handwerkliche Produktion und den Tauschhandel. Mehr noch: Das ganze vom Islam beherrschte territoriale Gefüge wies innovative und originelle oder doch stark erneuerte Züge auf. Jenseits des Interesses an den Städten, die auf jeden Fall einschneidende Veränderungen durchmachten, beobachtete man in der islamischen Welt sehr aufmerksam auch die Entwicklung der außerurbanen Landstriche, deren landwirtschaftliche Ressourcen durch moderne Bewässerungs- und Anbautechniken entfaltet wurden. Die islamische Welt belebte und pflegte intensiv das Netz der Schifffahrts- und Landstraßenverbindungen, indem sie durch Einrichtung entsprechender Rast- und Marktstrukturen ihr Zusammenspiel mit den großen Karawanenstraßen verbesserte, die Waren und Erzeugnisse ferner Herkunft (aus Asien, Arabien, Afrika) ins Mittelmeerbecken brachten. Als Ergebnis der vorstehenden Schilderung kann man festhalten, dass in den Jahrhunderten des sogenannten Frühmittelalters (nach der westeuropäischen Periodisierung ist damit die Zeit zwischen dem Ende des 5. und der zweiten Hälfte des 11. Jhs. gemeint) auf dem europäischen Kontinent und im Mittelmeerbecken drei verschiedene Einflussbereiche entstanden sowie drei – auch nach ihrer inneren chronologischen Unterteilung – ebenso verschiedene Bezugsrahmen: erstens der Großteil des kontinentalen und westlichen christlichen Europas; zweitens das christliche Europa unter der Herrschaft des Oströmischen Reichs (das heißt von Byzanz), das sich auf den griechisch-balkanischen Bereich, auf den adriatischen und ionischen Teil der italienischen Halbinsel und auf verschiedene Teile Mitteleuropas erstreckte; drittens das Gebiet unter der Herrschaft des Islam, das einen Teil der anatolischen Halbinsel, das ganze Nordafrika, das südliche Gebiet der Iberischen Halbinsel, Sizilien und andere Mittelmeerinseln umfasste.

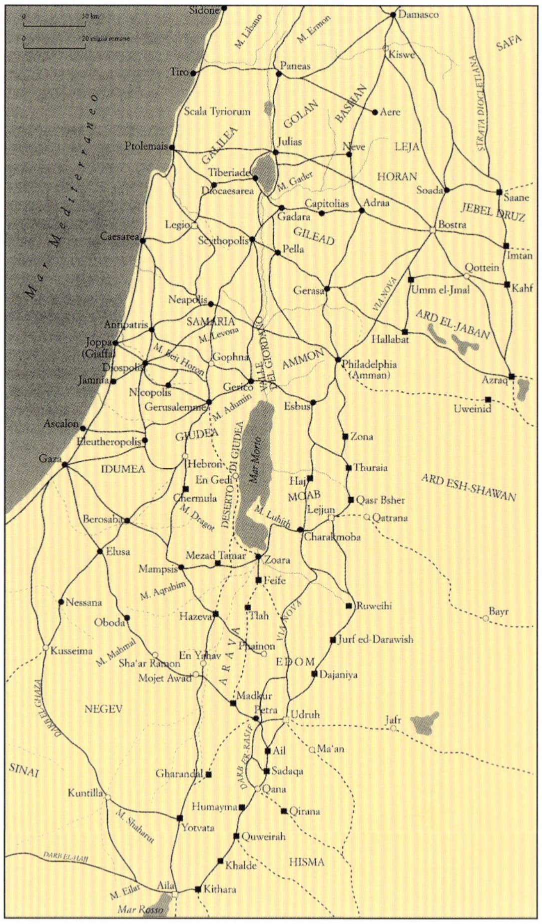

16

16 Das Straßennetz, das von der Via Nova Traiana ausgeht, der Hauptverkehrsader der Provinz Arabia, verbindet die Provinz mit Syrien und Palästina.

17 Der *cardo* von Palmyra, Hauptstraße dieser bedeutenden Stadt im Nahen Osten: ein Ort der Kulturbegegnungen.

18 Die Metropole Alexandria. Detail einer Nilszene aus einem Mosaik in der Kirche San Giovanni in Gerasa, Mitte des 6. Jhs.

17

18

19

19 Gerasa. Der *cardo maximus* teilt die Stadt in zwei Teile. Die westlichen Viertel, dominiert vom Tempel der Stadtgöttin Artemis-Tyche, wurden im 2./3. Jh. prächtig ausgebaut, nachdem die Städte der Dekapolis in die neue Provinz Arabia eingegliedert worden waren.

KAPITEL VIII

Das frühmittelalterliche Westeuropa – eine »de-urbanisierte« Welt

Im vorigen Kapitel wurden die wichtigsten Ereignisse umrissen, die das Geschehen im westlichen und östlichen christlichen Europa nach dem Zerfall des Römischen Reiches bestimmten. Im westlichen Reichsteil änderte sich nach dem Ende des 5. Jhs. die Rolle der Städte deutlich, da sie ihre frühere territoriale Koordinierungsfunktion verloren. In dieser Hinsicht erscheint es folgerichtig, diese Periode weniger als eine Krisenzeit der Stadt zu definieren, wie in der Stadtgeschichtsforschung üblich, sondern eher als eine Zeit, die eine neue Auffassung von der Kontrolle und dem Gebrauch eines Herrschaftsgebiets und seiner charakteristischen Ansiedlungsformen erlebte. Deshalb bezeichnet man diese Verhältnisse mit dem Neologismus »de-urbanisierte« Welt. Als Alternative zu den städtischen Zentren und den bisher von ihnen erfüllten Koordinationsfunktionen kamen allmählich neue Siedlungsformen auf. Ebenso bildeten sich im westlichen Europa neue Kontroll- und Organisationsformen der Herrschaft über ein Territorium heraus: das feudale System in seinen verschiedenen Spielarten (langobardisch, fränkisch usw.) und mit den entsprechenden neuen sozialen Schichten.

Das Wegenetz

1 Aostatal. Abschnitt einer antiken römischen Straße.

2 In dem piemontesischen Städtchen Susa beginnt die Straße von der Poebene über die Alpenpässe von Moncenisio und Monginevro nach Frankreich.

2

Zunächst sei unterstrichen, dass selbst in den schlimmsten Krisenzeiten und trotz vielerlei widriger Umstände nicht nur die meisten örtlichen Routen, sondern auch einige der großen Fernverbindungen weiterhin ihren Dienst versahen. Der Handelsverkehr nahm dennoch stark ab, denn die Routen waren schwer befahrbar wegen der schlechten Qualität der Straßen selber (im Fall der Landstraßen) und wegen der weitverbreiteten Baufälligkeit der Infrastruktur (Brücken, Rast- und Versorgungspunkte, Wechselstationen). Oft, was beileibe nicht zweitrangig war, bestand die Störung auch im Verlust der Sicherheit der Fahrenden durch Angriffe verschiedener Art und Schwere. Dies betraf nicht nur die Straßen, sondern auch sämtliche Wasserverbindungen, wobei die Verhältnisse selbstverständlich je nach Region und auch je nach Siedlungsstruktur verschiedene waren. Als Kontinuitätsfaktoren der Fernverbindungen blieben bestehen: die Flussschifffahrt auf den großen Wasserläufen im französischen und deutschen Bereich (Seine, Loire, Rhein) sowie die Übergänge der Alpenpässe aus dem französischen und deutschen Gebiet in Richtung Italien, insbesondere die große Route der Via Francigena, der Frankenstraße, mit ihren sämtlichen Varianten und Seitenwegen, die den französischen Süden mit Italien verband. Zu nennen sind auch die Zufuhrwege von slawischem Gebiet nach Italien über Istrien, die sogenannte Via Romea, die das Po-Areal in Richtung auf die italienische Adriaküste durchquerte, und andere Wege, wie die weiterbestehenden Via Appia Traiana und Via Egnatia, die im weiteren Verlauf mit übriggebliebenen oder neu angelegten Hafenanlagen eine Verbindung zu Osteuropa und somit auch zu Konstantinopel übers Meer herstellten. Zu diesen Kontinuitätsfaktoren kamen neue Routen als Ursache und Wirkung neuer Siedlungen sowie neuer kultureller und künstlerischer Elemente hinzu. Besonderes Gewicht kommt darunter den neuen Pilgerwegen zu, die zur Wallfahrtskirche des heiligen Jakobus in Santiago de Compostela oder nach Rom oder ins Heilige Land führten, in letzterem Fall selbstverständlich mit einer Fortsetzung über geeignete Seewege. Was die »Landstraßen« betrifft, sind einige Präzisierungen nötig. Anders als heute üblich waren sie im Frühmittelalter keine Straßen im Sinne einer einzigen und eindeutigen Wegführung, gegebenenfalls mit zweckmäßiger Pflasterung. Manchmal benutzten die Wegrouten tatsächlich die weiterbestehenden Straßenbetten, wie die Via Appia Traiana, manche Abschnitte der Via Cassia oder andere römische Straßen in mehreren Teilen Europas. Aber im All-

1

3

gemeinen bestanden die Routen in einer Ansammlung von mehreren Strecken mit alternativen Verläufen, mit Teilvarianten je nach Saison oder anderen Überlegungen der Sicherheit oder Zweckmäßigkeit. Sie verbanden zwei territorial bedeutsame Punkte wie zum Beispiel Städte mit einem Wegesystem in etwa in der Gestalt einer Spindel miteinander. Hierdurch unterschied sich das System des frühmittelalterlichen Wegenetzes gänzlich von dem früheren.

3 Römisches Basrelief, gefunden bei den Ausgrabungen an der Via Postumia. Die Straße wurde 148 v. Chr. im Auftrag des Konsuls Spurius Postumius Albinus Magnus begonnen und führte von Genua über die Apenninen bis Tortona, Piacenza, Cremona und Verona nach Aquileia. Das spätantike Relief zeigt eine Szene aus der Landwirtschaft.

Was von den Städten übrigblieb

Mit dem Untergang des Weströmischen Reiches wurden viele Städte wegen Invasionen, Zerstörungen oder aus noch anderen Ursachen verlassen und verschwanden zuweilen ganz von der Landkarte. Aber in vielen anderen Fällen und sogar in schweren Krisenzeiten blieben bedeutende Siedlungen, die durch eine mehr oder minder große Menge an Bauwerken verschiedenster Art charakterisiert waren, wie eben die Städte, als einflussreiche Realitäten in der Siedlungslandschaft im christlichen Westeuropa bestehen, obwohl sie im Durchschnitt eine weniger wichtige Rolle spielten und weniger Einwohner zählten. Um diese beiden Phänomene, das Verschwinden der Städte und ihren geringeren territorialen Einfluss, zu erklären, spricht man gewöhnlich von einer Krise der Städte im christlichen Westeuropa in der Zeit des Frühmittelalters. Im Fall des Weiterbestehens der städtischen Anlage stelle sich diese eben als zusammen- oder zurückgeschrumpfte Stadt dar. Von der vormaligen städtischen Siedlung wurden nämlich nun nur noch einige Teile oder gar nur wenige Baukomplexe benutzt und bewohnt, beispielsweise das Amphitheater, die Thermen oder das Mauerwerk, während der von seinen Bewohnern verlassene Rest in den Zustand eines ganz oder halb landwirtschaftlichen Areals zurückkehrte. In Nimes, vormals ein wichtiges Zentrum mit einer Ausdehnung von 220 Hektar, verkleinerte sich die Stadt auf ein Areal, das kaum größer als das Amphitheater war. In Paris erhielten sich Spuren der römischen Lutetia Parisiorum, darunter der bedeutende Komplex der sogenannten gallorömischen Thermen. In London scheint nach der hadrianischen Zeit die alte Stadt Londinium zu verschwinden, obzwar die Sache umstritten ist und einige Forscher angesichts der privilegierten Lage des Hafens an der Flussmündung doch auf der Kontinuität zumindest dieser Infrastruktur und der dazugehörigen Siedlungen bestehen. In

4

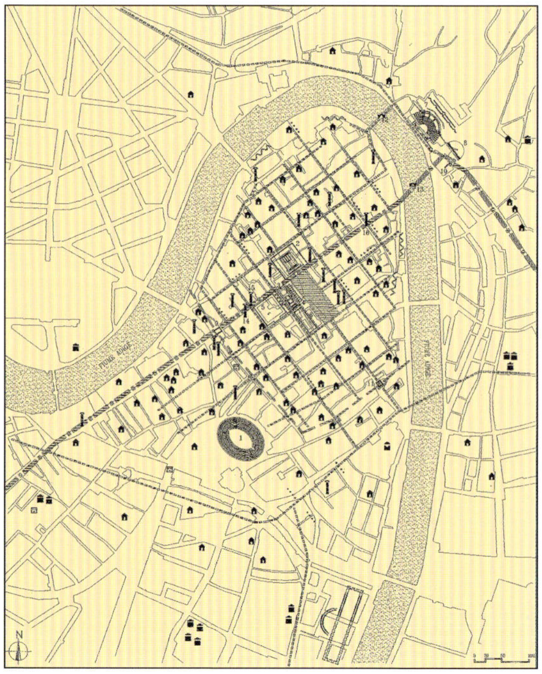

5

6

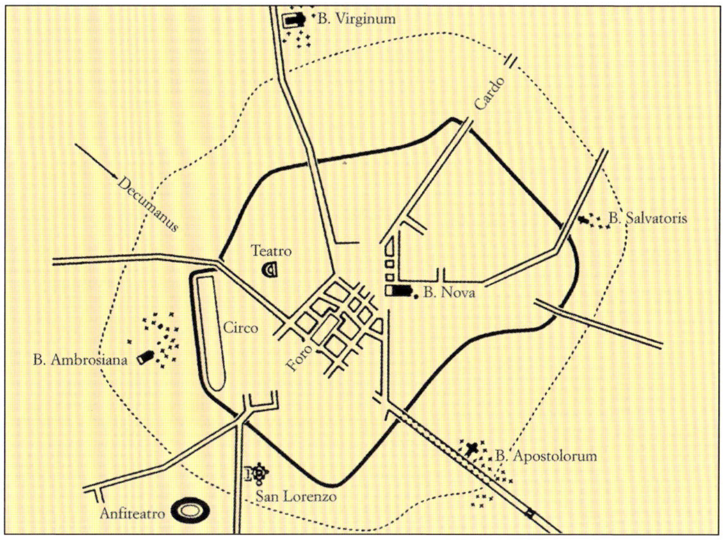

4 Verona. Die römischen und spätantiken Reste werden überlagert von der heutigen Stadt an der Etsch.

5 Cremona. Nördlich des Po erstreckt sich die Via Postumia, die Ligurien (und darüber hinaus Gallien) mit Aquileia verbindet.

6 Grundriss des antiken Mailand – mehr als ein Jahrhundert lang kaiserliche Residenz – unter den Strukturen der mittelalterlichen Stadt.

Köln, einer Stadt, die sich zur Kaiserzeit auf 97 Hektar Grund erstreckte, verkleinerte sich das Wohngebiet auf ein Bruchteil des römischen Gefüges, und Beispiele gäbe es noch mehrere. Auch in Wien unterscheidet sich die römische Stadt Vindobona sehr von der mittelalterlichen.

Das Phänomen der Zusammenziehung in einen Kernbereich ist dort am augenfälligsten, wo früher die Dichte der städtischen Zentren höher gewesen war, das heißt im südfranzösischen Bereich und vor allem auf der italienischen Halbinsel. In Arles und in Lucca bildet der Komplex des römischen Amphitheaters den Ursprung der mittelalterlichen städtischen Siedlung. Wenngleich Rom die Aura seines vormaligen kaiserlichen Prestiges behielt (tatsächlich sollte sich im Jahr 800 Karl der Große hier die kaiserliche Krone aufsetzen lassen) und zudem die Würde der apostolischen Stätte der westlichen Christenheit angenommen hatte, wurde es doch nicht mehr durch die großen Wasserleitungen gespeist, sank die Bevölkerung rasant und schrumpfte die städtische Siedlung auf ein paar Areale zurück. Die Einwohner lebten entweder in jenem Teil der Stadt, der einen leichteren Zugang zum Fluss hatte (die Schleife im städtischen Lauf des Tibers), oder sie benutzten die noch bestehenden Bauwerke als Wohnung, so das Kolosseum, einige Bereiche der Kaiserforen, zum Teil das Kapitol. Einige der Mächtigen nahmen ihren Sitz in anderen alten und eindrucksvollen Bauten wie dem Hadriansmausoleum, dem Theater des Marcellus und anderen Grabstätten. Mehrere religiöse Komplexe blieben weiterhin aktiv, und manche wurden sogar zur Verteidigung ausgebaut. Typisch für Rom war, dass im Unterschied zu anderen Städten zumindest in den frühmittelalterlichen Jahrhunderten der große Ring der Mauern (die aurelianisch genannt werden, jedoch das Ergebnis mehrerer Umänderungen sind – Rossana Mancici hat sie in einer neueren Studie ein »Palimpsest« genannt) kaum als Grundmaterial für andere bauliche Funktionen verwendet wurde. Das lässt sich wohl damit erklären, dass dieser Schutzring, der sich gegen die Invasionen der barbarischen Stämme als nutzlos erwiesen hatte, nunmehr durch Gebiete verlief, die sich außerhalb der bewohnten Areale befanden. Deshalb auch erschien es im 9. Jh. wichtig, einen viel engeren zweiten Mauerring (die leoninische Mauer) zum Schutz des vatikanischen Areals zu bauen.

Stark umstritten ist die Frage, ob und auf welche Art und Weise in den mittelalterlichen Städten der Grundriss aus römischer Gründung eventuell weiterbestand. Viele Stadtgeschichtsforscher unterstreichen die Bedeutung der Kontinuität, mit der sich die

Entwürfe römischen Ursprungs noch im Erscheinungsbild des städtischen Gewebes nach dem starken Wiederaufleben der Rolle der Städte ab dem 11./12. Jh. niederschlagen. Aber auch hier ist der Bezugsrahmen sehr variabel. Sicherlich bestanden in manchen Fällen die antiken Anlagen mutatis mutandis weiter. Auch den Fall, dass eine Siedlung aus verschiedenen Gründen in frühmittelalterlicher Zeit keine einschneidenden Veränderungen oder Schrumpfungen im Verhältnis zu ihrem Bestand in römischer Zeit erfuhr, gab es durchaus. Er trat besonders dann auf, wenn in einem städtischen Zentrum das Interesse weiterbestand, mittels einer Brücke einen Fluss zu überqueren, dessen Lauf, Ufer, Wasserstand und Bedeutung unverändert blieben, denn natürlich steht die Zahl der Überquerungen in enger Verbindung mit den entsprechenden Wegverläufen. In Rom waren solche wichtigen Brücken beispielsweise die Engelsbrücke (der Pons Aelius) oder die Brücken an der Tiberinsel. In vielen Fällen bestanden antike Siedlungen weiter, auch wenn sie sich sozusagen in die mittelalterlichen Anlagen »verstoffwechselten«. Es gibt jedoch genauso viele Fälle einer manchmal partiellen, manchmal vollständigen Veränderung der bestehenden Anlage. Als Beispiele seien im deutschen Bereich Trier und Aachen angeführt, im balkanischen Thessaloniki (Saloniki); im Süden gab es noch viele andere. Es darf nicht vergessen werden, dass die römischen Anteile und Schichten sehr oft und aus verschiedenen Gründen durch andere, spätere überlagert wurden und dass die ursprüngliche Anlage deshalb ihre Identität verlor. Auch ist von Belang, dass in der römischen Zeit nur ganz neu angelegte oder neu wiederbegründete Städte dem orthogonalen Raster folgten oder auch solche Gründungen, die eine Rasteranlage aus älterer Zeit benutzten. In allen anderen Fällen fehlt dagegen diese regelmäßige Struktur ganz. Aus dem italienischen Kontext können einige Beispiele genannt werden. Rom etwa gehörte nicht zu den Fällen, in denen ein allgemeines orthogonales Raster zum Tragen kam, obzwar zur Kaiserzeit einige Parzellen orthogonal angelegt wurden. Folglich betreffen die antiken Strukturen, die im städtischen mittelalterlichen (und auch späteren) Gefüge noch erkennbar sind, nur einige wenige Hauptachsen und Brücken. Die (auch toponomastische) Spur der römischen Anlage ist in Pavia, Como, Mailand, Bologna, Florenz und Pisa erkennbar. In fast all diesen Städten wurden jedoch im Mittelalter (in seiner vor- oder frühstädtisch zu nennenden Phase) aus verschiedenen Gründen einzelne Abschnitte des ursprünglichen Netzes vernichtet oder erheblich verändert. Die Gründe konnten etwa in der Änderung eines Flusslaufs, in der Inbesitznahme durch einzelne Mächtige, durch weltliche oder religiöse Einrichtungen bestehen, die zum Zweck der eigenen Ansiedlung ältere Strukturen zerteilten oder zusammenführten. Zum Beispiel hat in Pavia die Anlage des Komplexes von San Pietro in Ciel d'Oro das Stadtgefüge gravierend verändert. Aufschlussreich ist der Blick von außen: Ein arabischer Chronist erzählt im Rahmen eines Reiseberichts: In Pavia »lebten die Lombarden, nach Art der Kurden, Zelte und Hütten bewohnend« (de Simone, Mandalà). In Arezzo verließ man in frühmittelalterlicher Zeit die römische Siedlung, die sich aus Rücksicht auf den alten Wegverlauf talwärts befand, zugunsten einer Ansiedlung näher am Berg und damit näher an den neuen Straßenverläufen, die die Stadt interessierten und über die Hügel verliefen.

Eine Vielzahl der alten Städte konnte trotz des Verlusts ihrer ursprünglichen Rolle, ihres früheren Rangs und eines guten Teils ihrer Einwohnerzahl ihre anerkannte begriffliche und ideologische Identität bewahren. Dies gilt besonders, aber nicht nur in Italien. Just aus diesem Grunde wurden neue Verwaltungs- und Machtzentren, die ab dem 7./8. Jh. immer deutlicher die früheren ersetzten, oft in den Städten errichtet. Auf diese Weise genossen sie deren ideologisches Ansehen und zugleich den praktischen Vorteil, schon bestehende Bauwerke nutzen zu können. In Italien ergab sich hieraus ein besonderes

7 Verona. Das gewaltige Amphitheater bewahrt den Grundriss der römischen Stadt.

8 Lucca. Die mittelalterliche Stadt lehnt sich an das römische Amphitheater an und greift dessen Struktur beim Neubau des Stadtkerns auf.

8

9

9 Auf der Miniatur aus dem Egbert-Codex ist im Hintergrund die zu einer christlichen Kirche umgebaute Porta Nigra in Trier dargestellt.

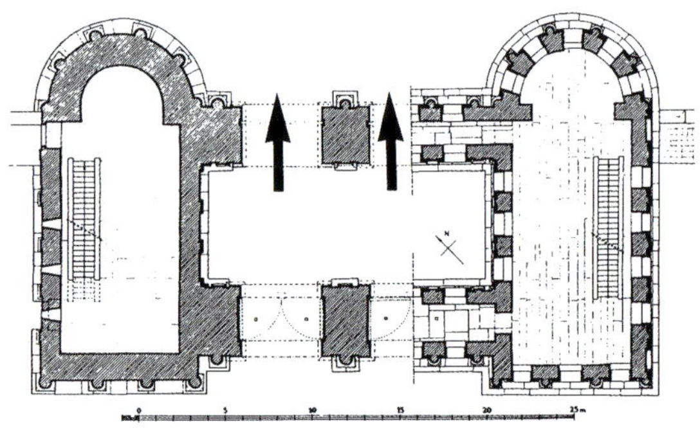

10

10 Grundriss der Porta Nigra in Trier.

Bild, denn die Bischöfe errichteten den Sitz ihrer Diözesen besonders gerne in den Städten oder in ihrer unmittelbaren Nähe (Modena, San Gimignano, Arezzo). Es gab nur in den seltensten Fällen Bischofssitze, die keine Beziehung zu einer Stadt hatten. Auch die langobardischen Herrscher, deren territoriales Kontrollsystem nicht notwendigerweise einem urbanen System angegliedert war, erwählten gerade die Städte (Pavia, Monza, Pistoia, Benevent) zum Sitz ihrer wichtigsten Machtzentren; nachdem sie zum Christentum (ursprünglich arianischer Prägung) übergetreten waren, kamen die Bischofssitze hinzu. Das Interesse am urbanen System wurde so stark, dass einige langobardische Könige (insbesondere König Rotari) im Rahmen ihrer ehrgeizigen Bautätigkeit (Paläste, Türme) detaillierte Edikte erließen, die jahrhundertelang gelten sollten. Sie betrafen die Bautechniken und die Löhne, an die sich Steinmetze, Unternehmer und Architekten zu halten hatten. Ein trotz mancher Unterschiede ähnliches Bild boten zu gleicher Zeit und nachfolgend die Franken, bei denen in manchen Fällen sogar die Gestalt des Bischofs und des Lehnsherrn in einer Person zusammenfielen.

11

12

11 Rekonstruktionszeichnung des römischen Amphitheaters in Trier.

12 Auf der Insel Skellig Michael vor der Küste von Kerry befindet sich eines der bekanntesten mittelalterlichen Klöster Irlands. Außerhalb der römischen Welt entwickelten sich Städte und Dörfer oft im Umkreis der Klöster.

Nicht-urbane Siedlungsformen

Das herausragende Kennzeichen des christlichen Westeuropa im Frühmittelalter ist die Verbreitung von nicht-urbanen Siedlungen. Sie besetzten das gegebene territoriale Gefüge und veränderten es mehr oder minder stark. Manchmal wurden sie ihrerseits zu neuen und wichtigen Ballungszentren oder zu Keimzellen einer städtischen Ansiedlung. Das geschah aus vielfältigen Gründen: als Ergebnis eines besseren Zustandes des Wegenetzes, aufgrund der Entstehung neuer Systeme der Herrschaftsausübung in Form von feudalen Machtzentren oder eben, weil sich sowohl das neue Geflecht der politisch-feudalen Kontrolle als auch das Netz der Marktorte herausbildeten (gegebenenfalls innerhalb eines örtlich begrenzten Rahmens). Manchmal fallen Letztere entweder mit den verbliebenen städtischen Zentren oder mit den neu gebildeten Machtzentren zusammen. Zusammenfassend stellt sich das frühmittelalterliche Westeuropa als ein gegliedertes Gefüge aus verschiedenen derartigen Netzen dar, die sich verschiedentlich überlagern und überschneiden. Dieses Phänomen ist die physisch wahrnehmbare siedlungstechnische Projektion des Spiels der Machtausübung zwischen den verschiedenen Ausprägungen, die das weltliche und religiöse Feudalsystem im Laufe der Zeit (gemeint ist vor allem die Zeit vom 7. Jh. bis zur Mitte des 11. Jhs.) angenommen hat und die in ständigem Wechsel mal im Streit miteinander lagen, mal in Allianz miteinander vereint waren. Anders als früher, als die Ordnung der ländlichen Gebiete vornehmlich auf dem System der Städte beruhte, erscheint jetzt im örtlich begrenzten Maßstab (sicher nicht im Rahmen der großangelegten Herrschaftsstrategien) die Überlagerung und Verflechtung der verschiedenen territorialen Netze als ein Gemenge aus urbanen oder nicht-urbanen Polen, die im Großen und Ganzen dasselbe Gewicht – oder dasselbe Profilierungspotential, je nach Einschätzung – besaßen.

Das beweisen auch die anhaltenden Kämpfe, die sich in örtlichem Maßstab zwischen den vielen Mächtigen entwickelten, die Anspruch auf Besitz oder Kontrolle erhoben. Im Einzelnen können die Bestandteile des neuen territorialen Ordnungsgefüges in den folgenden Kategorien zusammengefasst werden:

a) Erhaltene Städte

Sofern die Städte nicht ganz verlassen wurden, sondern erhalten blieben, zählten sie meist nur noch wenige Tausend Einwohner, manchmal sogar weniger.

b) Alte und neue befestigte Plätze

Obgleich auch hier Gestalt und Funktion verschieden ausfallen konnten, war doch im europäischen Gesamtbild die Burg die dominierende Grundform. Der lateinische Terminus *castrum* bezeichnete jedoch nicht nur eine einzige Kategorie territorialer Gebilde. Im Frühmittelalter und auch in den folgenden Jahrhunderten nannte man nämlich *castrum* erstens den einzelnen (mehr oder weniger großen) Baukomplex mit besonderen Verteidigungs-, Angriffs- sowie selbstverständlich auch Wohnmerkmalen (gebildet aus einem oder mehreren Türmen, anderen Bauten mit verschiedenen Funktionen und dem Mauerring), der im Machtsystem des weltlichen oder religiösen Feudalherren bildlich gesprochen das Haupt bildete. Zweitens hieß *castrum* (italienisch *castello*) aber auch der Wohnkern, der auf den erzwungenen oder autogenen Prozess des *incastellamento* zurückging, was im Deutschen etwa mit »Verburgung« zu übersetzen wäre. Gemeint ist die Zusammenführung schon bestehender verstreuter Siedlungen meist landwirtschaftlicher Art innerhalb eines einzigen, von Natur aus leicht zu schützenden Ortes, der zudem durch einen geeigneten Mauerring abgeschlossen wurde. Zu den befestigten Plätzen, jedoch auf einer Stufe, die hierarchisch anderen primären Strukturen unterstand, kann man auch die verschiedenen Turmarten zählen: Signaltürme, Türme zur Verteidigung, Türme zur militärischen oder auch fiskalischen Kontrolle von territorial bedeutenden Stellen wie Brücken, Mühlen, Furten, Bergpässen, sonstigen Wegengen. In Italien gehörten schließlich auch die langobardischen *farae* (Geschlechter, Familien) dazu, die als Ansiedlungen von Personenverbänden auch auf militärischer Basis entstanden waren. Es hat sich aus dieser Zeit manches Toponym erhalten, zum Beispiel Fara Sabina.

c) Handels- und Marktorte

Zu dieser Gruppe kann man neben Plätzen für die Jahrmärkte und den dauerhaften Marktorten – wenngleich nicht ohne eine gewisse Verzerrung – auch jene kleinen Anlegestellen an Seen, Flüssen und am Meer zählen, an denen ein örtlicher Tauschhandel verschiedener Waren stattfand. Was speziell die italienische Situation angeht, gehören weiter jene besonderen Zentren langobardischen Ursprungs dazu, die *salae* genannt werden. Sie entstanden nicht nur auf dem Land verstreut, sondern konnten auch Teil des städtischen Geflechts sein. In Italien haben mehrere Toponyme überlebt, zum Beispiel Sala als ein Teil der Innenstadt Luccas. So hat sich der Begriff *sala*, der ursprünglich bestimmte Rechtsformen germanischen Ursprungs bei Handelsverträgen bezeichnete, auf den Ort selbst erweitert und übertragen.

d) Bevorzugte königliche Orte

Die neu entstehenden Königtümer entwickelten ihre eigenen Ortsvorlieben und trugen so zur Ausbildung neuer Kernorte bei. Das gilt für die sächsischen Könige im englischen Gebiet, die Merowinger im nordwestlichen französischen Gebiet und später und im ganzen

13 Das Kloster Montecassino, wie es sich heute darbietet, das heißt seit dem Wiederaufbau nach der Bombardierung im Zweiten Weltkrieg.

13

14 Aachen, Residenzstadt Karls des Großen: Kaiserpalast.

15 Magdeburg, Palast der Sachsenkaiser.

14

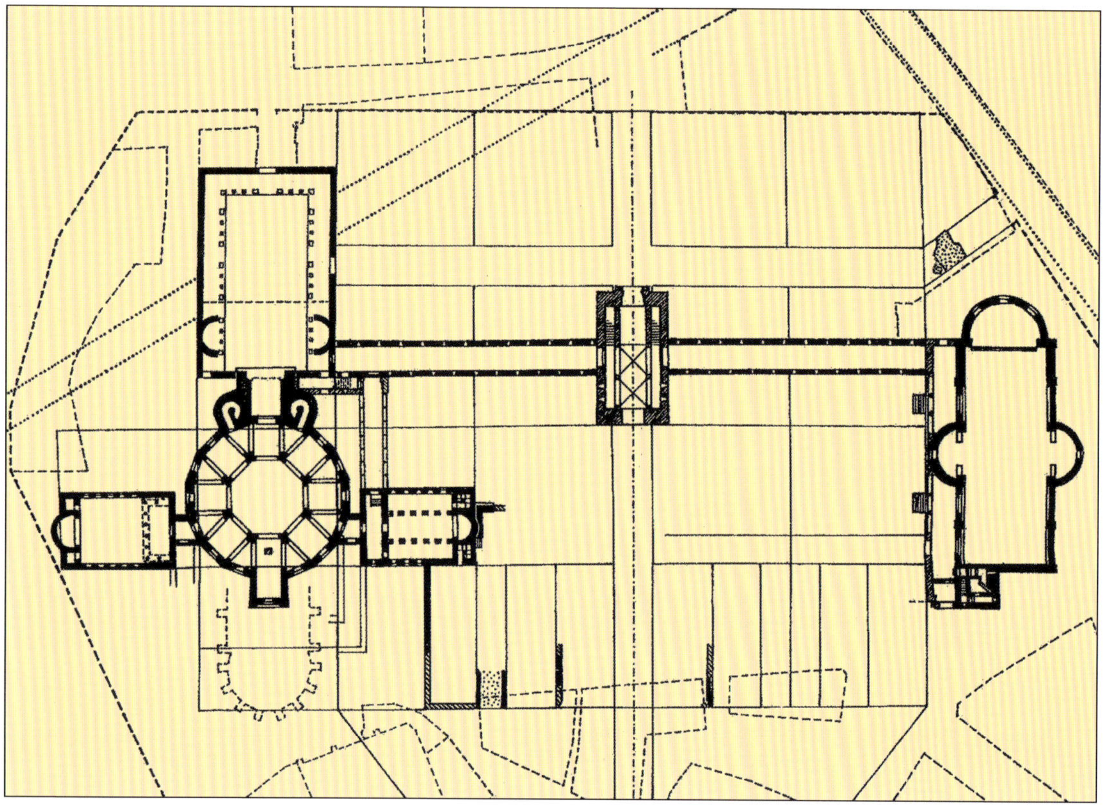

15

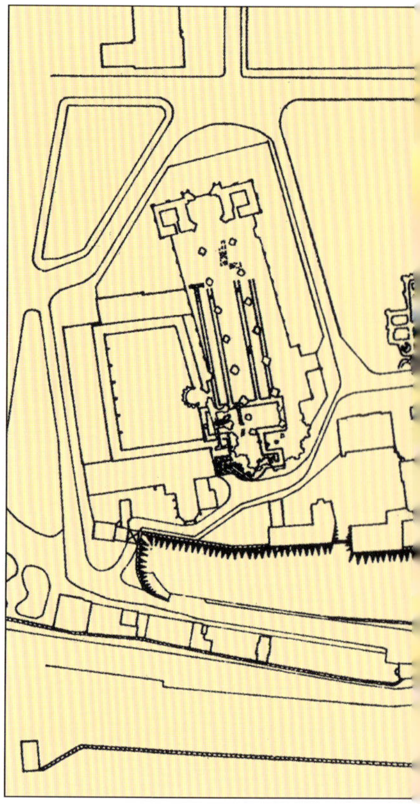

europäischen Westen für die neuen kaiserlichen Systeme der Karolinger und Ottonen. Gerade die beiden Letzteren haben unter dem Schutz des Papsttums den Prozess der Bildung einer neuen westeuropäischen Kultur tief beeinflusst. Allerdings hatten die westlichen Kaiser im Mittelalter keinen festen Sitz an ein und demselben Ort, den man als Hauptstadt hätte ansehen können. Vielmehr übten sie ihre Herrschaft an und von verschiedenen Orten aus, die über ihr ganzes Gebiet verteilt waren. Trotzdem wählten und privilegierten sie einige Orte, wo sie ihre beeindruckenden höfischen Hauptkomplexe schufen. Für Karl den Großen war dies Aachen, für die Ottonen spielte Ingelheim eine ähnliche Rolle.

In gewisser Hinsicht gehört in das Bild der neuen monarchischen Systeme auch der sonst ganz und gar besondere Fall des römischen Papsttums, übte der Papst doch gleichfalls eine territoriale Kontrolle aus. Zumindest tat er das, nachdem der merowingische König Pippin die Rechte des Pontifex auf die Gebiete des sogenannten *patrimonium sancti Petri*, das Rom und einem Teil des oberen Latiums entsprach, anerkannt hatte. Dies geschah auf Grundlage der gefälschten, damals jedoch für echt erachteten Konstantinischen Schenkung, und im Gegenzug erhielt Pippin vom Papst die Legitimierung und den Schutz der eigenen Dynastie.

16a

16 a-b Aachen, Inneres der Pfalzkapelle: a. Kuppelgewölbe; b. unterer Umgang

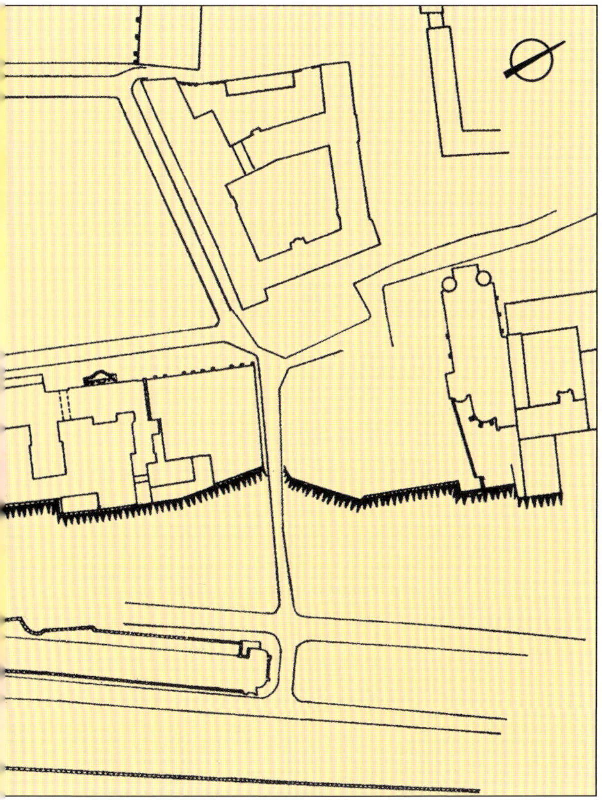

16b

Neben den weltlichen Spielarten des europäischen Lebens sind die religiösen Institutionen sowohl in Form der Bischofssitze als auch in ihrer zweiten bedeutenden Ausprägung, den Klöstern, nicht zu vernachlässigen, wenn es um die Förderung und Ausbildung bestehender wie neuer Siedlungsstrukturen geht. Andere Formen, die mit besonderen religiösen Spielarten (eremitischen oder zönobitischen) verbunden waren, sind unter dem territorialen Gesichtspunkt weniger relevant. Ein besonderes Gewicht kam dem Phänomen des Mönchtums zu, da es tief in die Strukturen des Territoriums eingreifen sollte. In seiner westlichen Gestalt führte es zur Entstehung der Abteien nach der benediktinischen Regel (mit späteren vielfältigen und verzweigten Untergliederungen). In der weniger häufig anzutreffenden östlichen Gestalt brachte es sowohl örtliche einsiedlerische Formen hervor als auch klösterliche Anlagen nach der basilianischen Regel, Letztere vor allem in Kalabrien und in anderen Gebieten Süditaliens, jedoch auch in einigen Vorposten bis ins Latium hinein. Diese neuen religiösen Phänomene zeigten Wirkung und Einfluss nicht nur auf der religiösen Ebene, sondern auch im Feudalwesen und in manchen Fällen auf der allgemein politischen Ebene (einige Mönchen und Äbte bestiegen sogar den päpstlichen Stuhl). Das benediktinische Mönchtum hatte seinen Ursprung im 6. Jh. in Italien mit der Gründung des Klosters Montecassino (529) durch den heiligen Benedikt und mit der Klosteranlage von Subiaco. Nach und nach kamen weitere Gründungen hinzu, etwa S. Giulia in Brescia oder Farfa im nördlichen Latium. In den folgenden Jahrhunderten breiteten sich die Klöster über ganz Europa aus: Es sei hier nur auf die hochberühmten Gründungen in Sankt Gallen und Einsiedeln in der Schweiz hingewiesen. Das waren große Gebäudekomplexe, selbstverständlich mit einem wichtigen Kirchengebäude als Herzstück, die zumindest am Anfang (später änderte sich der Ansiedlungsrahmen) in nichturbanisierten Gebieten lagen, mit Grundbesitz reich ausgestattet und auf der Ebene der landwirtschaftlichen wie handwerklichen Produktion autonom waren. Wenn man die Kirchenleute und die Arbeitskräfte zusammenzählt (Mönche, Laienbrüder, Knechte, Handwerker, Landarbeiter), ergaben sich oft mehrere Hundert Bewohner. Diese Anlagen bestanden folglich aus einem vielteiligen und komplexen Gebäudesystem, das verschiedenste Funktionen erfüllte – mit Zellen für Mönche und Laienbrüder, Kreuzgang, Kapitelsaal, Skriptorium, Refektorium, Küche, Lager, Werkstätten und Räumen für die Dienstleute. Diese Komplexe wurden als veritable befestigte Gottesburgen wahrgenommen und definiert, und dies durchaus nicht nur im religiös-metaphorischen Sinne. In Mittel- und Osteuropa traten sie auch tatsächlich als befestigte Klöster in Erscheinung. Klöster und Abteien übten direkte und indirekte feudale Besitzrechte über ausgedehnte Gebiete aus, die nicht immer unmittelbar an das Kloster als Siedlungskern angrenzten, sondern manchmal weit davon entfernt waren. Innerhalb des Siedlungssystems der Zeit bildeten diese Klosterherrschaften territoriale Schwerpunkte, die manchmal wichtiger und einflussreicher waren als die Städte. Schon die langobardischen Könige und Herzöge nutzten die Abteien als ein Mittel zur Ausübung ihrer Herrschaft (zum Beispiel die Klöster in Brescia und Nonantola), aber dann auch und vor allem die karolingischen und ottonischen Herrscher. Ganz in diesem Sinne bestätigten sie die territorialen Rechte der Abteien, begründeten selbst neue Niederlassungen und statteten sie aus. Allerdings griffen sie manchmal auch in die Wahl der Äbte ein. Besonders im deutschen Bereich, jedoch etwas später auch in England, wurden die Abteien zudem zum Kern und Kristallisationspunkt für neue städtische Agglomerationen, die sich um sie herum oder in ihrer Nähe entwickelten. Sie hatten damit, wie man sagt, eine stadtbildende Funktion. Ein bedeutsamer Qualitätssprung fand jedoch später, ab der zweiten Hälfte des 11. Jhs., statt, als die Zeit der reformierten Benediktinerabteien (erst der Cluniazenser und nachher der Zisterzienser)

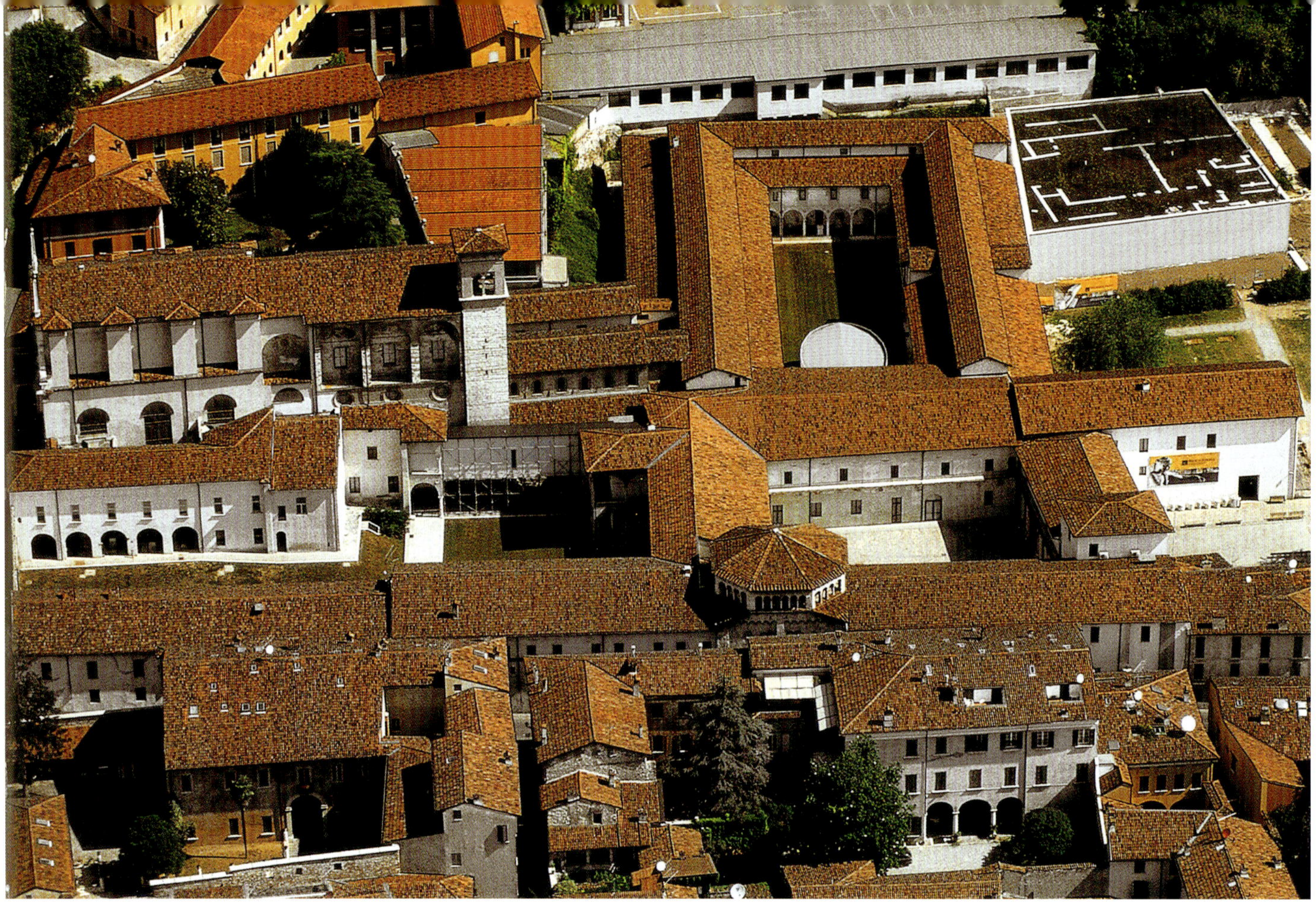

17

anbrach. Einerseits erfuhren unter ihrer Ägide die Verehrung des heiligen Jakobs und die Pilgerfahrten enormen Zuspruch. Den Bedürfnissen der Pilger entsprechend entstanden entlang der Pilgerwege kleine Zentren, die der Rast, aber zum Beispiel auch für Tausch und Handel dienten, sowie verschiedene Kirchen- und Andachtsgebäude. Andererseits förderten und verbreiteten Cluniazenser und Zisterzienser neue Besiedlungsformen, die mit einer intensiven Urbarmachung und landwirtschaftlichen Nutzung (mittels fortgeschrittener Techniken) von sumpfigen und brachliegenden Landstrichen verbunden waren. Auch neuartige Zentren für die Verarbeitung und Aufbewahrung von landwirtschaftlichen Erzeugnissen wurden gebaut, darunter Mühlen, Walkmühlen und Grangien (Wirtschaftshöfe). Wege wurden instandgesetzt. Neuartige Konstruktionssysteme im Bauwesen brachten die Herausbildung einer neuen Art von Baumeistern mit sich. Die Klosterbauten entstanden jedenfalls gerade aus religiösen Gründen in unbewohnten Gegenden, die erst trockenzulegen oder urbar zu machen waren, stand doch die Reinheit der Einöde in den Augen der Mönche der Verderbtheit der Städte gegenüber. Die neuen reformierten Benediktinerorden haben somit dazu beigetragen, die gesamte frühmittelalterliche Landschaft einschneidend zu verändern. Die von ihnen neu entwickelten Strukturen im Siedlungs- und Straßennetz erwiesen sich als ergänzend oder alternativ zu den früheren, stadtzentrierten Besiedlungsformen.

Bischofssitze wurden in Italien vornehmlich in den Städten eingerichtet, und die bischöfliche Anwesenheit hat zu deren Erholung in mehreren Bereichen und auf vielfältige Art und Weise beigetragen. Im wirtschaftlichen Bereich geschah das einerseits durch die Konzentrierung der Einkünfte der Zehnten, die in den Pfarrbezirken *(pievi)* gesammelt wurden; die *pieve* war im Übrigen auch der Orte, wo die Taufe gespendet wurde, welche die Aufnahme des Getauften in die christliche Gesellschaft legitimierte, aber wo auch die Versammlungen des Pfarrbezirks stattfanden. Andererseits wurden den Bürgern von bischöflicher Seite Handelsrechte eingeräumt oder andere weiterführende Unternehmungen begonnen. Im baulichen Bereich bestand die Förderung seitens der Bischöfe im Bau der Bischofssitze selbst im Bau oder in der Erneuerung der Bischofskirche und manchmal auch in der aktiven Beteiligung am Bau oder Wiederaufbau des Mauerrings. Im Nachhinein wurden Bischöfe deshalb nicht selten zu Schutzpatronen ihrer Stadt er-

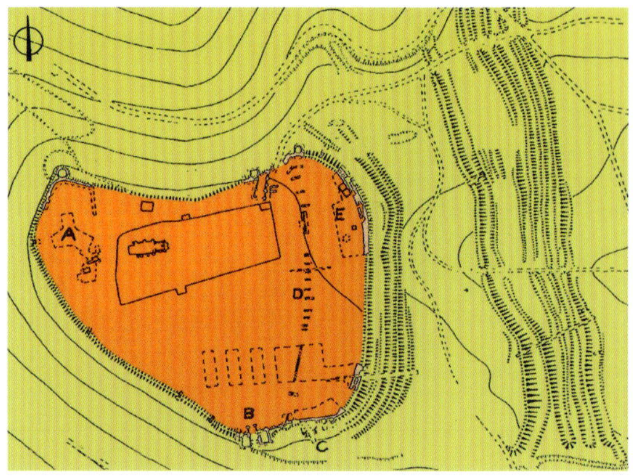

18

17 Brescia, Kloster Santa Giulia.

18 Grundriss von Burg Christenberg bei Marburg. Seit dem 7. Jh. wurde der antike Zufluchtsort mit neuen Befestigungsanlagen ausgebaut.

19

20

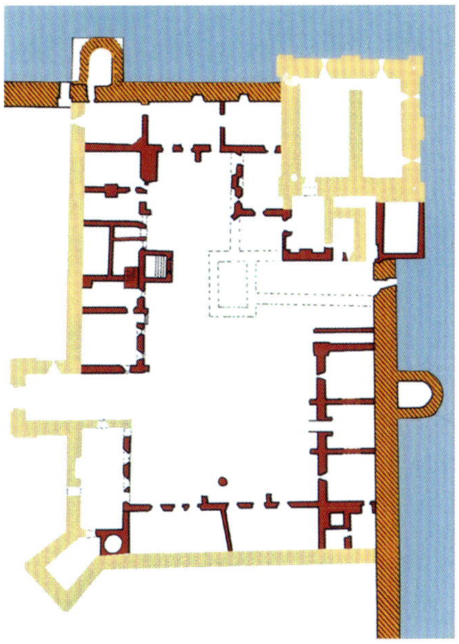

klärt. Die Bischöfe stärkten die Rolle der Stadt aber auch noch anderweitig: auf der Ebene der Zivilgesellschaft etwa durch Neuerungen in der Rechtsprechung (Zuziehung von *boni homines*), die später unter den Stadtbürgern auch zu Autonomiebestrebungen und also zu Kämpfen gegen das Bischofssystem selber führen sollten. Im Rest Europas sah die territoriale Rolle der Bischöfe etwas anders aus. Obgleich Bischofssitz und Kathedrale in vielen Fällen – so auf der Iberischen Halbinsel, in manchen Gebieten Frankreichs und anderswo – in die Städte eingebettet waren, konnten Bischofssitze ebenso gut mit Abteien verbunden sein und sich somit außerhalb der Städte befinden. Im französischen Bereich gilt dies etwa für Cluny oder die Abtei Saint Denis bei Paris. Derartige Fälle kamen aber auch im sächsischen England und in manchen deutschen Gebieten vor (Münster, Braunschweig). Wie man sehen wird, sollten gerade diese Konstellationen die städtische Entwicklung auslösen.

19 Casamari in Latium, Geburtsort des römischen Konsuls Gaius Marius *(casa Marii)*. Die bedeutende Abtei wurde im 11. Jh. von Benediktinern gegründet und 1151 von Zisterziensern übernommen.

20 Grundriss von Portchester Castle in der Grafschaft Hampshire. In den Mauern des römischen Forts (orange) wurde zu Beginn des 12. Jhs. eine normannische Festung errichtet (beige). Spätere Baumaßnahmen des 14./15. Jhs. sind rot eingezeichnet.

21, 22, 23 Cluny in Burgund: Grundriss, Querschnitt und heutige Ansicht der Abtei, einer der bedeutendsten Klosteranlagen in der Geschichte des christlichen Abendlandes.

22

21

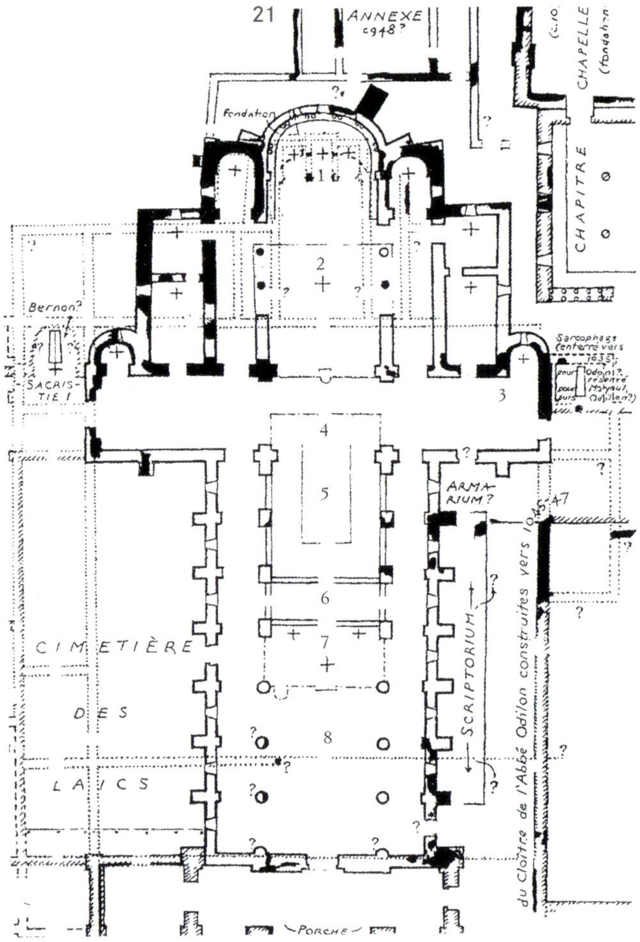

23

24 Tournus in Burgund, am Ufer der Saône gelegen. Kreuzgang des Klosters Saint Philibert. Der romanische Bau wurde entsprechend der cluniazensischen Regel errichtet.

24

25 Das Kloster Saint-Michel-de-Cuxa in den Französischen Pyrenäen.

25

26

27

28

26, 27 Naranco in Asturien (Spanien). Der im 8. Jh. zu Repräsentationszwecken gebaute Palast weist Verbindungen mit der Kunst des nördlichen, karolingischen Italien auf.

28 Albenga, ein Städtchen in Ligurien, ist Bischofssitz. Das frühchristliche Baptisterium steht im Zentrum eines städtischen Rasters römischen Ursprungs entlang der *via consularis*, die Genua mit dem südlichen Gallien verbindet.

1 Istanbul (Konstantinopel). Luftaufnahme des ältesten Teils der kaiserlichen Hauptstadt. Deutlich zu erkennen sind die Reste des Hippodroms. Die Basilika der »Hagia Sophia« wurde in osmanischer Zeit zur Moschee umgebaut und ist heute Museum.

1 

KAPITEL IX

Konstantinopel und die byzantinische Stadt

Der endgültige Umzug der kaiserlichen Hauptstadt nach Byzanz, den Konstantin ab den dreißiger Jahren des 4. Jhs. betrieb, mit der nachfolgenden Gründung seiner neuen Hauptstadt Konstantinopel, des neuen Rom, am Bosporus ist auch deshalb ein nicht zu überschätzendes geschichtliches Ereignis, weil darin das Prinzip der *translatio imperii* enthalten ist: Da das Kaisertum ein allgemeingültiger Begriff ist, kann seine Stätte überallhin verlegt (*translata*) werden. Dies Prinzip war de facto schon früher, mit der Vermehrung der Sitze der Tetrarchen, angewandt worden. Es erlangt jedoch mit der Gründung Konstantinopels – was wörtlich »Stadt Konstantins« heißt – ein deutlich größeres Gewicht und sollte viele Jahrhunderte lang das (politische, ökonomische, religiöse, soziale) Geschehen in ganz Europa und in einem Großteil des Mittelmeerbeckens beeinflussen.

Aufgrund der Überlegung, dass das alte Zentrum Byzanz, das zuerst von Septimius Severus zerstört und dann teilweise von Caracalla wiederaufgebaut worden war, wegen seiner politisch-geographischen Lage und seiner topographischen Eigenschaften (die Lage an einer doppelten Meerenge, die Schutzmöglichkeit auch von der Landseite) vielerlei Vorteile aufwies, erwählte Konstantin diesen Ort zum neuen Sitz seines Reiches. Die Stadt soll damals ungefähr 20 000 bis 30 000 Einwohner gezählt haben. Der Kaiser ging zwar bei seiner Stadtplanung von der bestehenden Ansiedlung aus, entwarf jedoch aus zweierlei Gründen eine neue, grundverschiedene urbane Anlage. Erstens stimmte die vorgesehene neue Entwicklungsachse nicht mit der früheren Ausrichtung der städtischen Lebensadern überein, da die neue Achse zumindest teilweise mit den Fernrouten Roms verbunden war. Zweitens wurden die Ausdehnung des Areals und seine äußeren Begrenzungen in Voraussicht auf eine weit größere Stadt hin angelegt. Sogar die Teilnehmer des Gründungsritus waren von der Größe überrascht. Es zeigte sich dann aber schnell, dass selbst Konstantins Prognosen noch verfehlt waren. Theodosius II. plante schon am Beginn des 5. Jhs., also wenig mehr als 70 Jahre nach ihrer Gründung, eine Stadt für 200 000 bis 300 000 Einwohner. Sie erstreckte sich weit über Konstantins Begrenzung hinaus und benötigte deshalb einen neuen, doppelten Mauerring, der tatsächlich realisiert wurde. Mit anderen Worten betrachtete dieser Kaiser seine Hauptstadt im Hinblick auf ihre weitere Entwicklung und die territoriale Kontrolle und Koordinierung des ganzen kaiserlichen Systems. Auf ihn geht auch die Kompilierung (ab 435) einer neuen *tabula orbis terrarum* zurück, welche die Prinzipien der Verortung und der kartographischen Darstellung (Länder, Meere, Flüsse, Städte) wiederaufnahm, die schon Augustus und Agrippa verwendet hatten. Theodosius' Voraussicht in Bezug auf Konstantinopel erwies sich im Weiteren bis zur Zeit Justinians (erstes Drittel des 6. Jhs.) als gerechtfertigt, da die Einwohnerzahl tatsächlich weiter zunahm. Diese günstige Lage veränderte sich dann jedoch ziemlich rasch. Schon seit der zweiten Hälfte des 6. Jhs. und in verstärktem Maße in den folgenden Jahrhunderten setzte mit dem Ausbruch von Kriegen und Seuchen eine Rezessions- und Krisenzeit ein, die das ganze Gebiet des Kaiserreichs betraf und sogar den Zeitgenossen schon bewusst war. Die rückläufige Tendenz verschonte auch Konstantinopel selbst nicht, wo sie einen erheblichen Schrumpfungsprozess verursachte: Die Einwohnerzahl ging wieder auf 30 000 oder 40 000 zurück. Aber die Überwindung der Krise bestätigte nachher die planerische Umsicht Theodosius'. Denn bis zur nächsten großen Krise, die durch die Verwüstungen des vierten Kreuzzuges (1204) verursacht wurde, etablierte sich Konstantinopel wie vorgesehen bei um die 200 000 bis 300 000 Einwohner. Konstantinopel war Ausdruck eines neuen Begriffs von Stadt und machte ihn sinnlich erfahrbar, obwohl dieser Begriff in gewisser Hinsicht nur als eine weitere Kodifizierung jenes Beziehungssystems zwischen Residenz und kaiserlichem Hof sowie zwischen Stadt und Stadteinwohnern erscheinen könnte, dessen Elemente früher schon in der urbanen Kultur des Römischen Reiches

2

2, 4 Ephesos. Zwei Ansichten der frühchristlichen Johannes-Basilika.

3

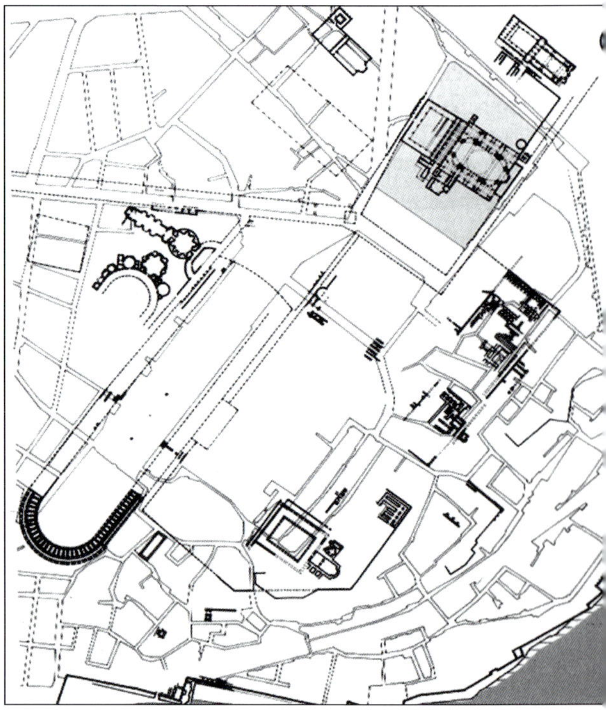

3 Stadtplan von Konstantinopel mit Hippodrom und Hagia Sophia.

aufgekommen waren. Man denke an die erwähnten kaiserlichen Paläste der Flavier und der Severer auf dem Palatin in Rom sowie an einige periphere Sitze der Kaiser zur Zeit der Tetrarchen (Thessaloniki-Saloniki, Nikomedia, Trier, Split).

Das urbane System der neuen konstantinischen Hauptstadt gründete auf der bedeutungsschweren Anwesenheit des Kaisers in empirischer und symbolischer Gestalt und auf seinem Verhältnis zu den Stadtbewohnern, das wir heute vielleicht medienwirksam nennen würden. Der Ort und das physische Verbindungsglied jenes Verhältnisses, das reich war an symbolischen Bedeutungen, war die Loge *(kathisma)*, wo der Kaiser sich zeigte. Sie war direkt mit dem Palast verbunden und ging aufs Hippodrom hinaus, den Ort der großen und manchmal auch hitzigen Volksversammlungen, der nicht zufällig durch Statuen und Dekorationselemente verschönert worden war, die mit Symbolen des vergöttlichten Kaisers (Apollon, dem Sonnengott, gleichgestellt) geradezu beladen waren. Diese architektonische Lösung war ein wesentliches konzeptionelles und politisches Element. Denn, wie Gilbert Dagron anmerkt: »Die Bevölkerung jeder beliebigen Stadt kann durch das Ritual der Wettrennen und der Akklamationen in ein *populus romanus* verwandelt werden, das zumindest symbolisch die Macht besitzt, dem Kaiser seine römische Legitimierung zuzuerkennen, zu erneuern oder sie ihm eventuell auch abzusprechen.« Dass Konstantin im Hippodrom an die symbolischen Elemente Roms erinnern wollte (nach einer unbestätigten Tradition soll er auch das Standbild des *palladium* mitgebracht haben), erhellt deutlich seine Absicht, eine Kontinuitätslinie zwischen Rom und Konstantinopel herzustellen. In der innovativen konstantinischen Anlage begannen die Entwicklungsachsen der Stadt am Kaiserpalast (oder endeten auch dort), gesäumt von Laubengängen, die mit Ehrensäulen für Triumphzüge und Prozessionen geschmückt waren; ausgestattet mit verschiedenen Plätzen, einer davon rund oder oval; mit weiteren Straßen, die orthogonal zu den Hauptstraßen verliefen (es gab aber auch interessante Abweichungen von

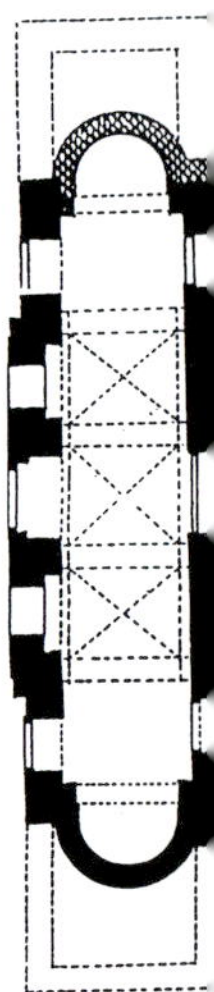

5 Paros. Grundriss der Basilika Katapoliani (*Ekatontapyliani*, »die mit den hundert Pforten«), erbaut unter Kaiser Justinian. Bemerkenswert ist das kreuzförmige Taufbecken aus Marmor im ehemaligen Baptisterium.

4

5

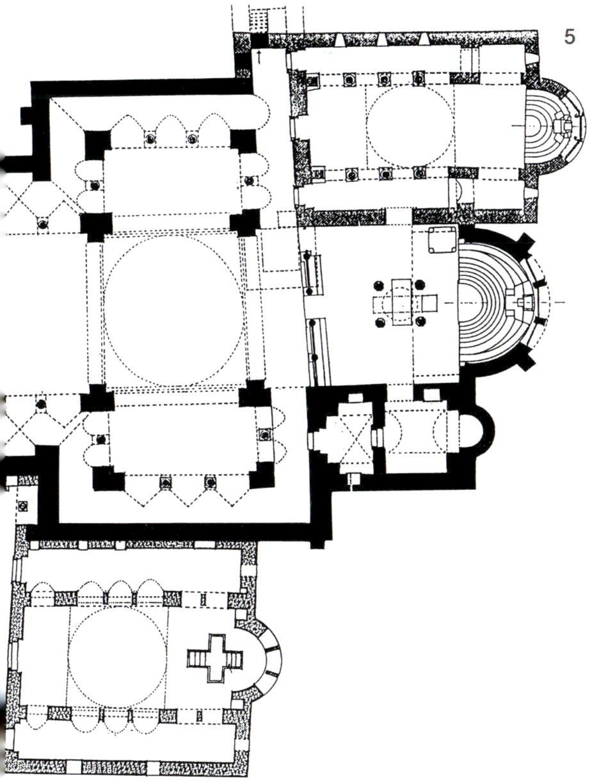

den Achsen, die mit den Fernwegen zusammenhingen); mit einer großen, den heiligen Aposteln geweihten kirchlichen Anlage, deren reicher Symbolgehalt sich auf den Kaiser bezog, zu dessen Mausoleum sie höchstwahrscheinlich bestimmt war. Innerhalb des großen Mauerrings füllte sich die Stadt bald mit einem hierarchisch gegliederten Wohngebiet, mit mehr oder minder wichtigen Kirchen, mit Bauwerken für öffentliche oder korporative Funktionen, mit Orten für den Handel, mit Handwerkerläden *(ergastéria)*. Letztere befanden sich im Erdgeschoss der Wohnhäuser und bestanden oft aus Bretterwänden zwischen dem Mauerwerk. Es war genau vorgeschrieben, an welchen Stellen der Stadt sie erbaut werden konnten oder mussten. Die Läden der Parfümhändler zum Beispiel mussten an der repräsentativsten Stelle der Stadt stehen, zwischen dem Milion und der Christus-Ikone der Chalke – der erzenen Pforte –, damit die Wohlgerüche zu jenem Bild hinaufsteigen konnten. Überhaupt verwandelten sich die großen Laubengänge bald in richtige Märkte in der Art eines *suq*. Die Stadt verfügte auch über mächtige Aquädukte und große Hafenanlagen sowie seit Theodosius II. über einen der technisch fortschrittlichsten Mauerringe der Zeit, einen Doppelring mit Graben.

Konstantinopel darf als erste Stadt wieder in eine Reihe mit den früheren Hauptstädten gestellt werden: Persepolis, das jedoch eher die Funktion einer Ritualstätte denn einer richtigen Stadt erfüllte, Pella, Alexandria, Pergamon, die übrigen hellenistischen Zentren, das kaiserliche Rom selbst. Es war wahrhaftig ein neues Rom, das sich, anders als das alte, sehr bald als christlich qualifizierte (Krautheimer). Eine neuere Untersuchung hat herausgestellt, wie die arabischen Schriftsteller des 9. bis 15. Jhs. so sehr den Begriff Konstantinopels als eines zweiten Roms verinnerlicht hatten, dass sie in ihren Schilderungen die eher legendären als realen Elemente der beiden »Roms« (des ursprünglichen und desjenigen am Bosporus) verwechselten (de Simone, Mandalà). In ihrer Vorstellungswelt waren sie zu einer einzigen christlichen Stadt verschmolzen.

Die Entwicklung Konstantinopels verlief offenbar zumindest bis zur Zeit Justinians kontinuierlich. Diesem Kaiser ist die gewaltige Anlage der Kirche Hagia Sophia (die »heilige Weisheit«) zu verdanken, die vor allem im Hinblick auf das räumlich-architektonische Konzept und die angewandte Bautechnik bedeutende innovative Faktoren aufweist. Auf Justinian geht auch der Bau großer unterirdischer Zisternen zurück. Im weiteren Verlauf änderte sich dann die Entwicklung der Stadt hin zu einer Art Mehrpoligkeit. Hierfür ist bedeutsam, dass zum alten konstantinischen Kaiserpalast mit der Zeit noch verschiedene neue Residenzbauten (die *blachernae* oder der Blachernen-Palast) hinzukamen. Oben wurden schon zwei weitere bedeutsame Phänomene angedeutet: die schwere bevölkerungsmäßige und wirtschaftliche Krise, die Konstantinopel-Byzanz nach Justinian heimsuchte, und die spätere Rückkehr der Stadt zu ihrer vorherigen Struktur und Größe. In diesem Kontext sollen einige allgemeinen Merkmale der Stadtentwicklung in der byzantinischen Welt beleuchtet werden: Die gewaltigen Dimensionen der Hauptstadt des Oströmischen Reiches und die ebenso gewaltigen Investitionen (auch in der Kunst, in Bauprojekten und in der Infrastruktur), die ihr von den Kaisern aus den Steuereinnahmen des ganzen Reiches mit Vorliebe zugedacht wurden; dazu die erforderliche massive Konzentration von Lebensmitteln, um die Versorgung der Hauptstadt zu gewährleisten, in Verbindung mit dem Luxus am Hof und im angeschlossenen Milieu – all das führte bald zu einem fühlbaren Ungleichgewicht sowohl mit den anderen urbanen Zentren als auch, und noch viel ärger, mit den nicht-städtischen Gebieten. Daraus erwuchs eine tiefe Feindseligkeit gegen die aristokratischen und regierenden Schichten der Hauptstadt, daran entzündete sich manchmal gar Aufruhr gegen den Hof selbst. Am bekanntesten (auch wegen der blutigen Repression, die ihn beendete) ist der Nike-Aufstand, der 532 unter Justinian ausbrach. Aber noch viele andere folgten und wurden kennzeichnend für das Leben der Hauptstadt auch in den folgenden Jahrhunderten. Die soziale Struktur des östlichen Reiches erfuhr zwischen dem 6. und dem 11. Jh. tiefe Veränderungen, verbunden mit vielerlei kleineren und größeren Turbulenzen. Tatsächlich interpretierten schon die mittelalterlichen Gelehrten (zum Beispiel Psellos) die Erhebungen der zweiten Hälfte des 11. Jhs. als Zeichen dafür, dass die neuen Klassen der Mittelschicht auf der politischen Bühne auftraten: Beamte, Händler usw. Diese Interpretation wird noch heute –mit Blick auf das reich gegliederte soziale und ökonomische System des Byzantinischen Reiches in all seinen Gebieten und im komplexen Geflecht der Hauptstadt selbst – als gültig angesehen. Korporationen spielten in der byzantinischen Gesellschaft eine wichtige Rolle, wobei sie nicht als freie Berufs- oder Handwerkszusammenschlüsse zu verstehen sind, sondern eher als Mittel der staatlichen Kontrolle über das wirtschaftliche Leben und das Steuersystem. Aus ihnen ist eine klare Hierarchie der verschiedenen Tätigkeitsbereiche abzulesen, denn selbstverständlich nahm die Korporation der Notare den ersten Rang ein. Die fremden Händler konnten sich der strikten Kontrolle entziehen, die der byzantinische Staat über die Handelstätigkeit seiner Untertanen ausübte: Oft erschlichen sie sich dieses Privileg, manchmal wurde es ihnen höchst offiziell beurkundet (auch in Form von kaiserlichen Chrysobullen), wie das beispielsweise für die Kaufleute aus Genua und Venedig im 10./11. Jh. belegt ist.

Welche Folgen hatte die politische, wirtschaftliche und fiskalische Übermacht von Konstantinopel-Byzanz für das urbane System der östlichen Reichsgebiete? Die Antwort auf diese Frage ist keine eindeutige, nicht einmal bei Betrachtung einer klar umrissenen Zeitspanne. Vielmehr muss man die je verschiedene Lage und die geographischen und historischen Eigenheiten jeder einzelnen Stadt berücksichtigen. Was das Erscheinungsbild auch der anderen städtischen Zentren betrifft, so übte die kaiserliche Macht durch

6 Das Hippodrom in Konstantinopel, unter Septimius Severus erbaut, wurde von Konstantin dem Großen stark erweitert. Die deutliche Bezugnahme auf den Circus Maximus in Rom sollte die politische Kontinuität Rom – Konstantinopel bestätigen.

6

7

7 Ephesos. Vorne die Johannes-Basilika, im Hintergrund die mittelalterliche Festung.

ihre vor Ort zuständigen Amtsträger die Kontrolle über den *ornatus urbis* aus (oder, nach dem griechischen Ausdruck, die *eukosmia ton poleon*). Stets hatte sie dabei ein monumentales Erscheinungsbild der wichtigsten städtischen Bereiche ebenso vor Augen wie die Pflege der öffentlich relevanten Infrastruktur (Brücken, Mauerringe, Hafenanlagen). Eine ausführliche und begeisterte Beschreibung unter anderem der Städte Konstantinopel, Ravenna und Karthago in der Zeit Justinians liefert uns »De aedificiis« des Prokopius von Cäsarea. Auch in Rom fanden Renovierungsarbeiten statt. In vielen Städten Griechenlands waren indes keine Gelder mehr für das öffentliche Bauwesen verfügbar: Theater, Hippodrome und Zirkusse, die das pulsierende Herz des spätrömischen Reiches ausgemacht hatten, wurden sich selbst überlassen. Vorrangig war die auch bauliche Christianisierung: Neue religiöse Komplexe wurden gebaut, die Sitze des örtlichen Patriarchats errichtet, heidnische Kultstätten in Folge der theodosianischen Edikte zerstört oder grundlegend verändert, um christliche daraus zu machen, so geschehen zum Beispiel auf der Akropolis in Athen mit der Verwandlung des Parthenons, des Erechtheions, der Propyläen, und, im unteren Bereich, des Tempels Jupiters und weiterer Bauwerke. Oft wurde, gegebenenfalls in Verbindung mit einer Änderung der Besiedlungsstruktur, das Siedlungsareal der schon bestehenden Zentren vergrößert. Besonders unter Justinian wurden in vielen Fällen neue Zentren erbaut, oder es kam zu echten Neugründungen, die

Stadtplan von Ephesos.

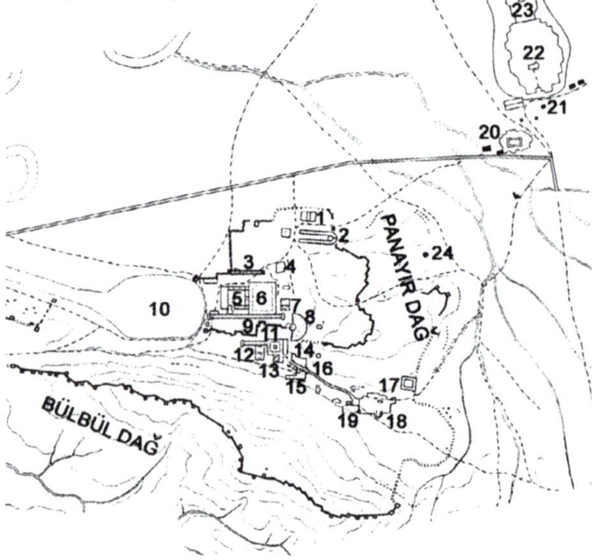

1. Gymnasium
2. Stadion
3. Basilika Santa Maria
4. Gouverneurspalast
5. Thermen
6. Palaestra
7. Gymnasium am Theater
8. Großes Theater
9. Via Arcadiana
10. Hafen
11. Agora
12. Sarapis-Tempel
13. Celsus-Bibliothek
14. Wohnviertel, Thermen und Tempel Hadrians
15. Wohnviertel
16. Embolos
17. Senat
18. Basilika an der Agora und Nymphäum
19. Tempel Diokletians
20. Artemision
21. Mittelalterliches Stadttor
22. Kirche San Giovanni Evangelista
23. Befestigungsanlage
24. Grotte der Sieben Schläfer

8 Bakirka (Syrien), Fassade der Kirche.

als ein Beleg dafür gelten können, dass bis zu diesem Zeitpunkt das System der Städte noch als effizient und blühend galt.

Von einigen wichtigen Städten in den ersten Jahrzehnten des 6. Jhs. besitzen wir eine bildliche Vorstellung: Einige sind zum Beispiel auf der berühmten Mosaikkarte von Madaba in Jordanien abgebildet. Zu sehen sind etwa städtische Mauerringe, prachtvolle Säulengänge und mittlerweile errichtete christliche Kirchenbauten. Es gibt jedoch Zeugnisse dafür, dass in jener Zeit auch andere Städte weiterhin eine bedeutende Rolle spielten, zum Beispiel Alexandria, das im Wesentlichen noch den Charakter hatte, den die römischen Eingriffe der bestehenden hellenistischen Anlage der Stadt gegeben hatten, oder Antiochia, das die wichtigste Stadt Syriens war. Die Einwohnerzahl dieser beiden Städte wurde auf ungefähr 100 000 geschätzt. Unter den Projekten Justinians ist der Fall Antiochia besonders interessant. Nachdem die Stadt im Jahr 526 durch ein Erdbeben und 540 durch einen Einfall der Sassaniden zerstört worden war, sorgte der Kaiser für den Wiederaufbau, wobei er ihr eine neue Gestalt verlieh. Einerseits wurden Elemente der konstantinischen Zeit wie die Kolonnaden beibehalten, was Antiochia für manche quasi als eine Neuauflage von Konstantinopel erscheinen ließ (Rossi), andererseits wurde jedoch aus dem Gefüge der Stadt die Insel im Fluss Orontes gestrichen, auf der in der konstantinischen Zeit noch der Palast der Tetrarchen, die Thermen, das Amphitheater und weitere Bauwerke platziert worden waren. Es darf auch nicht übersehen werden, dass Spitäler und Xenodochien für die Reisenden sowie zwei bedeutende Kirchen erbaut wurden, von denen eine dem Erzengel Michael, einer kriegerischen Gestalt, und die zweite der Theotokos, der Mutter Gottes, geweiht war. Offensichtlich wurde dieser Wiederaufbau als Chance zu einer vollkommenen Erneuerung verstanden, die zugleich die Christianisierung der Stadt betonen sollte (obschon anderswo in der Stadt die heidnischen Opferriten weiter gefeiert wurden). Das beweist auch die Änderung des Namens Antiochia in Theoupolis („Stadt Gottes«). Eine solche kaiserliche Wiederaufbautätigkeit fand an verschiedenen Ecken und Enden des Reiches statt, betraf aber stets besonders die militärischen und Verteidigungsanlagen der Städte.

In der zweiten Hälfte des 6. Jhs. wandelte sich das Bild eines gewissen Wohlstandes im Oströmischen Reich in eines der Krisen und Unsicherheiten. Obwohl Ephesos, Magnesia, Cäsarea und andere Städte des anatolischen Gebiets noch einige Jahrhunderte lang gediehen, wunderten sich einige arabische Schriftsteller später doch darüber, dass es auf byzantinischem Gebiet nur wenige dicht besiedelte Zentren gab. Verschiedentlich war tatsächlich ein regelrechter Verfallszustand der Städte zu konstatieren. Korinth erlebte

Stadtplan von Antiochia.

1. Mauer des Seleukos
2. Mauer des Tiberius
3, 4. Mauer des Justinian
5. Mauer Theodosius' II.
6. Mauer Justinians
7. Zitadelle
8. Osttor und Straße nach Aleppo
9. Eisentor
10. Aquädukt
11. Daphne-Tor
12. Christliche Begräbnisanlage
13. Brückentor
14. Seleukidische Agora
15. Tetrapylon
16. Palast
17. Circus
18. Valens-Forum
19. Theater
20. Amphitheater
21. Zisterne

8

zwischen dem 7. und dem 9. Jh. eine Periode des Niedergangs; die fast menschenleere Stadt steht exemplarisch für das schon beschriebene Phänomen der Schrumpfung und teilweisen Verländlichung der Städte. Selbst Athen scheint ein ähnliches Schicksal erlitten zu haben. Dagegen blühten Nicäa, Smyrna, Mantineia, Petra sowie Trapezunt und einige Städte der Morea oder des Epirus nach den Zerstörungen, die der vierte Kreuzzug in Konstantinopel angerichtet hatte, regelrecht auf. Sie profitierten von der größeren Autonomie, die durch die Schwächung Konstantinopels ermöglicht wurde. Dasselbe gilt für die Hauptorte der verschiedenen lateinisch-christlichen Reiche und Herzogtümer (zum Beispiel in Athen), die eben als eine Folge der dauerhaften Anwesenheit der Kreuzritter eingerichtet wurden. Ein eigener Fall ist die Stadt Ragusa-Dubrovnik, die zur Zeit der slawischen Invasionen gegründet wurde, um von Epidauros aus besiedelt zu werden, und später (im 11. und 12. Jh.) von den Kaisern mit besonderen Selbstbestimmungsrechten und Privilegien ausgestattet wurde (die über das 14. Jh. hinaus erneuert wurden), um sie dem Einfluss Venedigs und der Normannen zu entziehen.

Bei den kleinen Zentren war das Bild teilweise ein anderes, da sie generell als befestigte Orte zum Schutz der Ländereien geplant wurden (Concina). Die wichtigsten wurden tatsächlich *kastron* genannt. Andere kleine Zentren (die *aplekta* in »De cerimoniis« des Konstantin Porphyrogenitus) befanden sich an den wichtigsten Straßen und dienten als Truppenquartier. Wieder andere waren echte Festungen (die *phruria*), und naturgemäß waren sie besonders zahlreich in den *themata* an den Grenzen. Noch andere waren einfache befestigte Dörfer zum Schutz der umwohnenden Landbevölkerung, die in Gefahrenzeiten mitsamt ihren Familien, Habseligkeiten und ihrem Viehbestand dort Zuflucht nahm.

Zusammenfassend gesagt bestand in dem vom Byzantinischen Reich beherrschten Gebiet ein komplexes und hierarchisch gegliedertes Herrschaftssystem, das von einem Netz aus urbanen und halburbanen Zentren gebildet wurde. Realitätsgehalt und Wirksamkeit dieses Systems gingen jedoch im Laufe der Jahrhunderte allmählich zurück. De facto erstreckte es sich in der Mitte des 15. Jhs. nur mehr über das unter dem direkten Einfluss der Hauptstadt stehende Gebiet. Deshalb auch vermochte Konstantinopel sich des Angriffs durch Mehmed II., den »Eroberer«, nicht dauerhaft zu erwehren, und dies trotz seines eindrucksvollen Verteidigungsapparates und trotz der furchteinflößenden Waffen – besonders des sogenannten griechischen Feuers –, über die er verfügte.

1

2

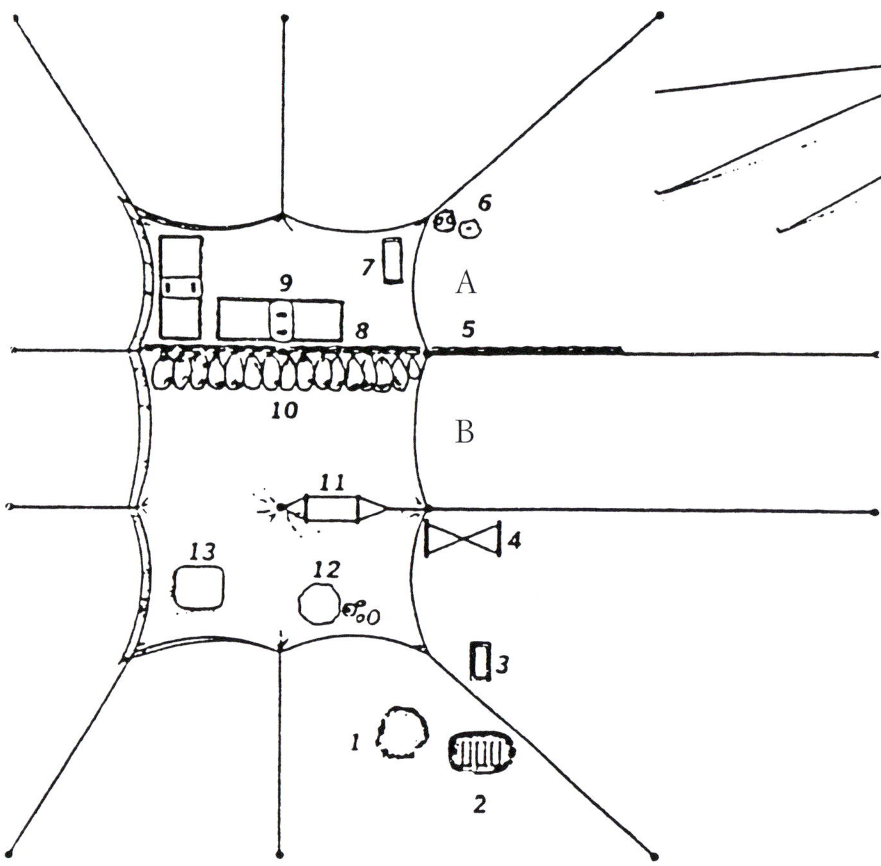

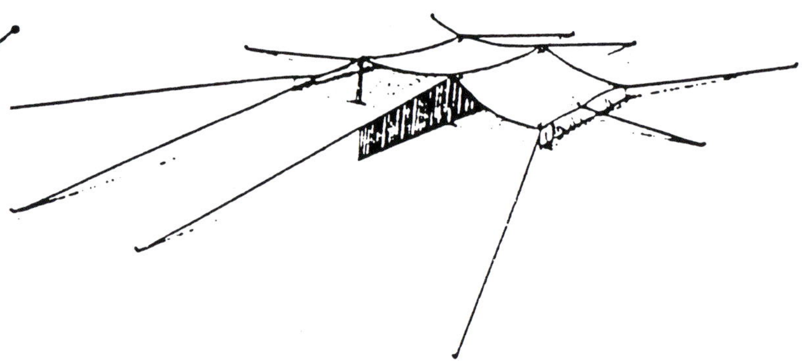

Links ist die Ausstattung eines Zeltes wiedergegeben:

1. Aschehaufen
2. Brunnenausrüstung
3. Tränke
4. Gestell
5. Trennvorhang
6. Brennstofflager
7. Herd und Kaffeeutensilien
8. Teppiche
9. Kamelsättel
10. Lebensmittelvorräte und Gepäck
11. Hängematte für Kinder
12. Herdstelle
13. Tragsessel

A. Bereich der Männer und Gäste
B. Bereich der Frauen

KAPITEL X

Entstehung und Entwicklung der islamischen Stadt

3

Obwohl die Stadt islamischer Prägung in mehreren geographisch-historischen Regionen verbreitet war, in denen schon urbane Systeme bestanden, zeigt sie doch Charakteristika, die sie auszeichnen und unterscheiden. Ihr Werden seit dem 7. Jh. n. Chr. und ihre Bedeutung als signifikanter Teil des *dar al-Islam* (»Haus des Islam«) haben zu städtischen Strukturen geführt, die in Organisation und Funktion sowohl von den westlichen als auch von anderen Städtesystemen verschieden erscheinen (Fusaro, Tamari, Cuneo). Seit der ersten Phase ihrer Verbreitung ab 634 n. Chr. hat sich die islamische Kultur und mit ihr auch ihre Vorstellung von Stadt fortschreitend und mit verschiedener Dauer in mehreren Großräumen durchgesetzt: auf der Arabischen Halbinsel und in anderen Teilen des asiatischen Kontinents bis zum indisch-pakistanischen Gebiet; auf dem afrikanischen Kontinent von Ägypten bis zum Maghreb und in manchen Gebieten Schwarzafrikas; im iranischen und mesopotamischen Mittleren Osten; im südlichen und östlichen Teil des europäischen Kontinents, genauer gesagt: auf der Iberischen Halbinsel und auf Sizilien während des Mittelalters.

Gerade diese Art der Entwicklung hat es mit sich gebracht, dass die islamische Stadt sich oft in einer schon bestehenden urbanen Anlage oder Struktur angesiedelt hat. So auf der Arabischen Halbinsel, wo der Islam geboren wurde (im Fall der Städte Nordjemens oder des Hadramaut, in den altarabischen Reichen Qabam und Mina, wo es Anlagen verschiedener Form gab: viereckig, rund oder noch ganz anders), oder, wiederum mit anderen Strukturen, in den subsaharischen Städten, in Mittelasien und vor allem – innerhalb eines selbstverständlich sehr vielschichtigen Problemkomplexes – in der spätrömischen und byzantinischen Welt, wo die städtische Anlage hellenischen und römisch-hellenistischen Ursprungs physisch wie konzeptionell noch sehr präsent war. Was die Städte in letzterem Bereich betrifft, die zu einem Teil des Oströmischen bzw. Byzantinischen Reiches geworden waren, so muss beachtet werden, dass ihre Anlage und ihre Funktionsweise aus verschiedenen örtlichen oder allgemeinen Ursachen (in Verbindung mit der Entstehung neuer politischer, juristischer, militärischer und ökonomischer Strukturen) schon einschneidende Veränderungen erfahren hatten, insbesondere als ein Ergebnis der Christianisierung, die im spätrömischen Reich begann und in byzantinischer Zeit verstärkt umgesetzt wurde.

Die Gesamtheit dieser historischen und kulturellen Gründe lässt die islamische Stadt als eine Siedlungsart erscheinen, die imstande ist, eigene Motive zu initiieren und weiterzuentwickeln und sich zugleich an bestehende örtliche Situationen anzupassen. Auf die funktionale und symbolische Neubestimmung der Gesamtheit des Siedlungsgefüges und einiger bedeutender Baukomplexe folgte üblicherweise die Anpassung und »Konditionierung« der ursprünglichen urbanen Anlagen und einzelner Bauwerke, was im Folgenden verdeutlicht werden soll. Die christlichen Kirchenbauten wurden in Moscheen umgewandelt, was bei Kathedralen von besonderer Bedeutung ist. Auch wurden ex novo weitere Moscheen und manchmal Koranschulen (Madrasen) errichtet. Neue Infrastrukturen wie Bäder und öffentliche Quellen wurden angelegt, die manchmal ein Teil von besonderen religiösen Orten waren. Das Handelssystem wurde gemäß den verschiedenen Handwerken und Warengattungen neu gegliedert und nun in den Formen von *suq* und *bazar* organisiert. In den hellenistisch-römischen Städten geschah dies oft unter Verwendung und Verwandlung der Kolonnadenstraßen. Es konnte einen *funduq* geben, der als Handelsplatz, Warenlager und teilweise auch als Wohnstätte für fremde Kaufleute diente; manchmal gab es sogar mehrere davon. Zunehmend entstanden ethnisch getrennte Wohnviertel. Das frühere Straßennetz wurde umgestaltet, um es der neuen Auffassung von einem hierarchisch nach dem Prinzip zunehmender Unzugänglichkeit abgestuften Verhältnis zwischen öffentlichen sowie privaten Orten und Räumen anzupassen. Interes-

1 Palmyra. Das Zentrum der Stadt, im Hintergrund die islamische Festung.

2 Grundriss und Ansicht eines Beduinenzeltes.

3 Reste des Hafens von Khor Rori an der Küste von Dhofar, Oman. In vorislamischer Zeit war der Hafen wichtig für den Seeverkehr über den Indischen Ozean.

4

santerweise hat diese Tätigkeit zumindest teilweise so inspirierende Ergebnisse gezeitigt, dass diese später, nach dem Ende der islamischen Herrschaft, in die Gestaltung der rechristianisierten Stadtanlagen eingegangen sind und sie mehr oder minder stark geprägt haben; so in den Städten Siziliens (besonders in Palermo) nach der Eroberung durch die Normannen oder in den iberischen Städten nach der stufenweisen christlichen Wiedereroberung (Torres-Balbás, Lacarra). Ähnliches ist, wenngleich in engeren Grenzen, in manchen italienischen Zentren zwischen Latium und Kampanien zu beobachten. Letztlich darf die islamische Stadt nicht nur als Ausdruck eines autonomen und charakteristischen sozio-religiösen Gefüges und als Variation früherer urbaner Systeme angesehen werden, sondern ist auch als Ursprung und bestimmender Faktor für das Siedlungsgefüge manch einer längst nicht mehr islamischen Stadt anzuerkennen. Eine adäquate Definition des schwer greifbaren Begriffes »islamische Stadt« zu treffen, ist ein schwieriges Unterfangen. Viele maßgebliche Forscher stimmen darin überein, ihre grundsätzliche Einheit nicht so sehr an herausragenden besonderen Eigenschaften festzumachen (die sich eben nicht eindeutig feststellen lassen) als eher an der Fähigkeit, »ein integriertes Beziehungssystem zwischen ihren verschiedenen Teilen herzustellen, das die Fähigkeit besitzt, diese Teile zu kombinieren oder in eine einheitliche Gestalt von großer Ausdruckskraft zusammenzuschweißen« (Cuneo), wodurch das eigene kulturelle und gesellschaftliche Modell vollendet ausdrückt wird.

Angesichts der verschiedenen Ausprägungen der islamischen Stadt in verschiedenen Systemen wurde von einigen Forschern eben die variable Gestaltungskraft der islamischen Stadt als ihr Klassifizierungsmerkmal angesehen. Sie unterstreichen daher die verschiedenen existierenden Formen ausdrücklich: iranisch-mesopotamisch, südarabisch und jemenitisch, indisch-pakistanisch, parthisch-persisch, hellenistisch-römisch (im letzten Fall gegebenenfalls noch in kleinasiatisch und nordafrikanisch unterschieden), welche die islamische Stadt je nach Zeit und Gebiet annimmt. Ein zentrales Element schält sich auf jeden Fall heraus: Der Islam ist Ausdruck einer grundsätzlich urbanen Gesellschaft. Nach einem reichen Schrifttum wäre dies sogar schon in Mohammeds grundlegender Entscheidung emblematisch ausgedrückt, 622 von Mekka nach Medina auszuwandern (Hedschra), was als der Beginn der Chronologie innerhalb der islamischen Kultur und Geschichtsschreibung gilt. »In der Ansiedlung lag für Mohammed der wesentliche Akt der Islamisierung und Bekehrung zur neuen Religion« (Tamari). »Die muslimische Religion braucht eine sesshafte Bevölkerung und eine Moschee, um das Freitagsgebet zu verrichten«, was eben das Interesse der islamischen Kultur an einem eigenen städtischen Siedlungsmuster erklärt. »Die Stadt, der Kernpunkt der Gerechtigkeit schlechthin, von den unbegrenzten gesetzlosen Räumen der Wüste abgetrennt, wird durch ihre ethischen und gesetzlichen Institutionen zu einem Ort, wo sich ein Kanon von Recht und Gerechtigkeit ausbildet« (Fusaro). Gerade in dieser Sichtweise kann nach Mohammed die territoriale Umsetzung des *dar al-Islam* als ein Netz aus vielen, weit voneinander entfernten Städten wahrgenommen werden, analog zu dem System der Sterne, deren ideelle Einheit die Sternbilder des Tierkreises bildet (Fusaro). Sein religiöser und ideeller Mittelpunkt ist die Kaaba.

Das Netz der Städte schloss indes die ökonomischen Vorteile des nomadischen Systems der Beduinen nicht aus (obzwar als gesetzlose Völker betrachtet, wurden sie wegen ihrer moralischen Qualitäten geschätzt), das sich entlang der Routen durch die Wüste organisierte. Die Wüste wurde nicht als Leerraum verstanden, sondern als Ort der Karawanenrouten und Pilgerfahrten. In einer Entfernung von jeweils circa 30 Kilometern voneinander errichtete man an diesen Routen Karawansereien, wo die Karawanen Halt machen konnten.

4 Die alte Karawanenstadt Qaryat al-Fau in Saudi-Arabien. Gesamtansicht des Marktviertels, des *suq*.

5 Jemen. Der Palast von Sirwah, der antiken Hauptstadt des Sabäerreiches.

5

6–10 Damaskus, Syrien. Die Umayyaden-Moschee, ursprünglich christliche Basilika, wurde 705 fertiggestellt und ist eine der ältesten Moscheen überhaupt. In der weitläufigen Gebetshalle befindet sich ein – von Muslimen und Christen gleichermaßen verehrter – Schrein, der das Haupt Johannes des Täufers bergen soll. Innenhof, Grundriss und Gebetshalle.

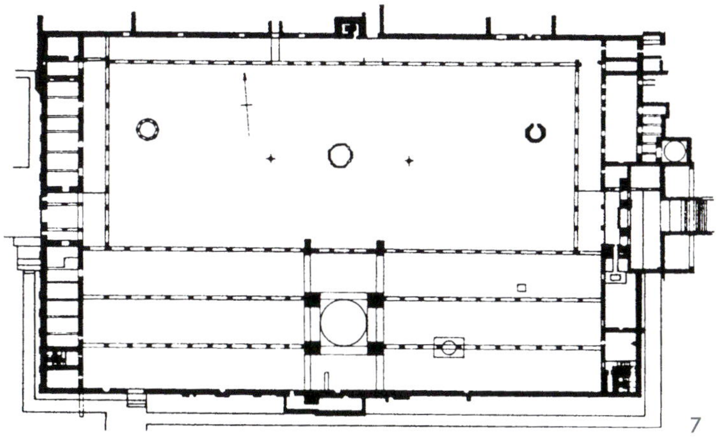

7

8

9

10

11

12

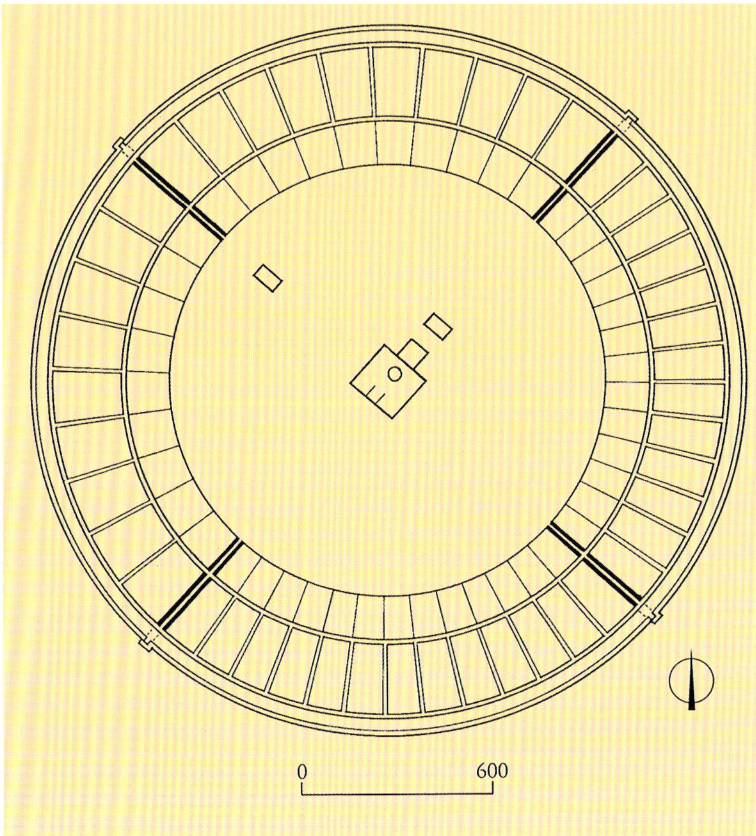

11 Bagdad, Irak. Der Hof der Madrasa Mustansiriya, einer der ältesten islamischen Universitäten.

12 Bagdad. Der klassische kreisförmige Stadtplan – die perfekte Form einer idealen Stadt.

13

13 Ukhaydir, Irak. Das Innere des Palastes, vom ersten Mauerring aus gesehen.

Im 10. Jh. stellte al-Farabi zum Teil auf der Spur Platons die Prinzipien einer idealen und vollkommenen Stadt auf (die *al-madina al-fadila*), deren Zweck das Glück der Bürger unter der Leitung eines weisen und tugendhaften Herrschers ist und deren Gegenstück folglich die unvollkommene (lasterhafte, ungeordnete, korrupte, irregeführte, ungerechte) Stadt ist. Mehrere Jahrhunderte später erklärte Ibn Khaldun, der große arabische Denker des 14. Jhs., in einem grundlegenden Traktat die Prinzipien, die die Wahl des richtigen Ortes für die Gründung einer Stadt zu leiten haben. Darunter zählt er Umwelt- und Klimafaktoren auf, die leichte Zugänglichkeit für Händler (die Stadt Fes zum Beispiel liegt an dem Ort, wo sich zwei wichtige Verkehrsrouten kreuzen), die Wasserversorgung etwa durch Flüsse sowie fruchtbare Anbauflächen. Damit wiederholt er Begriffe, die schon aus der Antike bekannt waren und die letztlich nur selbstverständlich sind. Das Ganze wird hier jedoch auf das Wohlbefinden des Menschen bezogen, auf die Erfüllung seiner Bedürfnisse und seiner Wünsche: Bequemlichkeit, Luxus, Ruhe. Somit eröffnet sich der neue Aspekt einer Stadt, die im Lichte eines betont persönlichen Erlebens verstanden wird, wenngleich der soziale Rahmen dieser Überlegungen nicht ganz mit demjenigen übereinstimmt, der von den westlichen Autoren sowohl der Antike als auch des Mittelalters beschrieben wird.

Heutzutage erscheinen die alten islamischen Städte von Mauern umschlossen. Das ist allerdings das Ergebnis einer Situation, die sich erst ab dem 10./11. Jh. ergeben hat. Früher waren nur die Grenzorte ummauert sowie selbstverständlich schlossähnliche Anlagen, besonders die zahlreichen Wüstenschlösser. Wie in den zeitgenössischen europäischen Städten brachte das Entstehen eines Mauerrings auch in den islamischen Städten die wichtige Trennung zwischen dem Innen und dem Außen der Stadt mit sich, die durch den zyklischen Rhythmus des Öffnens und Schließens der Tore reguliert wurde.

14

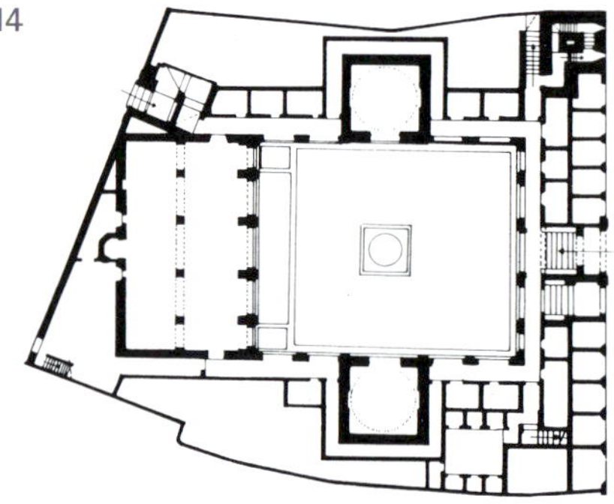

15

14 Damaskus. Architekturdarstellung auf einem Mosaik in der Umayyaden-Moschee.

15, 16 Fes, Marokko. Die Madrasa al-Attarin, benannt nach dem Markt der Gewürz- und Parfümhändler. Wandmosaiken und Grundriss.

17 Fes. Madrasa Bu-Inanyya: Querschnitt und Grundriss.

16

Nach Prinzipien, die aus der Antike bekannt waren, bieten die Tore oft nur einen indirekten, abgewinkelten Zugang zur Stadt (im Fall der Zitadelle Aleppos sogar fünffach abgewinkelt), da aus Sicherheitsgründen kein geradliniger Zugang ins Innere erwünscht war. Dieses System wurde auch in Festungen und befestigten Palästen angewandt. Im Inneren ist das städtische Gefüge nach einer komplexen Struktur organisiert und gestaltet, die manchmal labyrinthisch genannt wird. Auch wenn diese Struktur auf einer ihr eigenen Logik gründet, ist doch zumindest zu Beginn darin kein bestimmtes Entstehungsgesetz auszumachen. Das bauliche Gefüge, sei es bei öffentlichen oder religiösen Gebäuden (auch bei Koranschulen), bei dem Handel dienenden Bauten wie auch in verstärktem Maße bei privaten Bauwerken, ist auf einen inneren Hof hin ausgerichtet, der die umliegenden Räumlichkeiten erhellt, sie nach ihren verschiedenen Niveaus und Funktionen teilt und gruppiert, ihre Atmosphäre bereichert, das Leben darin ermöglicht. Nach außen hin zeigen solche Bauwerke nur wenige Öffnungen, und ihre Architektur erscheint im Großen und Ganzen unspezifisch, abgesehen von der Größe und der volumenhaltigen Wirkung. Diese Beschreibung gilt allerdings nicht für die Städte Jemens. Hier wirken die hohen, mehrstöckigen Bauwerke, die keinen Innenhof besitzen, gerade nach außen hin durch faszinierende Formen und architektonische Ornamente. Es wird oft auf die Abwesenheit von echten Plätzen (im Sinne der griechischen *agorà*) im städtischen Gefüge hingewiesen, wenn man einmal von den außerhalb gelegenen Arealen absieht, wo die großen Märkte stattfinden. Dabei wird jedoch die Rolle vergessen, die gerade in dieser Hinsicht die Vorhöfe der größeren Moscheen spielen, die (mit oder ohne Überdachung) dem eigentlichen Ort des Gebetes vorgelagert sind. Sie dienen nämlich den rituellen Waschungen ebenso wie auch Versammlungen.

17

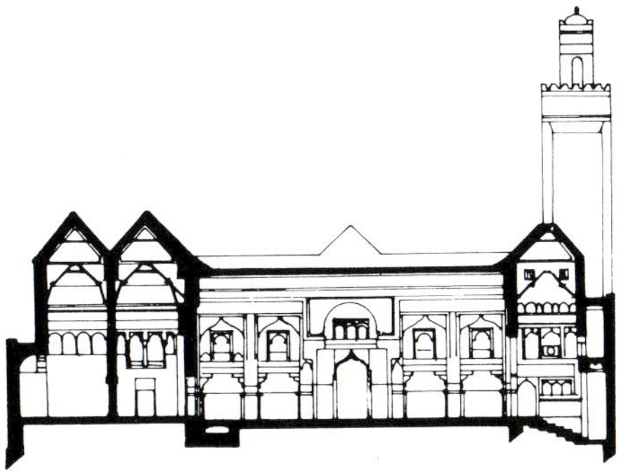

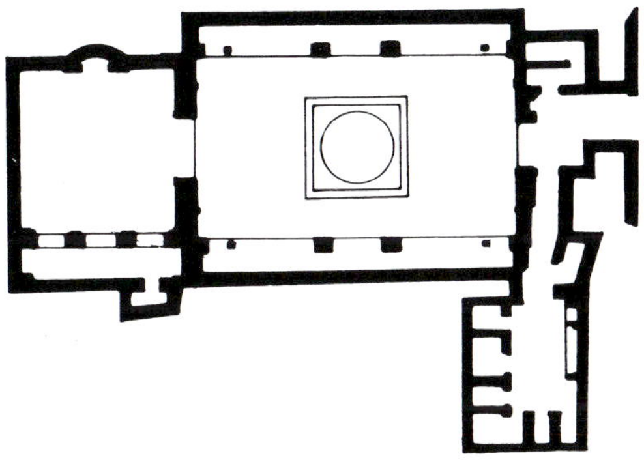

Gestalt und Struktur der islamischen Stadt sind viele Untersuchungen gewidmet worden, und man hat auch vergleichende Betrachtungen mit den Städten europäischen Ursprungs angestellt. Einige Präzisierungen seien hier jedoch erlaubt. Auf bedeutende Stadtgeschichtsforscher wie Pirenne, Egli, Gutkind und noch weitere in ihrer Nachfolge geht die weithin verbreitete Meinung zurück, dass in der islamischen Stadt keinerlei förmliche Planungskriterien erkennbar seien. Daher, so wurde behauptet und wird weiterhin manchmal irrtümlich angenommen, rühre auch die wirre und beliebige Stadtanlage. Andererseits seien in den islamischen Städten immer diese drei wichtigsten städtischen Bereiche auszumachen: der Handel, das Wohngebiet und die religiösen Obliegenheiten. Dazu kommen noch die Areale, die für die verschmutzenden oder störenden Tätigkeiten vorgesehen waren (Gerbereien, Färbereien und so weiter). War eine Stadt das Machtzentrum eines Königs oder Kalifen, beherbergte sie außerdem einen Palastkomplex, der befestigt und von einem eigenen Mauerring umgeben war. Sein Areal wurde unter zweierlei Gesichtspunkten gewählt: Sicherheit und Kontrolle der Knotenpunkte der Stadt. Die einzelnen Stadtteile sind von einem Straßennetz durchzogen, das sich an einer Skala der zunehmenden Privatheit orientiert. Es reicht von den Hauptstraßen, die mit den regen Handelsaktivitäten und der allgemeinen städtischen Geschäftigkeit verbunden sind und von einem Tor zum anderen reichen, über die Wege, die zu den religiösen Einrichtungen führen, bis hin zu einem kleinteiligen Netz aus Sackgassen, die Zugang zu den Privatwohnungen bieten.

Nach Einschätzung der oben genannten Forscher weist dagegen die europäische Stadt eine Anlage auf, die durch bauliche und städtebauliche Regeln genormt und daher unmittelbar erkennbar ist. Entsprechend wurde in der ursprünglichen islamischen Stadt oft auch das Fehlen von städtebaulichen Normen moniert, wie sie die europäischen Städte des Mittelalters schon seit dem 12./13. Jh. festgesetzt hatten. Da man also in der europäischen Stadt sofort die Matrix erkennen könne, die ihrer Planung zugrunde liege (Saarinen), sei es immer möglich, die besonderen Funktions- und Gestaltungsmerkmale der einzelnen Orte wiederzuerkennen, da diese Elemente rational dem Gesamtgefüge eingegliedert seien. Diese Betrachtung entspringt jedoch einem oberflächlichen Missverständnis, das den Begriff der Rationalität automatisch mit der Anwendung einer geometrischen Gestaltungsnorm gleichstellt. Tatsächlich haben die arabischen Geschichtsschreiber, die sich im Mittelalter am meisten mit dieser Frage beschäftigt haben, ihren Blick aus einer ganz anderen Perspektive auf die islamische Stadt gerichtet. Al-Farabi, der 950 einen wichtigen politischen und philosophischen Traktat verfasste, richtet das Augenmerk auf die Beziehung zwischen dem Haus als der kleinsten unteilbaren Einheit und der Gesamtheit der Stadt und führt dabei den bildhaften Vergleich mit der Gestalt des menschlichen Leibes ein. Seine Teile (Kopf, Brust, Bauch, Glieder) sind jeweils verschieden, jedes Teil arbeitet jedoch mit allen anderen zusammen, indem es seiner spezifischen Aufgabe nachkommt, und ist somit Teil einer geordneten Einheit auf einer höheren Stufe. Es drängt sich hier die Erinnerung daran auf, dass gerade dieser Vergleich zwischen der Stadt und der städtischen Gesellschaft nicht nur schon in der antiken Lehrfabel präsentiert wird, die traditionell Menenius Agrippa zugeschrieben wird, sondern namentlich auch in der frühmittelalterlichen Kultur (Isidor von Sevilla) und später sogar in der Renaissance bei Francesco di Giorgio Martini vorkommt. Ganz grundsätzlich, und hier sollen die Bemerkungen von Torres-Balbás und Lacarra bezüglich der hispanisch-islamischen Städte auf die Gesamtheit der islamischen Städte erweitert werden, ist die islamische Städteanlage ein organisches Ganzes, welches seinen Ursprung nicht in technischen Bestimmungen findet, sondern in einem organischen oder auch biologischen oder ökologischen Ent-

18 

18 Bam, Iran. Die Zitadelle vor der Zerstörung durch das Erdbeben im Jahr 2003.

19 Beni Hammad, Algerien. Die Bergfestung Al Qal'a.

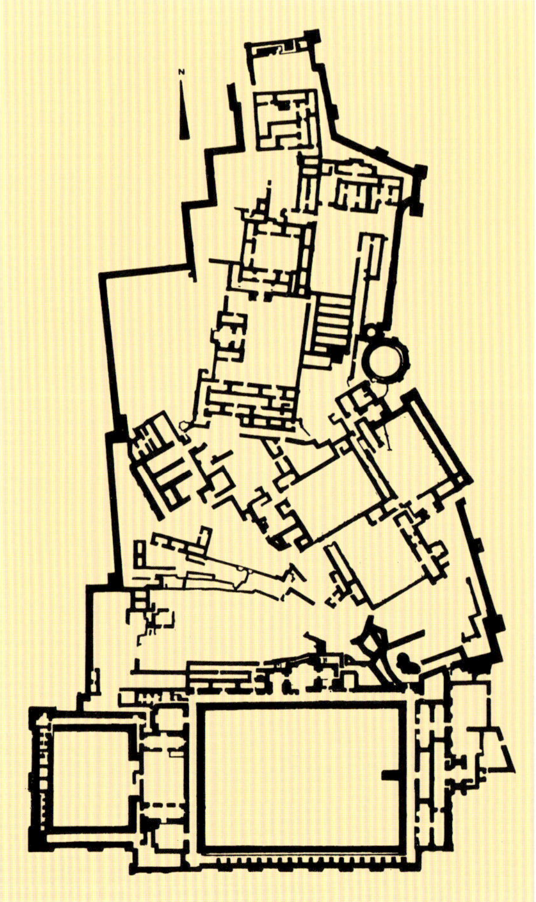

19

wicklungsgesetz (Tamari). In der hierarchischen Struktur der islamischen Stadt verschmilzt jedes einzelne Element mit den anderen, »um ein System zu bilden, das sich auf einer höheren Stufe befindet [...] jedes Element ist das Verbindungsglied zwischen dem vorhergehenden und dem nachfolgenden Element innerhalb der Hierarchie. Es gibt weder Gegensätzlichkeit noch Andersartigkeit, der Unterschied besteht nur in einem größeren oder kleineren Grad an Reserviertheit und Sakralität [...] Der dialektische Gegensatz zwischen innen und außen trägt jede Einheit, aber er verbindet sie auch mit den angrenzenden derselben Stufe und innerhalb einer organischen Verkettung mit den Einheiten einer oberen Stufe« (Fusaro). Wenn man die vielen unterschiedlichen Situationen in Rechnung stellt, auf deren Basis dieses städtische System sich entwickelt hat, besteht seine Originalität gerade darin, der »synthetischen« Kultur der islamischen Völker (Tamari) Ausdruck zu geben. Was die islamische Stadt definiert, ist also die Ordnung der *civitas* (im Sinne der städtischen Gesellschaft) (Fusaro), die immer auch in einem Verhältnis zu den spezifischen Höhen- und Klimabedingungen der einzelnen Ansiedlungsorte steht. An diesem Grundgedanken, der je nach den geschichtlichen und geographisch-ethnischen Gegebenheiten abgewandelt wird, orientieren sich die aktuellen Untersuchungen zur Gesamtheit der islamischen Städte und städtischen Gesellschaften, an denen Forscher verschiedener kultureller (islamischer und westlicher) Herkunft beteiligt sind. Bis heute hat man zudem, auch unter dem Aspekt der Jurisdiktion, drei grundlegende Stadtsysteme identifiziert (Clerget, Mez, Monneret de Villard): Misr, die Hauptstadt (auch die Metro-

20 Sanaa, die Hauptstadt des Jemen.

20

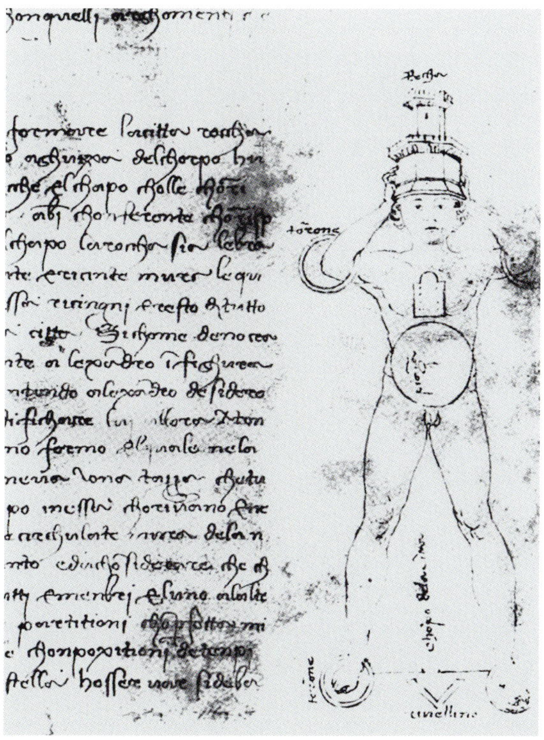

21 Francesco di Giorgio Martini (15. Jh.): symbolisch-ideale Darstellung der Stadt als menschliche Gestalt (Codex Laurentiano-Ashburniano 361 fol. 1).

21

pole); Kasaba, ein befestigtes Zentrum; Medina, eine nicht allzu große Provinzstadt. Der Hauptunterschied besteht demnach, was jedoch nicht ganz unumstritten ist, in der Existenz einer Hauptmoschee und im Allgemeinen in der Anzahl der existierenden Moscheen. Man unterscheidet auch zwischen geplanten und spontan entstandenen Städten. Jedoch ist dieses Kriterium ebenfalls nicht ganz befriedigend. Mag es für gänzlich neu entstandene Städte einen gewissen Sinn machen, sind doch andere Kriterien entscheidend, wenn sich die islamische Stadt in eine schon bestehende eingefügt hat, wie etwa ihre neue territoriale und jurisdiktionelle Rolle innerhalb des islamischen Gesamtsystems.

Was die Anfangszeit (7.–11. Jh.) der Bildung der islamischen Städte betrifft, unterscheidet Tamari (und in seinem Gefolge Cuneo und Fusaro) zwischen den verschiedenen Städteklassen des nordafrikanisch-ägyptischen und mesopotamischen Gebietes nach der Chronologie ihrer Entstehung. In dem genannten Zeitraum wurden unter verschiedenen Kalifaten neben anderen folgende Städte erbaut: Basra, Kufa, al-Fustat (zusammen mit einer weiteren Ansiedlung wurde es dann zur Stadt Kairo), Bagdad, Latakiya, Damaskus und Aleppo. Der interessanteste Fall, der eine eigene Betrachtung lohnt, ist die Gründung Bagdads (*Madinat as-Salam*, die »Stadt des Friedens«) durch den Abbasiden al-Mansur im Jahr 763. Die Rekonstruktion der ursprünglichen Anlage, die vollständig verschwunden ist, zeigt eine vollkommen runde Struktur. Das Zentrum der Stadt wurde von der Hauptmoschee gebildet, die ihrerseits in einem räumlichen Bezug zu dem Palast des Kalifen stand, während das Wohnsystem radial angeordnet war. Das Vorhandensein von vier Stadttoren als Zugang für die entsprechenden Handelswege und das System der zwei sich im rechten Winkel schneidenden Achsen und des ebenfalls kreisförmigen dreifachen Mauerrings legt eine Analogie nahe (die nur die Erscheinungsform betrifft, da es wissenschaftlich keinerlei gesicherte Verbindungen gibt) sowohl mit der Stadtanlage

22 Kairouan (Tunesien), die heilige Stadt des Maghreb, 670 gegründet, ist die älteste islamische Stadt in Afrika. Die Große Moschee.

22

in Form eines viergeteilten Kreises, die man auf einem Basrelief in Nimrud finden kann, als auch mit dem Schema der Idealstadt (das himmlische Jerusalem) in der westlich-christlichen Vorstellungswelt des Frühmittelalters. Eine inzwischen überholte islamische Geschichtsschreibung hat den Gründungsplan Bagdads für einzigartig und innovativ im islamischen Stadtbild gehalten. Aber mindestens zwei weitere Städte haben dasselbe Schema übernommen, al-Rafika (770) und al-Mansura bei Kairouan (948). Andere Forscher (Creswell, Tamari) haben angemerkt, dass man in der mesopotamischen Tradition mehrere Präzedenzfälle einer kreisförmigen Stadt oder immerhin einer solchen mit rundlicher Anlage finden kann. Das legt die Vermutung einer Kontinuität zwischen diesen älteren Städten und dem Bagdad der Abbasiden nahe. Man hat auch den iranischen Bereich als Inspirationsquelle in Betracht gezogen, indem man Bezüge zur Theologie Zoroasters hergestellt hat, die sich bekanntlich um die Anbetung des Feuers dreht: die Stadt als Darstellung der Sonnenkugel und eines kosmischen Ereignisses mit vielerlei Bedeutungen. Die islamische Geschichtsschreibung bestreitet indes diese Möglichkeit; ein derartiges Konzept sei dem antiheidnisch ausgerichteten islamischen Denken fremd. Wie dem auch sei, die ursprüngliche kreisförmige Anlage wurde schon 762 verändert – zumindest hat man dies so rekonstruiert und interpretiert (die Stadt als Nabel der Welt). Im Jahr 768 wurde sie dann aufsehenerregend von al-Mansur selbst durch die Gründung der Stadt Rusafa außerhalb des Kreises überholt. Diesem Ereignis hat man eine emblematische Bedeutung für den neuen Stadttypus auf unregelmäßiger Anlage beigemessen, der für den Bau der muslimischen Städte seit dem frühen Mittelalter und bis in die Moderne charakteristisch werden sollte. Weitere Änderungen und Erweiterungen folgten tatsächlich reihenweise im Laufe der Zeit. Verschiedene Ansiedlungen und ein Markt entwickelten sich außerhalb der kreisförmigen Stadt entlang der Routen, die mit den Flusswegen des Euphrats und mit den großen Karawanenwegen verbunden waren. Im 10. Jh. hatte die Stadt nach zuverlässigen Rekonstruktionen also eine andere und komplexere Gestalt angenommen, die wiederum durch Mauerringe geschützt war. Aufgrund dieser mehrpoligen Gesamtanlage wird Bagdad seitdem auch als eine aus mehreren Städten zusammengesetzte Stadt definiert.

Ganz anders ist der Ursprung der Städte al-Fustat, al-Basra und al-Kufa. Sie stammen aus dem 7. Jh. und gehören somit zu den ältesten. Sie werden als die urbane Verwandlung des früheren mauerlosen Heereslagers angesehen, wie es in der ersten Expansionszeit des Islam gegründet wurde. Zu dieser Gruppe gehört auch Kairouan, eine Stadt des Maghreb. Zwischen den genannten Städten gibt es indes auch einige Unterschiede. Die beiden ersten wie auch Kairouan und andere können als Anlagen mit einem (formal) linearen Wachstum angesehen werden. Dagegen scheint Kufa sich aus einem zentralen Kern entwickelt zu haben. Von großem Interesse sind Städte, die in ihrer Anlage auf ein Modell oder auch auf faktische Gegebenheiten hellenistisch-römischen Ursprungs verweisen (die man vielleicht doch allzu generalisierend als hippodamisch bezeichnet hat). Das gilt besonders für die syrischen Städte, die in seleukidischer Zeit entstanden. Ein intensiv erforschtes Beispiel ist al-Mutawakkaliya, eine Residenzstadt, die von dem Kalifen al-Mutawakkil gegründet wurde. Die Planungsprinzipien scheinen hier ähnlich gewesen zu sein wie in der jemenitischen Stadt Karnau, zu der die Neugründung in einer Beziehung gestanden haben dürfte. So war auch al-Mutawakkaliya in einer rechteckigen Form angelegt, wahrscheinlich 250 auf 400 Meter groß, und ihre Straßen folgten einem orthogonalen Netz aus *cardines* und *decumani*. Die Stadt besaß mehrere Plätze in ihrem Inneren sowie außerhalb. Eine mittlere Straßenachse verband die zwei Stadttore und teilte die Stadt in zwei Blöcke. Gegen das westliche Tor hin verbreiterte sie sich allmählich zu

23

23 Kairouan. Die Große Moschee, Teil des Innenhofes mit Bogengängen.

24

24 Kairo. Die Alabaster-Moschee (Muhammad-Ali-Moschee) wurde im 19. Jh. im osmanischen Stil erbaut.

einer Art *agorà*. Das Ganze war in acht nach der sozialen Hierarchie unterschiedenen Stadtteilen organisiert. Völlig anders strukturiert war das Palastviertel. In der Mitte stand der Kalifenpalast, der keine Verbindung zum Rest der Stadt besaß. Einen gewissen archaisierenden Zug dieser Anlage könnte man in dem Bau zweier spiralförmiger Minarette bestätigt sehen, die das biblische Thema des Turms zu Babel anklingen lassen. Samarra mit seinen königlichen Residenzen, luxuriösen Repräsentationsbauten, Vergnügungsorten, Sportanlagen usw. sei als ein weiteres Beispiel angeführt. Auch hier bestand die Gesamtanlage aus mehreren Siedlungskernen auf einem orthogonalen Netz. Strukturen auf orthogonaler Basis begegnet man auch in den Städten, die durch die seleukidische Eroberung verändert oder gegründet wurden wie Damaskus, Aleppo, Antiochia, Dura Europos. Manchmal wurden in diesem Zusammenhang auch die Veränderungen erforscht, die die islamische Anlage am ursprünglichen Wegenetz verursacht hat. Dafür ist der gründlich erforschte Fall der Stadt Latakiya ein sinnfälliges Beispiel. In Bezug auf die Entwicklung des Marktsystems, die auch bauliche Organisation der Berufskorporationen und das Wasserleitungssystem scheint dagegen das Damaskus der ayyubidischen Zeit von Bedeutung zu sein. Die säulengeschmückte Prachtstraße verwandelte sich in der islamischen Anlage, die sie für den Handel nutzte, in eine eher ärmliche Straße, die zum Teil in zwei Parallelstraßen aufgeteilt war. Ähnliches geschah auch in Jerusalem, wo sich die in Nord-Süd-Richtung verlaufende Kolonnadenstraße sogar in drei Parallelstraßen teilte.

25 Samarra, Irak. Das Minarett der Großen Moschee, 862 von al-Mutawakkil erbaut, hat die Form einer Spirale.

25

26 Sanaa, Jemen. Häuser und Straße des antiken Stadtzentrums.

26

Im Wesentlichen hat das ganze nordafrikanische Areal von Ägypten bis Tunesien, Libyen, Algerien und Marokko die islamische Anverwandlung schon bestehender Städte ebenso wie die Entstehung neuer städtischer Zentren erlebt, was mit dem Karawanenverkehr oder auch mit den Aktivitäten zu Meere (auch von Seeräubern) zu tun haben konnte. Der Prozess der islamischen Stadtbildung hat sich sogar bis an die atlantische Küste des afrikanischen Kontinents erstreckt. Auch in vielen anderen Regionen des Mittleren Ostens hat sich die islamische Stadt innerhalb eines je verschiedenen Zeitrahmens angesiedelt, zum Beispiel in armenischem (mehrere kleine Städte am Vansee) und in anatolisch-kaukasichem Gebiet mit den bedeutenden Städten Erzurum und Diyarbakir. Letztere ist von einem eindrucksvollen Mauerring aus Basalt umschlossen, der mit 99 mächtigen zylindrischen, turmbewehrten Bastionen bestückt ist. Ein besonderer Charakter eignet dem persischen Areal, das schon früher urbanisiert wurde und deshalb bereits mehrere Städte aufwies. Größere Bedeutung erlangte es dann unter der seldschukischen Herrschaft mit der ersten Hauptstadt in Ravi, deren Glanz von den Geographen des 10. Jhs. gelobt wird und deren Anlage auch unterirdische Häuser aufwies. Es folgte Isfahan, wobei die wirkliche Blütezeit des gesamten iranisch-persischen Areals unter der Herrschaft der Safawiden im 17./18. Jh. anzusetzen ist. Neben Isfahan ist auch Schiras ein großartiges Beispiel dafür, wie sich neue städtische Formen und Strukturen ausgestalteten. In Gebieten, die im strikteren Sinne asiatisch zu nennen sind, wurde das islamische städtische System auf

27 Bagdad, Abbasiden-Palast. Gedrehte Säule aus Ziegeln an einer Ecke der Außenwände.

27

andere und verschiedene Art interpretiert. Großes Gewicht besitzen die Anlagen der timuridischen Herrschaft, die von Tamerlan zu Beginn des 15. Jhs. gegründet wurde und sich von Transoxanien (unweit des Aralsees) bis Mesopotamien erstreckte, um in den letzten Jahren desselben Jahrhunderts wieder zugrunde zu gehen. Ihr verdankt man die herrlichen Beispiele der Städte Samarkand (die Hauptstadt, reich an Gärten und Grünanlagen), Herat, Kandahar und anderer kleinerer Städte. Der letzte Nachkomme der Timuriden, Babur, wechselte ins indische Gebiet (Punjab), erobert Delhi und Agra, besiedelte im Jahr 1526 erfolgreich diese Region und leitete somit die Herrschaft der Moguln ein (1526–1858). Schon die früheren islamischen Herrscher hatten sich mit religiösen und gesellschaftlichen Wirklichkeiten auseinandergesetzt, die ganz anders waren als diejenigen, woraus das islamische Konzept von Gesellschaft und Stadt sich entwickelt hatte. Dem islamischen Denken stand besonders das hinduistische Kastensystem entgegen. Zu Beginn war Agra die Hauptstadt der neuen Dynastie. Akbar (Jalaluddin), der von 1556 bis 1605 herrschte, ließ hier zunächst die großartige Festung erbauen (ein Komplex aus ungefähr 500 Gebäuden), um später die Palaststadt Fatehpur Sikri zu gründen (die »Stadt des Sieges«). Anders als früher versteht man sie heutzutage nicht mehr als eine Alternative zu Agra. Was da entstand, sollte ausschließlich als Residenz des Herrschers und seines Hofes dienen. Die neue Hauptstadt wurde jedoch bald verlassen, vielleicht wegen der neuen territorialen Strategie des Reiches nach der Eroberung Afghanistans und des Kaschmir. 1584 verlegte man die Hauptstadt nach Lahore. Während der Mogulherrschaft wurde die islamische Stadt von hinduistischen Anlagen beeinflusst, die auf einem modularen geometrischen Gitter basierten, mit dem System der Kasten verbunden waren (die ihrerseits dem urbanen Gefüge in hierarchischer Art und Weise ein- und zugeordnet waren) und den Palast ins Zentrum der Stadt stellten. Wichtig sind die Initiativen der Moguln zu zahlreichen territorialen Eingriffen, die mit der Wasserinfrastruktur zu tun hatten. In diesen Zusammenhang gehört auch die Errichtung von Gärten, wie im emblematischen Fall des religiösen Grabkomplexes des Taj Mahal.

Ein weiterer Deutungs- und Entwicklungsrahmen der islamischen Stadt, und vielleicht der wichtigste in Anbetracht seiner Wirkung in Zeit und Raum, bezieht sich auf das türkisch-osmanische Reich. Die osmanische Stadt zeigt zwar die typischen Merkmale der islamischen Stadt, führt aber als Sonderform den überdachten und urban weiträumigen Basar ein. Außerdem ist im Gefolge der Eroberung Konstantinopels (1453) eine wesentliche Variation in der Typologie der Moscheen festzustellen, die im europäischen Raum erbaut wurden. Von nun an weisen sie fast immer einen Bezug zu dem Bausystem auf, das die Hagia Sophia in justinianischer Zeit ausgebildet hatte (mit den nachfolgenden Änderungen), aber selbstverständlich unter entsprechender liturgischer Anpassung im Inneren und unter Errichtung von Minaretten und neuen Räumlichkeiten für Versammlung und Reinigung vor dem eigentlichen Gebetsraum. Ungeachtet des erbitterten Widerstands, den Konstantinopel noch ein Jahrhundert lang leistete, hatte die Anlage einer osmanisch-islamischen Stadt schon früher, seit dem Ende des 14. Jhs., die Städte Adrianopel (nun Edirne genannt und zur Hauptstadt geworden) sowie Bursa und einige kleinere verändert. Nachdem Konstantinopel erobert und zum Sitz des Osmanischen Reiches erklärt worden war, erfuhr die ganze alte Stadt einschneidende Veränderungen. Diese betrafen zunächst den Namen, denn aus Konstantinopel wurde Istanbul (wie man behauptet aufgrund einer Transliteration). Tatsächlich waren aber auch die architektonischen und urbanistischen Eingriffe, die ihre funktionelle und symbolische Anlage modifizierten, gewaltig. Die wichtige Kirche der heiligen Apostel wurde niedergerissen; der Komplex des römischen Kaiserpalasts samt dem Areal des Hippodroms und die anderen byzantinisch-

28 Indien. Das Taj Mahal wurde 1651 von dem indischen Großmogul Shah Jahan für seine früh verstorbene Lieblingsfrau Mumtaz Mahal erbaut. Der Prunkbau aus rotem Sandstein und Marmor ist eine Meisterleistung indo-islamischer Baukunst.

28

29 Istanbul (Konstantinopel). Das Goldene Horn.

V.	Aquädukt des Valens	P.	Fischmarkt
PH.	Philadelphion	VE.	Via Egnatia
SA.	Heilige Apostel	PA	Porta aurea
D.	Deuteron	M.	Prachtstraße (Mese)
CH.	Porta Charsia	XR.	via del Xerolophon
LK.	Lykos-Fluss	PH.	via del Philadelphion
K.	Goldenes Horn	FA.	Arcadius-Forum
CT.	Kette zum Schutz des Hafens	FB.	Ochsen-Forum
		FC.	Konstantins-Forum
G.	Galata, Stadtteil der Genuesen	IP.	Hippodrom
		A.	Akropolis
B.	Blachernen-Palast	A1.	Palatium Magnum
E.	Embolon, Handelsstraße	A2.	Hagia Sophia.

30 Die 1375 erbaute Isabey-Camii-Moschee in Ephesos.

29

30

31

31 Istanbul. Die Sultan-Ahmed-Moschee ist auch bekannt unter dem Namen »Blaue Moschee«.

kaiserlichen Bauwerke wurden gänzlich verändert; der neue und eindrucksvolle Komplex des osmanischen Kaiserpalastes wurde angelegt; die Kirchen mit der Hagia Sophia an der Spitze wurden in Moscheen verwandelt, im Inneren funktionell verändert und außen mit Minaretten bereichert; das System des überdachten Basars mit den dazugehörigen Wege- und Geschäftsstrukturen wurde angelegt; öffentliche Bäder wurden erbaut. Diese und andere Aktivitäten veränderten das städtische Baugefüge bis hin zu den Kleinbauten und damit das gesamte Stadtbild. Im Laufe der Zeit kamen neue Bautechniken zur Anwendung und innovative Gebäudeformen wurden beispielsweise im Wohnungsbau eingeführt, was das örtliche Wegenetz stark veränderte. Bei ihrem Ausdehnungsprozess hat sich die Stadt die Viertel Pera und Galata einverleibt, die vor der osmanischen Eroberung italienische Ansiedlungen gewesen waren. Weite Teile des byzantinischen Mauerrings verschwanden durch den Krieg und andere Ursachen, und später wurden neue Teile davon nach einem aktualisierten Plan verwirklicht. So wurde die neue osmanische Hauptstadt mit der Zeit zu einer rundum türkischen Stadt. Ähnliche Transformationsprozesse kann man im gesamten Gebiet des Osmanischen Reiches beobachten: im balkanischen Bereich, in Anatolien (besondere Lösungen wurden hier zum Beispiel im alten Teil der Stadt Ankara gefunden), in den Städten Nordafrikas und so weiter.

1

KAPITEL XI

Das islamisierte Europa

2

1 Sevilla, Spanien. Die Giralda, der Turm der Kathedrale, war einst das Minarett der 1184 errichteten Umayyaden-Moschee.

2 Ansicht der Stadt Cefalù, Sizilien. Im historischen Zentrum sind die Spuren der arabischen Herrschaft noch zu sehen.

Anders als in den christlichen Gebieten Westeuropas, wo die Zeit vom 7. bis zum 11. Jh. durch tiefe Krisen und eine starke Regression des städtischen Systems gekennzeichnet ist, hat die islamische Eroberung in den nordafrikanischen Gebieten am Mittelmeer und in den eroberten Bereichen Europas (der südliche Teil der Iberischen Halbinsel und nach dem 9. Jh. Sizilien und andere kleinere Inseln) eine rege wirtschaftliche und gesellschaftliche Entwicklung hervorgerufen. Die territoriale Rolle und Struktur der Städte, die sich nun im Einflussgebiet der islamischen Welt befanden, erfuhr dabei allerdings aus verschiedenen Gründen eine tiefgreifende Veränderung. Erstens hat die neue Grenze zwischen Islam und Christenheit die islamisierten Städte in geopolitischer Hinsicht in den islamischen Herrschaftsbereich einverleibt und sie also unter dessen neuen wirtschaftlichen und politischen sowie selbstverständlich religiösen Einfluss gestellt. Zweitens hat sich unter diesem die bisherige Hierarchie unter den Städten verändert, indem zum Beispiel manche Stadt in die erste Reihe trat, die vorher nur einen untergeordneten Rang innegehabt hatte. Drittens hat die islamische Eroberung nicht nur die religiöse Struktur der Städte einschneidend verändert, sondern auch ihr ethnisches, soziales und ökonomisches Gefüge. Dabei haben folgende Elemente eine Rolle gespielt: ein grundlegender Austausch der Führungsschichten sowie aller anderen urbanen und außerurbanen Schichten; das Aufkommen neuer Berufe, Gewerbe und Handelsformen; die Ausbreitung neuer Sitten und Lebensstile; Änderungen in der baulichen Gesamtanlage und im dazugehörigen Straßennetz; die Einführung neuer Architektur- und Ornamentformen für die Gebäude (besonders beeindruckend etwa in den großen Sakralbauten und sonstigen großen Bauprojekten, jedoch auch im gewöhnlichen Wohnungsbau ablesbar); die veränderte Aufteilung des städtischen Raumes; die Etablierung neuer Dienstzweige und Infrastrukturen in den Städten.

Die charakteristischen Merkmale der islamischen Städte sind schon benannt worden. Die nun eroberten Zentren hatten freilich früher zur Sphäre der Christenheit gehört und sich dementsprechend ausgestaltet und entwickelt. Jetzt, nach ihrer Einbeziehung in die andere, die muslimische Ökumene, nahmen sie in einem allmählich fortschreitenden Islamisierungsprozess deren Eigenschaften an. Als besonders wichtige Beispiele der neuen städtischen Wirklichkeit, die sich daraus ergab, sei auf Sizilien die Stadt Palermo genannt und auf der Iberischen Halbinsel die Städte Toledo, Córdoba und Sevilla.

Im Jahr 827 begann die islamische Eroberung Siziliens. Zu Beginn richtete sich der Angriff naturgemäß gegen Syrakus, bis dahin die wichtigste Stadt auf der Insel, die von Konstantinopel regiert wurde. Aber Syrakus ergab sich nicht, sondern leistete 51 Jahre lang Widerstand, bevor es sich der islamischen Herrschaft beugte. Das Interesse der neuen Herrscher konzentrierte sich bald auf Palermo (zuerst eine phönizische, dann römische, dann byzantinische Hafenstadt), das 883 fiel und in arabischer Zeit die Hauptstadt der Insel war. Die Stadt übernahm damit zugleich eine bedeutsamere Rolle in der neuen territorialen Struktur, die letztlich mehrere Jahrhunderte Bestand hatte. Wie die Forschung betont hat (de Seta, di Mauro), liegt hierin ein »grundlegendes Ereignis in der Geschichte der Beziehungen der Insel mit dem Rest der Mittelmeerländer: Jahrhundertelang hatte Sizilien mit seiner Hauptstadt Syrakus [...] im griechischen Einflussgebiet gelegen, aber seit dem Frühmittelalter sollte sich die ganze Insel mit ihrer am Tyrrhenischen Meer gelegenen Hauptstadt Palermo im Einflussgebiet der Kultur des westlichen Mittelmeers bewegen.« Das hatte auch auf die territoriale Struktur der Insel selbst Rückwirkungen, denn bis zur arabischen Eroberung hatte der Verkehr aus dem Osten zur Entstehung einer transversalen Hauptachse geführt, die von der Vorherrschaft der beiden Orte Syrakus auf der einen und Lilybaion (Marsala) auf der anderen Seite bestimmt war. Nach jenem Ereignis bildeten sich allmählich weitere Achsen heraus, die sich nach Palermo ausrichteten und die Städte Mazara, Agrigent und Sciacca begünstigten. Diese Lösung muss aus allgemeinen Erwägungen vorgezogen worden sein: Palermo verfügte über einen sehr guten Hafen, und mit Blick auf die für die neuen Machthaber interessanten Routen war seine geographische Lage vorteilhafter als die von Syrakus. Zudem besaß die Stadt trotz des allmählichen Bevölkerungsschwundes und der damit zusammenhängenden ökonomischen Krise, für die erste Anzeichen schon seit dem 1. Jh. n. Chr. zu bemerken waren, noch ein brauchbares Siedlungs- und Wirtschaftsgefüge. Die krisenhafte Entwicklung hatte sich im Verlauf der Jahrhunderte verstärkt und schließlich dazu geführt, dass Palermo nach vertrauenswürdigen Berechnungen zur Zeit seiner Eroberung nur noch ungefähr 15 000 Einwohner hatte; früher waren es vielleicht 30 000 gewesen. Die Stadt (Panormos) bestand aus zwei Kernen (Palepolis im höher gelegenen Teil und Neapolis zwischen Letzterem und dem Hafen); von denen jeder durch einen eigenen Mauerring geschützt war. Es existierte eine Kathedrale (an der Stelle, wo später die Moschee stand und noch später wieder die Kathedrale) und auch ein Xenodochium, also eine Unterbringung für die Pilger. Die Siedlung, die mehrere in einem gewissen Maße miteinander vermischte Ethnien beherbergte, lag auf einem erhöhten Gebiet zwischen zwei Flüssen, die in den Hafen (die Cala) mündeten. Sie war noch nach dem alten (vielleicht sogar punischen) Fischgrätenmuster organisiert: Eine gut gepflasterte Straße mit Ladengeschäften bildete die zentrale Achse, die auf dem Grat zwischen den beiden Flüssen (Papireto und Kemonia) angelegt war. Mehrere Nebenstraßen zweigten von ihr ab. Unter anderem diente der zentrale Grat des Systems dank dem natürlichen Abfluss der Gewässer auch der Abfallentsorgung. Die arabische Eroberung veränderte diese Situation entscheidend. Zum Schutz des Hafens wurde in den ersten Jahren des 10. Jhs. ein neues Viertel erbaut (Al Halisa, heute die Kalsa), das durch einen Mauerring umschlossen wurde und für die Regierung und die führenden Schichten bestimmt war. Die alte gemauerte Bausubstanz (wegen ihrer defensiven Charakteristika mit dem aus dem Arabischen kommenden Toponym Qasr belegt, später der Cassero) von Palepolis und Neapolis bewahrte ihre Eigenheiten, wurde aber nicht mehr als die ganze Stadt wahrgenommen, sondern nur als ein Viertel derselben. Die arabische Eroberung verursachte eine starke Auswanderung vor allem der christlichen Bevölkerung, wenn sich auch einige Gruppen (meist aus den Unterschichten) in den Prozess der Islamisierung der städtischen Gesellschaft einfügten: entweder indem sie konvertierten oder indem sie als Alternative eine steuerliche Mehrbelastung auf sich nahmen. Selbstverständlich legte sich jetzt die arabische Ethnie über alle früheren Gruppierungen, die auf ethnischer und/oder kultureller Gemeinsamkeit basierten (griechische, lateinische, hebräische). Wie aus den Nachrichten ersichtlich, die 973 Ibn Hawqal liefert, war die neue städtische Anlage von den zwei Polen dominiert, die der ummauerte Komplex Cala-Halisa und der ebenfalls ummauerte Qasr bildeten. Aber um diese bipolare Grundstruktur herum gab es noch andere Siedlungskerne, die voneinander relativ getrennt waren und zumindest teilweise in Bezug zu den verschiedenen ethnisch-religiösen Gruppen und ihren jeweiligen Gewerben oder Handwerken standen. Nach Ibn Hawqal war die Stadt im 10. Jh. letztlich in fünf verschiedenen Siedlungseinheiten organisiert. Obwohl an manchen Punkten eine Kontinuität zu der früheren Situation bestand (unter anderem bei kleinen Pfarreikirchen oder Synagogen), muss doch beachtet werden, dass sich das Wohngebiet

3

3 Palermo, Normannenpalast.

4 Palermo, Kirche San Cataldo.

5 Plan von Palermo und Umgebung. Das Umland erstreckt sich im Landesinneren bis Monreale und nach Osten bis in die Nähe von Solunt. Der Name (»Goldene Muschel«) geht wohl auf die Orangen- und Zitrushaine zurück, die hier durch die Araber angelegt worden waren. Heute ist das Gebiet vollständig urbanisiert.

4

Capo di Gallo
Isolotto delle Femmine
Punta del Barcarello
Torre di Mondello
Mondello
Baia di Sferracavallo
M. di Gallo
Baia di Mondello
Borgo dell'Isola delle Femmine
Punta di Célisi
Partanna
Punta di Priolo
Monte Pellegrino
Pizzo Minolfo 765
La Favorita
Grotta
La Vergine Maria
Capaci
Strada per Carini
Il Castellaccio 969
S. Lorenzo
Cimitero dei Rotoli
Resuttana
Torre dell'Arenella
Cozzo Gibiltondo 537
S. Polo
Canale di Passo di Rigano
L'Acquasanta
Golf von Palermo
Malaspina
Passo di Rigano
Uditore
C. Mongerbino
M. Cuccitello
PALERMO
Promontorio Zafferano
M. Cuccio 1051
Bàida
Strada per Montelepre
Bocca di Falco
La Zisa
G. di Termini Imerese
Romagnolo
Torre dell'Acqua dei Corsari
M. Catalfano 374
M. Pietroso 451
Chiesa dei Vespri
Antico Convento di San Martino
Rovine di Solunto
Brancaccio
La Rocca
Ficarazzi
Il Castellaccio 764
Monreale
La Grazia
La Bagheria
Santa Flavia
Villabate
Castello di Solanto
M. Ciancagno 316
F. Oreto
Pizzo del Balzo Rosso 913
M. Grifone 776
Convento di Gibilrossa
Pizzo del Vallone del Fico 750
Il Pioppo
Il Parco
Belmonte Mezzagno
F. Ficarazzi
Punta della Moarda 1050
Misilmèri
Rocca dell'Aquila 922

5

unter dem Einfluss der islamischen Vorstellung von Stadt umzuformen begann. Es wurden zum Beispiel Moscheen und andere typische Einrichtungen wie Bäder in ein umgestaltetes Wege- und Wohngefüge integriert. Es muss betont werden, dass die Stadt in dieser veränderten Gestalt zu einem neuen Leben erwachte, das lange andauern sollte. Noch nach der Eroberung durch die Normannen sind Einflüsse auf das Machtsystem der neuen Herrscher auszumachen, ja sogar später noch zur Zeit der Stauferherrschaft. Das Wiedererwachen und die Blüte Palermos unter der arabischen Herrschaft kann in mehrerer Hinsicht betrachtet werden. Mit Blick auf die wirtschaftliche Ebene ist festzuhalten, dass sich in der Stadt wie auch im Umland neue Anbaukulturen, Gärten und dergleichen verbreiteten. Parallel dazu begann eine neue Bautätigkeit und setzte die Produktion von Luxusgütern ein. Auf dem Feld der Künste zeigte die neue arabische Formsprache in der Architektur und in der Ornamentik ihre Konturen. Auf kultureller Ebene entstanden literarische, philosophische und wissenschaftliche Kreise. Das Wachstum zeigte sich besonders deutlich in der Zunahme der Einwohnerzahl. Unter der arabischen Herrschaft erlebte Palermo nämlich eine außerordentlich starke Expansion: Laut Schätzungen, die auf arabische Schriftsteller zurückgehen (al-Muqaddasi), wurde die sizilianische Stadt größer als al-Fustat (die Stadt Amr, zu der später die Siedlung Kairo hinzukam) und hatte eine Einwohnerzahl, die 100 000 überstieg.

Die Beispiele aus dem iberischen Gebiet zeigen insgesamt ein ähnliches Bild, was die Fortdauer der städtischen Rolle nach der Eroberung betrifft, wenngleich die Tendenz von Ort zu Ort eine durchaus verschiedene sein kann. Aus den demographischen Berechnungen, die auf den Nachrichten der arabischen Geographen gründen, ergibt sich,

6 Stadtplan von Palermo in der Zeit der arabischen Herrschaft.

7 Der Dom in Palermo.

8 Córdoba, Spanien. Innenhof und Garten der Moschee.

6

7

8

dass während der muslimischen Herrschaft in den iberischen Städten ein generelles Wachstum der Einwohnerschaft und überhaupt eine starke städtische Entwicklung stattgefunden hat. Es wurde eifrig gebaut: Paläste, Moscheen, öffentliche Bäder (Hamam), neue Wohnviertel, Mauersysteme. Der Handel und der Verbrauch, auch an Luxusgütern, nahmen zu. Hier begegnen also dieselben Expansionsprozesse wie in Palermo. Das gilt jedoch nicht allgemein. Als eine Folge der neuen territorialen Strukturen hatte sich nämlich von Fall zu Fall die hierarchische Position einzelner Städte gewandelt. Also gab es auch Fälle von städtischer Rückentwicklung. In einigen Gebieten des iberischen Nordens verschwanden zum Beispiel die Spuren des früheren Städtesystems, und in anderen konnten nur die wichtigsten Städte überleben. Dazu gehören Sevilla, Córdoba, Mérida, Saragossa und Toledo. Ihr Werdegang war jedoch ein je verschiedener. Toledo war vom 6. Jh. bis zur Eroberung durch die Muslime (731) eine wichtige westgotische Hauptstadt gewesen. Viele Bauwerke waren entstanden (reich geschmückte Tore und Türme, kleine, jedoch auserlesene Kirchen, die Hauptsynagoge), und ein florierendes Leben fand darin statt. Nach der arabischen Eroberung verlor Toledo seine frühere Rolle als Hauptstadt, und wenn man seine geopolitische Lage betrachtet, erscheint es letztlich als eine Stadt an der Grenze zwischen Christenheit und islamischer Welt. Obwohl Toledo städtische Züge bewahren konnte, zeigte es Zeichen der Rezession, und zwar sowohl in Bezug auf die Bevölkerungszahl als auch in Bezug auf die Bautätigkeit. Die Stadt, die auf einer Anhöhe hoch über dem Fluss angelegt ist, der sie auf drei Seiten umgibt, sollte im weiteren Verlauf oft gegen die Dominanz der anderen Zentren im Kalifat rebellieren – und die Folgen daraus tragen müssen. Trotzdem blühte das Handwerk weiter, und der wichtige hebräische Anteil am städtischen Leben blieb bestehen und verstärkte sich teilweise sogar. Er konzentrierte sich in einem eigenen Stadtviertel (die Juderia), wo eine wichtige Synagoge erbaut wurde, die später, nach ihrer Umwandlung in eine christliche Kirche, unter dem Namen S. Maria la Blanca bekannt wurde. Der Bau einer doppelten Festungsanlage im Norden der Stadt

9

10

9 Gormaz, Spanien. Alte islamische Grenzfestung am Río Duero.

10 Die Moschee von Córdoba in Spanien ist das bedeutendste Bauwerk der Stadt, ein einzigartiges architektonisches Monument, zwischen 786 und 788 erbaut auf dem Areal einer christlichen Basilika. Über 800 Marmorsäulen in parallelen Reihen tragen jeweils zwei übereinanderliegende Bögen und bewirken so ein besonderes Spiel von Licht und Schatten.

(*madina* und *rabad*) veränderte selbstverständlich ihre Gesamtanlage. Das Gleiche gilt beispielsweise für den Bau des Alcazar, eines befestigten Palastes zum Schutz der strategisch wichtigen Brücke über den Tejo, die von den Muslimen 997 eigens wiederaufgebaut wurde, oder auch für den Bau der Hauptmoschee und von weiteren Moscheen in den verschiedenen Stadtvierteln. Eine andere Entwicklung nahmen unter der islamischen Herrschaft die Städte Sevilla und Córdoba. Anfänglich war Sevilla als Hauptstadt vorgesehen und wurde daher mit vielen bedeutenden Bauwerken ausgestattet. Unter der Herrschaft der Almohaden erhielt sie ein mächtiges Schutzsystem (Ende 12. Jh. bis Beginn des 13. Jhs.). Bei aller Betonung der Unterschiede hat man Sevilla sogar mit dem aus zwei Städten (al-Fustat und al-Qahira) gebildeten städtischen Komplex verglichen, aus dem die große Metropole Kairo am Nil hervorging. Córdoba, die Stadt am Fluss Guadalquivir, wurde nach dem Jahr 756, unter der Dynastie der Umayyaden, zur Hauptstadt. Auf die Bevölkerung der umliegenden bäuerlichen Regionen übten die Städte eine starke Anziehungskraft aus. Die Hauptmoscheen, die die Gesamtheit der Gläubigen aufnehmen sollten, erfuhren aus diesem Grund zahlreiche und fortgesetzte Erweiterungen. Man hat zum Beispiel berechnen können (Torres-Balbás), dass die Hauptmoschee Córdobas am Anfang, das heißt im 8. Jh., ungefähr 5500 Personen beherbergen konnte, am Ende des 10. Jhs. nach mehreren Erweiterungen aber fast 25 000 Personen – und das Verhältnis zur Gesamtzahl der Einwohner ist dabei ziemlich genau. Wir wissen außerdem, dass zur Zeit der christlichen Rückeroberung die *madina* der Stadt (aber nicht der Rest der städtischen Siedlung) von Mauern umgeben war, in denen sich sage und schreibe 13 Tore öffneten. Im Inneren befanden sich der Alcazar, die Hauptmoschee und auch das jüdische Viertel. Man hat rekonstruiert, dass die Stadt im 10. Jh. auch in Bezug auf die Glaubensgruppen in mehrere Viertel gegliedert war, wobei die Gewerbestrukturen, vor allem die Mühlen, längs des Flusses platziert waren (Levi Provençal). Auch die Stadt Sevilla zeigt ein ähnlich fortentwickeltes Erscheinungsbild wie Córdoba. Eine besondere, ganz eigene Entwicklung hat Granada genommen. Nachdem Medina Elvira zerstört worden war, hatten

11

11 Granada. Der Hof des Wasserkanals im Palacio de Generalife (1203–1302). Der Generalife außerhalb der Mauern der Alhambra war ein kleiner Palast mit Mausoleum und geschlossenem Garten, durchzogen von einem Wasserkanal.

12

12 Granada. Alhambra, Myrtenhof (14. Jh.) im Palast der Nasriden.

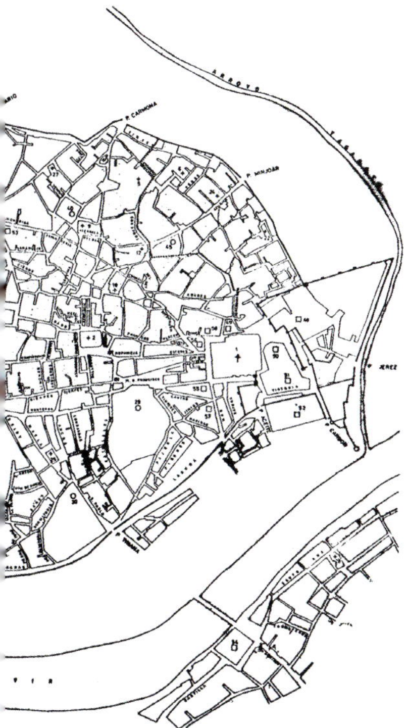

13

13 Stadtplan von Sevilla.

sich nämlich die syrischen Truppen, die in Spanien geblieben waren, hier angesiedelt. Deshalb wird in der arabischen Literatur die Stadt direkt mit Damaskus verglichen. Trotz der topographischen Unterscheide – Granada liegt in hügeligem Gelände, Damaskus in einer Ebene – zeigten beide Städte eine mächtige Entwicklung des Handels mit Luxusprodukten des Handwerks (Cuneo). Weitere Vergleiche zwischen iberischen Städten und solchen aus anderen Regionen sind angestellt worden, so zum Beispiel zwischen Málaga und Salé, einer marokkanischen Stadt, übrigens ganz zum Vorteil der iberischen Stadt, was ihre Uneinnehmbarkeit, die Pracht der Gebäude, die Umtriebigkeit in Handwerk und Handel sowie die Bevölkerungszahlen betrifft (García-Gómez).

Wiederum später wurden sämtliche iberischen Städte nach und nach für das christliche System zurückerobert. Bei diesem zweiten Herrschaftswechsel wurde die städtische Anlage, wie sie sich unter der muslimischen Herrschaft ergeben hatte, erneut zum Gegenstand von Veränderungen. Solches widerfuhr auch Palermo, wobei die sizilianische Stadt ihren Rang unter der normannischen Herrschaft und teilweise noch unter den Staufern wahren konnte. Dagegen änderte sich für die iberischen Städten mit dem Wechsel des politisch-religiösen Umfelds auch der territoriale Rahmen. War bisher Córdoba die Hauptstadt gewesen, so sollte sich nun Sevilla durchsetzen. Rang und Einfluss auch der anderen iberischen Städte änderten sich, je nach dem Zeitpunkt ihrer Eroberung. Granada, das als letzte Stadt für den christlichen Bereich zurückerobert wurde, büßte mit der Eroberung auch einen Teil seines früheren territorialen Ranges ein.

1 Gesamtansicht von San Gimignano, Toskana. Die Stadt ist geradezu repräsentativ für die mittelalterliche, von Türmen geprägte Stadt Italiens. Diese »Geschlechtertürme« innerhalb der Stadt dienten den untereinander zerstrittenen Adelsfamilien zu ihrer Verteidigung.

KAPITEL XII

Die Stadt im Hoch- und Spätmittelalter

1

Bekanntlich ist der Begriff »Mittelalter« das Ergebnis einer historiographischen Konvention. Entsprechend gibt es verschiedene Vorstellungen von dem zeitlichen Rahmen, den er definiert. Das Ende des Weströmischen Reiches wird allgemein als der Beginn des (westeuropäischen) Mittelalters angesehen und also das Datum der Absetzung des Romulus Augustulus (476 n. Chr.) gewählt, um den Anbruch der neuen Epoche zeitlich zu präzisieren. Geteilt sind dagegen die Meinungen über das Datum, das sein Ende kennzeichnen soll. Eine Möglichkeit besteht darin, das Ende des Mittelalters am Jahr der Eroberung Konstantinopels durch den Islam (1453) festzumachen. Gemäß dieser Konvention wird das dramatische Ereignis quasi als Wasserscheide angesehen, die die Veränderung all dessen, was bis dahin den politischen, ökonomischen und religiösen Rahmen der christlichen europäischen Welt ausgemacht hatte, unumkehrbar machte. Nimmt man stärker Kunst und Kultur als Leitmotive in den Blick, wird man sich der Meinung derer anschließen, die das Ende des Mittelalters auf die ersten zwei oder drei Jahrzehnte des 15. Jhs. vorverlegen. Damit werden implizit die Theorien Jacob Burckhardts und anderer zur »Kultur der Renaissance« angenommen, die ab dem 19. Jh. eine große historiographische Wirkung entfalten konnten. Schon in diesen Jahrzehnten und damit früher als im restlichen Europa zeigen sich nämlich zuerst in Florenz und dann in der Toskana die ersten Spuren jener Kultur, die später eben als Renaissance definiert wurde. Auf das Mittelalter, das der Parameter einer geschichtlichen Dauer ist, folgt die Renaissance, die begrifflich zumindest am Anfang eher ein Parameter aus dem kulturell-künstlerischen Kontext ist. Das bringt viele Probleme methodologischer Art mit sich, wenngleich das Stereotyp einer »Stadt der Renaissance« weit verbreitet ist. Andere Historiker, darunter maßgeblich Jacques Le Goff, richten sich nach einem wieder anderen Kriterium und neigen zum Bild eines »langen Mittelalters«, dessen Dauer bis zum Anbruch der Moderne in der Industriellen Revolution anhält und ohne die historiographische Kategorie der Renaissance auskommt. In diesem Kapitel nun soll das Thema der Entwicklung der mittelalterlichen Stadt gemäß der historiographischen Konvention beleuchtet werden, die den Begriff des Mittelalters auf das ganze 15. Jh. und in gewisser Hinsicht auch auf die ersten Jahrzehnte des nächsten Jahrhunderts ausdehnt. Entscheidend dafür ist das Phänomen der auch, aber nicht nur chronologischen Beständigkeit der Städte oder, anders gesagt, der starken und lang anhaltenden Wirkung mancher gesellschaftlicher und wirtschaftlicher Komponenten sowie mancher Institutionen und Normen, die ihr Werden bestimmten. Als Siedlungssystem ist die Stadt nämlich eine vielfältige und komplexe Realität, in der immer zugleich Erneuerungskräfte und andere, im Vergleich sogar zahlreichere Faktoren mitspielen, die Beständigkeit bewirken. In Wesen und Gestalt einer Stadt vermischen sich viele verschiedene Aspekte (umweltliche, gesellschaftliche, ökonomische, politische, kulturelle, weltliche und religiöse, künstlerische, technische usw.), die wechselseitig aufeinander einwirken und aus denen sich manchmal auch ganz neue Szenarios ergeben können. Man muss daher ein ganzheitliches Bild zeichnen und darf nicht einige Aspekte herausheben, so bedeutend sie auch sein mögen, wenn man eine Feststellung darüber treffen will, ob und wann die Stadt als das begriffliche Ganze aus *urbs* und *civitas* eine andere Realität wurde als bisher. Aus diesem Grund ist das vorliegende Kapitel zunächst in zwei Abschnitte aufgeteilt, die den zwei Phasen ihrer mittelalterlichen Entwicklung entsprechen. Im zweiten Abschnitt wird dann nochmals unterschieden zwischen den zwei Entwicklungslinien, die während der letzten Jahrhunderte des Mittelalters erkennbar sind. Die erste ist durch die Fortdauer von Werten und Prinzipien gekennzeichnet, die zweite orientiert sich an dem Aufkommen neuer Wirklichkeiten sowie Bedürfnisse und vollzieht den damit einhergehenden Mentalitätswechsel mit, zu dem auch das später als Renaissance bezeichnete kulturelle und künstlerische System gehört.

Ursprung und Entwicklung der mittelalterlichen Stadt (Mitte des 11. Jhs. bis Anfang des 14. Jhs.)

In den ersten Jahrzehnten des 11. Jhs., aber noch deutlicher dann an seinem Ende zeigte Westeuropa schon vielerlei Erholungsanzeichen, unter denen das allmähliche Anwachsen der Einwohnerzahl besonders wichtig ist. Man hat geschätzt, dass gegen Ende des 10. Jhs. in Europa ungefähr 30 bis 35 Millionen Einwohner lebten, ihre Zahl jedoch ab dem 11. Jh. rasch zunahm (Genicot, Cipolla), als sich im westeuropäischen Rahmen bestimmte Veränderungen des Feudalsystems bemerkbar machten und die Ausübung der Herrschaftsmacht vor Ort allmählich ein neues Gesicht annahm. Das ist zugleich Ursache und Wirkung der Entstehung einer zunehmend stärker gegliederten und diversifizierten feudalen Hierarchie. In den dreißiger Jahren des 11. Jhs. gewannen nämlich die kleinen Feudalherren an Gewicht und wurden zu Mitgestaltern. Eben weil sie unmittelbar an den örtlichen Realitäten und Strategien interessiert waren, konnten sie eine sehr viel stärkere Wirkkraft entfalten, als dies den größeren Feudalherren im Rahmen ihrer Herrschafts- und Kontrollmechanismen möglich war. Selbstverständlich waren die Gegebenheiten und Bedingungen (der Umwelt, der Topographie, der Bevölkerung, der Wirtschaft, der Besiedlung etc.), die für die verschiedenen europäischen Gebiete spezifisch waren, äußerst komplex und vielfältig, und ebenso vielfältig waren die sich daraus ergebenden Verhaltensweisen und Konstellationen zwischen den Akteuren (nicht ohne ständige Frontwechsel). Den Lehnsnehmern wurde nun zunehmend, zuerst bei den kleineren Lehen und dann bei den größeren, das Prinzip der erblichen Übertragung der feudalen Macht zugestanden. Unbeschadet dessen, dass das feudale System in seiner charakteristischen pyramidalen Struktur mit dem Kaiser beziehungsweise Papst an der Spitze fortbestand, bedeutete dies, dass die Nutzung und Verwaltung der örtlichen wirtschaftlichen und sozialen Ressourcen in jedem einzelnen der vielen verschiedenen Herrschaftsbereiche zunehmend an Bedeutung und Gewicht (in politischer wie wirtschaftlicher Hinsicht) gewann.

2

3

Sozusagen an der Tagesordnung waren die häufigen und ausgesprochen vehement geführten Kämpfe der kleinen örtlichen Machthaber untereinander und desgleichen die Auseinandersetzungen zwischen diesen und den größeren Feudalherren. Aber auch die beiden bedeutendsten Machtpole des Feudalsystems gerieten in Streit miteinander: Der weltlichen Gewalt mit dem Kaiser an der Spitze stand das kirchliche Machtgefüge mit dem Papst als Oberhaupt gegenüber, das, abgesehen von der direkten territorialen Kontrolle über die Gebiete des *patrimonium sancti Petri*, über das Netz der Bistümer und Pfarreien auch eine äußerst weiträumige (und manchmal wiederum konfliktreiche) indirekte Kontrolle ausübte. Die Hauptakteure dieser Situation, die wegen der strittigen Frage der Bischofsinvestitur als Investiturstreit bezeichnet wird, waren am Anfang Papst Gregor VII. und Kaiser Heinrich IV. Der Konflikt dauerte sehr lange an, weil das Recht, einen Bischof in sein Amt einzusetzen (*investire*), grundsätzlich die Legitimität der Ausübung herrscherlicher Befugnisse der beiden gegensätzlichen Gewalten (des Papstes und des Kaisers) berührte und folglich auch ihre territorialen und wirtschaftlichen Interessen. Da die Rolle des Geldes im Wirtschaftskreislauf in dieser Zeit noch gering war, wurden die Bischöfe gerade durch die »Territorialität« ihrer Herrschaftsmacht (Dupré Theseider) in die Lage versetzt, eine kleine oder auch größere Akkumulation von Waren und Tauschwerten zu initiieren, also durch die Tatsache, dass der Bischof als Haupt einer Diözese besondere Privilegien und Rechte genoss. Zu diesen Rechten zählte die Erhebung des Zehnten

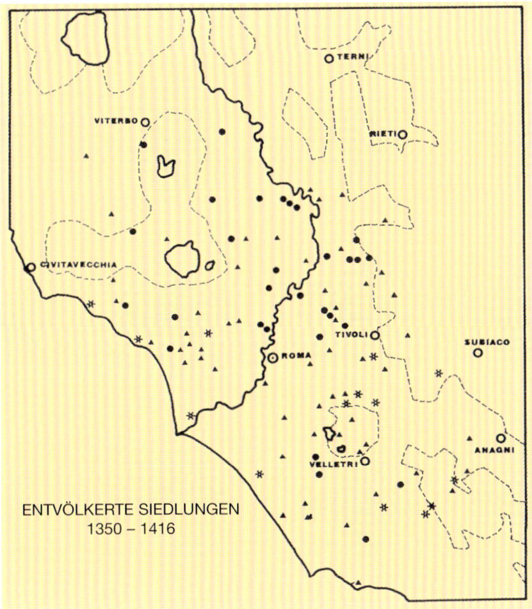

4

5

2 Rom, Tor Mellina, wie im 15. Jh. rekonstruiert. Die Turmspitze wurde später hinzugefügt.

3 Rom, Tor Sanguigna. Die beiden mittelalterlichen Türme befinden sich in der Nähe der Piazza Navona.

4 In der zweiten Hälfte des 14. Jhs. wurde das westliche Europa von der Pest heimgesucht. In den von der Epidemie betroffenen Orten kam es zu einem bemerkenswerten Bevölkerungsrückgang. Die Karte zeigt entvölkerte Siedlungen im Latium.

5 Cremona. Die Stadt in der Lombardei spielte im Mittelalter eine bedeutende Rolle an der Spitze der Städte, die sich in Opposition gegen Mailand mit dem Kaiser verbündeten.

6 Sant' Angelo in Formis nahe Capua war ein Kloster, das im sogenannten Investiturstreit symbolische Bedeutung hatte.

(*decimae*) der landwirtschaftlichen Erzeugnisse oder ihres finanziellen Wertes, aber auch die Kontrolle der »bürgerlichen« Legitimität, da die Pfarreien für die Erteilung der Taufe zuständig waren. Besonders im 11. Jh. (dieses Bild sollte sich später ändern) fungierte die bischöfliche Macht als ein entscheidendes Bindeglied zwischen der zentralen königlich-kaiserlichen Macht und den lokalen Wirklichkeiten. Aber auch die großen Mönchsorden spielten eine bedeutende Rolle in diesem komplexen Machtspiel, und es ist in diesem Zusammenhang gewiss nicht unwichtig, dass die Äbte, die sie leiteten, von wenigen Ausnahmen abgesehen aus dem hohen Adel kamen. Neben den reinen Klosterorden (besonders den Benediktinern, darunter auch die reformierten Richtungen wie die Cluniazenser, die Zisterzienser und andere) sind auch die militärisch-mönchischen Ordensbildungen zu erwähnen, die sich in mehreren Etappen ab dem 12. Jh. vollzogen (die Ritter vom heiligen Johannes zu Jerusalem, später Ritter von Rhodos und noch später Malteser genannt, die Templer, der Deutsche Orden und andere). Zugleich konnte sich das wirtschaftliche, gesellschaftliche und »politische« Gewicht der Städte zunehmend behaupten und vergrößern. Ihre Führungsgruppen konnten mit einem klugen Spiel der Allianzen und mehr oder weniger wahrhaftigen Treuebekundungen von den heftigen Zusammenstößen zwischen den großen feudalen Gewalten profitieren. So gelang es ihnen, sich gegenüber

7

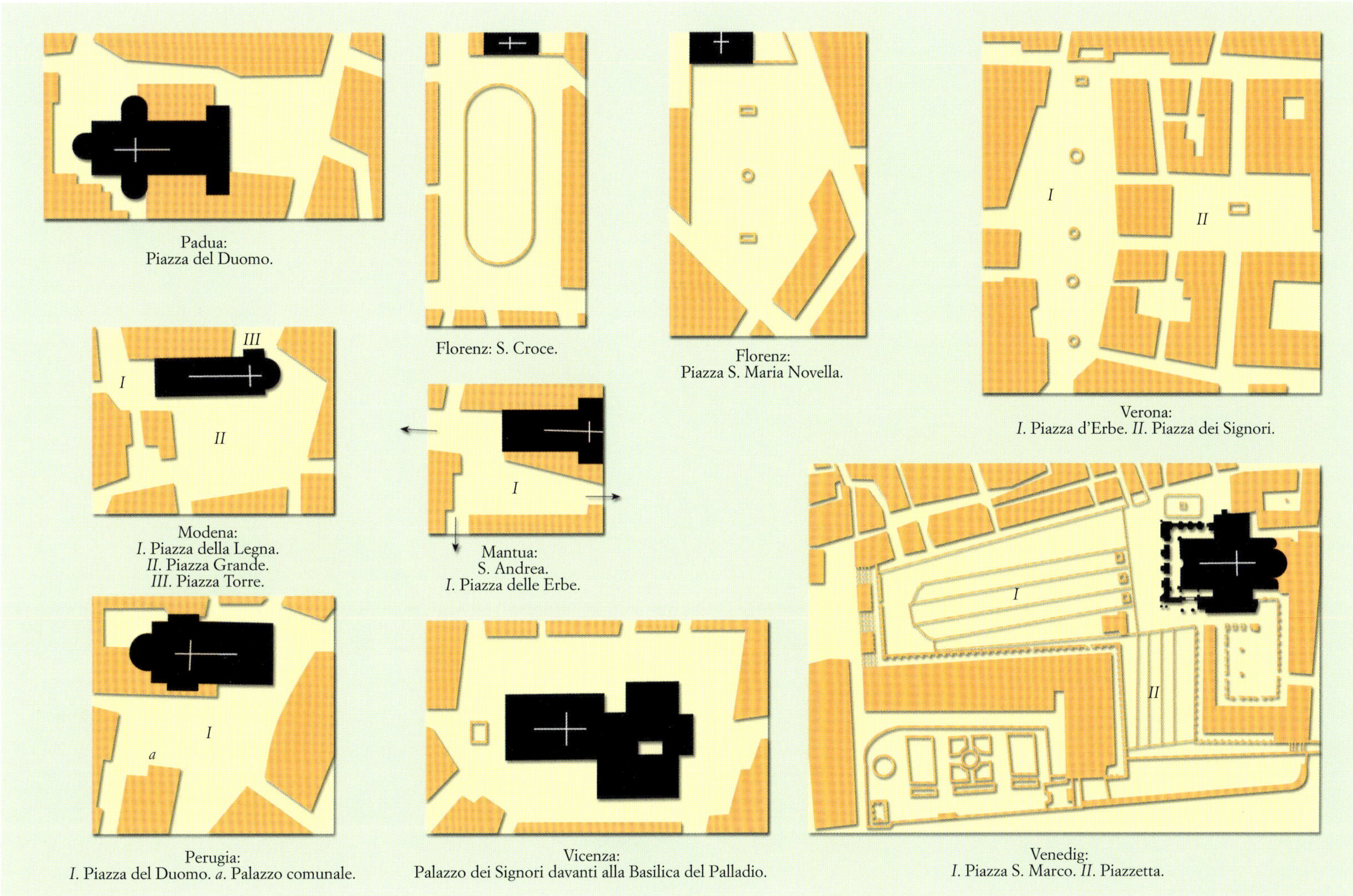

8

7 Die Pläne veranschaulichen die verschiedenen Formen der wichtigsten mittelalterlichen Stadtzentren in Italien.

8 Die Karte zeigt die wichtigsten europäischen Handelszentren und ihre Verkehrsverbindungen im Hoch- und Spätmittelalter.

der einen oder anderen der Gewalten immer größere Spielräume und Autonomierechte zu verschaffen. Die Wiederaufnahme von Verkehr und Handel entlang der Straßen mittlerer und großer Reichweite sowie eine zunehmende Beweglichkeit der Bevölkerung zwischen Stadt und Land waren zugleich Ursache und Wirkung der neuen Dynamik. Beide Phänomene wurden auch durch den zunehmend das ganze Mittelmeergebiet umfassenden Austausch zwischen christlichem und islamischem Bereich veranlasst und verstärkt, der sich im Rahmen friedlicher Handelstätigkeit oder auch in kriegerischem Rahmen abspielen konnte. Auch die komplexen und wechselhaften Ereignisse der Kreuzzüge gehören in diesen Zusammenhang. Ein solcher Austausch begünstigte zugleich die vielen Hafenstädte des Mittelmeerbeckens, aber auch die Städte mit einem Fluss- oder Binnenseehafen und die Siedlungszentren an den großen Verkehrsrouten. In den Städten, die nun wieder zu einem wichtigen Bezugspunkt für ihr Umland geworden waren, gewannen besonders diejenigen Berufe neues Gewicht, die mit der handwerklichen Produktion verbunden waren. Parallel dazu bildeten sich in ihrem sozialen Gefüge neue Schichten aus, die nicht in erster Linie mit jenen Faktoren zu tun hatten, auf denen das ganze Feudalsystem beruhte: dem Grundbesitz und der Landwirtschaft. So wurden die Städte im zweiten Jahrtausend der christlichen Zeitrechnung wieder zur Triebfeder für neue gesellschaftliche und wirtschaftliche Entwicklungen. Sie bildeten in Westeuropa ein Element der Innovation, wie man auch daraus ersehen kann, dass gemäß dem damaligen Recht derjenige als frei galt, der aus einem anderen (ländlichen) Gebiet in eine Stadt zugezogen war und ohne Einwände von feudaler Seite länger als ein Jahr daselbst ohne Unterbrechung gewohnt hatte.

9

9 Semur-en-Auxois (Frankreich) ist ein schönes, befestigtes Zentrum im nordwestlichen Burgund. Charakteristisch ist, dass die Stadt bis heute ihre mittalterlichen Strukturen bewahrt hat.

10 Rom, Palazzo dei Crescenzi. Die Crescenzi waren eine römische Patrizierfamilie, die im 10. und 11. Jh. großen Einfluss auf die Geschichte der Stadt und der Kirche hatte.

11 Flandern. Darstellung der flämischen Hauptstadt Brügge im Mittelalter auf einem Gemälde von Gerard David.

10

11

Die Geschichtsschreibung des 19. Jhs. hat in ihrer Hochschätzung der Stadt diese unzweifelhafte Tatsache als ein Argument dafür gewertet, dass in dieser Zeit (vom Ende des 11. Jhs. bis zum Beginn des 13. Jhs.) und wegen dieser Eigenschaften die Stadt sozusagen den Bruchpunkt des ganzen feudalen Gebälks bildete. Wie besonders Henri Pirenne zu Beginn des 20. Jhs. meinte, ist das feudale System allerdings noch stärker in die Krise geraten durch den Ausbau des Netzes der Märkte, die vorzugsweise bei verschiedenen städtischen Zentren (oder auch in ihrem Inneren) nach einer genau festgelegten Zeitfolge abgehalten wurden. Die Märkte wurden also als ein neues und wesentliches stadtbildendes Element betrachtet. Später wurde diese Behauptung abgemildert: Die etwas vorsichtigere These lautet, dass zwischen dem 11. und 12. Jh. (mit einer ungefähr die folgenden zwei Jahrhunderte währenden Nachwirkung) die Widersprüche, Brüche und Streitpunkte, die in dem zweipoligen Herrschaftssystem (kaiserlich und päpstlich) angelegt waren, den Städten eben die Gelegenheit geboten haben, den (gesellschaftlichen, wirtschaftlichen, politischen) Raum zu finden, um die eigene Identität und relative Autonomie zu behaupten und zu stärken. Es sei ergänzt, dass solche Strategien zur Eroberung von Freiräumen nicht nur bei den Städten und den städtischen Gesellschaften anzutreffen sind, sondern beispielsweise auch bei den Bünden, die sich in verschiedenen europäischen Regionen etablierten, oder den nordeuropäischen Hansen. Aber auch manche vorurbane oder ländliche Gemeinschaft oder Formen des genossenschaftlichen Zusammenschlusses zwischen kleinen ländlichen Zentren wendeten sie an.

Die Bedeutung der lokalen Faktoren erklärt auch die Wandelbarkeit und die Umkehrbarkeit der Allianzen innerhalb der großen ideologisch-politischen Spaltungen (am deutlichsten im 12. und 13. Jh.) zwischen den sogenannten Ghibellinen, die auf der (staufisch-)kaiserlichen Seite standen, und den Guelfen, den päpstlichen Parteigängern. Was Italien betrifft, wo das Phänomen am lebhaftesten ausgeprägt war und auch am besten erforscht wurde, so hat man festgestellt, dass dort eine Stadt dann ghibellinisch (der Waiblinger) war, wenn die nächstgelegene, mit ihr rivalisierende Stadt guelfisch (der Welfen) war. Gegebenenfalls war die politische Führung der nämlichen Stadt aber jederzeit bereit, ihre Parteizugehörigkeit zu wechseln. Gegen Ende des 12. Jhs. hatte sich jedenfalls schon so etwas wie ein Machtdreieck ausgebildet, dessen Eckpunkte der Kaiser, der Papst und die neue Realität der Städte bildeten. Zu verschiedenen Zeiten im 12. und 14. Jh. haben die Städte mit nach Bezugsareal je verschiedenen Charakteristika eine kommunale Verfassung oder den Rang einer »freien« Stadt bekommen (mit verschiedenen Bezeichnungen in den einzelnen Sprachen: *villa franca, ville franche,* »Freie und des Reiches Stadt« etc.), wobei die Entwicklung in Mittel- und Norditalien mit einer besonderen Dynamik vor sich ging. Damit besaßen diese »freien« Städte das Recht, sich in einer mit Blick auf die Form des Zusammenschlusses, auf Wirtschaft und Gewerbe, Recht und Rechtsprechung eigenen und besonderen Struktur zu organisieren, die direkt mit der jeweiligen spezifischen territorialen Realität vor Ort verbunden war, wie die verschiedenen Normen und Statuten beweisen, die bald in schriftlich niedergelegter Form Gesetzescharakter annahmen. Nach und nach wurden die Statuten erneuert sowie ergänzt und dabei immer den besonderen lokalen Erfordernissen und auch den Ressourcen oder dem spezifischen Entwicklungspotenzial angepasst. Je verschieden waren auch die Beziehungen der Städte zu den großen feudalen und politischen Mächten sowie die Formen und Grade der Autonomie diesen gegenüber. In jedem Fall aber erzeugte die Entwicklung und Ausgestaltung der Städte hin zu einer größeren städtischen Freiheit seit dem 11. Jh. und bis ins 14. Jh. hinein (bis zur großen Pest der Jahre 1348/49) in den jeweiligen Führungsschichten ein besonderes, identitätsstiftendes städtisches Bewusstsein. Es muss jedoch betont werden,

12

13

12 Die Bastiden waren befestigte Zitadellen, vor allem in Aquitanien, die bis zum Ende des Hundertjährigen Krieges (Mitte des 15. Jhs.) als Lehen zur englischen Krone gehörten.

13 Bordeaux. Das Haupt-Stadttor der bedeutendsten Stadt Aquitaniens.

dass es neben den »freien« Städten, die für sich eine autonome Stellung erlangt hatten (typische Beispiele dafür sind die italienischen und französischen Kommunen), auch Städte gab, denen es nicht gelang, sich mehr oder weniger vollständig aus bestehenden Herrschaftsstrukturen zu lösen, und deren Autonomie andere, geringere Grade aufwies. Ihre jeweiligen Autonomierechte wurden ihnen in urkundlicher Form (Freiheitsbriefe, *chartes de franchise, charters, fueros* und so weiter) von der Obrigkeit zugestanden, der sie jurisdiktionell unterstanden – also etwa der Krone, den großen Feudalherren, den Bischöfen oder Äbten –, konnten aber auch strafweise wieder entzogen werden. So haben sich beispielsweise im südlichen Teil Italiens sowie auf den großen Inseln Städte gebildet und entwickelt, die eine relative Autonomie genossen, sich aber trotzdem innerhalb eines Herrschaftssystems monarchischer Natur befanden, wie es etwa das Papsttum im Latium darstellte, die langobardischen und dann normannischen Herzogtümer in einem Teil Kampaniens (mit den Hafenstädten Salerno und Amalfi oder im Landesinneren Capua, Benevent u. a.), das Reich der Normannen und dann der Staufer auf Sizilien oder schließlich auch die Judikate *(giudicate)* auf Sardinien. Um auch die anderen europäischen Regionen kurz in den Blick zu nehmen, so bestanden in Frankreich freie Stadtkommunen neben solchen Städten, die unter die Jurisdiktion von Königen oder großen Feudalherren fielen. Als Besonderheit haben sich an der beweglichen Grenze zwischen den Herr-

14

15

14 Die erste Bastide: Sauveterre-de-Rouergue.

15 Die zweite Bastide: Villefranche-de-Rouergue.

schaftsbereichen der französischen und englischen Könige im westlichen Landesteil gegen Ende des 13. Jhs. und in den ersten Jahrzehnten des 14. Jhs. befestigte Grenzstädte gebildet und eine rege Siedlungsdynamik entfaltet: die sogenannten *bastides*, deren Charakter wohl vor allem ein militärischer war. Dieser Punkt ist zwar strittig, denn es könnten auch noch andere Interessen mitgespielt haben, aber zumindest partiell und mit Blick auf die kommenden Entwicklungen des Hundertjährigen Krieges hat man dieses Phänomen auch als »Krieg der Bastiden« bezeichnet. Im deutschen und englischen Bereich entwickelten sich die Städte sowohl aus den alten, schon in der Römerzeit angelegten städtischen Zentren heraus als auch als eine Folge und in der Nähe wichtiger kirchlicher Zentren mit dem Sitz eines Bischofs oder Abtes. Im iberischen Bereich erfolgte die Stadtbildung unter besonderen Umständen, weil sie sich in den komplexen Rahmen der allmählichen Rechristianisierung (*reconquista*) der Gebiete einfügte, die bisher zum muslimischen Herrschaftsbereich gehörten. Außerdem, und dies Phänomen gilt für die Entwicklung aller europäischen Gebiete, darf man die Bildung neuer Zentren nicht vergessen, die direkt und fast ausschließlich mit dem Warenverkehr zu tun hatten, denn diese Eigenschaft hat auch ihre spezifische Gestalt bestimmt. In diesem Zusammenhang seien besonders die vielen englischen Zentren erwähnt, die auf dieser Grundlage entstanden. Ihre Anlage ist nämlich durch die linearen Straßenverläufe gekennzeichnet, längs derer der Markt stattfand, und zugleich durch den topischen Wert, der dem Kreuzungspunkt der zwei wichtigsten Verkehrslinien zukam (die *crux viarum*) und der oft physisch und symbolisch in einem Kreuz als »Stadtmobiliar« Ausdruck fand. Solche Marktzentren (städtische wie nicht-städtische) bildeten sich selbstverständlich auch in Italien, wo sie den charakteristischen Namen *mercatale* führen. Ein Fall für sich sind hier die Städte innerhalb des *patrimonium sancti Petri* (Rom und ein Teil des nördlichen und mittleren Latium), die sich unter der direkten Jurisdiktion des Papstes befanden. Nun gehörte der Papst als reale Person einem (von Ausnahmen abgesehen) von Mal zu Mal wieder anderen Adelsgeschlecht an. Das führte dazu, dass die Bedeutung und hierarchische Stellung der einzelnen städtischen Zentren aufgrund der Interessen und Strategien der Adelsfamilie, der der aktuelle Papst entstammte, einem vielfachen Wechsel unterworfen waren.

Ein wichtiges Element, das für die tiefen Veränderungen im westlichen Europa seit dem Ende des 12. Jhs. kennzeichnend ist (Haskins hat in diesem Zusammenhang sogar von einer Revolution des 12. Jhs. gesprochen) und zugleich die Rolle der wiedererstandenen Städte betont, ist das aufkommende Interesse an den höheren Studien. Dieses Interesse bezog sich besonders auf das Recht in seiner doppelten, säkularen und kanonischen Gestalt (man wurde *in utroque iure* promoviert), aber auch auf andere Fächer wie die Medizin und die Künste des Quadrivium. Daraus entstanden die *studia generalia,* also die Universitäten. Das erste Privileg überhaupt, das einer Universität eine gewisse Autonomie verlieh, war das von Friedrich I. Barbarossa für Bologna (1155). Aber nicht nur die Kaiser unterstützten die neuen Bildungseinrichtungen, sondern auch das Papsttum, das den Primat im geistlichen Bereich beanspruchte. Die Universität von Rom wurde allerdings erst von Bonifatius VIII. zu Anfang des 14. Jhs. gegründet. An den Universitätsgründungen beteiligten sich auch die französischen (Paris) und die englischen Könige (Oxford und Cambridge) und, meist sehr engagiert, die Regierungen vieler italienischer Städte (Bologna, Padua und weitere). Es leuchtet vor diesem Hintergrund ein, dass sich die Städte des Mittelalters als territoriale und soziale Realitäten sehr von den Städten der Antike oder Spätantike unterschieden. Ein weiterer Unterschied bestand in der engen Verbindung zwischen der sozialen, verwaltungstechnischen, politischen und militärischen Ordnung der einzelnen Städte und der konkreten Gestalt der Ansiedlung (die bebaute wie unbebaute Räume umfasste) innerhalb eines neuen oder angepassten, aber auf jeden Fall erweiterten städtischen Mauerrings mit seinen Toren. Der stete Rhythmus des Öffnens der Stadttore bei Tag und ihres Schließens bei Nacht gliederte und bestimmte sowohl das Leben der städtischen Gesellschaft innerhalb der Mauern als auch das Leben des umgebenden Territoriums. Oft kam es daher zur Bildung von *burgi,* womit ein Phänomen von großer stadtgeschichtlicher Bedeutung angesprochen ist. Der *burgus* als eine meist unmittelbar außerhalb der Mauern gelegene Vorstadt mit reger wirtschaftlicher Aktivität wurde früher oder später durch einen neuen städtischen Mauerring ins Stadtgefüge einbezogen. Teilweise anders gelagert ist der Fall der Seestädte, wo die Erfordernisse des Hafenbetriebs nicht nur das städtische Leben, sondern auch die Stadtstruktur determinierten, wie es zum Beispiel sinnfällig in Genua und Venedig zu sehen ist.

Ganz allgemein ging die neue, mittelalterliche Ausprägung der europäischen Stadt auch mit einer neuen Art einher, die wichtigsten Bauwerke, seien sie Wohngebäude oder Bauten mit anderer Funktion, zu planen und umzusetzen, nämlich gemäß einer neuen Bautypologie oder einer Neuinterpretation derselben im Lichte der neuen Bedürfnisse. Gerade in dieser Hinsicht soll das schon berührte geschichtswissenschaftliche Problem noch besser beleuchtet werden, in welchem Maße die auf die römische Zeit zurückgehende orthogonale Rasterstruktur in einigen Städten weiterhin die Grundform auch der

17

16

16 Ansicht der dritten Bastide: Villeneuve-d'Aveyron.

17 Trier diente schon seit spätrömischer Zeit als kaiserliche Residenz. Vorn die Nachbildung eines antiken Weinschiffes, im Hintergrund die Liebfrauenkirche und der Dom.

18 Trier. Der gotische Kreuzgang hinter Dom und Liebfrauenkirche.

18

19

20

19 Pavia. Das Augustinerkloster San Pietro in Ciel d'Oro (im Vordergrund) mit dem Grab des Kirchenvaters Augustinus liegt außerhalb der spätantiken römischen Stadt, deren Grundriss in den Straßenzügen (oben) noch gut zu erkennen ist. Auch das Schloss der Visconti (links) befand sich außerhalb der antiken Stadt.

20 Chartres. Blick vom Turm der gotischen Kathedrale auf die Stadt.

21

22

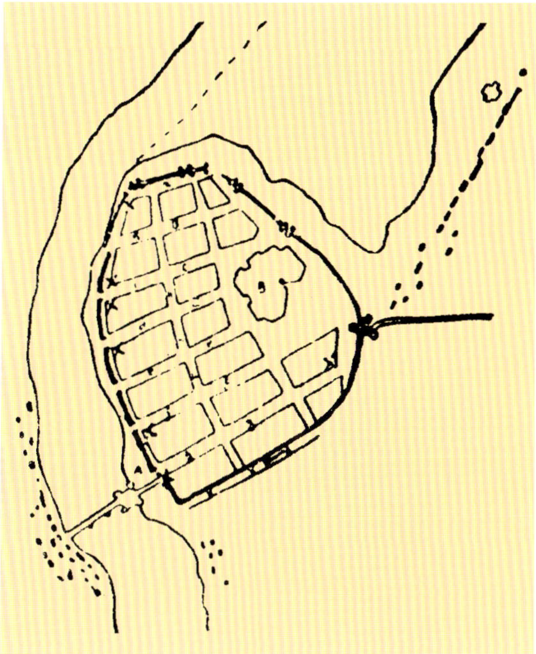

21 Como. Der geometrische Grundriss der römischen Stadt hat sich im Mittelalter und bis in die Gegenwart hinein erhalten.

22 Mittelalterlicher Stadtplan des baskischen Bilbao im Norden Spaniens.

mittelalterlichen Anlage ausmachte. Viele Forscher, die sich mit der Geschichte der mittelalterlichen Stadt befasst haben, betonen die Kontinuität zwischen den gleichmäßigen Anlagen römischen Ursprungs und den Stadtstrukturen nach dem Wiedererstarken der Städte ab der zweiten Hälfte des 11. Jhs. Jedoch wechselt der Bezugsrahmen wie immer von Fall zu Fall. Es gibt sicherlich Städte, deren antike Anlagen ihre mittelalterliche Entwicklung prädestiniert haben, was auch in den Namen von Örtlichkeiten Spuren hinterließ. Aber dies war nur unter bestimmten Voraussetzungen der Fall, wenn zum Beispiel die betreffende Stadt keine Verwüstung oder keinen einschneidenden Verfall erlitten hatte und also das ursprüngliche Wegenetz und die entsprechende Gliederung der Stadtteile und -viertel physisch erhalten geblieben waren. Bei einer an einem Fluss gelegenen Stadt kam es zusätzlich darauf an, dass das Flussbett nicht etwa im Laufe der Zeit größere Veränderungen durchmachte. Nur in diesem Fall bestand überhaupt die Möglichkeit, dass Anlegestellen oder Furten in Bezug auf ihre Orts- und Höhenlage beibehalten wurden und infolgedessen auch das auf den Fluss bezügliche Wegenetz fortbestand. Die Fälle einer Veränderung des Flusslaufs, die eben dies verunmöglichten, sind indes zahlreich. Schließlich und endlich war im Sinne der Ermöglichung von Kontinuität auch erheblich, ob der Grundbesitz seine ursprüngliche Struktur bewahrte oder zumindest auf ihrer Basis eine Neugestaltung und -verteilung erfuhr. Alles in allem dürfte es kaum verwundern, dass diejenigen Fälle in der Überzahl sind, in denen das mittelalterliche Gefüge die Struktur der alten Anlage grundsätzlich geändert hat. Die Analyse diverser mittelalterlicher Städte (für Italien sind Pavia, Como, Florenz, Bologna beispielhaft, im deutschen Reich Aachen oder Trier) ergibt, dass das römische Raster in weiten Teilen der Stadtanlage erkennbar ist und doch nur dort fortbestand, wo es den Bedürfnissen der neuen Grundbesitzstruktur nicht widersprach. Die Zusammenlegung oder auch Aufteilung des städtischen Grundbesitzes oder andere Erfordernisse politischer oder militärischer Natur haben in einigen Fällen dazu geführt, dass das alte Raster grundlegend verändert wurde. Das gilt sowohl für den kirchlichen Grundbesitz als auch für den in Laienhand befindlichen Grund und Boden. Zur ersten Gruppe gehört zum Beispiel San Pietro in Ciel d'Oro in Pavia, dessen Ansiedlung sich über das römische Raster gelegt und es radikal verändert hat. Zur zweiten Gruppe, dem weltlichen Grundbesitz, gehört der noch bekanntere Fall des Campidoglio, des Kapitolshügels in Florenz. Hier entstanden die zahlreichen Türme der mächtigsten Familien der Stadt, die manchmal auch untereinander verbunden waren und somit eine Art strategische Privatisierung der urbanen Struktur bewirkten.

Nach Edith Ennen, einer Expertin für die Geschichte der mittelalterlichen Städte, lässt sich das Erscheinungsbild der mittelalterlichen Stadt leicht beschreiben: ein ziemlich dichtes bauliches Gefüge, das von zahlreichen Türmen und einigen wichtigen Bauten überragt wird, die es optisch bestimmen, und das von einem Mauerring umgeschlossen ist, der mit Haupt- und Nebentoren sowie Türmen ausgestattet ist und der die physische Trennungslinie zwischen städtischem Raum und ländlichem Umland bildet. Wenngleich dieses Bild vielleicht doch eine allzu stereotype Verallgemeinerung ist und ein Stück weit die Faszination wiedergibt, die noch in unserer gegenwärtigen Vorstellung einer mittelalterlichen Stadt von ebendieser ausgeht, passt es doch grundsätzlich zur Situation des 12. und 13. Jhs. und zum Teil noch des beginnenden 14. Jhs. Man könnte sogar so weit gehen, die bauliche Anlage der Stadtkommunen dieser Zeit (die Seestädte sind zum Teil eine Ausnahme) als das Ergebnis eines Prozesses zu definieren, der die hauptsächlichen Formen und Instrumente der territorialen Kontrolle und Herrschaft, wie sie in dem die Stadt umgebenden Territorium wirksam waren, auch in das Innere des städtischen Gefüges übertragen hat. Dort, außerhalb der Stadt, herrschten nämlich befestigte Plätze wie Burgen,

23

23 Gent, Hauptstadt der belgischen Provinz Ostflandern und Geburtsort Kaiser Karls V. Wie in Venedig spielen die Kanäle auch in Gent eine wichtige Rolle als Verkehrs- und Handelswege, hier der Fischmarkt.

24 Rom. Der mittelalterliche Torre dell' Anguillara in Trastevere.

24

Türme verschiedener Art oder Brücken über die sensiblen Punkte. Wie besonders an den italienischen Städten deutlich wird, war auch das städtische Gefüge innerhalb der Mauern, obwohl es theoretisch als ein der ganzen Stadtgemeinde eignender Raum verstanden wurde, faktisch in mehrere Teile aufgeteilt, von denen jeder gemäß einer wahrhaft privaten Aneignung städtischer Areale und Orte von einer der Familien kontrolliert wurde, die in dem umliegenden Territorium durch Grundbesitz oder sonstige Wirtschaftskraft am einflussreichsten und mächtigsten waren. Das geschah manchmal durch die Nutzung schon bestehender und nur dem neuen Zweck angepasster Baukomplexe, wie die antike Überreste aus römischer Kaiserzeit anschaulich zeigen, die in Rom zu Festungen oder Residenzen verwandelt wurden. Manchmal entstanden daraus regelrechte Siedlungsenklaven, manchmal wendete man auch eine Besiedlungsstrategie an, die die Wirkungskreise der verschiedenen hochgestellten Gruppen aufteilte. Beispielhaft seien nur die adligen Höfe in Genua und die Areale der Colonna und der Orsini in Rom genannt. Aus dieser Nutzung ergab sich rasch eine Verdichtung der damit zusammenhängenden Bauwerke, also der Türme oder anderer Baukomplexe, sowie die Bildung mehrerer kleiner Plätze unter freiem Himmel, die als private Innenhöfe dienten. Auf dieser Grundlage sollten dann etwas später die großen befestigten Residenzen der Mächtigen entstehen. Blieb die Macht in den sich selbst regierenden Stadtkommunen auch lange Zeit fest in der Hand der Mächtigen (*magnati, potentiores* etc.), so gelangten seit der Mitte des 13. Jhs. die Vertreter der *popolani* zur Macht, also die Vertreter derjenigen, die nicht zu den großen Feudalherren gehörten (Patriziat, Zünfte). Die neuen Führungsschichten gingen nicht nur

25

25 Brügge, Hauptstadt der belgischen Provinz Westflandern. Patrizierhäuser an einem der städtischen Kanäle.

26 Rom. Tor dei Conti, in der Nähe der Kaiserforen.

26

gegen die private Aneignung der städtischen Räume mit wiederholten Beschlüssen vor, sondern entwickelten allgemein gesprochen ein starkes Interesse, die Entwicklung ihrer Kommune mit geeigneten normativen Vorgaben zum Beispiel in Form von Statuten zu reglementieren. Einerseits bedienten sie sich dabei einer Art hierarchischer und funktioneller »Zonifizierung« des städtischen Gefüges, indem sie etwa gewisse Tätigkeiten in bestimmte, meist periphere Teile des Stadtareals verbannten: störende oder verschmutzende Tätigkeiten im Bereich von Handel und Produktion wie die Metall- oder Lederverarbeitung oder auch das Schlachten oder Tätigkeiten, die als notwendig, aber ethisch verwerflich angesehen waren, wie insbesondere die Prostitution. Andererseits maßen sie mit einer auch politischen Absicht dem städtischen *decoro* eine besondere Bedeutung zu, was so viel heißt wie »Würde« oder »Zier«. Gemeint ist das öffentliche und offiziöse Bild der Stadt, das man innerhalb der Stadt selbst zu kommunizieren bestrebt war und natürlich auch, und vielleicht noch stärker, nach außen vermitteln und verbreiten wollte. Darin genau bestand das politische Interesse an der »Würde« der Stadt. Das Phänomen hat einen allgemeinen Charakter, da es die ganze europäische Stadtlandschaft betrifft, wie man weiter unten besser sehen wird. Die in diesem Sinne unternommenen Bestrebungen der italienischen Stadtkommunen im Bereich des öffentlichen Baus und der städtischen Gesetzgebung waren jedoch besonders fortschrittlich und detailliert, was hier kurz dargestellt werden soll. Gerade von dieser Zeit an wurden nämlich in allen wichtigen italienischen Städten die Mauern erweitert oder erneuert, große öffentliche Infrastrukturen errichtet (Wasserleitungen, Brücken und anderes), die Hauptstraßen begradigt und ge-

27 Ansicht des mittelalterlichen Stadtzentrums von Perugia.

28 Brescia. Die Luftaufnahme zeigt die Trasse vom Forum Romanum zum Tempel der Fortuna. Auch in dieser bedeutenden Stadt in der Lombardei lassen sich die stadtplanerischen Grundzüge aus römischer Zeit durch die Jahrhunderte gut verfolgen.

pflastert sowie große Paläste für die Versammlungen der städtischen Räte erbaut. Während man sich früher gewöhnlich in einer Kirche oder in kleineren, nur halb überdachten Räumen wie im Fall der sogenannten *broletti* Norditaliens versammelt hatte, stattete man die neuen Stadtpaläste mit stattlichen Türmen aus (Florenz, Siena, Volterra, Perugia, Gubbio und andere) und schuf in ihrer Nähe auch geeignete Plätze *(piazze)* für öffentliche Ereignisse. Man verfügte, dass keine Türme errichtet werden durften, die höher als diejenigen der städtischen Ämter wären, und verordnete den Abriss des überschüssigen Teils, freilich nicht ohne dass es Ausnahmen von der Regel gegeben hätte: zum Beispiel in Bologna, in San Gimignano und in Pavia. Diese Türme prägten, zusammen mit den wichtigsten kirchlichen Bauwerken, auch von Weitem das Bild der Stadt. Neben der Bedeutung, die ihnen in baulich-technischem Sinn zukam, hatten sie auch eine politische Bedeutung. Am Anfang war nämlich der Turm, der manchmal zum Wohnturm wurde (wie bei den *case torri* von Pisa), ein sinnfälliges Mittel der Macht der Magnaten und zugleich ihr symbolischer Ausdruck gewesen. Der Bau eines solchen Turmes setzte bedeutende technische Fähigkeiten voraus, die damit zugleich auch ökonomische waren. Ein besonders hoher Turm erlaubte es, in den häufigen und zahlreichen Konflikten die Gegner von oben herab zu bekriegen, weshalb es auch zu einer Art Wettlauf um den Bau des höchsten Turmes kam. Auch andere Elemente im städtischen Raum entwickelten neue Eigenschaften. Die Plätze differenzierten sich nach ihrer verschiedenen Funktion. Der ansehnlichste und größte Platz war für die großen öffentlichen (politischen, gerichtlichen, festlichen) Ereignisse reserviert, andere Plätze für einzelne Handelszweige (Gemüse-, Fisch-, Getreidemärkte etc.) und wieder andere für in einem engeren Sinne örtliche Funktionen. Dazu zählen etwa die *campi* in Venedig, wo sich Brunnen für die öffentliche Wasserversorgung befanden. Auch in dieser Hinsicht zeigt die städtebauliche Struktur der Seehandelsstädte ihre eigene Kontur. In diesen Städten waren nämlich sowohl die eigentlich städtischen wie die Handelsaktivitäten in ihrer baulichen Manifestation auf den Hafen hin ausgerichtet. Deshalb fehlten öffentliche Plätze im Rest der Stadtanlage. Berühmte Fälle sind Genua und vor allem Venedig. Obwohl es hier im Handelsareal von Rialto einen Platz gab, der auch weiterbestand, spielte schon ab dem 13. Jh. der zur Lagune hin geöffnete große städtische Raum der Piazza San Marco eine wichtige Rolle. Er wurde zum Brennpunkt der maritimen Beziehungen sowie später auch des politischen, gerichtlichen, administrativen und kulturellen Lebens der ganzen Stadt als ihre echte *scenae frons*. Eine analoge Situation kann man auch anderswo finden: in Köln, wo sich der Hauptteil der Stadt im Areal zwischen der Hafenfront am Rhein und der die Stadt längs durchquerenden Straße konzentrierte, oder in Leiden, wo sich die Stadt unter Bezugnahme auf die Flussläufe und Kanäle strukturierte.

Erhebliche Veränderungen im Stadtbild brachte der Bau von neuen Kirchen oder sonstigen religiösen Einrichtungen mit sich, deren Auftraggeber und Schirmherren nicht selten aus dem Feudaladel kamen. Durch ihre Ausdehnung in der städtischen Fläche, ihr Bauvolumen und die Dimension der finanziellen und symbolischen Investition, die sie bedeuteten, beherrschten sie mit ihrem Gewicht letztlich sowohl hierarchisch als auch gestalterisch die städtische Bühne. In diesen Zusammenhang gehört auch, jedoch als ein

27

28

29 Der mittelalterliche Tower von London.

30 Straßburg. Reste der mittelalterlichen Stadt am Rhein.

29

30

Vetus Palatium
Hafen
Amalfitania
Kalsa
Seralcadio
Farum Saracenorum
Porta di mare
Porta Sant'Agata
Cassaro
Vicus marmoreus
Cattedrale
ViaCoperta
Galca
Albergaria
Palatium Novum
Genoard
Kemonia
Palermo am Ende des 13. Jhs.
Hypothetischer Mauerring

31

32

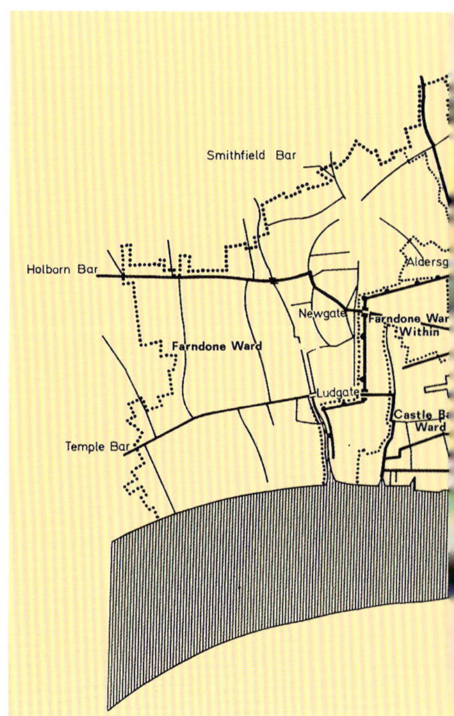
Smithfield Bar
Holborn Bar
Newgate
Farndone Ward
Ludgate
Temple Bar

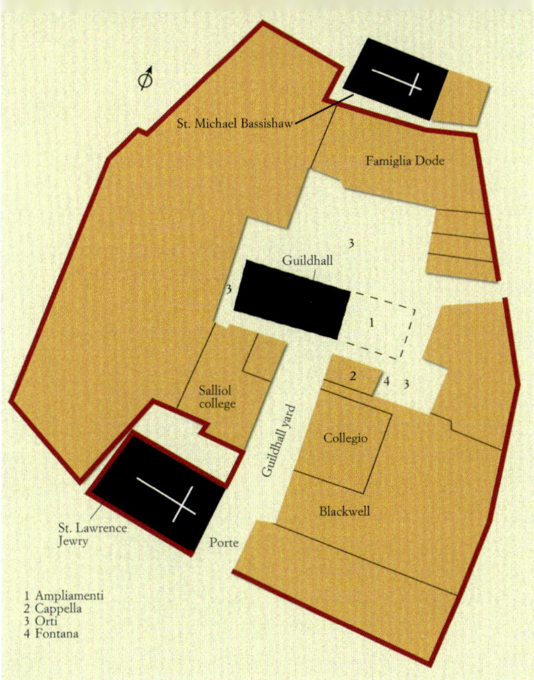

33

33, 34 Zwei Stadtpläne Londons: links das Umfeld der Guildhall, unten die gesamte mittelalterliche Altstadt.

31 Palermo. Der mittelalterliche Grundriss im Verhältnis zum heutigen Stadtzentrum.

32 Das Castello della Zisa in Palermo war die Sommerresidenz der normannischen Könige. Das Bauwerk ist ein eloquentes Zeugnis für die arabisch-normannische Kultur des 12. Jhs.

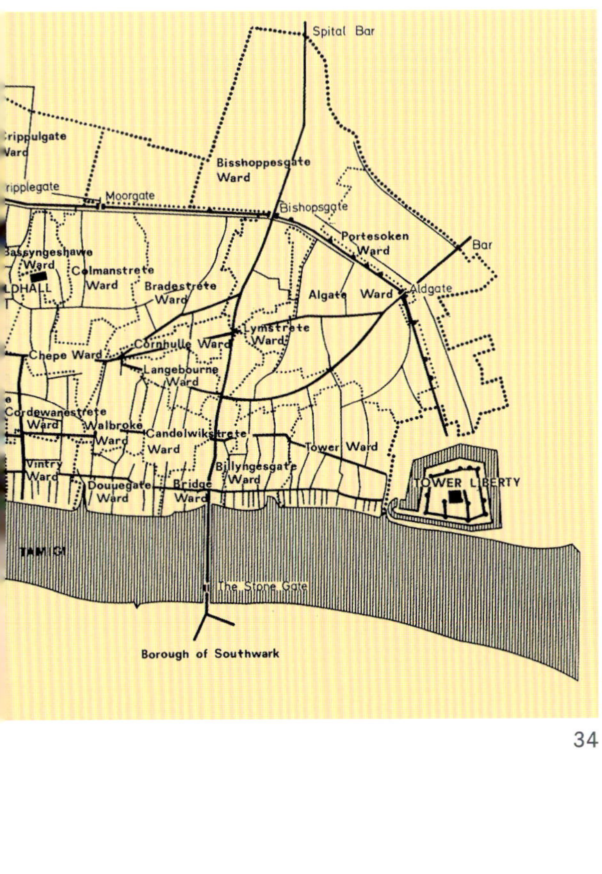

34

eigenes Phänomen, die symbolbeladene und mit starken Folgen für die Funktionalität behaftete Rückverwandlung der früheren Moscheen in Kirchen. Sie hatte auch für das umliegende städtische Gefüge bedeutsame Folgen, wie zum Beispiel in Palermo oder viel später in den iberischen Städten Córdoba und Sevilla ersichtlich.

Um zum Thema der Rückgewinnung der »öffentlichen« Räume durch die neuen städtischen Schichten und ihre korporativen Institutionen zurückzukehren, ist es interessant zu unterstreichen, dass nach Zeit und Ausprägung verschiedene, aber im Prinzip gleichgelagerte Phänomene auch in solchen Städten zu beobachten sind, die einem König oder sonstigem Stadtherren unterstanden. Während es in Italien dafür weniger deutliche Beispiele gibt (innerhalb der Reiche der Normannen, der Staufer und der Anjou), findet man zahlreiche und bedeutendere in anderen europäischen Regionen. Für die *ville* von Paris ist unter anderem der Bau der Maison des Piliers (das sogenannte »Pfeilerhaus«) und die gesonderte Nutzung mancher Marktareale zu nennen, im London des späten 14. Jhs. der Bau der Guildhall und so weiter. In einer schon etwas späteren Phase der Stadtentwicklung spiegelte sich also im Allgemeinen die Struktur der städtischen Gesellschaften des europäischen Mittelalters mehr oder weniger getreu auch in der real existierenden Struktur des jeweiligen städtischen Gefüges wider. Dieses Phänomen offenbart, dass mittlerweile nicht nur eine europaweit verbreitete, gemeinsame »Stadtkultur« entstanden war, sondern man davon auch ein klares und deutliches Bewusstsein hatte. Die Chronisten des 13. und 14. Jhs. bestätigen dies, und auch die Geburt der literarischen Gattung der *laudatio urbis* bezeugt es. Das städtische Gefüge war häufig in verschiedene Gerichtsbezirke aufgeteilt (*terzieri* oder Drittel, *quartieri* oder Viertel, *sestieri* oder Sechstel), die stark durch die besonderen Gegebenheiten in jeder einzelnen Stadt bestimmt waren und die sich ihrerseits in kleinteiligere Strukturen gliederten. Die Gesamtkonfiguration reflektierte nicht nur die topographische und funktionelle Gliederung (Straßen und Areale waren auch nach Handels- und Produktionstätigkeit organisiert: die Straßen der Gewürzhändler, der Goldhändler etc.), sondern auch das politische System, das Steuererhebungssystem, die Form der militärischen Organisation (zum Beispiel nach Bannern oder Kompanien) und das religiöse System der Pfarreien. Vor allem in den italienischen Stadtstaaten, aber auch in den sogenannten reichsfreien Städten erstreckte sich die Geltung der städtischen Organisationsstruktur auch auf ländliche Gebiete, die außerhalb der Stadtmauern lagen, aber die in mancherlei Beziehung der städtischen Herrschaft und Kontrolle unterstanden: fiskalisch, produktiv, militärisch, religiös. Derartiges ist etwa für London oder andere englische Städte nicht festzustellen, deren Siedlungsumfeld (auch steuerrechtlich) direkt der Jurisdiktion eines Landlords oder der Krone unterstand.

Aufgrund der schon hervorgehobenen Entwicklungsdynamik hatten viele europäische Städte um die Mitte des 13. Jhs. eine beachtliche Größe erreicht, sowohl was die Anzahl der Einwohner betraf als auch mit Blick auf die Ausdehnung des ummauerten städtischen Gefüges. Die städtischen Mauerringe erreichten, auch im Zuge ihrer weiteren Vergrößerung, einen beträchtlichen Entwicklungsstand. Es handelt sich, was die italienische Situation anbelangt, um die Phase, als der sogenannte dritte mittelalterliche Mauerring entstand (am Übergang vom 13. zum 14. Jh.). Das war ein Defensivsystem, dem auch eine Bedeutung im Rahmen der Statuten und der Steuererhebung zukam und das nicht nur die *burgi* (Vorstädte) einschloss, die sich zwischenzeitlich außerhalb der früheren Mauern gebildet hatten, sondern auch weite unbebaute Areale mit Gartencharakter. Sie wurden aus verschiedenen Gründen in den städtischen Raum miteinbezogen: Einmal stellten sie eine Entwicklungsreserve für künftige Weiterungen der Stadt dar (die jedoch über Jahrhunderte hinweg nicht mehr stattfanden), darüber hinaus dienten sie als eine

35

36

35, 36 Augsburg, das antike Augusta Vindelicorum, war Handelszentrum und Sitz der Bankiersfamilien Fugger und Welser. Blick in die Altstadt und auf den Dom.

37

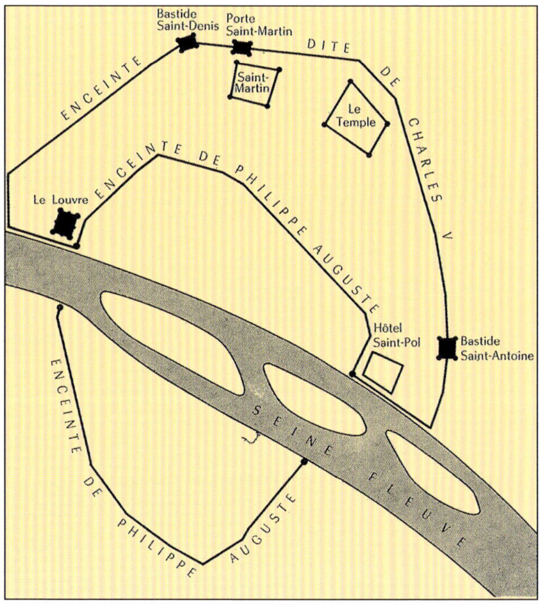

landwirtschaftliche Reserve für den Fall einer Belagerung, und auch militärische und Verteidigungsüberlegungen können eine Rolle gespielt haben. Diese Unternehmungen sprechen für das hohe technische Niveau der Zeit, und zwar sowohl in bautechnischer Hinsicht mit Blick auf den Gebrauch der verschiedenen Materialien und die militärische Zwecksetzung als auch in geometrisch-planerischer Hinsicht. Sie signalisieren aber auch den durchaus nicht sekundären symbolischen und politischen Zweck, den die städtischen Organe damit verfolgten. Es gibt jedoch Ausnahmen: Da ist einerseits der Fall der Stadt Paris, deren Mauern im 14. Jh. nicht das ganze städtische Areal einschlossen und Verfallsanzeichen offenbarten. Auf der anderen Seite sei der singuläre Fall der Stadt Rom angeführt. Der verbliebene und nicht mehr vergrößerte Mauerring aus der Kaiserzeit, der als Aurelianische Mauer bekannt ist, obwohl er das Ergebnis mehrerer Veränderungen ist, war schon seit Jahrhunderten angesichts der tatsächlichen Einwohnerstärke der Stadt zu groß geworden. Er schloss also seit langer Zeit sehr weitläufige unbebaute Areale ein, wie etwa in der Ansicht Roms von Paolino da Venezia zu sehen ist. Daneben bestand ebenfalls schon seit mehreren Jahrhunderten noch ein anderer, sehr viel engerer Mauerring zum Schutz der »leoninischen Stadt« (das Vatikanviertel), über den Folgendes anzumerken ist. Auf der einen Seite war jener Teil des mittelalterlichen Roms davon umschlossen, der den ideologischen und symbolischen Kern der Stadt als Zentrum der ganzen westlichen Christenheit

37, 38 Die beiden Grundrisse zeigen die wachsende Ausdehnung des mittelalterlichen Paris.

39

40

38

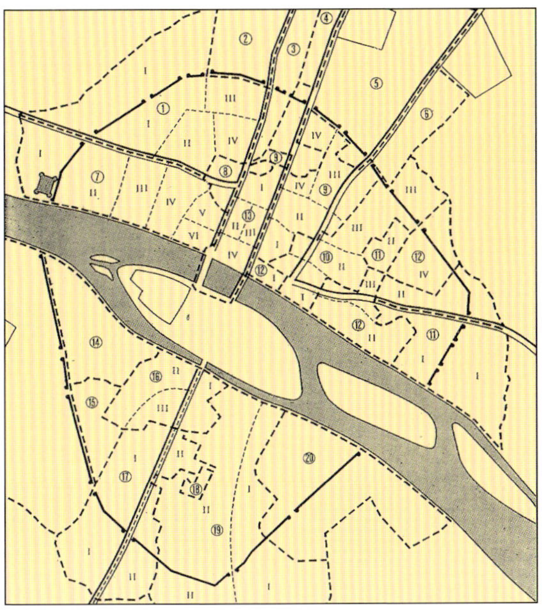

39 Rothenburg ob der Tauber. Teil der mittelalterlichen Stadtmauer.

40 Avignon, Provence. Der Papstpalast war im 14. Jh. für lange Zeit Residenz der Päpste.

ausmachte (nicht der Bischofssitz, der zum Laterankomplex im östlichen Teil des aurelianischen Ringes gehörte, aber der Komplex der Sankt-Peters-Basilika samt der umliegenden Ansiedlungen von nicht nur symbolischer, sondern auch ökonomischer Bedeutung). Von dieser Ummauerung ausgeschlossen war auf der anderen Seite der Teil der Stadt, in dem sich das alltägliche Leben der Bürger abspielte. Hieran zeigt sich ein deutlicher Widerspruch: Während der weite, größere Ring die Wirklichkeit einer städtischen Gesellschaft von nur noch lokaler Bedeutung umgab (man schätzt, dass Rom im 14. Jh., als der päpstliche Hof seinen Sitz in Avignon hatte, weniger als 30 000 Einwohner zählte), strahlte der kleine Stadtring um das Vatikanviertel eine Bedeutung aus, deren ideologischer Wert hoch war: nämlich Hort und Schutz für das Herz der westlichen Christenheit zu sein.

Die Einwohnerzahlen der wichtigsten Städte dieser Zeit können nur ungefähr angegeben werden. Paris erreichte demnach fast 200 000 Einwohner, jedoch nicht ohne dass diese für damalige Zeiten ungeheuerliche Zahl bestritten wurde und auch Schätzungen um die 80 000 Einwohner abgegeben wurden. Florenz lag bei ungefähr 120 000 oder, nach anderen Schätzungen, auch bei weniger als 100 000 Einwohnern, Palermo bei fast 50 000, Neapel bei zwischen 30 000 und 40 000. Als Städte von besonderem, »in-

41

ternationalem« Rang wurden auch einige Städte wahrgenommen, deren Einwohnerzahl nur bei um die 20 000 lag (London, Mailand, Pisa, Rom). Der Trend einer Bevölkerungszunahme hielt bis in die ersten Jahrzehnte des 14. Jhs. an, jedoch sollte sich das europäische Bevölkerungsbild als eine Folge der dramatischen und raschen europaweiten Verbreitung der schrecklichen »Schwarzen Pest« in den Jahren 1348/49 überraschend und grundlegend verändern. Die mit der Seuche verbundene schwere Dezimierung der Einwohnerzahl sollte nämlich den Trend eines Bevölkerungszuwachses für mindestens ein halbes Jahrhundert anhalten, und in den Städten stabilisierte sich die Einwohnerzahl auf einem stark reduzierten Niveau. Es wurde geschätzt, dass die städtische Bevölkerung manchmal um mehr als die Hälfte zurückging.

Ein ebenso bedeutsames wie neues Phänomen, das seinen Ursprung in Italien hat und auch vor allem dort zu einer Neugestaltung des städtischen Gefüges im späten 13. Jh. beitrug, ist die etwa in der Mitte des 13. Jhs. einsetzende urbane Ansiedlung der großen Bettelorden, vor allem der Franziskaner und Dominikaner (örtlich kamen noch andere hinzu). Anders als die bereits in den Städten ansässigen Mönchsorden sowie teilweise der Regularklerus begrüßten die Regierungen der jeweiligen Städte die Bettelordensniederlassungen. Im 13. und 14. Jh. waren die Religiosität und das soziale System nämlich miteinander verquickt, und die Bettelorden übten neben ihren religiösen Tätigkeiten auch höchst wichtige soziale Funktionen aus: Betreuung der Spitäler (nicht nur im Gesundheitswesen), Fürsorge und Unterstützung der Armen, Entwicklung und Unterstützung des Handwerks, Begräbnisse, Beistand für die Verurteilten, Handelsanreize in Verbindung mit religiösen Gedenktagen, schulische Aktivitäten und mehr. Wenn sich Bettelorden in einer Stadt ansiedeln wollten, überließen ihnen die kommunalen Organe entweder bestehende Gebäude zum Zwecke des Umbaus oder städtische Randgebiete, die voneinander entfernt

42

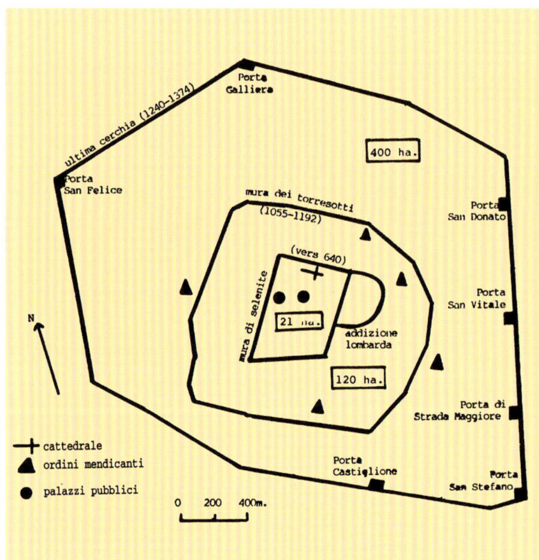

41 Das mittelalterliche Stadtzentrum von Bologna.

42 Plan des mittelalterlichen Bologna.

43

44

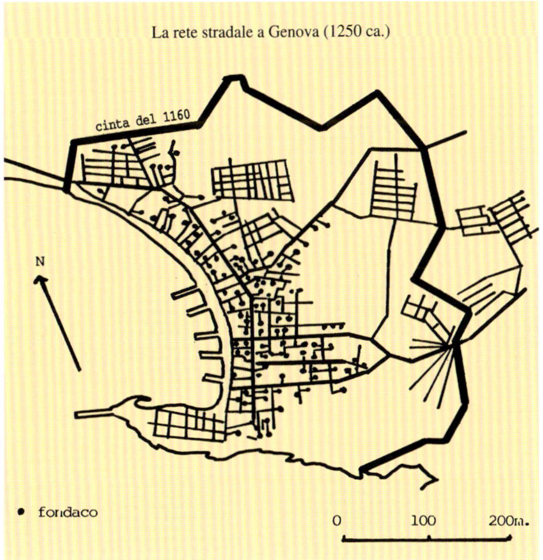

43 Das heutige Genua. In der Mitte der Renaissancebau des Banco di San Giorgio, Symbol der wirtschaftlichen und politischen Macht.

44 Plan von Genua um 1250.

waren und also jeweils verschiedene Einzugsbereiche hatten. Da die einzelnen Orden eben hieraus dann ihre Einkünfte gewannen, kam es zu heftigen Konflikten unter ihnen. Diese Ordensniederlassungen befanden sich meist unweit der Hauptachsen, die Zugang zur Stadt gewährten, entweder außerhalb oder noch knapp innerhalb des bestehenden Mauerrings. Auch deshalb mussten die Städte im Lauf der Zeit erweitert werden: damit die neuen Siedlungsschwerpunkte im städtischen Gefüge Platz finden konnten. Der Bau der großen Klöster der Bettelorden, der in der Mitte des 13. Jhs. begann (mit Ausnahmen, vor allem in Assisi), wirkte sich auf die Gestalt der italienischen Städte nicht nur durch die physische Präsenz der Kirchen und sonstigen Bestandteile mit ihren verschiedenen Funktionen aus, sondern auch durch die Entstehung vorgelagerter Plätze. Einen derartigen Einfluss auf das urbane Gefüge haben die Bettelorden allerdings nur in Italien gehabt. In anderen europäischen Situationen stellte sich die Ansiedlung der neuen Orden innerhalb der Städte anders dar. In England, in Frankreich und im deutschen Reich ging sie üblicherweise im Auftrag der Krone oder begünstigt durch hohe Feudalherren vonstatten. Besonders interessant ist das iberische Gebiet, wo sich die Bettelorden im Zusammenhang mit der *reconquista* etablierten. In jeder irgendwie bedeutenden Stadt wurden, nachdem sie für die Christenheit

45

46

47

45 Toledo war nach der Reconquista unter Alfonso VI. Residenz des Königreichs Kastilien.

46 Bath, England. Die römischen Thermen vor der Abbey Church.

47 Darstellung des unvollendeten Kölner Doms, wie er um das Jahr 1500 ausgesehen hat.

48 Worms, Osttürme des Domes.

49 Freiburg im Breisgau, Turm des Münsters.

48

49

zurückerobert worden war, die von der islamischen (oder assimilierten) Bevölkerung verlassenen Areale und Gebäude vorzugsweise gerade den Bettelorden überlassen, die dort neue religiöse Komplexe (als Kirchen oder Klöster) errichteten und somit zur Gestaltung eines qualitativ neuen urbanen Gefüges beitrugen.

In Verbindung mit den neuen Möglichkeiten der territorialen Kontrolle und der damit einhergehenden Chance, das Straßen-Kommunikationssystem samt der zugehörigen Infrastruktur wie Furten, eventuell befestigten Brücken oder Ähnlichem zu verbessern, ist das Aufkommen eines weiteren wichtigen Siedlungsphänomens in der zweiten Hälfte des 13. Jhs. zu sehen. Es geht um die »quasi-urbanen« Zentren. Obzwar diese Zentren einerseits in jeder Hinsicht geballte Siedlungen waren und ihre Verwaltung bis zu einem bestimmten Grad autonom war, hatten sie doch andererseits nicht nur weniger Einwohner als selbst kleine Städte, sondern wurden auch nicht als Stadt im eigentlichen Sinn anerkannt. Diese neuen Siedlungszentren wurden von mancherlei Seite ins Leben gerufen, etwa seitens der großen Stadtstaaten, von Königen, großen Feudalherren oder Bischöfen. Besonders wichtig und ausführlich erforscht sind die *terrae muratae*, befestigte Orte, die im 13. und 14. Jh. von den politischen Ämtern der Republik Florenz mittels geeigneter Beschlüsse gefördert wurden. Aber auch anderswo gab es ähnliche Initiativen; in Mittelitalien gingen sie etwa von den Städten Siena und Bologna aus, und in Norditalien findet man sie im Piemont, im Friaul und im Veneto. Erwähnenswert sind auch die Ansiedlungen, die von Friedrich II. auf Sizilien und in Apulien gegründet wurden, wobei letztere besondere ethnische Eigenschaften aufwiesen: In Lucera siedelte der Kaiser gezielt Teile der unruhigen sarazenischen Bevölkerung Siziliens an. In ähnlicher Weise aktiv waren auch noch der Staufer Manfred und Mitglieder der Anjou-Dynastie, die gewöhnlich das verändert oder neu aufgebaut haben, was zuvor die Staufer angebahnt oder verwirklicht hatten. Genauso bedeutend sind die Zentren, die etwas später auf die Initiative Eduards I. von England zurückgingen. Der Entschluss zur Gründung derartiger neuer Zentren und ihre Positionierung im Territorium hing von verschiedenen Absichten und Erfordernissen ab und war Ausdruck neuer territorialer Realitäten und eines neuen Konzepts zur (politischen und wirtschaftlichen) Nutzung der Landesressourcen. Was die großen italienischen Stadtstaaten betrifft, also die territorial, politisch und wirtschaftlich dominierenden Zentren, die Waley auch als Stadtrepubliken definiert, so beruhte dieser Entschluss in erster Linie auf einem ausgeprägten Gegensatz zwischen den städtischen Interessen und den Forderungen der örtlichen Feudalherren. Er stand auch im Zusammenhang mit einer Rationalisierung des Verkehrsnetzes im Bereich der mittleren und großen Straßen. Im Fall der Toskana war sogar die Rede von einer regelrechten Verkehrsrevolution des 13. Jhs.. Dieselbe Strategie wurde jedoch auch von anderen Protagonisten verfolgt, etwa von den Mitgliedern der Königshäuser oder der großen Feudalität. Man kann folglich sagen, dass politisch-institutionelle Systeme, die durchaus im Gegensatz zueinander standen (Stadtrepublik, Königtum, Feudalität), dieselbe Politik der Kontrolle und Organisation des Territoriums verfolgt haben. Es war nicht die institutionelle Form der Macht, welche die neue Organisation des Territoriums nahelegte, sondern die konkrete Möglichkeit zur Ausübung jener Macht, unabhängig von ihrer jeweiligen institutionellen Verfasstheit. Die neuere Geschichtsschreibung neigt im Allgemeinen dazu, die tieferen Gründe für diese Entscheidungen besonders in den fiskalischen Interessen zu sehen, denn trotz anfänglicher Steuerbefreiung nahmen die Bewohner ja später am ökonomischen und politischen System des herrschenden Zentrums teil. Nach einer Phase der Konsolidierung der Neuansiedlungen dürften sie dann auch leichter zu besteuern gewesen sein, da man den fiskalischen Wert ihres neuen Besitzes nun objektiv bestimmen konnte.

Die Stadt im Herbst des Mittelalters (Ende des 14. Jhs. und 15. Jh.)

Wie oben angedeutet, befasst sich dieser Abschnitt mit zwei verschiedenen Entwicklungssträngen. In einem ersten bilden sich viele Elemente funktionaler Vorstellungen und Konzepte weiter aus, deren Grundlage schon lange gelegt worden war. Derartige Kontinuitäten können im ganzen 15. Jh. und manchmal auch über die Schwelle zum folgenden Jahrhundert hinaus ausgemacht werden. In einer zweiten Entwicklungsbahn, die sich parallel zur ersten vollzieht und manchmal auch mit ihr kreuzt, zeigen sich dagegen Anzeichen neuer Realitäten, deren Ursprünge zumindest im Fall Italiens bis in die ersten Jahrzehnte des 15. Jhs. zurückreichen. Ohne die grundsätzliche Einheit des Werdens der europäischen Städte in dem untersuchten Zeitraum zu vergessen, erscheint es daher ratsam, diese zwei Bahnen getrennt voneinander nachzuzeichnen.

a) Die Entwicklungslinie der Kontinuität

Trotz der schweren Bevölkerungsdezimierung durch die Pest der Jahre 1348/49 und obwohl für das ganze 14. Jh. weitere einschneidende Ereignissen und Szenarios zu verzeichnen sind (der Hundertjährige Krieg, die Krise der englischen Wollproduktion, die indes die italienischen Städte begünstigte, soziale Revolten an verschiedenen Orten), zeigten die europäischen Städte im Allgemeinen bald erste Erholungsanzeichen, die von Fall zu Fall die weitere städtische Entwicklung stark prägten. Sowohl die kommunal verfassten italienischen Städte, deren Regierung allerdings inzwischen oft eine eher oligarchische Gestalt angenommen hatte, als auch die übrigen Städte mit einer anderen institutionellen Gestalt (in erster Linie diejenigen, die von *signorie* mehr oder weniger städtischen Ursprungs reagiert wurden) waren jetzt ganz darauf konzentriert, im städtischen Gefüge neue funktionale und ästhetische Qualitäten zu fördern. Ihnen lag daran, eine einheitliche urbane Bühne im Sinne eines konkreten und »exportierbaren« symbolischen Bildes der jeweiligen politischen und ökonomischen Realitäten herzustellen. Mit anderen Worten wurden in den spätmittelalterlichen Städten die ästhetische Qualität der städtischen Räume (Straßen und Plätze) und der zivilen und religiösen (öffentlichen und privaten) Bauten sowie das System der Infrastruktur zu einer politischen Botschaft (Pardo). Mögen das Procedere, das angewandte Regelwerk, die technische Umsetzung auch von Stadt zu Stadt verschieden sein, so bleibt die Grundkonzeption doch immer dieselbe: Der Verlauf der Hauptstraßen wurde begradigt, bauliche Normen, etwa Baufluchten und -ausrichtung und manchmal sogar die formale Homogenität architektonischer Details betreffend, wurden aufgestellt. So schrieb Siena zum Beispiel die Fensterproportionen an den wichtigsten Palästen vor. Weiterhin mussten die Straßen nun generell von Hindernissen verschiedener Art frei sein, die Hauptstraßen und wichtigsten Plätze wurden dauerhaft gepflastert und in demselben Zusammenhang für die ordnungsgemäße Entsorgung des Abwassers besondere Anlagen errichtet und entsprechende Vorschriften erlassen. In erster Linie wurden alle Dienste mit einem öffentlichen Nutzen verbessert: außer den städtischen Wasserleitungen und den wichtigsten Brunnen, wovon einige wie zum Beispiel die Fonte Maggiore in Perugia schon am Ende des vorigen Jahrhunderts architektonisch aufgewertet worden waren, auch die Abwasserkanäle. Hygienische Verbesserungen in den Gebäuden wurden vorgenommen, Maßnahmen zum Feuerschutz getroffen und anderes mehr. Eigene Bestimmungen legten fest, in welchen Teilen der Stadt die umweltverschmutzenden oder lärmenden Tätigkeiten angesiedelt sein mussten. Be-

50

50 Stadtplan von Venedig.

51 Straßburg, Stadtteil La Petite France.

52 Ferrara in der Emilia Romagna. Die heutige urbanistische Struktur geht auf die Herrschaft der Familie Este im 14. Jh. zurück.

51

52

53

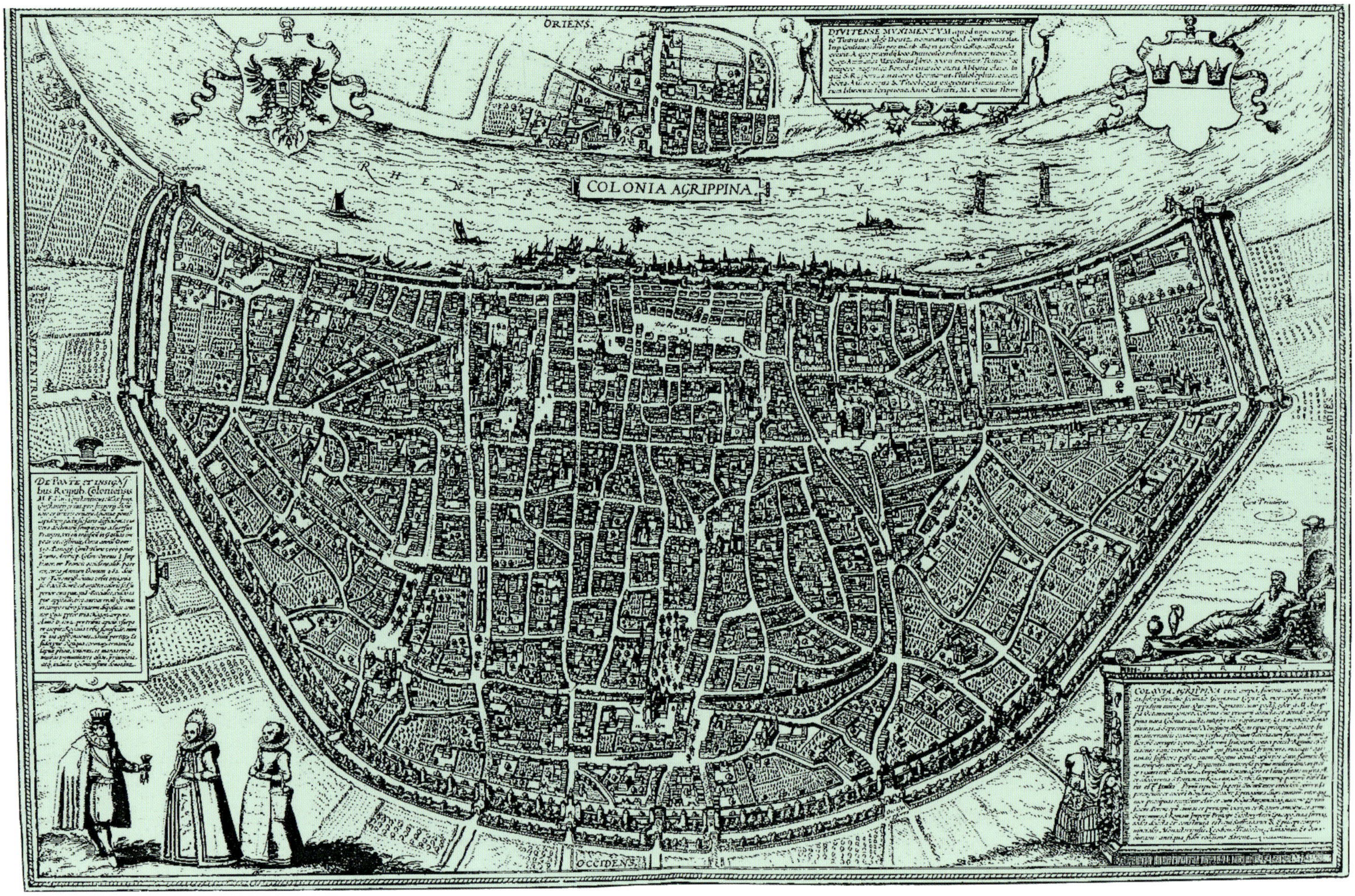

sondere Aufmerksamkeit wurde dem öffentlichen Bauwesen gewidmet: Gebäude für politische und Verwaltungszwecke, Loggien, große Lager. Diejenigen großen Kathedralen, deren Bau am Ende des vorigen Jahrhunderts begonnen worden war (Orvieto, Florenz, Siena, Arezzo), wurden vollendet oder eventuell auch schon erweitert und erneuert. Auch ganz neue Kirchenbauprojekte wurden initiiert. Als wichtigster Fall gilt die Kathedrale von Mailand, die auf eine Initiative der Visconti gegen Ende des 14. Jhs. begonnen wurde. Im Rahmen dieses neuen urbanistischen Gestaltungswillens setzte sich auch die Bautätigkeit der großen Bettelorden fort, und die wichtigsten städtischen Korporationen errichteten und verschönerten ihre Sitze. Darüber hinaus verwirklichten die Familien der Signorien, die inzwischen in verschiedenen Städten an der Macht waren, wie auch die wichtigsten Vertreter der führenden Geschlechter ihre neuen und nochmals anspruchsvolleren städtischen Residenzen (manchmal noch als befestigte Bauten), die aus Gründen des politischen, technischen und ökonomischen Prestiges als qualitative Elemente des Stadtbildes wahrgenommen wurden. Auf einer anderen Ebene spricht für die Reife der städtischen Kultur dieser Zeit auch die aufmerksame und strenge Reglementierung vieler Aspekte des städtischen Lebens, beginnend bei den Arbeitszeiten und der Festlegung von allgemeinen Feiertagen über die Beschränkung des Luxus in der Kleidung bis hin zur öffentlichen Sicherheit (auch in Form von Feuerschutzvorschriften) und zur öffentlichen Moral: Das Glücksspiel wurde verboten, der Betrieb von Kneipen und Gaststätten reglementiert, die Prostitution örtlich eingegrenzt und dergleichen mehr.

Wenngleich das Gesagte für die italienischen Städte von besonderem Belang ist, gilt es doch zum großen Teil auch für andere europäische Städte – selbstverständlich auf je verschiedene Art und Weise. Die urbane Kultur Europas hatte mit anderen Worten schon begriffliche, funktionelle und gesellschaftliche Standards erreicht, deren Werte und

54

53 Kölner Stadtplan vom Ende des 15. Jhs.

54 Rom. In der Kirche Santa Maria sopra Minerva sind die heilige Katharina von Siena und der Maler Fra Angelico begraben.

57

55

56

58

55 Universität Oxford, Christ College.

56 Universität Cambridge.

57 Tournai in Flandern mit der mittelalterlichen Brücke und der Kathedrale.

58 London, Westminster Hall.

Optionen überall weitgehend dieselben waren, obwohl jede einzelne Stadt gegebenenfalls besondere urbanistische Lösungen aufwies. Hier ein Beispiel für solche ortsgebundenen Lösungen: In Lübeck, das eine reichsunmittelbare Stadt und Hauptort der Hanse war, legten die innerstädtischen Höhenverhältnisse die Möglichkeit nahe, die Straßen durch Ausnutzung ihrer Neigung und mithilfe des abfließenden Regenwassers zu reinigen. Diese Lösung wurde auch in anderen Städten mit ähnlichen örtlichen Gegebenheiten übernommen.

Besonders interessant sind auch die Maßnahmen einiger englischer Städte. In vielen Städten waren schon zu Beginn des 14. Jhs. die Hauptstraßen gepflastert und manchmal (in London, Exeter, Southampton, Bristol, Gloucester) sogar Wasserleitungen angelegt worden. Trotzdem erließ König Richard II. im Jahr 1388 ein Gesetz, das man heute als den

ersten *sanitary act* der englischen Stadtgeschichte ansieht. Seit diesem Zeitpunkt waren private Bauherren ausdrücklich zur Errichtung von Latrinen und Abfallgruben verpflichtet, und die neuen Normen veränderten auch das Erscheinungsbild der Wohnhäuser. Jedoch, um zu einer anderen Gebäudekategorie zu wechseln, noch gravierender waren die Folgen der Krise in der Mitte des 14. Jhs. in den Städten Oxford und Cambridge, wo der englische König gegen den anfänglichen Widerstand der Einwohner die Anlage und Entwicklung der Universitäten gefördert hatte. Nachdem Oxford am Ende des 14. Jhs. nur noch ungefähr 2 500 Einwohner zählte – und eine ähnliche Schätzung gilt für Cambridge –, fand ein Umdenken statt. Der Bevölkerungsrückgang und die damit einhergehende Verminderung der Produktion bewogen die verbliebenen Einwohner dazu, in den Universitätsangehörigen (Dozenten, Studenten und die Gesamtheit der Menschen, die anderweitig im universitären System beschäftigt waren) die einzige Ressource für eine mögliche wirtschaftliche Erholung zu sehen. Als positive Faktoren erwiesen sich sowohl die Dynamik der Wohnraumvermietung als auch die Tatsache, dass sich nun in den zahlreichen verlassenen und verfallenden Arealen und Gebäuden die verschiedenen universitären *colleges* ansiedeln konnten, was mit einer neuen Bautätigkeit in königlichem oder kirchlichem Auftrag verbunden war. So führte die Krise schließlich zur Bildung der ersten echten europäischen Universitätsstädte. Die gegen Ende des 14. Jhs. begonnene Entwicklung setzte sich im folgenden Jahrhundert mit der Errichtung der typischen großen Baukomplexe fort. Deren besonderes architektonisches Kennzeichen sind die großen Hörsäle, die in der Bautechnik und Formensprache der englischen Spätgotik errichtet wurden. Der Prototyp für die allermeisten späteren angelsächsischen Universitätsbauten war geschaffen, und noch später sollten in dieser Formensprache auch die amerikanischen Universitäten gebaut

59 Fachwerkhäuser in Colmar im Elsass.

60 Alte Ansicht von Siena aus dem 15. Jh.

61

62

61 Paris, Ile de la Cité mit der Kathedrale von Notre Dame.

62 Charakteristische Fachwerkhäuser der Altstadt von Colmar.

werden, die in einer neogotischen Ausprägung die ursprünglich englischen Wurzeln des universitären Systems emblematisch nachbilden.

Die urbane Situation im Frankreich des späten 13. und 14. Jhs. zeigt ihre eigenen und besonderen Eigenschaften. Paris, das der königlichen Krone unterstellt war, besaß längst nicht mehr seinen vollständigen Mauerring und war in mehrere Siedlungsbereiche aufgeteilt. Da gab es einmal den Kernbereich der Krone (Tour du Louvre, Hôtel Saint-Paul etc.), der in gewissem Sinne gegenüber der verkleinerten Stadt ein Fremdkörper war, dann die religiösen Komplexe wie zum Beispiel Saint-Germain-des-Prés, die außerhalb des Mauergürtels lagen, und auch und vor allem die zwei großen und in jeder Hinsicht wichtigsten Bezirke der Stadt, die durch das Flussbett der Seine getrennt waren. Am rechten Flussufer, auf der Ile de la Cité und bei den Anlegestellen, befanden sich die Wohnviertel der bürgerlichen Schichten und ihre Handels- und Gewerbeeinrichtungen; in den Bezirken auf der linken Uferseite war die Universität mit ihren Hörsälen, Wohnungen, Kollegien und den damit verbundenen Gewerben wie Kopisten, Buchbindern, Miniaturenmalern angesiedelt. Während auf der Hauptbrücke unter den wachsamen Augen der Krone Handelsgeschäfte getätigt wurden, wurde an den Brückenköpfen eigens eine befestigte Struktur geschaffen, die den Personenfluss zwischen den zwei Ufern kontrollierte, denn die »Bürger« beobachteten die Universität und ihre soziale Umwelt mit Misstrauen bis hin zu offenem Widerwillen – und das nicht nur wegen der angeblich allzu freizügigen Lebensführung vor allem der Studenten und der damit zusammenhängenden Probleme der öffentlichen Sicherheit, sondern auch aus politischen Gründen. Genoss doch die Institution Universität die Unterstützung und den Schutz des Hofes und war gerade aus diesem Grund unbeliebt, weil sie im konfliktreichen Verhältnis zwischen den bürgerlichen

63

64

65

66

Schichten und der Krone stets Gegenseite war. Nicht nur für Paris, sondern auch für andere französische Städte gilt, dass hier –anders als zur gleichen Zeit in Italien – der Grad der Autonomie der städtischen Institutionen und Organe gegenüber der Hegemonie der Krone nicht klar war. Wenngleich die Städte im Frankreich des 14. Jhs. anerkannterweise eine der drei Ordnungen oder Stände ausmachten, in die die ganze Gesellschaft hierarchisch aufgeteilt war, so war trotzdem im Machtspiel zwischen Krone, großen Feudalherren und städtischer Gesellschaft die Frage, ob und inwieweit dieser letztere Stand autonom war, nicht deutlich geklärt. Da tat es auch nichts zur Sache, wenn die städtischen Repräsentanten von der Krone in Bezug auf Steuerprobleme und anderes zu Rate gezogen wurden. Wie dem auch sei, viele französische Städte besaßen eine beachtliche Bedeutung, die auch darauf gründete, dass sie durch den Reichtum der landwirtschaftlichen Ressourcen und durch ihre Position innerhalb eines dichten Netzes aus Straßen und vor allem aus Flusswegen begünstigt waren. Mit Blick auf ihren Entstehungsprozess geht die Forschungsmeinung einmütig dahin, dass die Stadt sich hier aus zwei oder mehr verschiedenen stadtbildenden Kernen entwickelte, die auch im weiteren Verlauf die tragende Struktur des städtischen Gefüges bildeten. Ein bedeutender Aspekt liegt in dem Umstand, der übrigens auch auf andere europäische Städte dieser Zeit zutrifft, dass die städtische Jurisdiktion sich über einen Teil des umliegenden Territoriums erstrecken konnte: die *banlieus*. Von Froissart, einem bedeutenden mittelalterlichen Chronisten, der sich 1388 nach Tharbes begab, besitzen wir eine Beschreibung dieser Stadt, die genau dem eben Gesagten entspricht: Er zeichnet das Bild einer großen und schönen Stadt inmitten eines fruchtbaren landwirtschaftlichen Gebiets, die von einer Mauer umschlossen war und die sowohl eine *cité* als auch ein Schloss hatte, wobei das eine von dem anderen getrennt

67

68

63, 64 Mittelalterliches Stadtviertel in Lyon.

65 Auxerre, Burgund. Im Hintergrund die Kathedrale.

66 Autun. Die Turmspitze des Domes hinter einem Fachwerkhaus.

67 Lyon. Reste des römischen Amphitheaters.

68 Die Kathedrale von Beauvais.

69 Arles, Kreuzgang der Kathedrale Saint Trophime.

69

war. Wir kennen noch andere ähnliche Fälle. Arles bestand aus vier verschiedenen Stadtkernen, von denen jeder mit einem eigenen Mauerring ausgestattet war. Nizza vereinigte am Anfang des 14. Jhs. die verschiedenen Viertel des tiefer gelegenen Stadtbereichs (der »Puy de la mer«) in einem Mauerkreis. Aber abgetrennt davon existierte auch ein oberer Bezirk, der mit einem eigenen Mauerring ausgestattet war. Zweifellos kommt vielen französischen Städte aufgrund ihrer Einwohnerzahl und ihrer territorialen Führungsrolle eine große Bedeutung zu, wie aus folgenden Zahlen ersichtlich: Rouen und Montpellier sollen ungefähr 40 000 Einwohner gehabt haben; Toulouse 35 000; Tours, Narbonne, Orléans und Straßburg 30 000; Metz, Amiens, Bordeaux, Lille und einige andere 25 000; noch andere wie zum Beispiel Lyon, Marseille, Reims und Dijon zwischen 10 000 und 20 000. Diese Größenordnungen blieben lange Zeit erhalten und bilden einen Kontinuitätsfaktor im französischen urbanen System – desgleichen auch der Umstand, dass Krone wie große Feudalherren, die andernorts direkt ins Stadtgefüge eingriffen und somit dessen Struktur, Erscheinungsbild und Funktionalität beeinflussten, es in Frankreich oft vorzogen, sich außerhalb der Städte anzusiedeln.

b) Die Entwicklungslinie der Innovation

Ein Charakteristikum der wichtigsten europäischen Städte im 14. und 15. Jh. ist der steigende Verbrauch von Luxusgütern und die damit einhergehende Dynamik der Finanz- und Handelsaktivitäten. Obzwar wiederholt Normen gegen den Luxus erlassen wurden, ist dennoch eine allgemeine und beachtliche Erhöhung des Lebensniveaus zumindest der höheren Schichten festzustellen. Auswirkungen davon kann man auch am baulichen Gefüge der bedeutendsten Städte ablesen. Sowohl in Gebieten, wo vor allem mit Holz gebaut wurde (in vielen nordeuropäischen Städten), als auch dort, wo die Bauwerke

Die Spätgotik

Seit dem Ende des 14. und im 15. Jahrhundert verbreitet sich in ganz Europa eine neue architektonische und künstlerische Kultur. Besonders in ornamental-konstruktiver Hinsicht werden verschiedene Eigenschaften sichtbar, die in manchen Fällen auch verschiedenen Definitionen entsprechen. Es handelt sich um die spätgotische Architektur: *flamboyant* in Frankreich, *perpendicular* oder *rectilinear* in England, *isabelino* im spanischen Raum, *manuelino* in Portugal. Es gibt jedoch keine gemeinsamen Definitionen für Italien und Mitteleuropa (Österreich, Deutschland, Böhmen). Ein Großteil des baulichen Gefüges der Städte in diesen Jahrhunderten wird genau durch diese neue Form der architektonischen Kultur charakterisiert, die sich dekorativer Elemente heraldischer und dynastischer Herkunft mit einer deutlich symbolischen Absicht bedient. In ganz Europa hatte sich nämlich eine vornehme Kultur verbreitet, die mit dem Austausch von Luxusgütern zwischen den größeren Wirtschaftsgebieten einherging: Italien, Frankreich, Flandern, England, der Iberischen Halbinsel und Mitteleuropa.

gemauerte Strukturen hatten (aus Ziegeln, aus Steinen oder gemischt), veränderten sich Dimension und Funktion der öffentlichen wie privaten Gebäude. Als Zeichen des neuen sozio-ökonomischen Klimas tauchten etwa schmückende oder heraldische Elemente auf, auch größere Skulpturen und bedeutendes »Stadtmobiliar«. Die Initiatoren und Auftraggeber waren Patrizier, hochgestellte zivile und kirchliche Amtsträger, die Bettelorden – die inzwischen ein beachtliches ökonomisches Gewicht auch als Großgrundbesitzer erlangt hatten, nachdem die anfänglichen Ordensregeln gerade in diesem Punkt stark verändert worden waren – und schließlich auch die Korporationen und Zünfte. Die Sprache der Architektur veränderte sich seit dem Ende des 14. Jhs. allmählich und nahm in ganz Europa – mit Ausnahme Italiens, wo früh erste Anzeichen dessen erschienen, was dann in die Renaissance mündete – Merkmale der Spätgotik an, die allerdings je nach Region sehr verschieden ausfallen: *flamboyant* in Frankreich, *perpendicular* oder *rectilinear* in England, *isabelino* im hispanischen Gebiet, *manuelino* in Portugal. Wenn sich auch das Bild der städtischen Kultur Europas in seiner Gesamtheit so wie beschrieben darstellt und im ganzen 15. Jh. und in manchen Regionen sogar bis in die ersten Jahrzehnte des 16. Jhs. Bestand hatte, reiften doch gleichzeitig auch zukunftsträchtige konzeptionelle Neuerungen heran. Im Laufe des 14. Jhs. zeichneten sich nämlich, man möchte fast sagen unbemerkt, insbesondere zwei wichtige Tendenzen ab, die in Richtung jener späteren Spielart von Stadt weisen, die Stadt als regelrechte Hauptstadt versteht: Zunächst einmal siedelte sich der Hof dauerhaft in der Stadt an und übernahm die Rolle, den Gang der ganzen Stadtentwicklung einzuleiten, zu fördern, zu führen und zu gestalten. Er trat also nicht mehr als ein Gegenspieler der Stadt auf, wie es im 13. bis 15. Jh. und auch noch später oft geschah. Das war etwa der Fall in Paris, in London, in Neapel (wobei hier die befestigten Plätze der Staufer, der Anjou und des Hauses Aragon gemeint sind), in Florenz (als der Stadtpalast zur befestigten Residenz des Herzogs von Athen wurde) oder allgemein in allen Fällen der Anwesenheit eines befestigten Platzes oder einer Burg eines »Herren« (Leon Battista Alberti sollte vom »Tyrannen« sprechen) in der Nähe oder innerhalb der Stadt. Das Wesentliche an der neuen Konstellation betrifft aber nicht nur diese Aspekte, so sehr sie physisch real und von hoher Symbolkraft sind. Die Neuheit besteht vielmehr hauptsächlich in der neuen territorialen Rolle, die diese Art Stadt übernahm. Die traditionell lokale Herrschafts- und Kontrollfunktion der Stadt rückte in einem gewissen Maße in den Hintergrund, während entsprechend ihre neue Rolle als politisches und ideologisches Herr-

70 Die Kathedrale von Rouen, Normandie.

71 Neapel. Das Castel Nuovo auf einem Gemälde von Francesco Pagano zeigt ein Detail der Schlacht von Ischia 1465.

72 Toledo, untere Stadt.

70

71

72

73

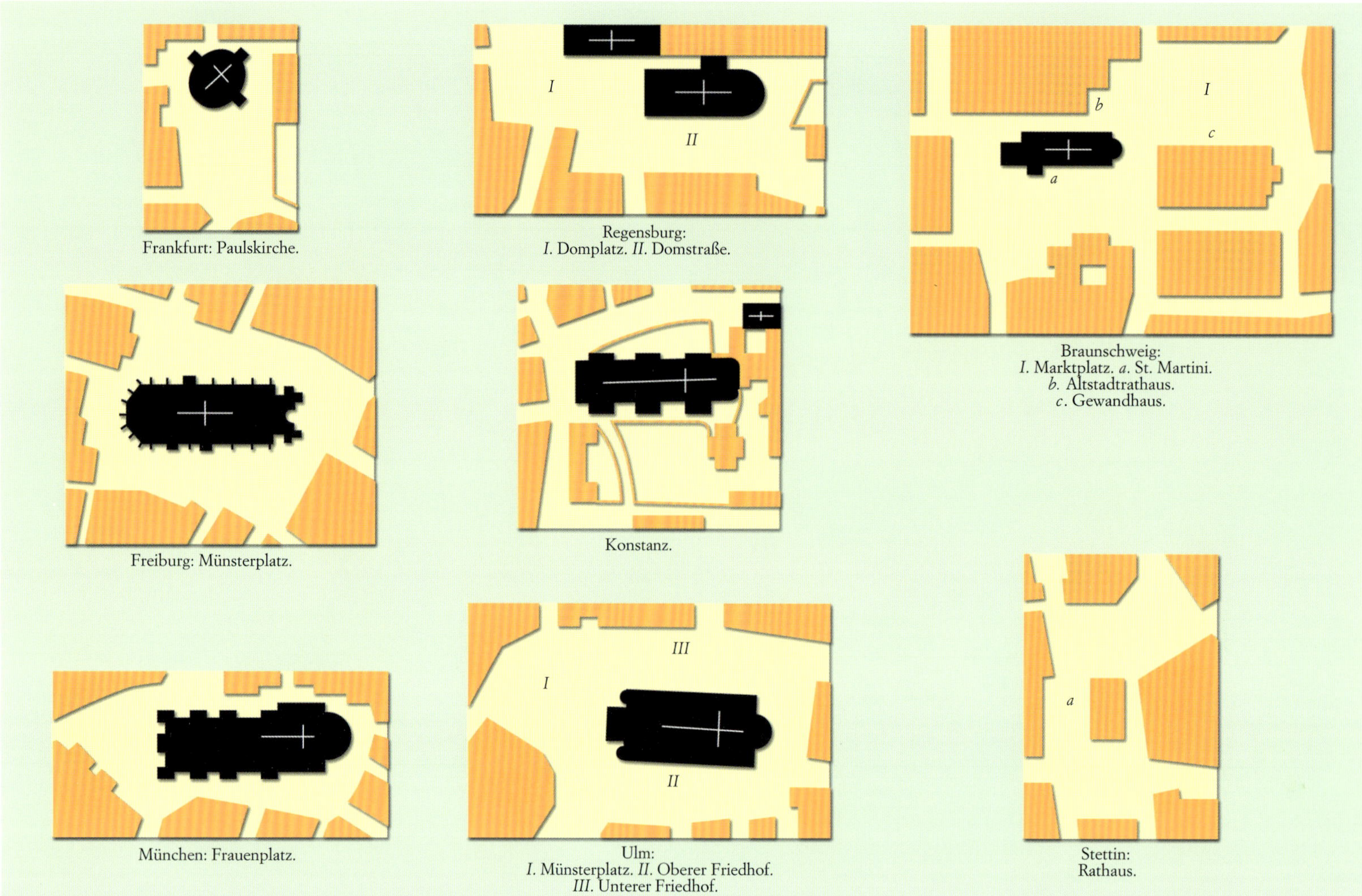

schaftszentrum von allgemeinem Rang in den Vordergrund trat. Es erscheint als bedeutsam, dass es zeitlich fast parallele Entwicklungen in verschiedenen Bereichen gab: im kirchlichen Bereich die Verlegung des »römisch«-päpstlichen Hofes nach Avignon zu Anfang des 14. Jhs., im kaiserlichen Machtbereich die Wahl von Prag als neuer Hauptstadt (mit besonders wichtigen Entwicklungen ab 1348). In beiden Fällen hat die neue Funktion der Stadt als Residenzort interessanterweise zu städtebaulich sehr ähnlichen Ergebnissen geführt, obwohl die jeweiligen baulichen Lösungen sich natürlich unterscheiden. Avignon war bis dahin eine Provinzstadt von nur sekundärer Bedeutung gewesen. Der gewaltige neue Papstpalast und seine organische Verbindung mit der großen befestigten Steinbrücke bildeten einen neuen städtischen Schwerpunkt, wobei die Brücke ein Mittel zugleich der Verbindung und der Trennung gegenüber dem restlichen Stadtgefüge war. Die folgende Errichtung von Residenzen für die Kardinäle und sonstigen Würdenträger in verschiedenen Teilen der (veränderten) Stadtanlage sowie die dauerhafte Anwesenheit von Künstlern und Gelehrten trieben die Erneuerung und Entwicklung der gesamten Stadt voran. In Prag wurden die kaiserliche Residenz und die neue Kathedrale im oberen Teil der Stadt errichtet. Unterhalb davon, auf der Prager Kleinseite, gedieh eine neue städtische Ansiedlung, wo unter anderem die Künstler und die Baumeister wohnten. Diese Siedlungsteile wurden mit dem schon vorhandenen städtischen Gefüge durch den Bau der großen steinernen Karlsbrücke verbunden, die ein technisch und künstlerisch sehr anspruchsvolles Werk darstellt. In der Summe ergab sich ein neuartiges urbanes System, das nicht nur zwei Pole aufweist wie in Avignon, sondern sogar drei Pole (und vielleicht mehr). Aber es war in beiden Fällen der Hof, der den ganzen städtischen Organismus prägte.

Schon seit den ersten Jahrzehnten des 15. Jhs. stellte sich dann ein weiteres Phänomen ein, das Innovation mit sich brachte. Die neue kulturelle Strömung und Mentalität, die

73, 74 Die Stadtpläne der historischen Zentren einiger wichtiger europäischer Städte zeigen das Verhältnis der jeweiligen Kathedrale zu ihrem städtischen Umfeld.

75 Prag. Die Burg mit der Kathedrale, im Vordergrund die Karlsbrücke über die Moldau.

74

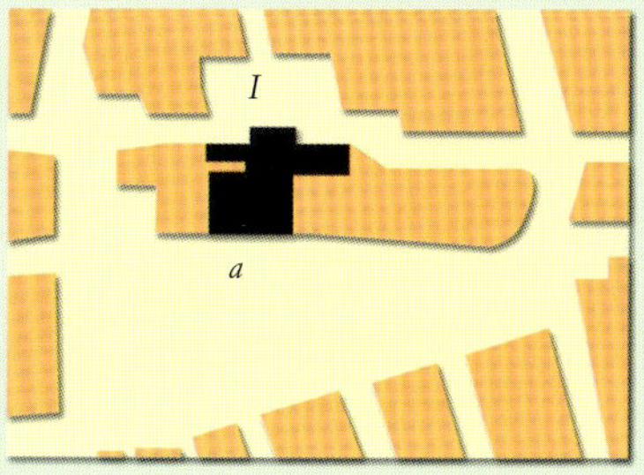

Köln:
I. Alter Markt. *a.* Rathaus.

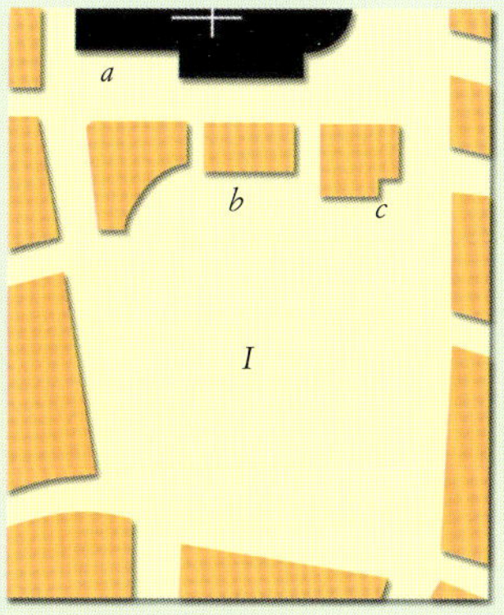

Lübeck:
I. Marktplatz. *a.* Kathedrale.
b. Markt. *c.* Rathaus.

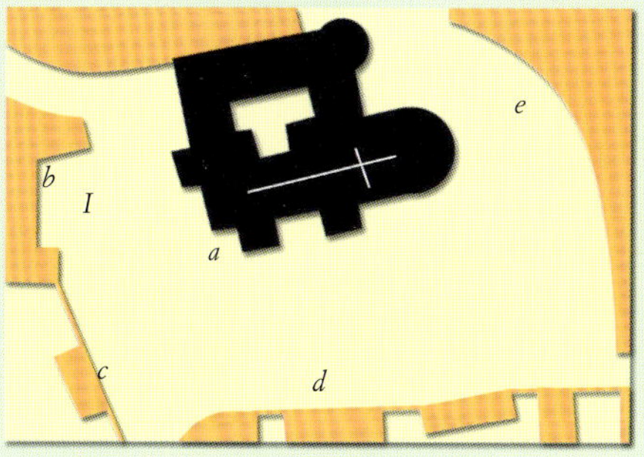

Münster:
I. Domplatz. *a.* Kathedrale.
b. Bischofspalais. *c.* Museum.
d. Ständehaus. *e.* Bank.

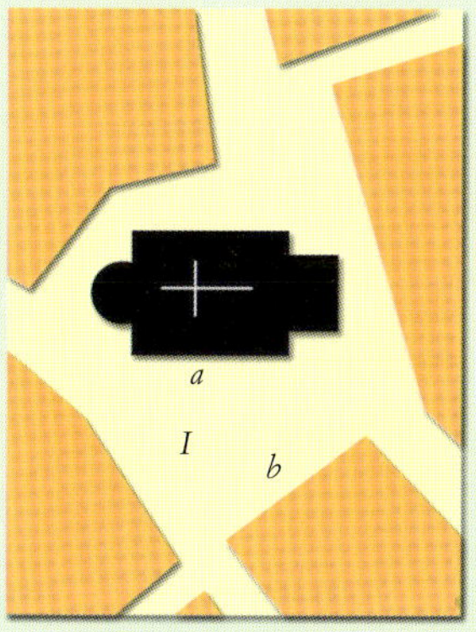

Hannover:
I. Marktplatz.
a. Marktkirche.
b. Altes Rathaus.

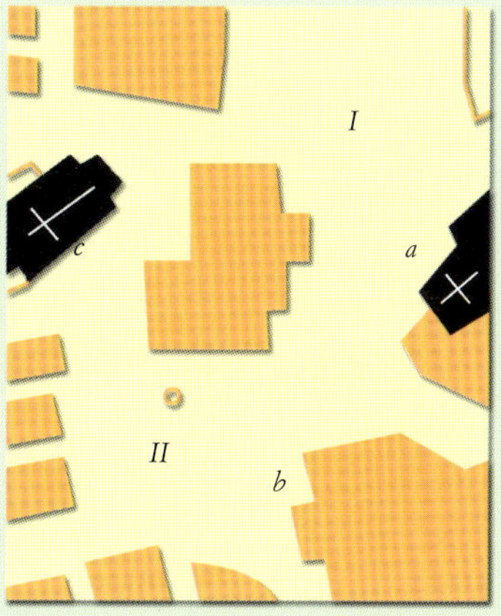

Bremen:
I. Domplatz.
II. Marktplatz mit Roland-Statue.
a. Kathedrale. *b.* Rathaus.
c. Frauenkirche.

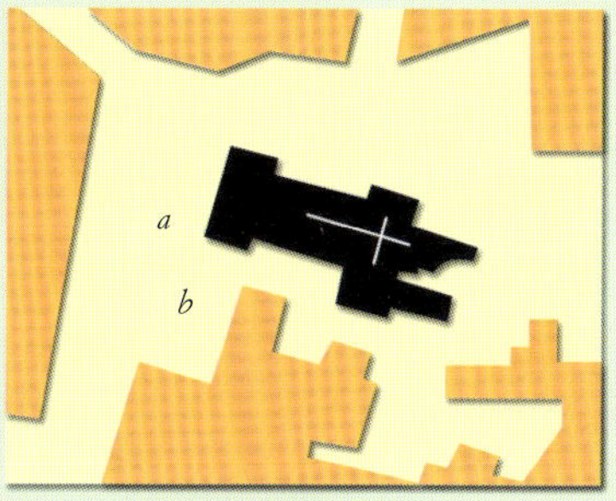

Nürnberg: Egidienplatz.
a. St. Egidien.
b. Schule.

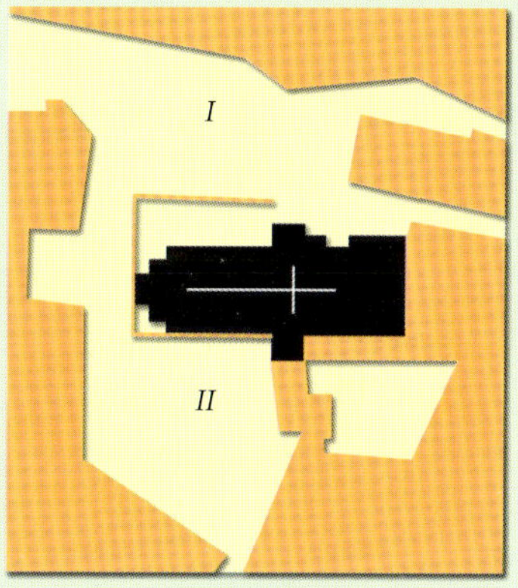

Hildesheim:
I. Großer Domhof.
II. Kleiner Domhof.

75

man erst sehr viel später als Renaissance bezeichnete, wurde von den führenden städtischen Schichten bewusst wahrgenommen, rezipiert und verstärkt; und sie sollte Keime treiben, die die städtische Kultur Europas über Jahrhunderte hinweg prägten. Sie war auch das Symptom eines Aufbruchs in Richtung auf eine neue Idee von Stadt. In dieser Zeit begegnen nämlich einerseits die ersten Verwirklichungen einer neuen architektonischen Kultur: Genannt sei nur Filippo Brunelleschi, der in Florenz als Erster der neuen Stilrichtung baulichen Ausdruck verlieh; auf eine Aufzählung auch nur der wichtigen Architekten dieser ersten Phase der Renaissance sei an dieser Stelle verzichtet. Andererseits entstanden um die Mitte des Quattrocento (15. Jh.) berühmte Traktate, die zugleich Ausfluss und Antrieb ebenjener kulturellen Strömung waren. Die wichtigsten Traktate waren diejenigen »Über die Malerei« und »Über die Architektur« von Leon Battista Alberti, etwas später die Architekturtraktate des Filarete und des Francesco di Giorgio Martini, noch etwas später das dem Festungsbau gewidmete Traktat Albrecht Dürers und das Ganze der städtebaulichen Studien Leonardo da Vincis. Indes konnte die Gesamtheit der architektonischen Neuerungen und theoretischen Traktate, die in den Städten des 15. Jhs. feststellbar sind, nicht im selben Maße und mit derselben Geschwindigkeit die innovativen Züge dessen umsetzen, was man als Renaissance definiert. Selbst in Italien, wo sie geboren wurde, hat die Kultur der Renaissance keine raschen Effekte in Form einer substanziellen und allgemeinen Umwandlung der bestehenden städtischen Organismen als solche gezeitigt. Noch im ganzen 15. Jh. lebten zumindest formal die Strukturen und Institutionen der früheren politischen, wirtschaftlichen und sozialen Systeme fort, wovon jene Städte eben der physische Ausdruck waren. Noch in den allerletzten Jahren des Jahrhunderts sollte der Transformationsprozess in den größeren Städten und an erster Stelle eben in Florenz trotz aller sichtbaren Ergebnisse letztlich doch ausschließlich punktförmig

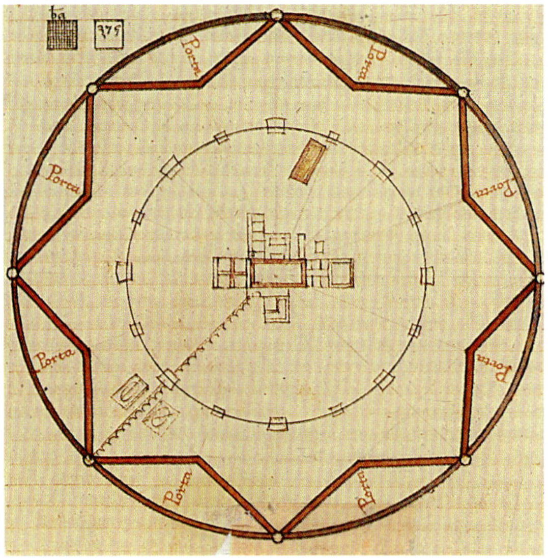

76

77

stattfinden, bei besonderen architektonischen Anlässen. Solche stellten etwa öffentliche Plätze dar, die von der Stadtregierung in Auftrag gegeben wurden und oft mit Loggien ausgestattet sind. Zu nennen sind etwa Piazza und Loggia della Signoria in Florenz, Piazza del Campo und Loggia in Siena, verschiedene Plätze in Vigevano, Carpi und anderswo. Dem neuen Kunstgeschmack gaben auch Stadtpaläste mit ihren Loggien Ausdruck, die für einzelne hochstehende Personen aus dem städtischen Patriziat entstanden. Manchmal war diesen Palästen sogar ein Platz vorgelagert, so bei den Palazzi Rucellai und Strozzi in Florenz; man beachte jedoch die »traditionalistische« Wahl Cosimos für den Palazzo Medici in der Via Larga. Dem neuen Stil folgten auch private Kapellen, darunter auch solche innerhalb von Bettelordenskirchen, die damit den adeligen Zwecken dienstbar gemacht wurden. Um noch einen anderen Auftraggeberkreis zu erwähnen: Auch die Sitze der diversen Korporationen, seien sie weltlicher oder religiöser Natur, boten Anlässe für innovative Neuerung. Anspruchsvolle Erneuerungen des »Stadtmobiliars« mittels Skulpturen wie der großen Reiterstatue Donatellos in Padua oder des Arco del Cavallo in Ferrara gehören ebenfalls in diesen Zusammenhang. Aber die Erneuerungen betrafen im Allgemeinen weder die baulichen Strukturen des Mauerrings (Zevi) – und dies trotz der zunehmenden Verbreitung neuer Artillerietechniken, die das Schießen mit Steinen ermöglichten – noch die Hierarchie der verschiedenen Stadtbezirke, noch den Zuschnitt der Parzellen für den Wohnungsbau in städtebaulichen Erweiterungsarealen. Hier blieb weiterhin die gotische Parzelle beherrschend.

Einige wenige Ausnahmen innerhalb Italiens gibt es, bei denen man tatsächlich von einer Modifikation der Gesamtanlage der Städte sprechen kann. In dieser Beziehung besonders bedeutsam ist vielleicht die Rückkehr des päpstlichen Hofes nach Rom. Während einer ersten Zeit der Ungewissheit herrschte zunächst noch die Idee einer Stadt vor, deren

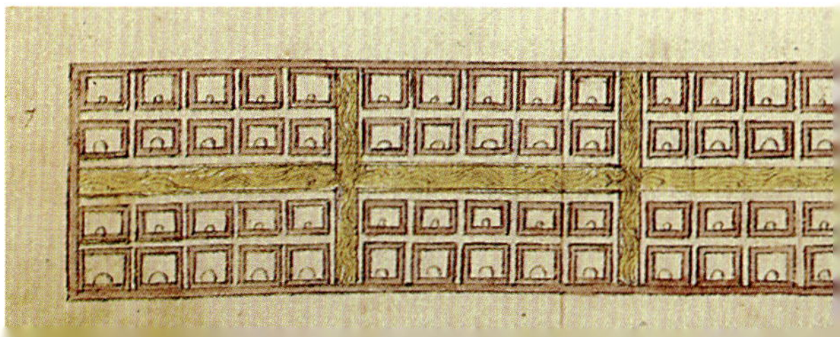

76 Plan der idealen Stadt Sforzinda, Mitte des 15. Jhs. von dem Architekten Filarete für Francesco I. Sforza entworfen.

77 Urbino, Geburtsstadt von Bramante und Raffael, gehörte jahrhundertelang zur Herrschaft der Familie Montefeltro. Einer der bedeutendsten Herzöge war Federico da Montefeltro.

78 Stadtbauprojekte des Architekten Filarete aus dem 15. Jh.

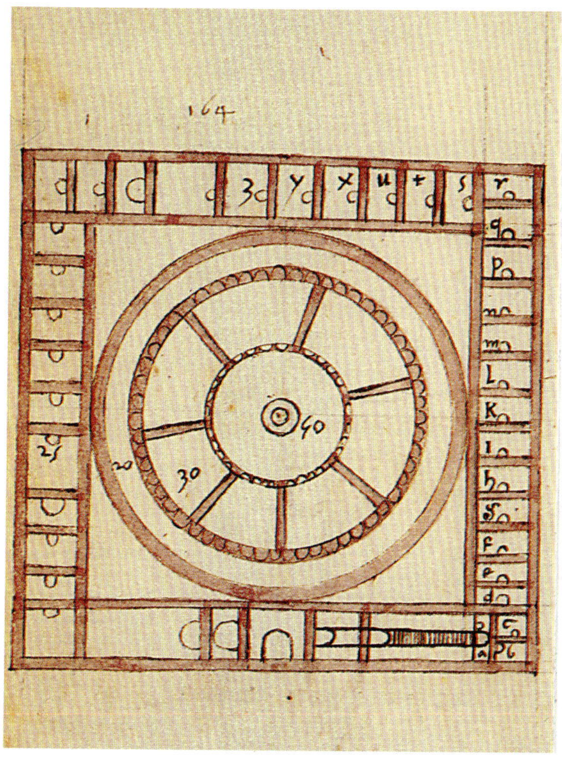

Struktur von Zentren verschiedenen Charakters bestimmt war. Das konnten Zentren von dynastischem Charakter sein – die ersten Sitze der Päpste waren bezeichnenderweise ihre eigenen neuen oder erneuerten Wohnstätten – oder Zentren kirchlich-religiöser Art wie der schon erwähnte Lateran und einige Bettel- oder Klosterordensbauten oder solche bürgerlich-städtischer Natur wie das Kapitol. Beginnend mit Papst Nikolaus V. und besonders entschieden unter Sixtus IV. setzte sich dann die Idee durch, den päpstlichen Hof dauerhaft und definitiv im Vatikan anzusiedeln. Dies änderte die Ordnung und die Funktionen des gegebenen urbanen Systems vollständig. Auch wenn die Stadt alle ihre früheren innerstädtischen Siedlungspole beibehielt, nahm sie doch einen einheitlichen Charakter an. So bildete sich im Rom des 15. Jhs. ein System an Wegstrecken heraus (auch für zeremonielle Zwecke), die das neue vatikanische Gravitätszentrum mit den übrigen, traditionell bedeutsamen Orten verbanden. Außerdem fanden in vielen Teilen des Stadtgefüges bauliche Transformationsprozesse statt als Folge der Ausbreitung (vom vatikanischen Brennpunkt aus) zum einen von Infrastrukturen etwa im Dienstleistungsbereich oder zur Beherbergung von Fremden und zum anderen von neuen Residenzen der kirchlichen Würdenträger. Ähnliche Phänomene einer grundlegenden Umgestaltung des früheren Stadtgefüges begegnen in Pienza, Ferrara, Urbino und etwas später in Mantua. Die Stadtgeschichtsforschung hat in Italien wie auch anderswo oft einseitig den Innovationscharakter dieser Beispiele betont und sie als Etappen eines Weges hin zur »idealen Stadt« (Benevolo) oder als die ersten veritablen Verwirklichungen der »Stadt der Renaissance« (Argan) gesehen. In dieser Perspektive werden die berühmten architektonischen Veduten, die sich in Urbino und Berlin befinden, zu objektiven und möglichen Stadtszenarios. Es handelt sich jedoch sozusagen um experimentelle Ansichten einer »zukunftsmöglichen« Stadt und nicht einer bereits existierenden (sie sollte auch später nicht

78

existieren). Mit spezifischem Bezug auf die städtische Erweiterung Ferraras durch Ercole d'Este wurde sogar die Meinung geäußert (Zevi), dass die »moderne europäische Stadt« hier schon gebaut worden sei, nämlich durch den Architekten Biagio Rossetti, der als ein echter Städteplaner dargestellt wird. Aber diese Hypothesen neigen dazu, den Umstand außer Acht zu lassen, dass die von der neuen kulturellen Strömung der Renaissance inspirierten Theorien und Traktate nur in seltenen Fällen praktisch angewandt wurden. Zu den oben genannten Beispielen kann man noch die Anlage von Sabbioneta als idealer Stadt hinzufügen, die übrigens unvollendet geblieben ist. Ohne Beachtung bleibt ferner, dass auch die durch ihre streng geometrisch-sternhafte Form charakterisierten Modelle einer idealen Stadt später nur dort Anwendung fanden, wo sie neuen Techniken und Konzeptionen von technisch-militärischer Art entsprachen, also vor allem im Festungsbau. Übrigens hatten diese Idealformen ausdrücklich einen symbolischen und astrologischen Ursprung: Das wichtige Ereignis einer Stadtgründung oder auch nur des Baubeginns für ein Gebäude folgte, wie schon in früheren Jahrhunderten, auch Bezügen astrologischer Art. Zusammenfassend kann man sagen: Vom Ursprung der modernen Stadt zu reden impliziert nicht notwendigerweise, dass diese moderne Stadt schon wirklich existiert. Die Suche nach den Ursprüngen eines Phänomens ist ein durchaus legitimes und nützliches Unterfangen, bleibt jedoch begrifflich ein Unternehmen ex post. Man kann dabei nicht voraussetzen, dass die identifizierten Ursprünge schon die Vollendung des untersuchten Phänomens aufweisen. Als Thomas Morus zu Anfang des 16. Jhs. das Thema der Stadt »Utopia« anschlug (das aus dem Griechischen kommende Wort bedeutet so viel wie »Nicht-Ort«, »Nirgendwo«), markierte dies eben die erfolgte gedankliche Trennung zwischen dem Konzept der idealen Stadt (und Gesellschaft) und einer Wirklichkeit, die allmählich ganz andere Eigenschaften annahm. Im Denken der Renaissance und in seinen phantasiereichen Vorstellungen war der Mensch als Stadtbürger das begriffliche Subjekt und das Zentrum der Stadt. Aber schon an der Wende vom 15. zum 16. Jh. wurde der Stadtbürger zunehmend zum Untertan einer personalisierten Macht, des Fürsten (*principe*). Zudem fand er sich in einer städtischen Gesellschaft wieder, in der sich die Unterschiede zwischen den verschiedenen sozialen Schichten verschärften. Machiavelli sollte die politische Bedeutung dieses Geschehens beleuchten, mit ganz anderen, lebensnaheren Fragen befasste sich Leonardo da Vinci in seinen Studien und Notizen.

Indem sie Elemente der Renaissance in die spätmittelalterliche Stadt einfügten (sowohl in physischem Sinn als auch in begrifflichem und theoretischem), beabsichtigten die Autoren der genannten Traktate tatsächlich, eine andere Stadt zur Verwirklichung zu bringen. Genau das war ihr Ziel, wenn sie ihre Pläne der Aufmerksamkeit der Regierenden unterbreiteten. Sie verfolgten das ehrgeizige Ziel, a priori die leitenden Werte, die Funktionen, die Gebäudetypen, das städtische Erscheinungsbild und sogar die Gesamtform ihrer Modellstädte zu definieren. Erreicht wurde dieses Ziel jedoch erst später, nämlich nicht vor den ersten Jahrzehnten des 16. Jhs., und es sollte vor allem andere Ergebnisse zeitigen als die imaginierten und erhofften. In der Zwischenzeit hatte sich nämlich der gesamte politische, gesellschaftliche, wirtschaftliche, religiöse und also auch kulturelle Kontext verändert, aus dem jene Ideale geboren worden waren. Greifen wir mit Blick auf die städtische Erneuerung, die von dieser »Renaissance«-Kultur vorangetrieben wurde, auf eine Metapher zurück: Kleinste Hefepartikel waren gleichsam einem großen territorialen und städtischen Teiggemisch beigefügt, das durch die kombinierte Wirkung endogener wie auch exogener Ursachen allerdings erst später seine Form und seine Qualität änderte. Aus dem folgenden allmählichen Aufgehen jenes Teiges sollte dann die Stadt der frühen Moderne entstehen und reifen.

79

79 Urbino mit Kathedrale und Palazzo Ducale.

80 In Pienza wurde Enea Silvio Piccolomini geboren, der spätere Papst Pius II. Nach seiner Wahl zum Papst ließ er Pienza zur idealen Stadt ausbauen.

80

81

82

81 Vespasiano Gonzaga, ein Abkömmling der Herzöge von Mantua, ließ im 16. Jh. Sabbioneta als ideale Renaissancestadt bauen.

82 Heidelberg, bis Ende des 17. Jhs. Residenz der Kurfürsten von der Pfalz. Der im 16. Jh. errichtete Ottheinrichsbau des Heidelberger Schlosses war eines der ersten Renaissancebauwerke auf deutschem Boden.

Personen- und Ortsregister

Bildnachweis

Ziffern vor der Klammer bezeichnen die Seite, die Ziffern in Klammern verweisen auf die Abbildungs-Nr.

Die in diesem Buch verwendeten Abbildungen und Illustrationen stammen aus dem Archiv von Jaca Book, Mailand.
Im einzelnen handelt es sich um Fotografien von Angelo Stabin: 219 (48, 49), 223 (57), 224 (59), 225 (62), 226 (63, 64), 227 (67); Adalberto Frisi: 64 (1), 66 (4), 68 (7), 70 (10, 11), 72 (15, 16, 17), 73 (19), 74 (21), 76 (26, 27), 77 (29), 78 (30), 79 (31), 81 (4), 84 (7, 8), 85 (9), 95 (26), 98 (29, 30), 99 (31, 32), 107 (43), 108 (45), 112 (48), 115 (53, 54), 121 (68), 152 (23, 24), 178 (24), 196 (2, 3), 201 (10), 208 (24), 209 (26), 214 (36), 215 (38), 222 (54), Arnaldo Vescovo: 118 (60), 119 (62, 65), 122-123 (70, 72, 74), 124 (75), 128 (4), 129 (8), 131 (11, 12); Cristina Lombardo: 212 (32).

Die folgenden Abbildungen sind dem Band von M. Piccirillo, L'Arabia cristiana (Jaca Book, 2002), entnommen: 132 (14), 133 (15), 135 (17, 18), 136 (19), 163 (8).

Archiv des Autors: 22 (15), 54 (5,6), 61 (21), 62 (23), 75 (23), 87 (12), 175 (21).

Bams-photo Vision: 126 (2), 156 (1), 161 (6), 183 (31).

Bams-photo Rodella: 44 (27), 45 (31), 46 (32), 47 (34), 52 (1), 54 (4), 55 (8), 56 (9), 57 (11, 12), 58 (14, 16), 59 (17), 60 (18, 19), 61 (20), 62 (24), 100 (35), 105 (41), 142 (7), 143 (8), 147 (13), 150 (17), 151 (19), 154 (27), 158 (2), 159 (4), 160 (7), 182 (30), 185 (2), 186 (3), 187 (4), 189 (7), 194 (1), 197 (5), 198 (6), 202 (13), 206 (19), 207 (21), 210 (27, 28), 214 (35), 215 (40), 216 (41), 217 (43), 220 (52), 226 (65, 66), 227 (68, 69), 228 (70), 231 (75), 233 (77), 234 (79, 80), 235 (81).

Les Editions du Rouergue: 202 (15), 203 (14), 204 (15).

Agenzia Dagherrotipo: 206 (20), 208 (23), 209 (25), 211 (29, 30), 218 (45, 46), 221 (51), 223 (55, 56, 58), 224 (61), 229 (72), 235 (82).

Alessandro Vescovo: 50 (41), 51 (44), 91 (19), 121 (67), 205 (17, 18).

Arnaldo Vescovo: 79 (32), 80 (1, 2), 82 (5, 6), 88-89 (13, 14, 15), 90 (18), 91 (19), 93 (22, 23), 95 (25), 97 (27), 100 (34), 104 (40), 113 (50), 115 (52).